Ernst Nolte

Nietzsche und der Nietzscheanismus

Ernst Nolte

NIETZSCHE

und der Nietzscheanismus

Mit einem Nachwort:
Nietzsche in der deutschen Gegenwart

Herbig

Die Originalausgabe erschien 1990 im Ullstein Verlag GmbH,
Frankfurt/Main · Berlin
Propyläen Verlag

Durchgesehene und erweiterte Neuauflage

Umschlaggestaltung: Wolfgang Heinzel
Herstellung und Satz: VerlagsService Dr. Helmut Neuberger
& Karl Schaumann GmbH, Heimstetten
Gesetzt aus der 10,5/13 Punkt Minion
Druck und Binden: Graphischer Großbetrieb Pößneck
Printed in Germany 2000
ISBN 3-7766-2153-2

Inhalt

I
Nietzsches Leben

II
Nietzsche als Schlachtfeld

III
Der Nietzscheanismus bis 1914

Nachwort
Nietzsche in der deutschen Gegenwart

Die Übersetzung der fremdsprachigen Zitate findet sich auf Seite 345.

Vorwort
zur Neuauflage 2000

Im Jahre 2000 jährt sich der Todestag Nietzsches zum hundertsten Male. Aus diesem Anlaß wird zweifellos eine Fülle von Literatur das Licht der Welt erblicken, und man darf vermuten, daß in erster Linie die »unanstößigen« und die »modischen« Aspekte von Nietzsches Werk in den Vordergrund treten werden: Nietzsche »der gute Europäer«, »der Aufklärer«, »der Entdecker des Perspektivismus«, »der Vorläufer der Postmoderne«, »der Philosemit«, »der Antideutsche« usw. Alle diese Fragestellungen und viele andere sind legitim und wichtig – geben sie doch schon durch ihr Dasein die Breite und Vielfalt von Nietzsches Werk zu erkennen. Untersuchungen über Nietzsches Verhältnis zum Nationalsozialismus werden zwar schwerlich fehlen, aber sie dürften überwiegend die Tendenz haben, die Bedeutung der Frage einzuschränken; reine Anklageschriften wie in der frühen Nachkriegszeit dürften nicht zahlreich sein.

Das vorliegende Buch war schon bei seinem ersten Erscheinen im Jahr 1990 dadurch gekennzeichnet, daß darin die Frage nach dem Verhältnis von Nietzsche zum Nationalsozialismus zentral war, wenngleich nur auf indirekte Weise, und daß daraus keine Anklage abgeleitet wurde. Es ist eine alte und gute Regel für geisteswissenschaftliche Untersuchungen, daß der Autor seinen Gegenstand, zumal wenn er ihn als Gegner betrachtet, so stark machen sollte wie irgendmöglich und daß erst in einem zweiten Schritt die Kritik legitim und notwendig ist. Daher ist keine Interpretation als ernsthaft anzusehen, die den Gegenstand sofort mit kritischen Ausführungen überschüttet oder ihn gar unter einer Sturzflut von Schimpfreden so sehr zudeckt, daß dessen eigene Stimme nicht vernehmbar wird. Wodurch nun könnte der Nationalsozialismus »stärker« gemacht werden, als daß man ihm einen inneren Bezug zu Nietzsche zuschreibt? Aber die so herausgestellte »Stärke« nimmt von dem »Schrecken« nichts hinweg, sondern unterstreicht ihn vielmehr. Wenn man Nietzsches Aussagen über die »Partei des Lebens« (s. S. 190–196) in ihrem philosophischen Kontext zur Kenntnis genommen und durchdacht hat, dann kann man nicht mehr daran zweifeln, wie sehr etwa die SS gerade durch ihren »Antisemitismus« hinter Nietzsches Konzeption einer »Weltheilung durch Vernichtung der Mißratenen« zurückblieb. So zeigt sich, daß Nietzsche neben Marx der zweite der intellektuellen Protagonisten war, deren Konzeptionen den ideologischen Bürgerkrieg vorwegnahmen und doch zugleich überschritten, welcher einen so großen Teil der ersten Hälfte des 20. Jahrhunderts bestimmte.

Ich glaube nicht, daß diese Interpretation durch die Bemühungen von »Antifaschisten« in Frage gestellt wird, welche die seit 1989/91 zunächst sehr geschwächte marxistische Orthodoxie unter Einräumung von einigen Fehlern und »Deformationen« wiederherstellen wollen – jene Orthodoxie, die stets nur die eine Hälfte der großen Auseinandersetzung wahrnahm und der anderen Hälfte ohne jede Selbstkritik bloß mit Anklagen begegnete. Diese neuerliche Scheidung von »Licht« und »Finsternis« mag einen rationalen Kern haben, aber hinsichtlich der Vergangenheit bedeutet sie eine Verfälschung der historischen Realität. Ernste Schwierigkeiten ergeben sich für die Konzeption eher deshalb, weil sie trotz jener Herausstellung von Nietzsches Begriff der »Partei des Lebens« nicht damit einverstanden sein kann, daß unter Aussparung wesentlicher Zusammenhänge und bei ausdrücklicher Zurückweisung aller Vergleiche ein einzelnes Ereignis der Epoche, nämlich der nationalsozialistische Versuch einer »Endlösung der Judenfrage«, allein in das Zentrum der Aufmerksamkeit gerückt wird. Aber darauf ist an dieser Stelle nicht näher einzugehen.

Es handelt sich bei vorliegendem Buch um eine »durchgesehene zweite Auflage«. Ich vermochte keinen Grund zu erkennen, irgendwelche Änderungen vorzunehmen, wohl aber ist ein »Nachwort« hinzugefügt, das in der Sache ein Zusatzkapitel ist und die Geschichte des Nietzscheanismus – wenngleich gewiß nur in Umrissen – bis in die unmittelbare Gegenwart fortführt. Insofern darf man doch von einer »genuinen Neuauflage« sprechen.

Berlin, im Februar 2000 *Ernst Nolte*

Einführung

Im Mai 1888, neun Monate vor seinem Zusammenbruch, schrieb Friedrich Nietzsche seinem Jugendfreund Paul Deussen, wie allen seinen Bekannten, daß der dänische Schriftsteller Dr. Georg Brandes an der Kopenhagener Universität einen Zyklus von Vorlesungen über »den deutschen Philosophen Friedrich Nietzsche« halte, und er fügte hinzu: »Der Saal ist jedes Mal zum Bersten voll. Mehr als 300 Zuhörer. Die großen Zeitungen geben Berichte. – Sic *incipit* gloria mundi.«[1] Das »incipit« war unterstrichen. Offensichtlich hatte der Philosoph seit langem mit brennender Begier auf ein Ereignis wie dieses gewartet. Seine Bekannten dagegen mochten die Mitteilung mit Befremden hinnehmen und einen schwer begreiflichen Widerspruch erblicken, wenn sie sich daran erinnerten, was Nietzsche ihnen früher über seine »azurene Einsamkeit« und über seine Verachtung alles Zeitungswesens gesagt hatte. Zwar kam nur dieser Anflug des Ruhms zu Nietzsches Kenntnis, aber seine Aussage erwies sich sehr bald als unzweifelhaft richtig. Schon in den 90er Jahren, als er im Hause seiner Mutter in Naumburg bzw. im Gebäude des »Nietzsche-Archivs« in Weimar unter der Pflege seiner Schwester Elisabeth dahindämmerte, erschienen eine Fülle von Artikeln und mehrere Bücher über ihn, und sein Tod im August 1900 öffnete sozusagen die Schleusen: Der Artikel und der Bücher war nun kein Ende mehr, und Nietzsche wurde auch zum Gegenstand regulärer Vorlesungen an deutschen Universitäten, so etwa von seiten des Leipziger Dozenten Raoul Richter, der 1903 die »15 Vorlesungen« publizierte, welche er an der Universität Leipzig gehalten hatte. Unter all diesen Büchern, Studien und Vorlesungen läßt sich jedoch meines Wissens das Thema »Nietzsche und der Nietzscheanismus« nicht finden. Zunächst ist also die Frage aufzuwerfen, was das »und« im Titel bedeuten soll, denn daraus muß offenbar das Kennzeichnende dieser Vorlesung herzuleiten sein.

Dieses »und« kann nicht den Sinn haben, daß es primär um das Verhältnis Nietzsches zum Nietzscheanismus gehen soll. Zwar war das Phänomen als solches Nietzsche nicht unbekannt: Bereits 1877 hörte er von einem Kreis von Verehrern, der sich an der Wiener Universität gebildet hatte, und einige Jahre später nahm er es mit sichtlicher Befriedigung zur Kenntnis, daß ein Literat namens Paul Lanzky ihn mit »Verehrter Meister« anredete. Anfang 1887 traf er die eigenartige Feststellung, bei allen radikalen Parteien, nämlich den Sozialisten, Nihilisten, Antisemiten und christlichen Orthodoxen genieße er eines wunderlichen und fast mysteriösen Ansehens.[2] Aber es waren doch nur recht wenige »Verehrer«, mit denen er in Kontakt kam oder von denen er erfuhr, und seine Abwehr war fast immer sehr ausgeprägt, so im Falle des jungen Dichters Hermann Conradi, über den er im Oktober 1886 an seinen Verleger Constantin Georg Naumann schrieb: »Solche vierundzwanzigjährige Dichterlinge sind die letzten Leser, die ich mir wünsche.«[3]

Der Nietzscheanismus ist ein Phänomen erst der 90er und der späteren Jahre. Schon 1893 aber ist der Terminus für einen Mann wie Franz Mehring ganz selbstverständlich, und im Jahre 1902 kann Achad Haam, eine der wichtigsten Figuren im aufkommenden Zionismus, einen Artikel über »Nietzscheanismus und Judentum« schreiben, der sich auch gegen nietzscheanische Tendenzen innerhalb des Judentums wendet. Gleichwohl wäre es unmöglich, das »und« so zu verstehen, daß der Nietzscheanismus die Hauptsache sein sollte und daß Nietzsche nur als dessen Anstoß in den Blick käme. Der Umfang des Begriffs ist ja schwer zu bestimmen. Daß er die begeisterten Anhänger und Vorkämpfer Nietzschescher Gedanken umfaßt, sticht ins Auge, aber soll man diejenigen einschließen, die sich einer offensichtlichen Fehlinterpretation schuldig machen, etwa im Verständnis des Begriffs »Immoralismus«, und sollen all diejenigen ausgeschlossen werden, die Nietzsche positiv beurteilten und dennoch nicht etwa seine »Jünger« oder auch »Anhänger« sein wollten? Letzten Endes ist sogar die Grenze zur sogenannten »Rezeptionsgeschichte« schwer zu ziehen, und gerade die Aussagen von Anhängern können oft genug nicht aus dem Zusammenhang mit den Polemiken der Gegner herausgelöst werden. Eine Rezeptionsgeschichte nun wäre ein so gut wie unmögliches Unterfangen, und es ist schwerlich ein Zufall, daß es derartiges bisher bloß in der Form bibliographischer Versuche gibt: Der Autor müßte mit der gesamten philosophischen und literarischen Weltliteratur vertraut sein, und das Ungarische müßte ihm so wenig Schwierigkeiten bereiten wie das Russische. Wenn man dem Begriff dagegen die engste Bedeutung gibt und ihn auf die Gruppe der ausgeprägten »Jünger« beschränkt, würde man Gefahr laufen, ein Kuriositätenkabinett einzurichten und urteilslos darin herumzugehen, solange man nicht aus Nietzsche selbst heraus Urteilskriterien entwickelt hat. Ich werde daher weder den engsten noch den weitesten der möglichen Begriffe zugrunde legen und den »Nietzscheanismus« nicht zur Hauptsache machen. Was die zeitliche Erstreckung angeht, so beschränke ich mich auf die Zeit bis 1914. Nach dem Ausbruch des Ersten Weltkrieges nehmen die Dinge ein anderes Gesicht an: Der »Zarathustra« im Sturmgepäck zahlreicher deutscher Soldaten, die alliierte Propaganda gegen den angeblichen Vorkämpfer des deutschen Imperialismus und Nachkriegsschriften wie das hymnische Buch von Ernst Bertram: »Nietzsche. Versuch einer Mythologie« (zuerst 1918) würden in ein neues und weit umfangreicheres Kapitel gehören.

Durch das »und« soll vielmehr folgendes zum Ausdruck gebracht werden: Ich strebe eine Betrachtungsweise an, die den Nietzscheanismus nicht als bloße Sonderbarkeit erscheinen läßt, weil sie Nietzsche selbst vornehmlich als »Zeitgenossen« faßt, eine Betrachtungsweise also, die synchronisch oder »epochal« ist und die Nietzsche nicht diachronisch, d. h. durch die Jahrtausende der okzidentalen Geschichte, als Gesprächspartner von Heraklit, Platon und Descartes, auffaßt. Als Philosophen hat auf philosophische Weise vor allem Heidegger Nietzsche interpretiert: Für ihn sind nicht nur alle Nietzscheaner, sondern auch große Teile von Nietzsches Werk selbst irrelevant. Die Aufgabe, die ich mir stelle, ist weitaus bescheidener: Ich will Nietzsche, den Zeitgenossen der Bismarck-Ära und des europäischen »fin de siècle«, auf historische Weise ins Auge fassen. Das bedeutet, daß die konkreten Stellungnahmen zu Phänomenen seiner Zeit besonders beachtet werden und damit die »Widersprüche«, die in Nietzsches Stellungnahmen erkennbar sind. Gerade diese Widersprüche sollen als besonders aufschlußreich gelten, weil in ihnen ein Grundcharakter der Gesellschaft zum Vorschein kommt, in der Nietzsche lebte. Aber darüber darf allerdings nicht übersehen werden, daß Nietzsche sich auch im Widerspruch zu dieser Gesellschaft im ganzen erblickte und daß dieser Gegensatz eng mit Ideen verknüpft war, die gerade nicht bloß die Ideen seiner Zeitgenossen waren, sondern allgemeinen, d. h. philosophischen Charakter tragen. So wenig es angebracht wäre, den Nietzscheanismus auf den engsten Kreis der Enthusiasten zu beschränken, so wenig darf Nietzsche *nur* als Zeitgenosse der Mitlebenden verstanden werden.

Nietzsche soll im folgenden als »Intellektueller« aufgefaßt werden. Auch hier ist zwischen einem weiten und einem engen Begriff zu unterscheiden. Wenn schon derjenige ein Intellektueller ist, dessen Leben primär in Verstandestätigkeit besteht, weil er sich infolge günstiger Bedingungen ganz vorwiegend oder ausschließlich dieser Tätigkeit widmen kann oder weil er dadurch seinen Lebensunterhalt gewinnt, wenn also der Gegensatz die körperliche Arbeit, die Arbeit »im Schweiße des Angesichts« ist, dann waren alle Philosophen von Thales und Parmenides an und dann waren in noch älteren Zeiten die Angehörigen von Priesterklassen Intellektuelle, ja dann sind in der Gegenwart geradezu Majoritäten der Bevölkerung einiger fortgeschrittener Länder dieser Gruppe zuzuzählen. In engster Bedeutung gelten als Intellektuelle dagegen die Essayisten und die Leitartikler, insbesondere diejenigen, die sich als »progressive Intellektuelle« bezeichnen, und in der Regel würden sich wohl schon die Professoren sträuben, diesem Begriff subsumiert zu werden. Auch hier soll eine »mittlere« Bedeutung leitend sein. Platon und Aristoteles, Thomas von Aquin und Descartes, Kant und Hegel waren in diesem Sinn keine »Intellektuellen«. Sie mochten, wie in betontem Ausmaß Thomas von Aquin, Einwände gegen die eigene Auffassung selbst zu Wort bringen, aber die Erörterung bedeutete immer Widerlegung der Gegner und also Darlegung der eigenen Lehre von der Welt im ganzen und vom Menschen. Philosophen, so könnte man sagen, wenn ein pejorativer Anklang ferngehalten wird, waren bis zu Hegel »doktrinäre Theologen«, d. h. sie entwickelten Doktrinen über die Welt im ganzen, deren Grund, nämlich Gott oder die Materie oder den Zufall, und deren höchste Blüte, den Menschen, meist in seinem zeitlosen Wesen und manchmal schon in der Entfaltung seiner Geschichte. Intellektuelle sollen diejenigen heißen, die sich die wesentlichen Fragen hinsichtlich der Welt, des Menschen und der Geschichte stellen, die aber nicht auf der Grundlage einer Doktrin eine Antwort geben, für die vielmehr die Fragen wichtiger sind als die auf mannigfaltige Weise versuchten Antworten und für die Mensch und Geschichte bewegendere Probleme sind als Welt im Sinne von Kosmos und Weltgrund im Sinne von Gott. Als Beispiel führe ich Alexis de Tocqueville und seine Frage an: Où allons-nous donc? Eine gewisse Ratlosigkeit und immer neues »Problematisieren« sind also Kennzeichen der so verstandenen Intellektuellen; sie setzen jedem A ein B und C entgegen, weil die Welt nicht in durchsichtiger Ordnung vor ihnen liegt, sondern als ein äußerst vielfältiger, schwer durchschaubarer, oftmals beängstigender Komplex von Tatbeständen und Entwicklungen. Mithin haben diese Intellektuellen mit den eigentlichen Philosophen die Dimension der Fragestellung gemeinsam und sind mit den Angehörigen »intellektueller Berufe« nicht zu verwechseln; es fehlt ihnen aber jene innere Sicherheit, die alle Philosophen kennzeichnet, wie sehr sie sich im Inhalt dieser Sicherheit auch unterscheiden mögen.

Um eine weitere Bestimmung treffen zu können und um Nietzsche genauer einzugrenzen, soll ein Vergleich mit Marx bzw. mit Marx und Engels vorgenommen werden, hin und wieder ausdrücklich, meist unausdrücklich. Direkte Beziehungen oder auch nur wechselseitige Kenntnisnahme gibt es zwischen den beiden nicht, mindestens hat keiner von beiden den anderen je erwähnt. Zu Anfang des Jahres 1868 schreibt der junge Nietzsche an seinen Freund Carl von Gersdorff, er habe eben ein Büchlein gelesen, aus dem er sich über den Stand der social-politischen Parteien manches angeeignet habe, obwohl es sich um eine bedenkliche Doktrin handle, die »scharf säuerlich nach Reaktion und Katholizismus« schmecke, nämlich ein Büchlein von Josef Edmund Jörg; auch aus ihm leuchte »die irrationale Größe Lassalles« hervor.[4] Aber nicht etwa nur für Nietzsche war Marx noch oder wieder unbekannt, obwohl der erste Band des »Kapital« bereits erschienen war. Im Jahre 1871 erwähnte Nietzsche jenen »internationalen Hydrakopf«, der während der Herrschaft der Pariser Kommune so erschreckend sichtbar geworden sei[5]; aber den Mann, der damals erstmals in der europäischen Presse häufig genannt wurde, und zwar als »der große Chef der Internationale«, scheint Nietzsche nicht wahrgenommen zu haben. Umgekehrt berichtete Marx auf einer Reise durch Deutschland nach Karlsbad 1876 zwar von einem »Narrenfest des Staatsmusikanten Wagner«, das sich in Bayreuth abgespielt habe[6], aber der junge Basler Professor, der als der geistreichste aller Wagnerianer galt, fiel ihm offensichtlich nicht ins Auge. Indessen gibt es von dem Jüngeren zu dem Älteren eine Anzahl indirekter Verbindungen. So hatten beide einen gemeinsamen Gegner in dem Berliner Privatdozenten Eugen Dühring, gegen dessen zeitweise beträchtlichen Einfluß auf die eben entstandene sozialdemokratische Partei Friedrich Engels den sog. »Anti-Dühring« schrieb und mit dem als einem »Anarchisten« und »Giftmaul« sich Nietzsche zeit seines Lebens auseinandersetzte.

Aber Nietzsche war auch mit dem Sohn Gottfried Kinkels bekannt, der wie Marx in der Londoner Emigration lebte, und für einen Augenblick gab es sogar Heiratspläne zwischen Nietzsche und einer Tochter von Alexander Herzen, dem damals bekanntesten unter allen russischen Emigranten und Revolutionären. Noch merkwürdiger ist, daß Nietzsche sagen konnte, der ehemalige Hegelianer Bruno Bauer sei am Ende seines Lebens zu einem »Nietzscheaner« geworden[7] – und Bruno Bauer war in den frühen vierziger Jahren bekanntlich so etwas wie der Mentor des Studenten Marx gewesen.

Objektiv kann es freilich auf den ersten Blick kaum einen schrofferen Gegensatz geben: Man denke an Nietzsches »aristokratischen Radikalismus«, an seine Verachtung der Massen, an sein Konzept des »Sklaventums« und des »Letzten Menschen« oder gar an den Terminus »blonde Bestie« auf der einen Seite und an die Erwartung der »proletarischen Revolution« und den Hinblick auf die klassenlose Gesellschaft der Freien und Gleichen auf der anderen Seite. Dennoch gibt es wesentliche Übereinstimmungen: etwa die Abneigung gegen die »Philister«, d. h. die einseitigen Berufs- und Alltagsmenschen, die Forderung des »ganzen« oder »vollen« Menschen, die Kritik an der Geldwirtschaft und vor allem die Orientierung an der griechischen Antike. Zum Beleg führe ich einige Zitate an:

Einen Brief aus dem Jahre 1884 beendet Nietzsche mit der folgenden nicht bloß scherzhaft gemeinten Strophe:

»Geht die Welt nicht schief und schiefer?
Alle Christen treiben Schacher,
Die Franzosen werden tiefer, –
Und die Deutschen – täglicher flacher.«[8]

Marx hatte vierzig Jahre zuvor in seinem Aufsatz über die Judenfrage geschrieben: »Welches ist der weltliche Kultus der Juden? Der Schacher. Welches ist sein weltlicher Gott? Das Geld. Nun wohl! Die Emanzipation vom Schacher und vom Geld, also vom praktischen, realen Judentum [d. h. der »christlichen« und kapitalistischen Produktionsweise] wäre die Selbstemanzipation unserer Zeit.«[9]

Bei Nietzsche sind die Äußerungen gegen die Hast und Unruhe des modernen Daseins Legion. Aber der junge Friedrich Engels äußert sich mit nicht geringerer Entschiedenheit gegen den »Strudel« der Konkurrenzwirtschaft und gegen die tiefe Unsittlichkeit der Auflösung der Gesellschaft in eine Welt von Atomen.[10]

Nietzsche spricht in seinen Vorträgen über die Zukunft unserer Bildungsanstalten von 1872 verächtlich von dem exklusiven Fachgelehrten, der dem Fabrikarbeiter ähnlich sei, welcher sein Leben lang nichts anderes als eine bestimmte Schraube oder Handhabe mache; Marx schreibt in den »Ökonomisch-philosophischen Manuskripten« über das Schicksal des Arbeiters, er werde »geistig und leiblich zur Maschine herabgedrückt und aus einem Menschen zu einer abstrakten Tätigkeit und einem Bauch«.[11]

Der paradigmatische Charakter, den die griechische Antike für Nietzsche hat, ist trotz der Parenthese seiner zweiten, der »positivistischen Periode«, während seiner letzten Lebensjahre noch ebenso handgreiflich wie in den frühesten Anfängen; bei Marx aber sollte man gewisse Äußerungen seiner angeblich »idealistischen« oder »vormarxistischen« Periode nicht übersehen, welche die These rechtfertigen können, seine »klassenlose Gesellschaft« sei nichts anderes als die griechische Polis im Weltmaßstab ohne Sklaven. So etwa, wenn es heißt, in Griechenland sei die res publica die wirkliche Privatangelegenheit der Bürger gewesen und man höre nicht, daß die griechischen oder römischen Staatsleute Examina abgelegt hätten.[12]

Marx und Nietzsche waren beide an der griechischen Antike orientierte, von der Philosophie des deutschen Idealismus herkommende und von dieser Philosophie sich lösende Bildungsbürger oder besser Kulturmenschen, und darin vor allem beruht ihre Übereinstimmung. Hegel hätte keinen von beiden als einen »Philosophen« gelten lassen, und insofern mögen sie beide »Intellektuelle« in dem oben beschriebenen Sinne genannt werden. Aber nicht nur auf den ersten, sondern auch auf den letzten Blick sind die Unterschiede groß. Marx und Engels, 1818 bzw. 1820 geboren, machten nach einer kurzen Periode der Unsicherheit eine Entdeckung, die ihnen eine neuartige Sicherheit und Identität verschaffte, die Entdeckung der geschichtlichen Bedeutung der Industriellen Revolution und damit des »Proletariats«, und sie konnten im Besitz der Hegelschen Begriffe von »Verwirklichung« und »Dialektik« eine bevorstehende Revolution ins Auge fassen, welche die Geschichte zu ihrer Vollendung führen und die Verwandlung aller Menschen zu Vollmenschen sowie eine einzigartige Blüte von Kunst und Kultur zur Folge haben würde. Nietzsche waren im Gefolge Schopenhauers diese Begriffe fremd, und für ihn war die Gefährdung von Kunst und Kultur durch die Moderne weit mehr als eine kurze Phase der Düsternis vor einem herrlichen Sonnenaufgang. Deshalb konnte er in einem viel stärkerem Maße als Marx und Engels ein Intellektueller sein. Aber das Kennzeichnende ist doch wieder, daß auch er eine Sicherheit, eine Lehre und eine »Praxis« zu erreichen suchte, die letzten Endes zu einem ebenso utopischen Bild einer Zukunft der »Herren der Erde«, der »Übermenschen« und einer »Partei des Lebens« führte, wie es (sofern sie ernstgenommen und nicht auf einige progressistische Gemeinplätze reduziert wird) die Marxsche Vorstellung der aus dem Abgrund des Elends und der Entwürdigung zum »Reich Gottes« der not- und sorgenlosen, von der Subsumtion unter die Teilung der Arbeit befreiten, mithin apparatlosen und in durchsichtiger Wechselseitigkeit lebenden Menschen war.

Es sticht ins Auge, wo die größeren Wirkungsmöglichkeiten lagen. Die Lehre von Marx konnte sich mit einer Realität verbinden, die es auch gegeben haben würde und die auch dann groß und mächtig geworden wäre, wenn Marx und Engels nie gelebt hätten, nämlich mit der Arbeiterbewegung, zunächst in ihrer europäischen Gestalt. Aber erst die Marxsche Doktrin gab dieser Bewegung, die eine bloße Gewerkschaftsbewegung hätte sein können, ein durch universale Ideen bestimmtes Ziel, eine »Weltmission«, und förderte dadurch ihre Einheit, die freilich immer unvollständig und prekär blieb. Nur dadurch konnte es zu der folgenden Synthese zwischen Arbeiterbewegung und »bürgerlichen«, »progressiven« Intellektuellen kommen, die Marx und Engels in ihren Personen vorweggenommen hatten und die man auch sicherheitssuchende oder utopistische Intellektuelle nennen könnte. Erst dadurch wurde der Begriff »bürgerlich« zu einem polemischen Instrument, mittels dessen sich die systemimmanente Selbstkritik zu einer aneignenden Totalverneinung forttrieb. Für Nietzsche dagegen gab es keine gleichsam »natürlichen« Anhänger. In seiner Jugend war er selbst der Anhänger eines großen Künstlers, der ein Kulturgründer und Volkseiniger sein wollte, nämlich Richard Wagners, aber faktisch blieb Nietzsches Wirksamkeit auf einen kleinen Kreis von »eximierten Kulturmenschen« beschränkt, und erst kurz vor seinem Zusammenbruch nannte er bestimmte soziale Gruppierungen, die ihm »Millionen« von Anhängern verschaffen und seine Kämpfe führen sollten: die Offiziere und die jüdischen Bankiers.[13] Auch dies war ein Konzept, wie sich später gerade im Scheitern zeigen sollte, aber für den Augenblick war es doch bloße Phantasie, welcher kaum irgendein Realitätsgehalt zukam. Wie hätte – außer unter ganz besonderen, unvorhersehbaren Umständen – ein Denken politische Wirkungen haben können, das in einem »Zeitalter der Massen« mit einem so anstößigen Begriff wie »Schlechtweggekommene« operierte und alle »Emanzipationen« zu verwerfen schien?

Und dennoch sah Nietzsche die Epoche der großen Kriege, welche »im Namen philosophischer Grundlehren« geführt werden würden, richtiger voraus als Marx, für den der Zwang der ökonomischen Entwicklung schon in naher Zukunft so überwältigend zu sein schien, daß in einer gleichzeitigen Revolution der fortgeschrittenen Völker des Westens die haltlos gewordene Herrschaft weniger Kapitalmagnaten beseitigt werden würde. Zwar finden sich auch bei Marx Andeutungen und Ansätze von anderer Art, so wenn er 1848 einen Weltkrieg postuliert, damit die Revolution zum Durchbruch kommen kann, oder wenn er in seinen letzten Jahren drei verschiedene Revolutionstypen unterscheidet, den englischen, den deutschen und den russischen, deren Aufeinanderwirken undurchsichtig bleibt. Wichtiger noch: Aus dem erst posthum veröffentlichten dritten Band des »Kapital« resultierte ein ganz anderes Zukunftsbild als aus dem ersten: nicht mehr der gemeinsame Kampf der ausgebeuteten Proletarier aller fortgeschrittenen Nationen, sondern die Erhebung der zurückgebliebenen Völker gegen die modernen, »kapitalintensiven«, einschließlich ihrer Arbeiter bevorzugten Wohlstandsinseln. Aber dieser Band und jenes Konzept wurden von den Anhängern kaum zur Kenntnis genommen, und die optimistisch-idyllische Vorstellung behielt die Oberhand. Nietzsche erwies sich nicht nur als der bessere Prophet, sondern es bildete sich auch tatsächlich »seine« Bürgerkriegspartei, die er als die »Partei des Lebens« gesehen hatte und die dann doch in der Realität so eklatant von seinen Vorstellungen abwich, daß man sie mit Nietzsche-Zitaten bekämpfen konnte. Aber ohne bestimmte Erscheinungsformen des Nietzscheanismus wäre sie so wenig zu dem geworden, was sie wurde, wie die Arbeiterbewegung ohne den Marxismus das gewesen wäre, was sie war.

Aber diese Vorlesung hat nicht den Titel »Marx und Nietzsche«. Die Frage nach dem Verhältnis dieser beiden »Intellektuellen«, welche die innere Gegensätzlichkeit des Typus auf die bedeutendste Weise repräsentieren, kann für uns nur eine Hintergrundfrage und eine letzte Perspektive sein. Wir dürfen diejenigen Denker nicht aus dem Auge verlieren, die Nietzsches wirkliche Zeitgenossen waren, d. h. Zeitgenossen, die er kannte, von denen er beeinflußt wurde und mit denen er sich auseinandersetzte. Da ist in erster Linie Eugen Dühring zu nennen, über den Nietzsche sich in seinen veröffentlichten Schriften sehr absprechend äußerte und aus dessen Werken er sich doch, wie sein Nachlaß beweist, weit umfangreichere Exzerpte angefertigt hatte als aus irgendeinem anderen Autor; da ist ferner Gustav Teichmüller, der einige Jahre Nietzsches Kollege in Basel war und von dem Nietzsche den Begriff »Perspektivismus« übernahm; da ist Eduard von Hartmann, gegen dessen Begriff des »Weltprozesses« Nietzsche immer wieder polemisiert; da ist African Spir, dessen Buch »Denken und Wirklichkeit« Nietzsche häufiger aus der Baseler Universitätsbibliothek entlieh als irgendein anderes.

Schließlich dürfen wir jene »Gestalten um Nietzsche« nicht ganz unbeachtet lassen, denen Erich F. Podach ein informatives Buch gewidmet hat: Peter Gast und Bernhard Förster, den Gatten seiner Schwester Elisabeth, Erwin Rohde und Julius Langbehn; vor allem aber Richard und Cosima Wagner sowie Jacob Burckhardt, zu denen Nietzsche sowohl eine reale wie eine gleichsam idealtypische Beziehung hatte, wie sie auf ergreifende Weise in jenen »Wahnsinnszetteln« von Anfang Januar 1889 zum Vorschein kommt, in denen seine geheimsten Sehnsüchte und sein handgreiflichstes Scheitern unübersehbar wurden.

Es gibt ein »Schlüsselwort« aus Nietzsches Munde, das als Motto und als Aufforderung zur Interpretation über diese Vorlesung geschrieben werden könnte. Es ist in einem Brief an Heinrich Köselitz zu finden, dem Nietzsche den Künstlernamen »Peter Gast« gab, und es lautet: »Erwägen Sie, wie ich seit 1876 in mancherlei Betracht, des Leibes und der Seele, ein *Schlachtfeld* mehr als ein Mensch gewesen bin.«[14] Das war, wie ich meine, eine weitaus anrührendere und aufschlußreichere Aussage, als sie etwa der viel bekanntere Satz darstellt, er, Nietzsche, sei nicht ein Mensch, er sei vielmehr Dynamit. Und es handelte sich keineswegs um eine vorübergehende Anwandlung. Ein Jahr später, im August 1883, schreibt Nietzsche an Franz Overbeck: »Einstweilen aber bin ich immer noch der leibhaftige Ringkampf: beim Lesen der Aufforderung Deiner lieben Frau hatte ich den Eindruck, als ob jemand den alten Laokoon aufforderte, er möge doch seine Schlangen überwinden.«[15]

Es war keine bloße Großsprecherei, wenn Nietzsche sich »die größte Umfänglichkeit der Seele« zuschrieb, und wenn er es als seine Tortur und sein Glück bezeichnete[16], in allen Winkeln der modernen Seele gesessen zu haben: In der Tat führten nahezu alle Faktoren und Phasen der europäischen Geschichte innerhalb dieses einen Menschen eine Auseinandersetzung[17], die sonst auf viele Einzelpersonen und Gruppen verteilt war, und beinahe zu jeder finden sich schroff gegensätzliche Urteile. Die Vermutung ist nicht grundlos, daß die Härte dieses Ringens eine Mitursache für Nietzsches Zusammenbruch war, so gewiß die Mediziner im Recht sind, wenn sie sagen, daß Irrsinn nicht aus rein geistigen Ursachen resultieren kann. Ich stelle daher den Hauptteil der Vorlesung unter den Titel: »Nietzsche als ›Schlachtfeld‹ – die zerreißende Auseinandersetzung mit den Faktoren und Phasen der europäischen Geschichte«. Unter dieser Überschrift werden zwölf Themen behandelt wie »Platonismus, Moral und Christentum«, »Aufklärung und Wissenschaft«, »Der Sozialismus«, »Die Deutschen und das Deutsche Reich«, »Emanzipation und Moderne als ›Gesamt-Entartung der Menschheit‹«. Im »Nietzscheanismus« sind, meist auf sehr vergröberte Weise, Nietzsches Urteile über diese Realitäten wieder auseinandergelegt und auf verschiedene Personen oder Tendenzen verteilt.

Die Schwäche oder besser die Begrenztheit der Fragestellung liegt darin, daß sie die philosophische Thematik nicht zum Gegenstand macht, wie etwa »Werden und Sein«, »Subjekt und Ding«, »Zeit und Ewigkeit«. Alles eigentlich Philosophische wird nur am Rande auftauchen, doch derjenigen philosophischen Frage, die für Nietzsche die bewegendste war, soll die zwölfte und letzte Stunde dieses Hauptteils gewidmet sein: »Leben und Erkenntnis, Wahrheit und Lüge«.

Aber eben weil Nietzsches Philosophieren weniger als bei irgendeinem anderen Denker von seinem Leben getrennt werden kann, da doch für ihn Wahrheit etwas war, »das man sich Stück für Stück vom Herzen abreißt und bei dem jeder Sieg sich mit einer Niederlage rächt«[18], muß die Biographie einen Platz finden, und zwar einen bedeutenden Platz. Ich stelle sie daher als Teil A vor jenes Hauptstück und widme ihr zehn Vorlesungsstunden. Gewiß mag man einwenden, dieses Leben sei ohne wirkliche Ereignisse verlaufen, als das Leben eines »Stubengelehrten«, der dem großen Publikum so gut wie unbekannt blieb, der in der Politik nicht die geringste Rolle spielte, der nicht einmal mit irgendeiner bedeutenden Persönlichkeit des geistigen Lebens auf vertrautem Fuße stand, von dem einzigen Richard Wagner abgesehen. Aber schon die Zeitgenossen haben bald nach 1890 in diesem Leben eine tiefe Symbolik erblickt, hauptsächlich wohl wegen des Endes in der Umnachtung, das Vergleiche mit Hölderlin und Lenau nahelegte. Für kleine Kreise war der »Einsiedler von Sils-Maria« indessen bereits vor 1889 zu einer beinahe mythischen Figur geworden, und der Wandel vom Wagnerianer einer strahlenden und genialen Jugendzeit zum »Positivisten« der zweiten, »aufklärerischen« Periode war nicht nur für Richard und Cosima Wagner selbst ein bedrückendes Rätsel geblieben. So könnte man zwar sagen, daß das Leben Eugen Dührings bewegender und spektakulärer gewesen sei: die Erblindung des kaum Dreißigjährigen, die Wirkung seiner Ideen von der »freien Gesellschaft« der Wirtschaftskommunen auf die Sozialdemokratische Partei, die öffentlichen Kämpfe um seine von der Universität betriebene Entsetzung von der Dozentur, die daraus resultierende »Studentenbewegung«. Aber gerade dieser Vergleich macht den entscheidenden Unterschied sichtbar; bei Eugen Dühring war alles eindeutig: seine Kritik an den »Zunftgelehrten«, das Aufklärertum seiner »Wirklichkeitsphilosophie«, sein Kampf gegen die lebensfeindliche jüdisch-christliche Tradition, sein rassisch orientierter Antisemitismus. Dühring schlug Schlachten, doch er war nicht selbst ein Schlachtfeld wie Nietzsche. Deshalb wäre eine Zusammenstellung seiner Äußerungen über die klassische Antike, über die Reformation, über den Sozialismus und über das Deutsche Reich eine Art von Epos: Die Entsprechung bei Nietzsche aber gleicht einem Drama.

Teil C der Vorlesung ist dem »Nietzscheanismus« gewidmet, und mit 8 Stunden ist er der kleinste. Die Einteilung erfolgt nach Personengruppen unterschiedlicher Art: »Jünger und Enthusiasten im Umkreis des Nietzsche-Archivs«, »Sozialisten und Anarchisten«, »Essayisten und Literaten«. Wenn das ein inkonsequenter Aufbau ist, so kommt darin zum Vorschein, daß der »Nietzscheanismus« nicht um seiner selbst willen interessiert. Aber das vorletzte Thema lautet: »Benito Mussolini als Marxist und Nietzscheaner« und die Schlußbetrachtung ist überschrieben: »Nietzsche, Marx und der europäische Bürgerkrieg«. Ich knüpfte damit an die früheste und an die späteste meiner Arbeiten an. Diese Vorlesung ist daher keine Routine-Darstellung, weder in objektiver noch in subjektiver Hinsicht.

Zur Nietzsche-Literatur

Auch der umnachtete bzw. tote Nietzsche war ein »Schlachtfeld«: Von Anfang an spielten sich heftige Kämpfe um sein »Bild« und um sein Erbe ab. Die Zentralperson war dabei seine Schwester Elisabeth, die heute fast allgemein als ehrgeizige und geldgierige Fälscherin gilt, deren Verdienste um Nietzsches Werk aber ohne Zweifel ganz überragend sind. Sie war die Begründerin der »Weimarer Überlieferung«, die im Nietzsche-Archiv ihre Festung hatte. Dieser Überlieferung stand von Anfang an die »Baseler Tradition« entgegen, die um Nietzsches letzten und verdienstvollen Freund, um Franz Overbeck zentriert war. Schon früh entspannen sich Kämpfe um das Urheberrecht an den Briefen, die Nietzsche an Overbeck geschrieben hatte, die Polemik dehnte sich aus, und nach dem Tode Overbecks wurden sogar Prozesse geführt. Aber auch in Weimar selbst spielten sich heftige Kämpfe ab. Das Archiv war der Mittelpunkt des »Nietzscheanismus«, aber sehr rasch kam es zu scharfen Auseinandersetzungen zwischen Elisabeth und mehreren »Herausgebern« der Werke wie Fritz Kögel und den Brüdern Horneffer: Elisabeth ließ ganze Bände der ersten Gesamtausgabe einstampfen, sie entließ ihre Gegner, gewann Maximilian Hardens »Zukunft« als Forum, wurde aber auch von Außenstehenden wie Rudolf Steiner scharf angegriffen.

Unter ihrer Ägide wurden die drei Gesamtausgaben der Zeit vor dem Ersten Weltkrieg herausgebracht:

1. die »Großoktavausgabe« (GOA) ab 1894 im Verlag C. G. Naumann, Leipzig, in Antiquaschrift – wenig später folgte die band- und seitengerechte Entsprechung der »Kleinoktavausgabe« (KOA) in Frakturschrift. In der »Ersten Abteilung« sind die von Nietzsche selbst veröffentlichten Werke in acht Bänden zu finden; die »Zweite Abteilung« umfaßt in Bd. IX bis XVI die »Nachgelassenen Werke«. Die »Dritte Abteilung« ist die kleinste und enthält zwei Bände »Philologica«. Bei weitem die wichtigsten sind die Bände XV und XVI: »Ecce homo« und »Der Wille zur Macht«. Der letztere wurde als »Hauptwerk« Nietzsches von Elisabeth und ihren

Mitarbeitern gewissermaßen »geschaffen«, d. h. aus Nachlaßfragmenten zusammengestellt, und zwar nach Sachgesichtspunkten, zuerst in einem kleineren Bande von 483 Aphorismen, dann in der endgültigen Gestalt mit 1067. Diese Version findet sich in der dritten Gesamtausgabe der Vorkriegszeit, der sogenannten »Taschenausgabe« in 11 Bänden. Hier stehen die Nachlaß-Fragmente nicht wie in der GOA für sich, sondern sie sind jeweils den Werken zugeordnet.

Dies ist auch das Kennzeichen der monumentalsten Ausgabe, der »Musarion-Ausgabe«, die zwischen 1920 und 1929 in 23 Bänden erschien, herausgegeben von Nietzsches Vettern Richard und Max Oehler sowie von Friedrich Würzbach, dem Präsidenten der »Nietzsche-Gesellschaft«. Im ersten Band finden sich die »Jugendwerke«, die in GOA und TA nicht enthalten sind. Nicht zu Ende geführt wurde das ehrgeizigste Unternehmen der Zwischenkriegszeit, die »Historisch-kritische Gesamtausgabe« der Werke und Briefe im Verlag C. H. Beck, München, ab 1934. Nur fünf Bände der Werke und vier Bände Briefe liegen vor, die einen reichen bis 1869 und die anderen bis 1877. Das gesamte Manuskriptmaterial ist hier sehr genau beschrieben, und sämtliche Kindheitsgedichte sind aufgenommen. Allerdings war die zeitliche Bestimmung der einzelnen Fragmente schon durch die GOA und die Musarion-Ausgabe möglich; man konnte sich also auch vor dem Weltkrieg davon überzeugen, daß der Schluß-Aphorismus des »Willens zur Macht« (Nr. 1067) aus dem Jahre 1885 stammt, während der größere Teil der Aphorismen in die Jahre 1887 und 1888 gehört. Aber der Kern der Sache ist doch die Frage, ob es überhaupt zulässig ist, aus Nietzsches Nachlaß ein »Hauptwerk« zusammenzustellen. Wir wissen nicht, zu welcher Entscheidung diese Frage in der »Historisch-kritischen Gesamtausgabe« gebracht worden wäre, aber nach dem Zweiten Weltkrieg gelangte einer der Herausgeber, Karl Schlechta, zu einem eindeutigen Nein. In seiner Ausgabe, den »Werken in drei Bänden«, die 1956 in München herauskam, ist der frühere »Wille zur Macht« wieder aufgelöst, und die einzelnen Fragmente werden in der chronologischen Reihenfolge des Nachlasses gebracht. Im »Philologischen Nachbericht« zum dritten Band gibt Schlechta Informationen über Rasuren und Fälschungen, die Elisabeth Förster-Nietzsche in den Briefen vorgenommen hatte, Informationen, die als sensationell empfunden wurden. Trotz der berechtigten Empörung sollte man aber die Tatsache nicht aus dem Auge verlieren, daß die teilweise geradezu zügellosen Ausfälle des späten Nietzsche gegen seine Mutter und Schwester, wie vermutlich noch andere Briefe und Manuskripte, mit Sicherheit vernichtet worden wären, wenn Elisabeth die Mutter und die Verwandten nicht veranlaßt hätte, ihr die Urheberrechte abzutreten.

Die jüngste und wohl definitive Ausgabe ist die »Kritische Gesamtausgabe, hrsg. von Giorgio Colli und Mazzino Montinari«, Berlin (de Gruyter) 1967 ff. Die verschiedenen Abteilungen sind streng chronologisch angeordnet, die »Werke« und der »Nachlaß« sind wieder getrennt (KGW). Die Briefabteilung (KGB) enthält auch die an Nietzsche gerichteten Briefe. Am leichtesten zugänglich und verwendbar ist die »Kritische Studienausgabe« (KSA) in 15 Bänden. Sie steht zur KGW in einem ähnlichen Verhältnis wie die KOA zur GOA, ist aber nicht band- und seitengerecht. Die ersten sechs Bände umfassen die Werke, Band 7–13 den Nachlaß. Bd. 14 ist der Kommentarband mit mehr als 700 Seiten; Band 15 enthält eine »Chronik zu Nietzsches Leben«, eine Konkordanz zur KGW und das Gesamtregister. Der Briefausgabe entspricht in etwa die Kritische Studienausgabe der »Sämtlichen Briefe« in 8 Bänden, die jedoch nur Nietzsches eigene Briefe umfaßt.

Eine neue, in ihren Konsequenzen noch nicht recht absehbare Situation wurde durch den plötzlichen Tod von Mazzino Montinari im Jahre 1986 geschaffen. Montinari war zusammen mit Wolfgang Müller-Lauter, Heinz Wenzel und Ernst Behler auch Urheber der beiden im Augenblick wichtigsten Unternehmungen der »Nietzsche-Forschung«: der »Nietzsche-Studien«, von denen ab 1972 bisher 27 Bände bei de Gruyter publiziert sind, und der »Monographien und Texte zur Nietzsche-Forschung« (ebenfalls bei de Gruyter). Hier ist u. a. das einzige Werk erschienen, das ich jetzt zum Thema »Nietzscheanismus« nenne, die zweibändige monumentale Bibliographie von Richard Frank Krummel: Nietzsche und der deutsche Geist. (Berlin – New York 1974 und 1983 als Bd. 3 und 9 der »Monographien und Texte«.)

Ein zur Einführung und ersten Orientierung geeignetes Büchlein, das aber auch bemerkenswert viele Titel zum »Nietzscheanismus« aufführt, ist Peter Pütz: Friedrich Nietzsche, Stuttgart 1975[2] (Sammlung Metzler). Neben knappen Darstellungen besteht das Hauptkennzeichen des Buches in ausführlichen Bibliographien, die nach Sachgebieten geordnet sind.

Zum Leben Nietzsches ist immer noch an erster Stelle zu nennen: Elisabeth Förster-Nietzsche, Das Leben Friedrich Nietzsches in drei Bänden (I, II,1 und II,2), erschienen 1895, 1897, 1904. Weitaus verbreiteter war die populäre Version in zwei Bänden: »Der junge Nietzsche« 1912 und »Der einsame Nietzsche« 1913. Der Gegenpart von der Overbeck-Seite ist: Carl Albrecht Bernoulli, Franz Overbeck und Friedrich Nietzsche. Eine Freundschaft. 2 Bde., Jena 1908 (Eugen Diederichs). Merkwürdig sind die zahlreichen leeren Stellen, deren Text »infolge des Jenaer Gerichtsurteils« fortgelassen werden mußte (meist Briefe von Gast an Overbeck).

Die umfangreichsten Lebensbeschreibungen aus jüngster Zeit sind:

Curt Paul Janz: Friedrich Nietzsche Biographie, 3 Bde., München 1978/79 (Fortführung eines Werkes von Richard Blunck). Werner Ross: Der ängstliche Adler. Friedrich Nietzsches Leben. Stuttgart 1980 (DVA), Taschenbuchausgabe München 1984 (dtv).

Eine Zusammenstellung von Erinnerungen verschiedener Personen an Nietzsche findet sich in:

Sander L. Gilman (Hrsg.): Begegnungen mit Nietzsche, Bonn 1981.

Aufschlußreich zu Nietzsches Umwelt und schon erwähnt: Erich F. Podach: Gestalten um Nietzsche. Weimar 1932. Behandelt sind die Mutter, Erwin Rohde, Elisabeth und Bernhard Förster, Peter Gast, Julius Langbehn. Das Buch steht in der Baseler Tradition und ist sehr kritisch gegenüber Elisabeth Förster-Nietzsche.

Einführend und faßlich zum Thema »Nietzsche als Philosoph«: Eugen Fink, Nietzsches Philosophie. Stuttgart 1986[5] (1. Aufl. 1960).

Sehr frühe und sehr späte philosophische Interpretationen kann man auszugsweise lesen in:

Alfredo Guzzoni (Hrsg.): 100 Jahre philosophische Nietzsche-Rezeption, Frankfurt 1991. Hier findet sich gleich zu Beginn: Georg Brandes, Aristokratischer Radicalismus (zuerst 1890 in

»Deutsche Rundschau«). Ferner sind vertreten u. a. Alois Riehl und Hans Vaihinger. Im dritten Teil sind Auszüge aus Werken von Sartre, Foucault, Danto usw. zu lesen.

Von den »Standardwerken« nenne ich:

Charles Andler: Nietzsche, sa vie et sa pensée. 3 Bde., Paris 1958[4] (zuerst 1920 ff.). Vor allem ist wichtig das Kapitel in Bd. 1 »Les précurseurs de Nietzsche«. Behandelt sind überwiegend Deutsche wie Goethe, Hölderlin und natürlich Schopenhauer sowie Franzosen wie Pascal, Stendhal und Larochefoucauld; die Zeitgenossen wie Teichmüller und Spir werden dagegen kaum oder gar nicht erwähnt.

Walter Kaufmann: Nietzsche. Philosoph – Psychologe – Antichrist. Darmstadt 1982 (Original Princeton 1950). Der Verfasser, ein nach 1933 emigrierter Deutscher, verteidigt Nietzsche als einen Aufklärer und Nachfahren Goethes und Heines gegen Elisabeth Förster-Nietzsche, die ihn fälschlich zu einem »Proto-Nazi« gemacht habe.

Entgegengesetzter Auffassung ist:

Ernst Sandvoss: Hitler und Nietzsche. Göttingen 1969.

Abgewogener, aber die »Politik« bei Nietzsche schwerlich erschöpfend:

Henning Ottmann: Philosophie und Politik bei Nietzsche. Berlin – New York 1987 (de Gruyter, »Monographien und Texte zur Nietzsche-Forschung«, Bd. 17).

Steven E. Aschheim: The Nietzsche Legacy in Germany, 1890–1990, Berkely 1992 (deutsche Übersetzung: Nietzsche und die Deutschen. Karriere eines Kults. Stuttgart/Weimar 1996) – eine Gesamtdarstellung, die im »Nachwort« ausführlich auf das vorliegende Buch eingeht.

Zum Schluß führe ich »die großen Interpretationen« auf. Ich nenne sie zum einen »groß«, weil sie von bedeutenden Denkern stammen (und das trifft auch auf Alfred Baeumler zu, der keineswegs *nur* ein Nationalsozialist war), und zum anderen, weil wesentliche Grundmöglichkeiten der Auslegung darin artikuliert sind:

Ludwig Klages: Die psychologischen Errungenschaften Nietzsches. 1926. (Der »Wille zur Macht« als Fremdkörper ausgestoßen.)

Alfred Baeumler: Nietzsche, der Philosoph und Politiker. Leipzig 1931. (Die »ewige Wiederkunft« als mit dem »Willen zur Macht« unvereinbar ausgestoßen.)

Karl Jaspers: Nietzsche. Einführung in das Verständnis seines Philosophierens. 1981[4] (de Gruyter Studienbuch), 1936[1].

Martin Heidegger: Nietzsche. 2 Bde., Pfullingen 1961. (Nietzsche als »Vollender der abendländischen Metaphysik«.)

Im weiteren Verlauf der Vorlesung werden nur noch ausnahmsweise Literaturangaben gemacht werden. Für alle praktischen Zwecke genügt als Bibliographie das Büchlein von Pütz. Dort finden sich auch Angaben für diejenigen, welche die vielen Tausende von Titeln der Gesamtliteratur über Nietzsche kennenlernen möchten.

I
Nietzsches Leben

Jugendjahre und Studentenzeit

Wer die Biographie eines Menschen schreiben oder erzählen will, wird gut daran tun, sich eines der berühmtesten Gedichte Goethes zu erinnern, der »Urworte orphisch«. Die erste Strophe wird sehr häufig zitiert, Goethe hat sie mit »Daimon« überschrieben:

Wie an dem Tag, der dich der Welt verliehen,
Die Sonne stand zum Gruße der Planeten,
Bist alsobald und fort und fort gediehen
Nach dem Gesetz, wonach du angetreten.
So mußt du sein, dir kannst du nicht entfliehen,
So sagten schon Sibyllen, so Propheten;
Und keine Zeit und keine Macht zerstückelt
Geprägte Form, die lebend sich entwickelt.

Ob Goethe sich hier wirklich von dem uralten Glauben der Bestimmung menschlichen Schicksals durch den Stand der Sterne leiten ließ oder ob ihm nicht in stärkerem Maße die erbliche Prägung des Menschen vorschwebte, wie er sie an anderer Stelle formulierte: »Vom Vater hab ich die Statur, Des Lebens ernstes Führen, Vom Mütterchen die Frohnatur und Lust zu fabulieren«, sei hier dahingestellt. Heute dürfte es uns näherliegen, von jener anderen Determinierung des Menschen auszugehen, die man die gesellschaftliche nennen mag: die Determinierung durch die Tätigkeit und die Umwelt der Familie, in die das Kind hineingeboren ist, durch die Landschaft, den Stamm und die Nation, innerhalb deren die Familie existiert, durch die Religion und die Klasse oder den »Stand«, welchen sie angehört. Offensichtlich kann diese Prägung von ganz unterschiedlicher Stärke sein. Extremformen sind etwa auf der einen Seite die Kinder im Orthodoxenviertel Mea Shearim in Jerusalem, die sich in ihrer dunklen Kleidung und mit ihren klobigen Schuhen für das Auge des Besuchers sonderbar genug ausnehmen und doch anscheinend in der völligen Übereinstimmung mit ihren Eltern und Vorfahren glücklich sind. Auf der anderen Seite bilden die Kinder einer betont liberal eingestellten Diplomatenfamilie ein Paradigma, denn sie werden sich in der kritischen oder distanzierenden Einstellung zur nationalen Tradition und in der Problemlosigkeit des Ortswechsel sogar von den temporären Mitschülern auf einem deutschen Gymnasium sehr deutlich unterscheiden.

Von der Seite des Vaters *und* der Mutter war das Hauptkennzeichen dieser »sozialen Determinierung« das mitteldeutsche protestantische Pfarrhaus. Beide Großväter Nietzsches waren Geistliche: Friedrich August Ludwig Nietzsche (1756–1826), zuletzt Superintendent in Eilenburg, Dr. theol. und Schriftsteller in christlich-aufklärerischem Geiste; David Ernst Oehler, Pfarrer in Pobles nicht weit von Leipzig. Diese beiden waren allerdings die ersten Theologen in ihren Familien, die Vorfahren waren meist Angehörige des kleinen Bürgertums, aber die Mutter des Großvaters väterlicherseits stammte in fünfter Generation aus einer Pfarrersfamilie. Von der älteren Generation war für den jungen Nietzsche besonders wichtig die Großmutter väterlicherseits, Erdmuthe geb. Krause, die Schwester eines Generalsuperintendenten, der zuerst Domprediger in Naumburg und dann der Nachfolger Herders in Weimar war; nach einer freilich unrichtigen Überlieferung war sie von Goethe verehrt worden, und jedenfalls stellte sie ein unmittelbares Bindeglied zu der Welt des klassischen Weimar dar; sie lebte bis 1856. Ferner ist der Großvater mütterlicherseits David Ernst Oehler hervorzuheben, der Sohn eines armen Webers aus Zeitz, welcher die Tochter eines Rittergutsbesitzers geheiratet hatte; auf dem großbauernhaften Pfarrhof in Pobles, nicht weit vom Schauplatz der Völkerschlacht von Leipzig, verbrachte der junge Nietzsche lange Ferien.

Die Umwelt war also betont protestantisch und mitteldeutsch, der »Genieecke« Deutschlands zugehörig; anscheinend lag eine entfernte Verwandtschaft mit Richard Wagner, mit August Wilhelm und Friedrich Schlegel, mit Gneisenau und Pufendorf vor. Eine gewisse Ähnlichkeit mit Marx ist hier ebenfalls unübersehbar, unter dessen Vorfahren sich ganze Rabbinergeschlechter befanden; ein wesentlicher Unterschied bestand freilich darin, daß bei Marx ein weltlich-aufgeklärter Vater zu finden ist, während bei Nietzsche die christlich-protestantische Tradition im Vater eher verstärkt war. (Bloße Phantasie war die dem späteren Nietzsche sehr liebe Behauptung, seine Vorfahren seien ein polnisches Adelsgeschlecht namens Niëtzky gewesen.)

Dieser Vater, Karl Ludwig Nietzsche, geboren 1813, wird als eine sehr feinsinnige, zarte, musikalisch begabte, priesterliche Erscheinung geschildert. In seinen jungen Jahren war er Erzieher der Prinzessinnen am herzoglichen Hof von Altenburg gewesen, und 1842 erhielt er auf Befehl Friedrich Wilhelms IV. die Pfarrstelle in Röcken bei Lützen. Für seinen königlichen Protektor empfand er tiefe Dankbarkeit und Verehrung. Bei seinem Antrittsbesuch im benachbarten Pobles lernte er die Tochter Franziska des Pfarrers David Ernst Oehler kennen, das sechste von elf Kindern, damals erst 17 Jahre alt. Die Heirat fand am 10. Oktober 1843 statt; ein Jahr später, am 15. Oktober 1844, wurde das erste Kind geboren, das den Namen Friedrich Wilhelm erhielt, da der königliche Wohltäter am gleichen Tag Geburtstag hatte.

Wie intensiv die Königstreue, ja Königsliebe des Vaters war, wurde im März 1848 überwältigend deutlich. Als die Nachricht von den Ereignissen in Berlin und insbesondere von dem erzwungenen Umritt des Königs nach Röcken kam, brach Karl Ludwig Nietzsche in Tränen aus und zog sich für viele Stunden in sein Studierzimmer zurück, ohne Nahrung zu sich zu nehmen. Ein Jahr später war er tot; bis heute ist nicht geklärt, ob ein (möglicherweise erbliches) Gehirnleiden oder, wie Elisabeth Nietzsche immer behauptete, ein Sturz von der Treppe die Ursache war. Der junge Friedrich Wilhelm bewahrte seinem Vater das ganze Leben hindurch tiefe Verehrung; offenbar war dessen Tod das erste große Leid, das den von Anfang an sehr ernsthaften und nachdenklichen Knaben traf. Es ist ein glaubwürdiger Bericht, daß schon das einjährige Kind wie gebannt auf den Vater blickte, wenn dieser am Klavier phantasierte. In dem ersten der zahlreichen Lebensrückblicke, die Nietzsche schrieb, heißt es 1858: »Da aber verdüsterte sich plötzlich der Himmel; mein geliebter Vater erkrankte schwer und anhaltend... Endlich nach langer Zeit geschah das Schreckliche: Mein Vater starb ... Alle Freude war vorüber; Schmerz und Trauer waren an ihrer Stelle.«[1]

Nicht so recht glaubwürdig ist dagegen eine Geschichte, die sich nach der Erzählung der Schwester Anfang 1851 in Naumburg abgespielt haben soll, der aber gleichwohl ein gewisses Maß innerer Wahrheit zuzuschreiben ist: Nach dem Schulschluß der Bürgerschule sei eines Tages ein heftiger Platzregen niedergegangen, und alle Kinder seien eilig nach Hause gerannt. Nur der junge Nietzsche habe den Schritt nicht beschleunigt, und auf die verwunderte Frage der Mutter, weshalb er sich habe naßregnen lassen, habe der Knabe geantwortet:

»Aber Mutter, in den Schulgesetzen steht, die Schüler haben ruhig und gesittet nach Hause zu gehen.«

Wenn man also den »Daimon«, der vom ersten Anfang her über Nietzsches Leben waltete, mit kurzen Worten charakterisieren wollte, dann müßte man wohl sagen: ein ungewöhnlich begabter Knabe in der streng royalistischen Umwelt lutherischer Pfarrhäuser im sächsisch-thüringischen Gebiet. Daraus ist leicht der Name »der kleine Pastor« abzuleiten, der ihm bald wegen seiner eindrucksvollen Reden und »Predigten« gegeben wurde, und damit ist die Selbstverständlichkeit des Wunsches verknüpft, eines Tages Pfarrer zu werden.

Aber der Tod des Vaters war ein Schicksalsschlag, ein Zufall, der aus den Prämissen des »Daimon« nicht herzuleiten ist, es sei denn, man sähe in der Gehirnkrankheit des Vaters den ererbten Bestimmungsgrund der Krankheiten und der schließlichen Umnachtung des Sohnes. Die zweite Strophe der »Urworte orphisch« ist ja überschrieben »Tyche, das Zufällige«, und dann heißt es:

> Die strenge Grenze doch umgeht gefällig
> Ein Wandelndes, das mit und um uns wandelt;
> Nicht einsam bleibst du, bildest dich gesellig
> Und handelst wohl so, wie ein andrer handelt …

Dieser Umgang, diese Gegenwarts-Umwelt, die durch das Zufällige mitbestimmt ist, lag freilich für Nietzsche weiterhin in der Richtung des »Daimon«. Im April 1850 zog er mit der Mutter, der zwei Jahre jüngeren Schwester Elisabeth, der Großmutter Erdmuthe und den beiden Tanten Auguste und Rosalie, den Schwestern des Vaters, nach Naumburg. Die kleine Stadt bot ein noch ganz mittelalterliches Bild, abends wurden die Tore der Stadtmauern geschlossen. Nietzsche wuchs also in rein weiblicher Umgebung auf, und die Schwester fing schon bald an, die Gedichte und Aufsätze ihres Bruders zu sammeln. Enge Freundschaft verband ihn mit Wilhelm Pinder und Gustav Krug, die dem »weltlicheren« Bildungsbürgertum entstammten: Musik und klassische Literatur waren die Lebensluft der Elternhäuser. Einige Jahre verbrachte Nietzsche im Domgymnasium zu Naumburg; die politischen Ereignisse der »Reaktionszeit« nahm er allenfalls am Rande wahr. Allerdings ergriffen er und seine Freunde, wie es der preußischen Tradition entsprach, im Krimkrieg 1853-55 die Partei der Russen gegen die Westmächte; 1856 schrieb der Junge an Elisabeth: »In der Bahnhof Restauration las ich die vossische Zeitung, worinn vieles über das keiserliche Kind stund«[2], d. h. über den eben geborenen Sohn Napoleons III.

1858 geht er mit einem Stipendium der Stadt Naumburg nach Schulpforta. Die altberühmte »Fürstenschule«, nicht weit von Naumburg entfernt, war ein »Schulstaat« der humanistisch-theologischen Bildung, der nur noch geringe Reste jenes »Pennalismus« aufwies, über den der junge Fichte sich sehr beklagt hatte. Aber die strenge Zeiteinteilung und insgesamt die Disziplin, denen die von 12 Lehrern unterrichteten 180 »Internen« sich zu unterwerfen hatten, waren nach wie vor sehr streng und klösterlich; um die allerkleinste Anschaffung vornehmen zu dürfen, mußte noch der Zwanzigjährige an seinen Mentor ein schriftliches Gesuch richten. Nietzsche empfand diese Existenzweise offenbar als bedrückend; so schrieb er im Februar 1860 an Wilhelm Pinder: »Unser Leben in Pforta ist weiter nichts als ein beständiges Erinnern und Hoffen.«[3] Aber er erhielt eine vorzügliche philologische Ausbildung, und unter den Lehrern war der »Geist von 1848« noch recht lebendig. Ein ganzer Strom von eigenen Aufsätzen und Gedichten lief neben der Schultätigkeit her. Die Freundschaft mit Pinder und Krug wurde intensiv gepflegt; sehr häufig findet sich in den Briefen die Formel: »Nostra semper manet amicitia«. Zu den Freunden in Pforta selbst gehörten Paul Deussen und Carl von Gersdorff; beide blieben Nietzsche während des ganzen Lebens verbunden. Die Sehnsucht nach Freundschaft und deren Pflege blieben für Nietzsche charakteristisch; darin bestand einer der Unterschiede gegenüber Marx, der indessen seine Familie und Friedrich Engels hatte.

Von den frühen literarischen Produktionen sind drei hervorzuheben, alle aus dem Jahr 1862:

»Napoleon III. als Präsident«.[4] Der Aufsatz ist eine einzige Preisung des »Genies«. Ein »Herrschergenie« hat das Recht, eine Staatsregierung an sich zu reißen, die sich in unwürdigen Händen befand. Nietzsche führt hier viele Namen an, die in seinen späteren Werken nicht mehr vorkommen: Louis Blanc, Ledru-Rollin, Cavaignac. Er nennt Napoleon III. »eine Hoffnung der Armen, der Bauernschaft Frankreichs«, die von ihm »enchantiert« gewesen seien. Auch die Konfiszierung der Güter des Hauses Orleans wird mit positivem Ton erwähnt. Zu Marx' Haß gegen »Boustrapa« findet sich nicht die leiseste Entsprechung.

»Fatum und Geschichte«.[5] Hier spricht sich der junge Nietzsche für einen »freieren Standpunkt« hinsichtlich des Urteils über Religion und Christentum aus. Wo lassen sich sichere Grundlagen im »Meer des Zweifels« finden? Die Menge habe noch nicht begriffen, daß das ganze Christentum sich auf (bloße) Annahmen gründe. Man müsse fragen, ob nicht vielleicht der Mensch nur die Entwicklung des Steins durch das Medium Pflanze und Tier sei. jedenfalls sei im Kampf des Einzelwillens mit dem Gesamtwillen auch das Grundverhältnis von Fatum und Geschichte angedeutet. Unter Bezugnahme auf Emerson, der bis zum Ende einer seiner Lieblingsautoren bleiben wird, spricht sich Nietzsche gegen die Macht des Gewöhnlichen und die Alltäglichkeit der Verhältnisse aus; ein »höherer Ideenflug« sei möglich und notwendig. Daraus leitet er eine sehr entschiedene »politische« Stellungnahme ab: »Es ist deshalb Beschränktheit, der ganzen Menschheit irgend eine specielle Form des Staates oder der Gesellschaft gleichsam mit Stereotypen aufdrucken zu wollen: alle socialen und communistischen Ideen leiden an diesem Irrtum.« Der freie Wille als das Fessellose würde als Alleinherrscher die Menschen zu »unabhängigen Göttern« machen, aber freier Wille ohne Fatum ist ebensowenig denkbar wie Geist ohne Reelles, Gutes ohne Böses. »Denn erst der Gegensatz macht die Eigenschaft.« Daran angeknüpft wird eine kühne Spekulation: Vielleicht ist der freie Wille nichts als die höchste Potenz des Fatums. Die Welt könne vorgestellt werden als Hinbewegung zu einem »ungeheuren Ozeane, wo sich alle Entwicklungshebel der Welt wiederfinden, vereinigt, verschmolzen, all-eins«.

Noch interessanter ist das Fragment »Über das Christentum«[6] aus dem April 1862. »Durch den Glauben selig werden heißt nichts als die alte Wahrheit, daß nur das Herz, nicht das Wissen, glücklich machen kann. Daß Gott Mensch geworden ist, weist nur darauf hin, daß der Mensch nicht im Unendlichen seine Seligkeit suchen soll, sondern auf der Erde seinen Himmel gründe; der Wahn einer überirdischen Welt hatte die Menschengeister in eine falsche Stellung zu der irdischen Welt gebracht: Er war das Erzeugnis einer Kindheit der Völker ... Unter schweren Zweifeln und Kämpfen wird die Menschheit männlich: Sie erkennt in sich »den Anfang, die Mitte, das Ende der Religion«.

Hier ist ganz deutlich der Einfluß Feuerbachs zu erkennen, und Feuerbachisch klingen auch Briefstellen an Krug und Pinder aus dieser Zeit. Offenbar wird unter dem Einfluß der zeitgenössischen Philosophie der Abschied von der stärksten prägenden Kraft seiner Jugend ohne schwere innere Kämpfe vollzogen. Auch dies bedeutet eine Übereinstimmung mit Marx. Übereinstimmung liegt aber auch insofern vor, als der »religiöse« oder »idealistische« Impuls nicht verlorengeht. Zeugnis davon ist das Gedicht »Dem Unbekannten Gott« aus der Zeit kurz vor dem Abitur und damit dem Abgang von Schulpforta:

> Noch einmal eh' ich weiterziehe
> und meine Blicke vorwärts sende
> heb ich vereinsamt meine Hände
> zu dir empor, zu dem ich fliehe,
> dem ich in tiefster Herzenstiefe
> Altäre feierlich geweiht
> daß alle Zeit
> Mich seine Stimme wieder riefe ...[7]

Im September 1864, kurz vor der Vollendung des 20. Lebensjahres, verließ er die Schule mit einem Abgangszeugnis, das nur wegen der schwachen Leistungen in der Mathematik nicht überragend war. Als ersten Studienort wählte er Bonn. Auch dies bedeutete eine Ähnlichkeit mit Marx, und keine bloß äußerliche. Über den hohen Geldverbrauch des Sohnes drückte sich die Mutter ganz ähnlich aus wie Vater Marx zwanzig Jahre vorher: Nietzsche erhielt im Monat einen Wechsel von 40 Talern; der Mutter war 1849 eine Witwenpension von 30 Talern und ein Kindergeld von 16 Talern im Jahr (!) gewährt worden; ein kleines ererbtes Vermögen erklärt den befremdlichen Unterschied. Ganz so romantisch wie das Studium von Marx war dasjenige Nietzsches jedoch nicht, obwohl er in die Burschenschaft »Franconia« eintrat; sehr bald wandte er sich von der Theologie ab und der Philologie zu, deren Bonner Erscheinungsform durch den Streit zwischen den Professoren Ritschl und Jahn gekennzeichnet war. Nietzsche ergriff jedoch zunächst nicht Partei, sondern widmete sich überwiegend philologischer Detailarbeit, deren wichtigste Frucht die Studien über Theognis waren (»Theognidea«), mithin über einen Autor, welcher wohl den schroffsten Aristokratismus unter den antiken Schriftstellern vertrat (»Die Vielen sind schlecht.«). Aber es lassen sich auch bereits schroffe Äußerungen gegen »die Priester« insgesamt finden. Besonders ausgeprägt war Nietzsches Abneigung gegen den Bonner Katholizismus, und er wurde für den »Gustav-Adolf-Verein« tätig. Das Urteil lautete allerdings anders, wenn der ästhetische Gesichtspunkt in den Vordergrund trat, so daß er von Köln sagte, die Stadt mache mit ihrem erhabenen Dom und den unzähligen Kirchen einen bedeutenden Eindruck.[8] Auf seine spätere Philosophie weisen am ehesten einige Briefstellen voraus, wie etwa gegenüber Elisabeth: »Kommt es denn darauf an, die Anschauung über Gott, Welt und Versöhnung zu bekommen, bei der man sich am bequemsten befindet, ist nicht viel mehr für den wahren Forscher das Resultat seiner Forschung geradezu etwas Gleichgültiges? Suchen wir denn bei unserem Forschen Ruhe, Frieden, Glück? Nein, nur Wahrheit, und wäre sie höchst abschreckend und häßlich.«[9] Noch zukunftsvoller war eine Äußerung in einem Brief an v. Gersdorff vom 7.4.1866, wo Nietzsche von einem Gewitter erzählt und dann fortfährt: »Was war mir der Mensch und sein unruhiges Wollen! Was war nur das ewige ›Du sollst‹, ›Du sollst nicht‹! Wie anders der Blitz, der Sturm, der Hagel, freie Mächte, ohne Ethik! Wie glücklich, wie kräftig sind sie, reiner Wille, ohne Trübungen durch den Intellekt.«[10] Hier ist ganz deutlich Schopenhauer vernehmbar, dessen »Die Welt als Wille und Vorstellung« Nietzsche kurz zuvor kennengelernt hatte. Eine Weggabelung in bezug auf den Hegelianer Marx war nicht minder die persönliche Bekanntschaft mit Richard Wagner im November 1868, die von Frau Prof. Brockhaus, der Schwester des Komponisten, vermittelt worden war. Das geschah jedoch bereits in Leipzig, wohin Nietzsche seinem Lehrer Friedrich Ritschl gefolgt war. Hier legte er 1866 auch eine starke Anteilnahme an dem deutschen Bürgerkrieg an den Tag, mit unterschiedlichen Stellungnahmen zu Bismarck, aber grundsätzlich im Geist des Freisinns und der »Achtundvierziger«. Darin könnte man einen Höhepunkt der »Tyche« sehen.

Was Goethe jedoch in der dritten Strophe anführt, bleibt ihm fremd, nämlich »Eros, Liebe«:

> Die bleibt nicht aus [= die Flamme, die entzündet] …
> Da wird ein Wohl im Weh, so süß und bang.
> Gar manches Herz verschwebt im Allgemeinen,
> Doch widmet sich das edelste dem Einen.

Den Eros scheint Nietzsche nur in der Gestalt des Sexus kennengelernt zu haben, und die luetische Erkrankung, die Thomas Mann zum Ausgangspunkt des »Doktor Faustus« gemacht hat, dürfte er sich in einem Leipziger Bordell geholt haben. Aber eine Art Leidenschaft war die Freundschaft mit Erwin Rohde, in der nach heutigem Verständnis homosexuelle Untertöne zu vernehmen sind. Aller Vermutung nach ist dieses »aufgeklärte« Verständnis jedoch falsch, denn zu Rohde konnte Nietzsche verächtlich von der »scheußlich-gierigen Geschlechtsliebe«[11] sprechen, und Richard Wagner nahm offensichtlich kein Begehren wahr, als Nietzsche ihm von »Ihrer von mir so geliebten Gattin«[12] schrieb.

Bei Ritschl wurde Nietzsche rasch zum Lieblingsschüler, und das Studium wurde nur für kurze Zeit durch den Militärdienst als Einjährig-Freiwilliger in Naumburg vom Herbst 1867 bis zum Frühjahr 1868 unterbrochen, den Nietzsche ohne Widerstreben, ja mit einer gewissen Begeisterung ableistete, der aber vorzeitig durch einen schweren Reitunfall beendet wurde. Im ganzen war das Studium in Bonn und Leipzig eine durch und durch »griechische« Zeit; als kennzeichnend ist der Satz in einem Brief an v. Gersdorff anzusehen: »... ist vielleicht hier auch durch das ›Christentum‹ ein Riß in die Menschennatur gekommen, den das Volk der Harmonie nicht kannte?«[13] Auch in dieser Orientierung an der griechischen Antike stimmte er, wie bereits erwähnt, durchaus mit Marx überein. Von zeitgenössischen Philosophen liest er Friedrich Albert Lange und Eugen Dühring, also zwei Denker, die mit der aufkommenden Arbeiterbewegung verbunden waren; mit Lange erklärt er sich vor allem in der Auffassung einverstanden, daß Metaphysik in eine Reihe mit Poesie und Religion gerückt werden müsse und daß Metaphysik so wenig wie Religion und Kunst etwas mit dem »An sich Wahren oder Seienden« zu tun habe.[14]

So ist Nietzsche gegen Ende seines Studiums vom »Daimon« der Familientradition schon weit fortgerückt. Der nächste Höhepunkt der »Tyche« ist aber wohl das Ereignis, das er im Januar 1869 in großer Erregung und unter dem Siegel des Geheimnisses dem Freunde Erwin Rohde mitteilt: daß er durch die Vermittlung Ritschls an die Universität Basel berufen werden soll. Damit wird ihm im Alter von 24 Jahren dasjenige zuteil, was Marx ebenfalls erstrebte, aber aus Gründen eines politischen Umschwungs nicht erreichen konnte, nämlich die Professur an einer Universität. Merkwürdig ist aber, daß der jugendliche Professor der klassischen Philologie sich kurz zuvor noch mit dem Gedanken getragen hatte, mit Rohde zusammen Chemie zu studieren und die Philologie dorthin zu werfen, wohin sie gehöre, zum Urväter-Hausrat. Aber wie hätte sich andererseits irgend jemand »klassischer« ausdrücken können, als es Nietzsche – abermals in innerer Übereinstimmung mit Marx – an dieser Schwelle seines Lebens tat?: »Philister zu sein, ánthropos ámousos, Heerdenmensch – davor behüte mich Zeus und alle Musen!«[15] Sie behüteten ihn in der Tat, und in Basel, wo er im April 1869 eintraf, stand ihm der höchste Gipfel der »Tyche« bevor: der vertraute Umgang mit Richard und Cosima Wagner, ein Höhepunkt freilich, der bereits das Scheitern der auf so gloriose Weise begonnenen Berufslaufbahn in sich schloß.

Die Baseler Jahre bis 1876

Daß Nietzsche als 24jähriger an eine Universität berufen wurde und erst danach ohne Prüfung und Disputation zum Doktor promoviert wurde – da die Publikationen im »Rheinischen Museum« völlig ausreichend seien –, war in der damaligen Zeit nichts ganz Außergewöhnliches, aber es war doch ausreichend, um ihm über den Kreis der Bekannten hinaus den Ruf der Frühreife und Genialität zu verschaffen.

Basel war in den sechziger Jahren eine Stadt von 30 000 Einwohnern, und wie in Naumburg wurden abends die Stadttore verschlossen, so daß der Verkehr auf den Straßen wohl auch aufgehört hätte, wenn er nicht direkt verboten gewesen wäre. Die republikanisch-bürgerlich-patrizischen Verhältnisse bildeten jedoch einen starken Gegensatz zu Naumburg und zu Preußen insgesamt. Die eigene Universität war ein gefährdeter Stolz des kleinen Gemeinwesens, das seit 1833 infolge der Kantonsteilung in Basel-Stadt und Basel-Land recht bedrängt war, und die führenden Geschlechter hatten zu ihren Gunsten das beträchtliche Opfer gebracht, die Progressivsteuer einzuführen, denn die Baseler Radikalen waren im Vordringen und »fortschrittlich« genug, um die Umwandlung der Universität in eine Gewerbeschule zu betreiben. 1869 gab es nur wenig mehr als 100 Studenten in allen vier Fakultäten, aber mehrere sehr bedeutende Professoren, die nun Nietzsches Kollegen waren: Jacob Burckhardt, Johann Jakob Bachofen, Ludwig Rütimeyer.

Nietzsche scheidet nun aus dem preußischen Untertanenverband aus, erwirbt aber nie das Baseler bzw. Schweizer Bürgerrecht; er ist also staatenlos, »heimatlos« nach schweizerischer Ausdrucksweise – nicht anders als Marx. jeden Morgen hält er vor sieben Hörern seine Vorlesung, aber neben acht Universitätsstunden hat er noch 6 Stunden Unterricht am »Pädagogium« zu geben, d. h. der Oberstufe des Gymnasiums, und diese Nebenbeschäftigung nimmt er (wie Jacob Burckhardt) sehr ernst, so daß seine Schüler von ihm begeistert sind. Ende Mai 1869 hält er seine Antrittsvorlesung über »Homer und die klassische Philologie«. Das Philhellenentum sticht ins Auge: »Das Hellenentum« ist kein überwundener Standpunkt. Freilich ist die Klassische Philologie in sich widersprüchlich: Sie ist zugleich Wissenschaft und Kraft der höchsten Bildung. Bei einem rein wissenschaftlichen Verfahren würde »das wunderbar Bildende, ja der eigentliche Duft der antiken Atmosphäre verlorengehen«.[1] Als Ziel proklamiert Nietzsche daher das völlige Verwachsen und Einswerden der beiden Elemente, ja er wagt den befremdlichen Satz: »Philosophia facta est quae philologia fuit.«

Wie wenig damit aber eine »kritische Philosophie« im Sinne Kants gemeint war, geht deutlich aus der tiefsten und bewegendsten Erfahrung hervor, die ihm in seinen frühen Universitätsjahren zuteil wurde: der Freundschaft mit Richard Wagner und Cosima von Bülow, welche Mitte 1870 nach Überwindung vieler Schwierigkeiten Cosima Wagner werden sollte.

In Tribschen bei Luzern am Vierwaldstätter See hatte sich Richard Wagner, nach seinen revolutionären Anfängen und langen Jahren der Emigration nun ein Protegé des jungen Königs von Bayern, Ludwigs II., ein großzügiges Refugium geschaffen, und hier machte Nietzsche am 15. Mai 1869 aufgrund einer recht vagen Einladung, die Wagner bei dem Kennenlernen in Leipzig ausgesprochen hatte, seinen ersten Besuch. Daraus resultierte sehr rasch ein enger und freundschaftlicher Verkehr, der auch viel Briefwechsel einschloß. Cosima, eine Tochter von Franz Liszt und der Gräfin d'Agoult, war nur sieben Jahre älter als Nietzsche; dieser befand sich im Hause, als am 6. Juni 1869 Wagners erster Sohn Siegfried geboren wurde. Die Atmosphäre des Erhoben- und Enthobenseins wird durch einen Satz in dem Brief Nietzsches an Rohde vom 3. September 1869 gut charakterisiert: »Liebster Freund, was ich dort lerne und schaue, höre und verstehe, ist unbeschreiblich. Schopenhauer und Goethe, Aeschylus und Pindar leben noch, glaub es nur.«[2] Insgesamt machte Nietzsche bis zum Fortgang der Wagners nach Bayreuth im Jahre 1872 nicht weniger als 23 Besuche in Tribschen, zu Weihnachten 1869 war er eine ganze Woche dort. Eine entsprechende Erfahrung fehlt bei Marx, der zwar ein großer Aeschylus-Leser und -Verehrer war, aber kein Verhältnis zur Musik hatte. (Eine entfernte Analogie stellte allenfalls die Beziehung zu Heine in Paris dar, und in etwa vergleichbar sind auch die Jugendgedichte, die in beiden Fällen »romantisch« waren.)

Es ist nicht verwunderlich, daß politische Ereignisse der Gegenwart von Nietzsche nur am Rande wahrgenommen wurden. So wird der in Basel stattfindende Kongreß der (Ersten) Internationale im September 1869 mit keinem Wort erwähnt; über das Vatikanische Konzil macht er nur hier und da eine abschätzige Bemerkung; ein merkwürdiges Fehlurteil fällt er im Herbst 1870: Preußen erweise sich mehr und mehr als kulturfeindliche Macht, da von Berlin aus Umtriebe zugunsten der katholischen Kirche in Gang gesetzt würden[3] – also ausgerechnet während der Anfänge des »Kulturkampfes«, der später höchstens indirekt erwähnt wird.

Aber Nietzsche war um diese Zeit sicherlich immer noch ein deutscher Patriot, wie 1866, ja, die Erneuerung der deutschen Kultur durch das Wagnersche Gesamtkunstwerk im Geiste des Hellenentums war geradezu seine entscheidende Hoffnung. Am Deutsch-Französischen Kriege nahm er daher freiwillig teil, und zwar als Sanitäter, und er gewann starke Eindrücke auf den Schlachtfeldern von Wörth und Metz, aber seine Kriegserfahrung dauerte kaum länger als eine Woche, da er bereits Anfang September schwer erkrankte. Im Wintersemester 1870/71 war er wieder in Basel. Dort hörte er Jacob Burckhardts Vorlesung über historische Größe, die später unter dem Titel »Weltgeschichtliche Betrachtungen« veröffentlicht wurde. Eine Zeitlang stand er in relativ vertrautem Umgang mit dem weit Älteren, mit dem er im Mißtrauen gegen Preußen und dann auch in dem negativen Urteil über den »jetzigen deutschen Eroberungskrieg« übereinstimmte. Um die gleiche Zeit schrieb Marx seine antipreußische Kampfschrift »Der Bürgerkrieg in Frankreich«.

1871 ist das Jahr der Entstehung der »Geburt der Tragödie aus dem Geiste der Musik«, in der eine Reihe von Vorarbeiten zusammenfließen. Tiefen Eindruck macht ein politisches und für Nietzsche gerade überpolitisches Ereignis, der »Pariser Brand«. Elisabeth Förster-Nietzsche gibt in ihrer Biographie eine melodramatische Schilderung des gemeinsamen Entsetzens Nietzsches und Burckhardts, aber jedenfalls schreibt Nietzsche am 27. Mai 1871 an Wilhelm Vischer-Bilfinger, der als zuständiges Regierungsmitglied seine Berufung in die Wege geleitet hatte: »Die Nachrichten der letzten Tage waren so schrecklich, daß ich gar nicht mehr zu einer auch nur erträglichen Stimmung komme. Was ist man, solchen Erdbeben der Cultur gegenüber, als Gelehrter! Wie atomistisch fühlt man sich. Sein ganzes Leben und seine beste Kraft benutzt man, eine Periode der Cultur besser zu verstehen und besser zu erklären; wie erscheint dieser Beruf, wenn ein einziger unseliger Tag die kostbarsten Documente solcher Perioden zu Asche verbrennt! Es ist der schlimmste Tag meines Lebens.«[4] Und noch am 21. Juni, als die Zeitungen schon längst Nachrichten darüber gebracht hatten, daß der Louvre nicht vernichtet war und daß die »Versailler« weit mehr Blut vergossen hatten als die Kommunarden, spricht er in dem schon erwähnten Brief an v. Gersdorff von dem »internationalen Hydrakopf«, und er endet mit den Worten: »Aber auch bei meinem höchsten Schmerz war ich nicht im Stande, einen Stein auf jene Frevler zu werfen, die mir nur Träger einer allgemeinen Schuld waren, über die viel zu denken ist!«[5] So zeigt sich schon früh ein überaus schroffer Gegensatz zwischen Nietzsche und Marx, obwohl für beide die »Kultur der Zukunft« qua Kritik der Gegenwart gleichmäßig der Hauptimpuls ist. Doch die konkrete Identifizierung war ganz anders: die Musik und Richard Wagner auf der einen Seite, die Industrie und das Proletariat auf der anderen.

Aber noch ein weiteres Ereignis des Jahres 1871 ist neben der »Geburt der Tragödie« zu erwähnen, dem von einem Biographen[6] »katastrophale Konsequenzen« für Nietzsche zugeschrieben werden, obwohl es auf den ersten Blick wie eine unbedeutende (und vom Standpunkt der Gegenwart kaum glaubliche, weil »altertümliche«) Episode aussieht: das Scheitern des Versuchs, auf den philosophischen Lehrstuhl überzuwechseln – denjenigen Gustav Teichmüllers, der nach Dorpat berufen worden war – und gleichzeitig Erwin Rohde als seinen Nachfolger nach Basel zu bringen. (Anstelle Nietzsches wurde ein heute so gut wie vergessener Mann berufen, allerdings ein künftiger Nobelpreisträger, Rudolf Eucken.)

Am 2. Januar 1872 erschien die »Geburt der Tragödie« in den Buchhandlungen; der Verleger war Ernst Fritzsch in Leipzig, der auch die Werke Richard Wagners herausbrachte. Die Titelvignette zeigte den befreiten Prometheus – ganz ähnlich, wie es in Marx' Dissertation der Fall war. Es handelte sich in der Tat um ein geniales Jugendwerk, in dem fast alle Ansatzpunkte für Nietzsches späteres Denken zu finden sind.

Aber trotz des genialischen Schwungs ist die »Geburt der Tragödie« ein synthetisches Werk, in dem mehrere Motive zu einer nicht schlechthin überzeugenden Einheit verbunden sind. Am besten unterscheidet man drei Ebenen.

Die erste ist die philologische oder hellenische, die bei Friedrich Creuzer und Johann Jakob Bachofen vorgebildet ist: die Entgegensetzung von Dionysos, dem Gott des Rausches und des »bakchischen Taumels«, und von Apollon, dem Gott des Maßes und der Gestalt oder des »Traumes«, wie Nietzsche sagt. Aus dem Zusammenspiel des Dionysischen und des Apollinischen geht die griechische Tragödie hervor, in der die Größe des Helden durch seinen Untergang bezeugt wird.

Die zweite Ebene ist die Schopenhauersche. Das Dionysische wird gleichgesetzt mit »Wille« und »Musik«, das Apollinische mit dem »Schein« und dem »Erlösenden«. Der gierige und unselige »Wille« findet in dem interesselosen Anschauen der Kunst seine Erlösung.

Die dritte Ebene ist die eigentlich Nietzschesche, und diese ist in sich widersprüchlich. Das Dionysische tritt in der Musik Richard Wagners als lustvolle All-Einheit hervor, die das »Principium individuationis« hinschwinden läßt und auch im menschlichen Leben alle Kasten- und Klassenschranken überwindet, so daß die Menschen von ihrer Entfremdung im Alltag, in der oberflächlichen Wirklichkeit befreit sind. Andererseits wird dieser »Grund der Natur« aber wieder als das Schreckliche begriffen, vor dem der Mensch, ja dieses Ureine selbst, seine Erlösung in der Welt des schönen Scheins, der Kunst, findet, die natürlich plastisch und gestalthaft, d. h. »apollinisch« ist.

Wir werden im zweiten Hauptteil auf diesen »metaphysischen Aspekt« der »Geburt der Tragödie« zurückkommen, hier begnüge ich mich damit, ihn durch einige Zitate anschaulicher zu machen:

»Nach dieser Erkenntnis haben wir die griechische Tragödie als den dionysischen Chor zu verstehen, der sich immer von neuem wieder in eine apollinische Bilderwelt entladet.«[7]

»Der Grieche kannte und empfand die Schrecken und Entsetzlichkeiten des Daseins: um überhaupt leben zu können, mußte er vor sie hin die glänzenden Traumgeburten der Olympischen stellen.«

»Hier erinnert nichts an Askese, Geistigkeit und Pflicht: Hier redet nur ein üppiges, ja triumphierendes Dasein zu uns, in dem alles Vorhandene vergöttlicht ist, gleichviel ob es gut oder böse ist.«[8]

»Unter dem Zauber des Dionysischen schließt sich nicht nur der Bund zwischen Mensch und Mensch wieder zusammen; auch die entfremdete, feindliche oder unterjochte Natur feiert wieder ihr Versöhnungsfest mit ihrem verlorenen Sohne, dem Menschen … jetzt ist der Sklave freier Mann, jetzt zerbrechen alle die starren, feindseligen Abgrenzungen, die Not, Willkür oder ›freche Mode‹ zwischen den Menschen festgesetzt haben.«[9]

Dieses letzte Zitat stimmt aufs merkwürdigste mit einigen Aussagen des jungen Marx überein, die ebenfalls von einer Erlösung der Natur zu reden wissen, und aus dem Konzept des Zerbrechens der Abgrenzungen, der Befreiung der Sklaven scheint eine Geschichtsphilosophie hervorgehen zu müssen, die der Marxschen ähnlich ist. Aber gerade die »Geschichtsphilosophie« der »Geburt der Tragödie« hat einen ganz andersartigen Charakter, und sie ist im Rahmen unserer Fragestellung von höherem Interesse als der »metaphysische« Aspekt. Das eigentlich Große und Paradigmatische ist für Nietzsche die Tragödie selbst, genauer gesagt, die Zeit, in der die Tragödie existieren konnte, d. h. großes menschliches Leben, in dem sich der Streit der Götter als Mythus vollzieht, so daß das Leben um den Sinn des Lebens weiß und »Einheit des Stils« in allen Äußerungen aufweist. Dieses paradigmatische Leben des frühen Griechentums fand aber sein Ende durch Euripides, der den bürgerlichen Zuschauer auf die Bühne brachte, und vor allem durch Sokrates, in dem der Instinkt zum Kritiker geworden ist, weil die logische Natur »durch eine Superfötation ebenso excessiv entwickelt ist wie im Mystiker jene instinktive Weisheit«[10], der den rationalistischen Optimismus und die Dialektik in die Welt gebracht hat, so daß »die tiefsinnige Wahnvorstellung« aufkommen konnte, »daß das Denken, an dem Leitfaden der Kausalität, bis in die tiefsten Abgründe des Seins reiche und daß das Denken das Sein nicht nur zu erkennen, sondern sogar zu korrigieren imstande sei«[11].

Zwar liegt diese Herabsetzung des Bewußtseins und des aufklärerischen Optimismus durchaus auf der Linie Schopenhauers. Aber Nietzsche formuliert einige der »politischen« Konsequenzen schärfer als sein philosophischer Meister, und nichts könnte in schrofferem Gegensatz zu den Überzeugungen von Marx stehen: Zu einer allgemeinen Wissenskultur gehört der Glaube an das »Erdenglück aller«, und obwohl diese »alexandrinische« Kultur einen Sklavenstand braucht, um auf die Dauer existieren zu können, leugnet sie in ihrer optimistischen Betrachtung des Daseins die Notwendigkeit eines solchen Standes, und Nietzsche nimmt direkt Bezug auf die sozialistischen Bewegungen der Gegenwart, indem er sagt: »Der ›gute Urmensch‹ will seine Rechte: welche paradiesischen Aussichten!«[12]

Und dennoch war trotz dieses abgründigen Gegensatzes zwischen dem Hegelianer und dem Anhänger Schopenhauers der Ausgangspunkt der gleiche: das klassische Hellenentum, das von Marx universalisiert wird, während Nietzsche es gerade festhalten, d. h. zurückgewinnen will, und zwar durch das Gesamtkunstwerk Wagners als der Grundlage einer neuen deutschen Kultur.

Man kann vermutlich sagen, daß die Monate nach der Veröffentlichung der »Geburt der Tragödie« die glücklichste Zeit in Nietzsches Leben gewesen sind. So schreibt er am 24. Juni 1872 an Richard Wagner: »Ach verehrtester Meister, ich bin heute so glücklich. Einer großen Gefahr bin ich in meinem Leben entgangen, Ihnen niemals nahezutreten und weder Tribschen noch Bayreuth geschaut zu haben ... Ein eben von München eintreffendes Telegramm gibt mir nun auch noch die Hoffnung, ... einen reicheren und volleren Sommer zu erleben – und Alles durch Sie! Wie könnte ich Ihnen danken!«[13] Und in einem Brief an Carl von Gersdorff vom 20./21. 7. findet sich der Satz: »Ich kam so glücklich-heiter in Basel an, wie ein Bräutigam.«[14]

Aber schon war der Kampf um die »Geburt der Tragödie« im Gange, der für ihn schlimme Auswirkungen haben sollte.

Am 26. Mai erschien Erwin Rohdes Besprechung in der »Norddeutschen Allgemeinen Zeitung«, die sehr positiv, aber auch recht allgemein gehalten war.

Vier Tage später erblickte die Kampfschrift eines jüngeren Absolventen von Schulpforta das Licht, die »Zukunftsphilologie« von

Ulrich von Wilamowitz-Moellendorff, welche zahlreiche philologische Fehler aufzuweisen unternahm, aber von einer tiefen und geradezu weltanschaulichen Erbitterung durchherrscht war, so daß an Nietzsche schließlich die Aufforderung gerichtet wurde: »Sammle er Tiger und Panther zu seinen Knien, aber nicht Deutschlands philologische Jugend!«

Abermals wenige Tage später ergriff Richard Wagner mit einem Sendschreiben gegen Wilamowitz in der »Norddeutschen Allgemeinen Zeitung« Nietzsches Partei, aber vermutlich verstärkte er dadurch bei vielen nur den Eindruck, daß Nietzsche in unzulässiger Weise Wissenschaft und Kunst vermischt habe.

Von großem wissenschaftlichem Gewicht war im Oktober die Gegenschrift Erwin Rohdes, »Afterphilologie«, die ihrerseits dem Angreifer schwere Fehler nachzuweisen suchte, aber im ganzen doch wohl zu defensiv war.

Der bloß scheinbare »Philologenstreit« ging im nächsten Jahr mit einem zweiten Pamphlet von Wilamowitz zu Ende, der »Zukunftsphilologie. Zweites Stück.« Es war zwar keineswegs ein Triumphlied, aber der künftige Herrscher im Reich der Altphilologie hielt nachdrücklich an seiner Überzeugung fest, daß er den Geist der Wissenschaft gegen einen ausschweifenden Poeten und Mythologen verteidigt habe.

Es war jedoch früh erkennbar, daß Wilamowitz nicht als einzelner gesprochen hatte, sondern eine weitverbreitete Meinung artikuliert hatte. Ritschl äußerte sich zu Nietzsches großer Enttäuschung überaus zurückhaltend, Usener in Bonn war ganz ablehnend. Schon am 7. Juli 1872 schrieb Nietzsche an Rohde: »Von der Zunft bin ich, wie es scheint, zum Tode verurteilt.«[15] Im Wintersemester blieben die Studenten aus. Nietzsches Laufbahn als Philologe war an ihr Ende gekommen, bevor sie die von allen Seiten und zumal von Ritschl erwarteten Früchte gebracht hatte.

Aber es gab für Nietzsche bedeutende Gegengewichte. Ende 1872 durfte er der »Kavalier« Cosimas bei der Reise zu einem Benefizkonzert Richard Wagners für Bayreuth in Mannheim sein, und in Basel hielt er vor ca. 300 Zuhörern sehr erfolgreiche Vorträge »Über die Zukunft unserer Bildungsanstalten«, zu denen sich Jacob Burckhardt mit höchster Anerkennung äußerte. Doch schon im Frühjahr 1872 war er zum letzten Male nach

Tribschen gefahren: Richard und Cosima Wagner gingen nach Bayreuth.

Einen neuen Freund hatte Nietzsche inzwischen in Franz Overbeck gewonnen, einem Theologen, der 1873 eine Art Kampfschrift gegen die Theologie mit dem Titel »Über die Christlichkeit der heutigen Theologie« veröffentlichte. Das »Du« ließ nicht lange auf sich warten, und geraume Zeit wohnten die beiden Junggesellen zusammen mit einem dritten, Heinrich Romundt, in der sogenannten »Baumanns-Höhle«. Bei seinem ersten Aufenthalt in Bayreuth 1872 machte Nietzsche die Bekanntschaft von Malwida von Meysenbug, die in der Frühgeschichte der »Frauenemanzipation« eine wichtige Rolle spielte und als Erzieherin der Kinder Alexander Herzens für Nietzsche eine Verbindung zu jener revolutionären Emigration in London darstellte, der auch Marx angehörte. Ab 1873 war indessen eine starke Verschlechterung des Gesundheitszustandes zu konstatieren, und für einige Zeit erhielt Nietzsche von seinem Arzt ein Leseverbot.

Dennoch kam gerade jetzt die fruchtbare Zeit der »Unzeitgemäßen Betrachtungen«. Im August 1873 erschien die erste: »David Strauss der Bekenner und Schriftsteller«, eine ebenso heftige wie spöttische Attacke gegen den einstigen Bahnbrecher der Bibelkritik in Deutschland, der sich inzwischen, vor allem durch sein Buch »Der alte und der neue Glaube«, zu einem normalen und »reichsfreundlichen« Fortschrittsgläubigen entwickelt hatte. Nietzsche fand indessen keineswegs nur Beifall: Die »Grenzboten« und auch Gottfried Keller sowie Carl Spitteler äußerten sich sehr negativ. Er kam jedoch durch diese Schrift mehr »ins Gespräch« als durch die »Geburt«.

Ende Februar 1874 folgte »Vom Nutzen und Nachteil der Historie für das Leben«. Auch diese Betrachtung war ein Angriff, und zwar ein Angriff gegen die »Wissenschaftskultur« in Gestalt des Historismus. Die Historie wird dem »Leben« untergeordnet, zu dem ein »unbedingtes Lieben« und der »geheimnisvolle Dunstkreis« einer mythischen Atmosphäre gehören. Einen für das Leben zerstörerischen Historismus impliziert für Nietzsche auch Hegels und Eduard von Hartmanns Begriff des »Weltprozesses«, und die Schlußfrage ist zugleich ein Appell: »Soll nun das Leben über das Erkennen, soll das Erkennen über das Leben herrschen?«

Der Oktober 1874 war das Erscheinungsdatum von »Schopenhauer als Erzieher«. Hier ist die Orientierung am »Genie«, an Metaphysik, Religion und Kunst noch ganz deutlich, denn Nietzsche sieht nur eine Aufgabe: »die Erzeugung des Philosophen, des Künstlers und des Heiligen – ›jener Nicht-mehr-Tiere‹[16] – in uns und außer uns zu fördern und dadurch an der Vollendung der Natur zu arbeiten«[17].

Aber um die gleiche Zeit sind in den unveröffentlichten Aufzeichnungen schon gravierende Zweifel an der Vorbildlichkeit des Hellenentums und sogar an der Wagnerschen Musik zu erkennen. Von 1873 datiert die merkwürdige kleine Schrift »Über Wahrheit und Lüge im außermoralischen Sinne«. Bei seinem zweiten Aufenthalt in Bayreuth im August 1874 ist Nietzsche viel krank, und er gerät mit dem Meister in einen ernsten Streit über die Einschätzung von Brahms, den Cosima nur mit großer Mühe zu schlichten vermag. Der Gesundheitszustand verschlechtert sich danach noch weiter, und die beginnende Loslösung von Wagner war sicherlich eine Mitursache. So sind allerlei eigenartige Zwischen- und Untertöne in der Vierten und letzten der »Unzeitgemäßen Betrachtungen« zu vernehmen: »Richard Wagner in Bayreuth«, die im Juli 1876 zur Eröffnung des Festspielhauses erschien. Die persönliche Anwesenheit brachte tiefe Enttäuschung inmitten fortwährender Kopfschmerzen; später schrieb er, zur Eröffnungsveranstaltung in Bayreuth habe sich »das ganze müßiggängerische Gesindel Europas« zusammengefunden.[18] Die Vermutung liegt nicht fern, daß er sich von Richard Wagner, der seine große Stunde wie ein Monarch zelebrierte, vernachlässigt gefühlt habe. Aber es wäre oberflächlich, darin die ausreichende Erklärung für einen geistesgeschichtlich so bedeutsamen Vorgang wie die Trennung Nietzsches von Wagner zu erblicken.

Die Magen- und Kopfbeschwerden verschlimmern sich weiter. Nietzsche sieht sich gezwungen, einen Antrag auf längere Beurlaubung zu stellen, und die Genehmigung erfolgt für die Zeit von Oktober 1876 bis September 1877. Voller Besorgnis stellt sich Nietzsche das Schicksal seines Vaters vor Augen. So darf auch die vierte Strophe von Goethes »Urworten« zitiert werden, welche die Überschrift trägt »Ananke, Nötigung«:

...
Dem harten Muß bequemt sich Will und Grille.
So sind wir scheinfrei denn, nach manchen Jahren
Nur enger dran, als wir am Anfang waren.

Bei Goethe folgt dann die letzte Strophe »Elpis, Hoffnung« und man mag sicherlich sagen, daß Nietzsche Hoffnungen an den Aufenthalt im Süden knüpfte, zu dem Malwida von Meysenbug ihn eingeladen hatte. Aber diese Hoffnung war gewiß nicht schon dasjenige, was Goethe in die Worte faßt:

Doch solcher Grenze, solcher ehrnen Mauer
Höchst widerwärtge Pforte wird entriegelt,

denn dem dürfte erst später das überschießende Gefühl der philosophischen Mission entsprochen haben, doch ein bloßer Krankheitsurlaub konnte dieser Aufenthalt nicht werden. Eine wesentliche Wandlung hatte sich nämlich in Nietzsche schon angekündigt. Vom Juli 1875 datiert ein Brief, in dem er seiner mütterlichen Freundin Marie Baumgartner in Lörrach schrieb, er treibe jetzt eine Wissenschaft, die es verdiene, Zeit für sie ausfindig zu machen, die »›Handels-betriebslehre und die Entwicklung des Welthandels‹, nebst National- und Socialökonomie«[19], mit Gersdorff zusammen las er im Oktober 1875 die »Psychologischen Betrachtungen« eines anonymen Autors, welcher ein Hörer von Nietzsches Vorlesungen, ein junger Mann jüdischer Abkunft namens Paul Rée war, und mit eben diesem Rée sowie einem weiteren Studenten namens Albert Brenner wollte Nietzsche die Zeit bei Malwida von Meysenbug verbringen. War Nietzsche dabei, einen ähnlichen Übergang zu machen, wie Marx ihn in den Jahren 1843/44 vollzogen hatte? Als er im April 1876 Genf besuchte, schrieb er an seine Schwester: »Meine erste Verehrung galt Voltaire, dessen Haus in Fernex ich aufsuchte.«[20] Mitten in Enttäuschung und Krankheit hatte Nietzsches zweite Periode begonnen, die Periode von »Menschliches, Allzumenschliches«, Nietzsches Periode der Aufklärung und des »Positivismus«.

Der Umbruch 1876–1879

Zum Zeitpunkt der Beurlaubung im Jahre 1876 hatte Nietzsche noch einen schönen Hausstand in Basel zusammen mit seiner Schwester; in Sorrent befand er sich in einer Art Familie, die ihm vielleicht angemessener war als die natürliche Familie; daher kamen ihm Ausdrücke wie »ideales Kloster« und »Schule der Erzieher« über die Lippen, ja, Rée entwickelte ihm gegenüber sogar das Zukunftsbild einer »unsichtbaren Kirche ... mit Ihnen als pontifex maximus, Papst, Prior«[1]. Insofern darf man vielleicht von Nietzsches »Kommunitätsphase« sprechen und an die entsprechenden Vorstellungen bei dem jungen Friedrich Engels denken, der freilich mit Owen und Fourier vertraut war, während Nietzsche von diesen »Frühsozialisten« anscheinend keine Zeile gelesen hatte. Danach lebte er wieder in einem bescheiden möblierten Zimmer, diesmal vor den Toren der Stadt Basel, aber 1879 wählte er nach dem endgültigen Abschied vom Lehramt zunächst Naumburg als Wohnort, wo er einen Turm der Stadtbefestigung mieten und viel Gartenarbeit leisten wollte. Davon ließ sich nichts realisieren, und gerade der temporäre Aufenthalt im Schoß der »natürlichen Familie« fiel mit dem vorläufigen Tiefpunkt seiner Gesundheit zusammen. Erst mit der Reise in den Süden zu Anfang 1880 beginnt die Zeit des »einsamen Nietzsche«, aber auch des Denkers, der seinen »Lebensraum« gefunden hat: Oberengadin, Venedig, Genua. Im höchsten Grad witterungsempfindlich, haust er hier in möblierten und während des Winters meist ungeheizten Zimmern. Ein neuer geistiger Wandel zeichnet sich mit der Niederschrift bzw. dem Diktat der »Morgenröte« im Laufe des Jahres 1880 ab, aber ein Hauptmerkmal ist nun die innere Vereinsamung infolge der Entfremdung von Rohde, Gersdorff und anderen Freunden, die ursächlich mit dem Erscheinen von »Menschliches, Allzumenschliches« zusammenhängt.

Zunächst sind die Stationen und Umwelten im einzelnen zu verfolgen.

In Sorrent traf er Ende Oktober 1876 ein, und dort fand die letzte Begegnung mit Richard und Cosima Wagner statt. Angeblich warnte Wagner ihn bei dieser Gelegenheit vor Paul Rée. Dieser war der Sohn eines jüdischen »Ostelblers«, eines Gutsbesitzers aus Stibbe in Westpreußen, und schon insofern eine bemerkenswerte Erscheinung. Seine »Psychologischen Beobachtungen«, die 1875 bei Duncker in Berlin erschienen waren, stammten laut Titelblatt »aus dem Nachlaß von ***«. Es handelt sich um eine Sammlung von Aphorismen unter Kapitelüberschriften wie »Über die menschlichen Handlungen und ihre Motive«, »Über Bücher und Schriftsteller«, »Über Weiber, Liebe und Ehe«, »Versuch über die Eitelkeit«. In der Tradition der französischen »Moralisten« wird der Versuch gemacht, den Menschen zu »demaskieren«, indem die scheinbar unegoistischen Handlungen auf egoistische Motive reduziert werden. Ich führe drei Beispiele an: »Wer seine Freunde in Schutz nimmt, verteidigt gewöhnlich nur seine Ehre, ihr Freund zu sein.«[2] »Schöne Frauen sind stolz auf ihre Eroberungen, häßliche auf ihre Tugend.«[3] »Nur eine kleine Zahl von Geistlichen kümmert sich mehr um den Gehalt der Religionen als um die Gehälter, und mehr um das Gericht Gottes als um das Consistorium.«[4]

1877 veröffentlichte er unter seinem eigenen Namen ein Buch mit dem Titel »Der Ursprung der moralischen Empfindungen« bei Ernst Schmeitzner in Chemnitz. Nietzsche erhielt ein Exemplar mit der kuriosen Widmung: »Dem Vater dieser Schrift dankbarst deren Mutter«. Offenbar hatte es also bereits viel Wechselbeeinflussung gegeben. Wieder ist die Hervorhebung der Rolle des Egoismus das Kennzeichnende. Dieser ist nach Rée ebenso wie die Rivalität vermöge des Intellekts bei den Menschen weitaus stärker als bei den Tieren. Es gibt keinen »freien Willen« und daher auch keine »Verantwortlichkeit«; doch die Rechtspflege wird deshalb nicht überflüssig, denn die Ausschaltung des Schädlichen ist ihre legitime Aufgabe. Geltungssucht und Eitelkeit sind aber nichts rein Negatives, denn sie machen die Entwicklung von Gewerbe, Wissenschaft und Kunst möglich. So sind Fortschritt und Zivilisation zwar Realitäten, aber sie sind gerade mit dem Vorrang der Selbstsucht verknüpft. Merkwürdigerweise wird der Begriff des »interesselosen Erkennens« von Rée aber nicht relativiert, sondern es ist sogar die eigentliche Auszeichnung des Menschen, der von Natur friedlich ist, während alles Begehren einen kriegerischen Charakter hat. Insofern ist die Zugehörigkeit des Buches zur Aufklärungstendenz unbestreitbar, obwohl »die Vernunft« herabgesetzt wird – das gleiche trifft ja für nicht wenige Werke der französischen Aufklärung des 18. Jahrhunderts zu.

Die Gastgeberin, Malwida von Meysenbug, war durch ihre »Memoiren einer Idealistin« damals weit bekannt, und Nietzsche hatte das Buch mit Begeisterung gelesen. Er konnte also schwerlich Abneigung gegen die lebendige Schilderung des Vorabends der Revolution von 1848, der Verhältnisse in der linken Emigrationsszene zu London und der Aktivitäten Alexander Herzens empfunden haben. Malwida war jedoch zugleich eine enthusiastische Wagnerianerin, und sie blieb lange Jahre hindurch für Nietzsche ein indirektes Verbindungsglied mit Bayreuth. Erst gegen Ende von Nietzsches bewußtem Leben kam es auch mit ihr zum Bruch, und Nietzsche beschrieb Malwida zu unrecht mit den abschätzigen Worten: »verwöhnt ... sitzt ... wie eine kleine komische Pythia, auf ihrem Sopha«[5].

Malwida hat diesen Aufenthalt in dem später erschienenen Zusatzband »Der Lebensabend einer Idealistin« geschildert. Man wohnte in einer von Deutschen geleiteten Pension mitten in einem »Weingarten«, im ersten Stock befanden sich Zimmer mit Terrassen für die drei Herren; im zweiten Stock lagen die Zimmer für Malwida und deren Jungfer sowie ein großer Saal zum gemeinschaftlichen Gebrauch; von den Terrassen hatte man »die herrlichste Aussicht auf den Golf von Neapel und den eben damals sehr aufgeregten, abends Feuersäulen emporsendenden Vesuv«[6]. Das Leben war behaglich eingerichtet. Morgens widmete sich jeder seinen eigenen Beschäftigungen. Am Nachmittag fand der gemeinschaftliche Spaziergang statt, »oft an Bauernhöfen vorüber, wo anmutige Mädchen in heiterem Zusammensein die Tarantella tanzten«, nicht gekünstelt wie jetzt für die Touristen, »sondern in ursprünglicher, von natürlicher Grazie und Sittsamkeit begleiteter Art«[7]. (Man sollte Friedrich Engels' Beschreibung seiner Wanderung durch das ländliche Frankreich im Revolutionsjahr 1848 daneben stellen, wenn man ein Antidot zu den exklusiven Elendsschilderungen der sozial engagierten Schriftsteller haben möchte.) Abends fanden dann im gemeinschaftlichen Salon angeregte Gespräche und gemeinsame Lektüre statt. Besonders tiefen Eindruck machten der kleinen Gesellschaft die Kommentare, die Nietzsche zu seinem Manuskript von Burckhardts Vorlesungen über griechische Kultur gab, und ferner las man Voltaire, Diderot, Larochefoucauld, Vauvenargues usw.

Dies war die Umgebung, in welcher der Grund zu »Menschliches, Allzumenschliches« gelegt wurde. Im Sommer 1877 setzte Nietzsche die Arbeit in Rosenlauibad nicht weit von Grindelwald fort. Im Herbst war er zum Semester wieder in Basel. Hier empfing er einen Brief von Wiener Verehrern, die später fast durchweg eine große Rolle im literarischen und politischen Leben Österreichs spielen sollten: Victor Adler, Heinrich Braun, Engelbert Pernerstorfer, Siegfried Lipiner. Mit einigen Körnchen Salz könnte man sagen, daß die spätere Führung des »Austromarxismus« hier ante festum mit einem Tropfen Nietzscheschen Öls gesalbt worden war. Anfang Januar 1878 kam dann der Text von Wagners »Parsifal« in Nietzsches Hände. Nietzsche äußerte sich Reinhart von Seydlitz gegenüber sehr negativ darüber: Er spüre hier den »Geist der Gegenreformation ... kein Fleisch und viel zu viel Blut.«[8] Über Elisabeth ließ Nietzsche eine Besprechung des Arztes Otto Eiser an Cosima gelangen, wo ein Vergleich zu den »Autos sacramentales« von Calderón vorgenommen wurde. Cosima schrieb daraufhin sehr gereizt zurück, gerade das Gegenteil sei wahr. Für Wagner habe kein Dogma Geltung; nicht Brot und Wein würden zu Blut, sondern es geschehe das Umgekehrte.[9]

Ende April 1878 erblickte dann »Menschliches, Allzumenschliches« das Licht der Welt, und zwar nicht bei dem Wagner-Verleger Fritzsch, sondern bei Ernst Schmeitzner in Chemnitz. Den feindseligen Zusammenhang mit dem »Parsifal« hat Nietzsche später stilisiert, aber man kann der Erzählung von der gleichzeitigen Wechselzusendung der beiden Werke getrost eine höhere Wahrheit zuschreiben. Die Reaktion von fast allen Freunden und Bekannten war negativ. Richard Wagner legte das Buch nach flüchtiger Einblicknahme beiseite, um sich den schönen Eindruck der früheren Schriften zu erhalten. Cosima schrieb an eine Freundin, in Nietzsche habe sich leider seit längerem ein Prozeß vollzogen ..., »gegen welchen ich nach meinen geringen Kräften gekämpft habe. Vieles hat mitgewirkt zu dem traurigen Buche. Schließlich kam noch Israel hinzu in Gestalt eines Dr. Rée, sehr glatt, sehr kühl, gleichsam durchaus eingenommen und unterjocht von Nietzsche; in Wahrheit aber ihn überlistend, im Kleinen das Verhältnis von Judäa und Germania.«[10]

Rohde (der kurz zuvor geheiratet hatte) äußerte sich sehr bestürzt: »... Kann man denn so seine Seele ausziehen und eine andre dafür nehmen? Statt Nietzsche nun plötzlich Rée werden?«[11] Nietzsches Schüler Adolf Baumgartner schrieb an Jacob Burckhardt, er sei »erstaunt über die Möglichkeit so verkehrter Reden ... [Nietzsche] meint, er rücke der Wahrheit ganz besonders nahe, wenn er seine besten Empfindungen zertrampelt und als Reminiszenzen aus irgendeiner fabelhaften Tierzeit ausgibt.«[12]

Auf den ersten Blick ist im Hinblick auf »Menschliches, Allzumenschliches« eine einfache These möglich: Nietzsche holt gleichsam die geistesgeschichtliche Phase der europäischen Aufklärung nach, wandelt sich zum »Freigeist«, verbrennt, was er angebetet hatte, und betet an, was ihm verbrennungswürdig gewesen war.

In der Tat spricht er in vielen Wendungen wie ein gewöhnlicher Aufklärer und in manchen sogar wie der praktische Aufklärer Marx: Dichter und Künstler erinnern an ein älteres Menschentum[13], die Tätigkeit des Genies ist nicht wesentlich verschieden von der des Gelehrten, ja das Genie ist in seinem Gegensatz gegen den vorsichtigen und bescheidenen Sinn der Wissenschaft geradezu ein Feind der Wahrheit[14]; die Menschen können und sollen mit Bewußtsein beschließen, »... die Erde als Ganzes ökonomisch (zu) verwalten ... und ... diese neue bewußte Kultur tötet die alte«[15]. Demokratie und ein künftiger europäischer Völkerbund werden jetzt positiv beurteilt, das moderne Militärwesen gilt als lebendiger Anachronismus; »Sklave« ist nun nicht mehr derjenige, der durch seine Mehrarbeit die Existenz der »eximierten Kulturmenschen« sichert, sondern jeder, der nicht wenigstens zwei Drittel seiner Zeit für sich hat.[16] Fragen, die bisher als das Wichtigste galten, z. B. Wozu der Mensch? Welches Los hat er nach dem Tode? werden nun als bloße »Kuriosa« bezeichnet. Der Mensch ist vielmehr ein bloßer Tropfen Leben, ohne Bedeutung im All, ein unwichtiger Ausschlag an der Erde. Also sind das Genie als Zielpunkt der Kultur, das Sklaventum als deren notwendige Basis, die Bedeutsamkeit der Welt durch Kunst und Metaphysik jetzt in den Abgrund gestürzt und durch die Bejahung der wissenschaftlichen

Massenkultur sowie die Selbstbescheidung des Menschen ersetzt usw.

Aber man muß folgendes beachten: Nietzsche äußerte sich zwar in der »Geburt der Tragödie« mit großem Nachdruck »antiaufklärerisch«, jedoch nicht aus christlicher oder kirchlicher Einstellung; seine »Romantik« war in einem weiteren Sinne der Aufklärung zugehörig oder jedenfalls ohne sie nicht erkennbar, und Vorbereitungen der Wandlung waren bereits zu konstatieren, ehe ein Einfluß Rées wirksam gewesen sein konnte. So spottete er Anfang 1873 über Eduard von Hartmanns Zentralbegriff des »Weltprozesses«: »Der Mensch und der ›Weltprozeß‹! Der Erdfloh und der Weltgeist!«[17] Und schon im Frühjahr 1872 hatte er niedergeschrieben: »Alle Neigung, Freundschaft, Liebe zugleich etwas Physiologisches. Wir wissen alle nicht, wie tief und hoch die Physis reicht.«[18] Zur Hälfte schopenhauerisch und zur anderen Hälfte aufklärerisch – aber auch hier liegt kein reiner Gegensatz vor – war jenes Fragment von 1873 »Über Wahrheit und Lüge im außermoralischen Sinne«. Besonders aufschlußreich ist ein Aphorismus vom Frühjahr 1875: »Auf Bergen zu wohnen, viel reisen, schnell von der Stelle kommen – darin kann man sich jetzt schon den griechischen Göttern gleichsetzen. Wir wissen auch das Vergangene und beinahe das Zukünftige. Was ein Grieche sagen würde, wenn er uns sähe?«[19] Das bedeutet sicherlich – wohl ohne daß Nietzsche sich darüber im klaren gewesen wäre – eine Annäherung an den Hegelschen Begriff der »Realisierung«.

Vor allem aber ist die Existenz einer »Gegenstimme« in »Menschliches, Allzumenschliches« zu beachten, in der sich deutlich zeigt, daß Nietzsches intellektuelle Empfindungen zu einem erheblichen Teil vom Vulgäraufklärerischen abweichen und daß er darin den Empfindungen seiner Jugendzeit nahe bleibt. Als Beispiel führe ich den folgenden Aphorismus an: »Ist das Leben erst im vollkommenen Staat geordnet, so ist aus der Gegenwart gar kein Motiv zur Dichtung mehr zu entnehmen, und es würden allein die zurückgebliebenen Menschen sein, welche nach dichterischer Unwirklichkeit verlangten. Diese würden dann jeweils mit Sehnsucht rückwärts schauen, nach den Zeiten des unvollkommenen Staates, der halb-barbarischen Gesellschaft, nach unseren Zeiten.«[20] Noch eindeutiger, und zugleich »politisch«, ist eine Aussage wie die, der vollkommene Staat der Sozialisten würde die Menschheit matt machen.[21]

Eine Parallele hierzu findet sich bei Marx in der (nachgelassenen) »Einleitung« zur »Kritik der politischen Ökonomie«: »Hört das Singen und Sagen und die Muse mit dem Preßbengel nicht notwendig auf, also verschwinden nicht notwendige Bedingungen der epischen Poesie? Aber die Schwierigkeit liegt nicht darin, zu verstehn, daß griechische Kunst und Epos an gewisse gesellschaftliche Entwicklungsformen geknüpft sind. Die Schwierigkeit ist, daß sie für uns noch Kunstgenuß gewähren und in gewisser Beziehung als Norm und unerreichbare Muster gelten ... Warum sollte die geschichtliche Kindheit der Menschheit, wo sie am schönsten entfaltet, als eine nie wiederkehrende Stufe nicht ewigen Reiz ausüben?«[22]

Mitte März 1879 erscheinen die »Vermischten Meinungen und Sprüche«, und Mitte Dezember folgt »Der Wanderer und sein Schatten«. Zusammengefaßt sind sie der zweite Band von »Menschliches, Allzumenschliches«.

Erwähnenswert sind aus dem Jahre 1877 die Heiratspläne, welche Nietzsches Mutter für ihren Sohn entwickelt, nicht zuletzt wegen der eigenartigen Begründung, die möglicherweise Licht auf Nietzsches Krankheiten wirft: »Ich kann aber nicht von dem Gedanken loskommen, daß wenn Du Dich verheiratest, Dein Leiden behoben wäre ... Edmund litt ja ganz in der Art [!] ... und jetzt ist er der gesündeste Mann ... Komm zu mir, ich wüßte ein köstliches Frauchen für Dich, höchst liebenswürdig, gescheidt, hübsch, wohlhabend und dabei höchst einfach und sauber.«[23] Aber Nietzsche selbst waren solche Wünsche und Pläne keineswegs fremd: In diese Zeit fällt der Heiratsantrag, den er Mathilde Trampedach machte, und auch Bertha Rohr und die »kleine Köckritz« sowie Natalie Herzen wurden in Erwägung gezogen – teilweise in Übereinstimmung mit Malwida von Meysenbug, aber gerade deren Pflegetochter Natalie war »fest dagegen«. Man muß sich fragen: War es Nietzsche versagt, Frauenliebe zu finden, oder fehlte es ihm bloß an Entschlußkraft, oder sprach eine innere Stimme ihr Nein?

Jedenfalls kam es zu keiner Heirat, und es erfolgte auch keine Besserung des Gesundheitszustands. Am 2. Mai 1879 richtete er sein Entlassungsgesuch an die Erziehungsbehörde. Das Ruhegehalt betrug 3000 Francs und wurde je zu einem Drittel von der Regierung, der Universität und der »Akademischen Gesellschaft« getragen; es war jedoch nicht auf Lebenszeit gewährt, sondern bedurfte periodischer Erneuerung, so daß ein beträchtliches Maß an Unsicherheit gegeben war. Den Sommer über hielt sich Nietzsche in St. Moritz auf, und im September fuhr er nach Naumburg. Richard Wagner äußerte sich Overbeck gegenüber sehr bedauernd über Nietzsches Schicksal und bat darum, informiert gehalten zu werden; auch Cosima legte freundschaftliche Gefühle an den Tag, als sie an Gersdorff schrieb: »Die traurigsten Nachrichten kamen zu uns über Nietzsche. Sichere Erblindung in Aussicht, Niederlegung der Professur, Furcht vor äußerster Noth! Gott, mit wie offenen Herzen und Armen hätten wir unser Heim angeboten, und wie hätte er noch an unserer Sache, als bedeutendster Faktor sich betätigen können! Diese Freude durfte uns aber nicht werden, denn das Leben ist grausam.«[24]

In Naumburg verschlechterte sich Nietzsches Gesundheitszustand bis zu einem bis dahin nicht erreichten Tiefpunkt, insbesondere um Weihnachten 1879. »Ich dürstete nach meinem Tode«, schreibt Nietzsche Anfang Januar 1880 an seinen Arzt Otto Eiser, und er vertraut ihm an: »Meine Existenz ist eine fürchterliche Last; ich hätte sie längst von mir geworfen, wenn ich nicht die lehrreichsten Proben und Experimente auf geistig-sittlichem Gebiete gerade in diesem Zustande des Leidens und der fast absoluten Entsagung machte.«[25]

Offenbar empfand er jedoch immer noch – wie in versteckter Weise auch weiterhin – nicht wenig Sehnsucht nach früheren Zeiten. So schrieb er im Januar 1880 an Malwida, die den Weg zur Versöhnung mit den Wagners hatte bahnen wollen: »Frau Wagner, Sie wissen es, ist die sympathischste Frau, der ich im Leben begegnet bin – aber zu einem Verkehren und gar zu einem Wiederanknüpfen bin ich ganz untauglich. Es ist zu spät ...«[26]

Aber es war, wie sich zeigen sollte, nicht zu spät zu neuen Anfängen im Leben, im Denken und sogar in menschlichen Beziehungen.

Frühes Einsiedlerleben und Krise um Lou von Salomé

Mitte Februar 1880 ist Nietzsche soweit wiederhergestellt, daß er in den Süden fahren kann, zunächst nach Riva del Garda, wo Heinrich Köselitz mit ihm zusammentrifft, sein ehemaliger Schüler in Basel, der jetzt in Venedig ein bescheidenes Leben als Musiker fristet. Nietzsche gab ihm den Künstlernamen »Peter Gast«, und unter diesem Namen ist er als der enthusiastischste und aufopferndste aller Freunde Nietzsches in die Geistesgeschichte eingegangen. Die Zeit von Mitte März bis Ende Juni verbringen beide gemeinsam in Venedig. Gast liest Nietzsche, der wieder sehr unter Augenbeschwerden leidet, viel vor, u. a. Stifters »Nachsommer«. Nietzsche diktiert Gast die Aphorismen »Ombra di Venezia«, d. h. den Anfang der »Morgenröte«. Auch Herbert Spencer und John Stuart Mill werden gelesen, ferner erneut Overbecks »Christlichkeit«.

Den Juli und August über befindet sich Nietzsche in Marienbad, nach »der unangenehmsten Irrfahrt«. Hier geht er täglich zehn Stunden spazieren, und in einem Brief spricht er davon, daß er sich in einer »unbändig gehobenen Stimmung«[1] befinde.

Von Mitte November bis Ende April 1881 hält er sich dann in Genua auf, einer Stadt, der er für den Rest seines Lebens zugetan bleibt. An Rée schreibt er sehr positiv über seine Einsamkeit, obwohl er »immer krank, viel zu Bett«[2] ist. Gegen Ende des Jahres ist die »Morgenröte« fertiggestellt, und das Manuskript geht Januar 1881 zur Abschrift an Gast. Die ständige Suche nach einem wolkenlosen Himmel bringt Nietzsche auf die Idee, nach Tunis zu fahren, und im März teilt er Gast mit: »Ich will unter Muselmännern eine gute Zeit leben, und zwar dort, wo ihr Glaube jetzt am strengsten ist: so wird sich wohl mein Urteil und mein Auge für alles Europäische schärfen ...«[3] Aber schon im April wird der Plan aufgegeben, da in Tunis ein Krieg ausgebrochen ist. Es handelte sich um die Besetzung des formal zum Osmanischen Reich gehörigen Tunis durch die Franzosen. Dadurch wurden die Italiener, die ebenfalls – und aus besseren Gründen als Frankreich – Tunis zu erwerben wünschten, zum Bündnis mit Deutschland und Österreich getrieben, aber die Frage Nordafrikas blieb einer der Schwachpunkte des »Dreibundes«, weil die Franzosen den Italienern Tripolis in Aussicht stellen konnten, und insofern gehört dieses scheinbar geringfügige und rasch abgewickelte Kolonialunternehmen in die Vorgeschichte des Weltkriegs hinein. Nietzsche zeigte aber keinerlei Interesse für diese außen- und weltpolitischen Zusammenhänge, sondern seine Anteilnahme galt nach wie vor ausschließlich der Musik und der Philosophie. An die Mutter und die Schwester schrieb er über Gast als einen Musiker ersten Ranges: »Was er kann, kann ihm unter den Lebenden keiner nachmachen.«[4] Nicht selten bezeichnete er Gast sogar als den »neuen Mozart«. Man kann daher schwerlich umhin, Nietzsches Urteilsfähigkeit in solchen musikalischen Fragen problematisch zu finden, und das gleiche gilt unter einem anderen Aspekt hinsichtlich Rées und später Lous.

Das Erscheinen der »Morgenröte« im Juli bringt eine Art von Euphorie mit sich, und schon Mitte Juni schreibt er an Mutter und Schwester: »In ein paar Wochen kommt mein Buch zu Euch. Seht es *freundlich* von außen an: so sieht das Wesen aus, das unsern nicht zu schönen Namen *unsterblich* machen wird.«[5] Wenig später charakterisiert er die »Morgenröte« folgendermaßen: »Ich habe eines der mutigsten und erhabensten und besonnensten Bücher hervorgebracht, welche jemals aus menschlichem Gehirne und Herzen geboren sind.« Und der Schluß des Briefes lautet: »Schreibt mir *gute* Dinge hier hinauf, wo ich über der Zukunft der Menschheit brüte.«[6]

Vom Juli bis zum September ist er dann zum ersten Male in Sils-Maria, das später durch ihn weltbekannt werden sollte und dessen Umgebung er kurz vor der Umnachtung folgendermaßen beschreiben würde: »Das Oberengadin, meine Landschaft, so fern vom Leben, so metaphysisch.«[7] Sehr merkwürdig ist eine briefliche Äußerung über Spinoza gegenüber Franz Overbeck, nachdem ihm dieser das einschlägige Werk Kuno Fischers geschickt hatte: »Ich habe einen Vorgänger, und was für einen!«[8] Am wichtigsten ist in dieser Zeit aber das erste Auftauchen des Wiederkunftsgedankens, und zwar Anfang August 1881 bei einer Wanderung in der Nähe von Surlej am See von Silvaplana; hierzu gehört die Notiz in Heft M III 1: »Die Wiederkunft des Gleichen Entwurf. 1. Die Einverleibung der Grundirrtümer ... 5. Das neue Schwergewicht: die ewige Wiederkunft des Gleichen ... Anfang August 1881 in Sils-Maria, 6000 Fuß über dem Meere und viel höher über allen menschlichen Dingen.«[9] Aber man muß damit den Brief an Gast vom 22. September 1881 zusammenhalten: »Gefährliche Zeiten waren es, der Tod schaute mir über die Achsel, ich habe den ganzen Sommer über fürchterlich gelitten: wohin soll ich mich wenden?« Daß es sich dabei nicht ausschließlich um physische Leiden handelte, darf aus einem anderen Satz desselben Briefes erschlossen werden: »Der größere Teil derer, welchen ich mein Buch geschickt habe, hat in drei Monaten nicht einmal ein Wort des Dankes für mich gehabt.«[10]

Von Oktober 1881 bis Ende März 1882 hält er sich wieder in Genua auf. Hier lernt er Bizets »Carmen« kennen und äußert sich enthusiastisch darüber. Der Januar 1882 gilt ihm im Rückblick als »der schönste meines Lebens«[11]. Er arbeitet an einem Manuskript, das zuerst als Fortsetzung der »Morgenröte« gedacht ist und dann »Die fröhliche Wissenschaft« genannt wird.

In Genua besucht ihn Paul Rée, der Mitte März nach Rom zu Malwida abreist, wo er Lou von Salomé kennenlernt. Dies ist der Anfang der letzten tiefgreifenden menschlichen Beziehung in Nietzsches Leben. Am 21. März schreibt er aus Genua an Rée: »Grüßen Sie diese Russin von mir, wenn dies irgendeinen Sinn hat: ich hin nach dieser Gattung von Seelen lüstern.«[12] Und dann fährt er mit einer höchst eigenartigen Wendung, aus der schwere Folgen für ihn erwachsen sollten, fort (offensichtlich auf eine entsprechende Andeutung Rées hin): »Ein ganz anderes Capitel ist die Ehe – ich könnte mich höchstens zu einer zweijährigen Ehe verstehen, und auch dies nur in Anbetracht dessen, was ich in den nächsten zehn Jahren zu tun habe.« Aber statt nach Rom fährt Nietzsche zunächst mit einem Segelfrachter nach Messina, wo er die »Idyllen aus Messina« schreibt, die im Juni 1882 in der neugegründeten »Internationalen Monatsschrift« seines Verlegers Ernst Schmeitzner erscheinen. Rée läßt ihn wissen, »die Russin« sei enttäuscht, weil er nicht nach Rom gekommen sei: »Sie ist ein energisches, unglaublich kluges Wesen mit den mädchenhaftesten, ja kindlichen Eigenschaften.«[13]

So lernt Nietzsche denn Ende April in Rom Lou von Salomé kennen, und damit begegnet ihm die anhebende »Emanzipation der Frau« in einer ganz anderen Gestalt, als er sie in Malwida von Meysenbug kennengelernt hatte. Louise von Salomé, 1861 geboren, also zur Zeit ihrer Begegnung mit Nietzsche eine Zwanzigjährige, war keineswegs eine »Russin«, sondern sie stammte aus einer kosmopolitischen Familie (wie übrigens auch Franz Overbeck), die ganz überwiegend deutsch und hugenottisch war. Ihr Vater war General in Petersburg, und so wuchs sie im Umkreis des Zarenhofs auf. Sie hatte fünf Brüder; nur einer überlebte den Krieg und die Revolution, aber »in tiefster Erniedrigung«, die dennoch kennzeichnend für die Bereitschaft eines Teils des russischen Bürgertums war, die eigene »soziale Vernichtung« als gerecht zu akzeptieren.[14] Das junge Mädchen hatte schon in Petersburg einen starken Eigenwillen an den Tag gelegt und war zu dem Pastor der holländischen Gesandtschaft, Hendrik Gillot, in ein merkwürdiges und kompliziertes Verhältnis getreten.

Nach dem Tode des Vaters ging sie 1880 zusammen mit ihrer Mutter nach Zürich, wo sie sich an der Universität einschreiben ließ und Malwida von Meysenbug kennenlernte; eine Vermittlerrolle spielte dabei Gottfried Kinkel, der nach langen Jahren der Emigration in England nun Professor der Archäologie und Kunstgeschichte in Zürich war.

Nietzsche macht Lou gleich nach dem Kennenlernen einen Heiratsantrag, und zwar durch Rée in merkwürdiger Parallele zu dem Antrag an Mathilde Trampedach durch deren künftigen Mann Hugo von Senger im Jahre 1876. Trotz der Ablehnung werden Pläne für ein gemeinsames Studienleben zu dritt entworfen, und Nietzsche verschlug es dabei anscheinend nichts, daß die entsprechenden Pläne zuerst für Rée und Lou allein ins Auge gefaßt waren. Nietzsche, Lou, Rée und Mutter Salomé verbringen die erste Hälfte des Mai in Orta; und hier machen Nietzsche und Lou einen langen Spaziergang auf dem Monte Sacro, den Nietzsche später als »geheimnisvoll« ansah und der anscheinend mit einem Kuß endete. Gleichwohl lehnt Lou kurz darauf in Luzern einen abermaligen, diesmal von Nietzsche persönlich vorgebrachten Heiratsantrag erneut ab. Zwischen Lou und Nietzsche bleibt es beim »Sie«, während Rée und Lou sich mit »Du« anredeten und in Briefen von Rée an Lou Wendungen wie »Geliebtes Schneckli« zu finden waren. Aber auch in den Briefen von Nietzsche konnte Lou Ende

Mai einen Satz wie den folgenden lesen: »Wenn ich ganz allein bin, spreche ich oft, sehr oft, Ihren Namen aus – zu meinem größten Vergnügen!«[15] Die »Verliebtheit« läßt sich also aus heutiger Perspektive gar nicht übersehen. Nietzsche schreibt jedoch wenig später an Gast: »Sie erweisen uns beiden sicherlich die Ehre, den Begriff einer Liebschaft von unserem Verhältnis fernzuhalten.«[16]

Lou besucht Rée in Stibbe. Nietzsche bemüht sich fieberhaft, ein Zusammentreffen bei Berlin zustande zu bringen. Schließlich kommt es im August zu einem Zusammensein in Tautenburg (Thüringen), natürlich in Gegenwart einer »Anstandsdame«, Elisabeths, die Lou kurz zuvor kennengelernt hatte und die sich sehr rasch zur Todfeindin Lous entwickelt, teils wohl aus Eifersucht und teils aus echter moralischer Empörung über die »unanständigen« (wir würden sagen freizügigen) Reden der Russin. Jedenfalls ist die Begegnung zwischen Lou und Nietzsche hochdramatisch: »Alle fünf Tage (spielt sich) eine Tragödienszene« (ab)[17], aber es finden auch zehn Stunden Gespräche am Tag statt, anscheinend gelegentlich sogar über »Sadomasochismus« und »Bisexualität«. Lou ist für Nietzsche ein »Adler« und »das intelligenteste aller Weiber«, zwischen ihnen bestehe eine tiefe innere Verwandtschaft.[18] In Erinnerung an den Monte Sacro schreibt Nietzsche ihr: »Den entzückendsten Traum meines Lebens danke ich Ihnen.«[19] Am Ende des Aufenthaltes kommen die ersten Exemplare der »Fröhlichen Wissenschaft« in seine Hände.

Von Tautenburg kehrt Nietzsche nach Naumburg zurück. Dort gerät er in heftige Auseinandersetzungen über die »Russin« mit seiner Mutter, die offenbar von der noch in Tautenburg zurückgebliebenen Elisabeth auf sehr einseitige Weise unterrichtet worden war. Franziska Nietzsche ist besonders empört über eine Fotografie »zu dritt«, auf der Nietzsche und Rée ein Wägelchen ziehen, in dem Lou mit einer Art Peitsche in der Hand als Lenkerin sitzt – eine in der Tat groteske Pose, die aber in der Philosophiegeschichte nicht ganz ohne Vorgang ist, man denke an die Darstellung des Sokrates, auf dem ein Kind reitet. Nicht geringere Empörung wecken angebliche Äußerungen Lous über Nietzsche, die Elisabeth gehört haben wollte: er sei ein gemeiner Egoist, der ihren Geist ausbeuten wolle.[20] Schließlich läßt sich die Mutter dazu hinreißen, Nietzsche eine »Schande für das Grab seines Vaters« zu nennen. Nietzsche fühlt sich dadurch aufs tiefste getroffen und verläßt sofort das Haus. Bis Mitte November hält er sich in Leipzig auf, und hier kommt während des Oktober die »Dreieinigkeit« noch einmal zusammen. Wieder werden Pläne über ein Zusammenleben und ein gemeinsames Studium in Paris oder anderswo geschmiedet, aber die Schatten sind doch unübersehbar. Malwida befindet sich auch in dieser Phase mit im Spiel: Sie sieht ihren Begriff der »edlen Emanzipation« gefährdet und betrachtet den Einfluß von Rée als verderblich – nicht nur für Nietzsche, sondern auch für Lou. Nietzsche fährt über Basel wieder in den Süden, zunächst nach Rapallo, und von hier aus bricht er die brieflichen Beziehungen zur Mutter und zur Schwester ab, aber faktisch kommt es auch zum Bruch mit Rée und Lou, an die im Dezember 1882 viele Briefentwürfe gerichtet werden, die teils sonderbar, teils rührend sind. So schreibt er an Lou: »Denken Sie: jener Katzen-Egoismus, der nicht mehr lieben kann, jenes Lebensgefühl im Nichts, zu dem Sie sich bekennen, sind genau das mir ganz Widerwärtige am Menschen: schlimmer als irgendetwas Böses ... ich dachte Sie mir als meinen Erben.«[21] Und Rée muß die folgenden Zeilen lesen: »Ich verstehe Sie nicht mehr, lieber Freund, wie können Sie es neben einem solchen Wesen aushalten? ... Um des Himmels willen! Reine Luft und gegenseitige höchste Achtung!«[22] Ergreifend und vielleicht vorausdeutend ist ein an beide gerichteter Briefentwurf vom 20. Dezember: »Heute Abend werde ich so viel Opium nehmen, daß ich die Vernunft verliere ... Beunruhigen Sie sich nicht zu sehr über die Ausbrüche meines Größenwahns oder meiner verletzten Eitelkeit: und wenn ich selbst aus den genannten Affekten mir zufällig einmal das Leben nehmen sollte, so würde auch dann nicht gar zu viel zu betrauern sein. Was gehn Euch, ich meine Sie und Lou, meine Phantastereien an! Erwägen Sie Beide doch sehr miteinander, daß ich zuletzt ein kopfleidender Halb- Irrenhäusler bin, den die Einsamkeit vollends verwirrt hat ...«[23] Dieser »Opiumbrief« wird dann zwar zurückgenommen, aber an Overbeck schreibt Nietzsche: »Sie hat mich nämlich behandelt wie einen Studenten von zwanzig Jahren ... einen Studenten, der sich in sie verliebt hätte.«[24] Malwida gegenüber beklagt er sich über Lous »tierhaften Egoismus«, aber er vertraut ihr auch das folgende an: »Ein Mensch, der in Bezug auf das Geheimnis seines

Lebenszieles keinen Mitwisser hat: ein solcher verliert unsäglich viel, wenn er die Hoffnung verliert, einem *ähnlichen* Wesen begegnet zu sein, das eine ähnliche Tragödie mit sich herumschleppt und nach einer ähnlichen Lösung ausschaut.«[25]

Die Frage liegt nahe, ob dies eine glaubwürdige Feststellung und eine glaubwürdige Hoffnung gegenüber einem 21jährigen Mädchen war. Ist hier eine ähnliche Urteilsschwäche Nietzsches zu konstatieren wie hinsichtlich Gasts? Aber Lou war dazu bestimmt, in ihrem späteren Leben die Mentorin und Geliebte von Rainer Maria Rilke und eine enge Vertraute von Sigmund Freud zu werden; Nietzsche war in ihr also einer der interessantesten Frauen der Moderne begegnet. War sie, sozusagen, »die letzte Möglichkeit« für Nietzsche? Jedenfalls sieht er sich nun endgültig in die Einsamkeit geworfen. Nicht ohne Bedeutung war dafür sicherlich auch der Tod Richard Wagners am 13. Februar 1883.

Er richtet einen Beileidsbrief an Cosima als »die bestverehrte Frau, die es in meinem Herzen gibt«[26], aber eine Antwort bleibt aus.

Abschließend werfe ich einen flüchtigen Blick auf die »Morgenröte« und die »Fröhliche Wissenschaft«.

Die »Morgenröte« bewegt sich noch ganz in den Bahnen von »Menschliches, Allzumenschliches«. Die »Demütigung des Menschen« setzt sich fort: so wenig wie die Ameise und der Ohrwurm werde die Menschheit am Ende ihrer »Erdenbahn« zur Gottverwandtschaft und Ewigkeit aufsteigen; die Menschen befänden sich in ihrem Netze, nicht anders als Spinnen; sie könnten gar nichts fangen, als was sich eben in *ihrem* Netze fangen lasse; mit anderen Worten: es gebe keine »Intelligibilität der Welt« und keine qualitative Verschiedenheit zwischen einem Vernunftwesen Mensch und »den« unvernünftigen Lebewesen.[27]

Aber auch die Gegenstimme ist deutlich vernehmbar, z. B. in der Rühmung der Schönheit der hohen katholischen Geistlichkeit, aus der sich leicht das Postulat der Schaffung eines »Übermenschen« ableiten läßt.

Und ein neuer Ton wird in einem Satz wie dem folgenden hörbar: »Wir Denker haben den Wohlgeschmack aller Dinge erst festzustellen und nötigenfalls zu dekretieren.«[28] Gegenüber dem Bewußtsein zeigt sich hier eine ähnliche Ambivalenz, wie sie bei Marx zu konstatieren ist: Einerseits wird es als bedeutungslos abgetan, und dann erweist es sich doch wieder als die Grundlage, ohne die sich nichts darstellen und zeigen könnte.

In der »Fröhlichen Wissenschaft« treten der Phänomenalismus und Perspektivismus noch stärker hervor. Aber daß sie auf dem Grunde einer Verzweiflung ruhen, ist nirgendwo deutlicher zu erkennen als in dem »An Goethe« gerichteten Gedicht aus den »Liedern des Prinzen Vogelfrei«:

Das Unvergängliche
Ist nur dein Gleichnis
Gott der Verfängliche
Ist Dichter-Erschleichnis

Welt-Rad, das rollende,
Streift Ziel an Ziel;
Not – nennt's der Grollende,
Der Narr nennt's Spiel.

Welt-Spiel, das herrische
Mischt Sein und Schein,
Das Ewig-Närrische
Mischt uns hinein.

Und die »Gegenstimme« ist hier nichts Untergeordnetes mehr, denn die ihr zugehörigen Töne sind sowohl bedauernder wie fordernder geworden: Einstweilen wenigstens stehe alle militärisch begründete Kultur noch hoch über aller sogenannten industriellen Kultur; ein Aphorismus ist ausdrücklich »zu Ehren der homines religiosi« überschrieben, und an anderer Stelle heißt es, daß auch »wir«, die Gottlosen und Antimetaphysiker der Moderne, »unser Feuer« noch von dem Brande des Christenglaubens nehmen, der auch der Glaube Platos war, nämlich, »daß Gott die Wahrheit ist«. Was aber solle werden, wenn sich herausstelle, daß gerade dieser Glaube immer unglaubwürdiger werde?[29]

In den Zusammenhang der Konsequenz, daß etwas schlechthin Neues gefunden werden müsse, wenn die Menschheit nicht zugrunde gehen solle, gehört auch der meistzitierte Aphorismus aus der »Fröhlichen Wissenschaft«, der Aphorismus 125 »Der tolle Mensch«, welcher mit einer Laterne am hellen Vormittag herumläuft und schreit: »Ich suche Gott ... Wir haben ihn getötet«, aber dieses ungeheure Ereignis sei noch nicht bis zu den Ohren der Menschen gedrungen.[30]

Doch gerade aus der Feststellung des »Ungeheuren«, der Ausweglosigkeit, resultiert der Ausweg, nämlich der Ausweg in die Lehre von der ewigen Wiederkunft aller Dinge, am klarsten in Aphorismus 341 »Das größte Schwergewicht«: »Wie, wenn ... ein Dämon ... dir sagte: ›Die ewige Sanduhr des Daseins wird immer wieder umgedreht – und du mit ihr, Stäubchen vom Staube!‹ – Würdest du dich nicht niederwerfen und mit den Zähnen knirschen und den Dämon verfluchen, der so redete? Oder hast du einmal einen ungeheuren Augenblick erlebt, wo du ihm antworten würdest: ›Du bist ein Gott, und nie hörte ich Göttlicheres.‹ ... Oder wie müßtest du dir selber und dem Leben gut werden, um nach Nichts *mehr zu verlangen* als nach dieser letzten ewigen Bestätigung und Besiegelung?«[31]

Und in dem folgenden Aphorismus 342 ist zum ersten Mal von Zarathustra die Rede. Kann Nietzsche noch lange ein »Aufklärer« bleiben, wenn er sich zu einem alten Religionsstifter zurückwendet, um eine ganz neue, nie zuvor gehörte Lehre zu verkünden, die freilich gerade das Gegenteil aller bisher bekannten Religion sein will?

Am 1. Februar 1883 schreibt Nietzsche an Gast: »Aber vielleicht haben Sie Vergnügen daran zu hören, *was* es zu schreiben und druckfertig zu machen gilt. Es handelt sich um ein ganz kleines Buch – hundert Druckseiten etwa. Aber es ist mein *Bestes*, und ich habe einen schweren Stein mir damit von der Seele gewälzt ... Das Buch soll heißen: Also sprach Zarathustra. Ein Buch für Alle und Keinen.«[32] Und Gast antwortete am 2. April, nachdem er die ersten Korrekturen gelesen hatte: »Diesem Buch ist die Verbreitung der Bibel zu wünschen, ihr kanonisches Ansehen, ihr Commentarengefolge, auf dem dieses Ansehen zum Teil mit beruht ...«[33] Das ist eine auffallende Parallele zu demjenigen, was Friedrich Engels 1867 nach dem Erscheinen des ersten Bandes des »Kapital« schrieb (und propagierte): es handle sich um »die Bibel der Arbeiterklasse«. Dies war sozusagen Nietzsches »Aufstieg zur Jahrtausendperspektive«, der Beginn der Zarathustra-Zeit.

Die Zarathustra-Zeit

Bibel – Jahrtausendwende – die Geschichte der Menschheit in zwei Hälften zerspalten: Das sind die Redewendungen, mit denen Nietzsche und Peter Gast das Neue zu deuten versuchen, das mit dem »Zarathustra« als einer zugleich dichterischen Leistung gegeben ist. Sehr eigenartig ist, daß Nietzsche jedes Gefühl dafür abzugehen scheint, daß die Trennung der Menschengeschichte in zwei große Hälften, in die »Vorgeschichte« und die jetzt bald beginnende »eigentliche Geschichte«, von Marx und im Grunde bereits von nahezu allen Sozialisten vorgenommen war, daß es für Marx selbstverständlich gewesen war, Jahrtausende in den Blick zu fassen (die »Klassengesellschaft« mit ihrer »asiatischen«, »antiken«, »feudalen« und »bürgerlichen« Produktionsweise), und daß Friedrich Engels »Das Kapital« als die »Bibel der Arbeiterklasse« bezeichnet hatte. Man könnte in dieser auffälligen Übereinstimmung so etwas wie eine »Imitation« sehen, der das Bewußtsein ihres Imitationscharakters fehlte; aber man könnte freilich auch sagen, Marx habe Hegel und Saint-Simon imitiert, und diese beiden hätten wiederum ihre Begriffe aus der christlichen Geschichtstheologie unter bloßer Abwandlung entnommen. Im übrigen fehlte Nietzsche das Bewußtsein keineswegs, eine »Gegenbewegung« zu repräsentieren, und wenn man ihn auf jenen Tatbestand aufmerksam gemacht hätte, würde er wohl gesagt haben, der Sozialismus gehöre aufs engste mit demjenigen zusammen, was er bekämpfe, nämlich der bürgerlichen Welt, und er werde, wenn er realisiert werden sollte, gerade keinen Neuanfang bedeuten. Aber jedenfalls ist zunächst einmal diese Übereinstimmung in der »großen Konzeption« zu konstatieren, und man wird sagen dürfen, daß Bismarck eine solche »große Konzeption« ebenso fremd war wie allen anderen Staatsmännern seiner Zeit, Disraeli und Gladstone nicht ausgenommen, so gewiß sie über umfassendere Perspektiven verfügten als der Gründer des Deutschen Reiches.

Um so auffallender wird im gleichen Atemzug eine wesentliche Differenz. Nietzsche hatte an den Ereignissen von 1866 und noch 1870/71 einen starken Anteil genommen, wenn auch teilweise schon mit negativem Urteil. Gegen Ende seines bewußten Daseins wird er 1888/89 noch einmal relativ konkret auf die deutsche Politik Bezug nehmen, aber zwischen 1872 und 1888 kommen politische Ereignisse und Entwicklungen weder in seinen Büchern noch in seinen Briefen auf nennenswerte Weise vor. Er erwähnt den »Krieg« in Tunis, aber nur deshalb, weil dieser die Reise nach Nordafrika unmöglich macht: der allmähliche Abbau des »Kulturkampfes« im Deutschen Reich findet keine Erwähnung, von Bismarcks neuer Zollpolitik zu schweigen; die Festigung der Dritten Republik in Frankreich nach langen Jahren der Gefährdung erweckt bei ihm keine Aufmerksamkeit; bei seinen Aufenthalten in Italien fällt nie ein Wort über die sogenannte parlamentarische Revolution des Jahres 1876 und deren Folgen; nicht einmal den neuen Imperialismus der Westmächte oder den Beginn der deutschen Kolonialpolitik scheint er wahrgenommen zu haben. Bloße Unkenntnis eines Zeitungsfeindes, der ganz in der philosophischen und musikalischen »Kultur« aufging, kann freilich nicht vorgelegen haben, denn er las in den achtziger Jahren regelmäßig das »Journal des Débats«. Aber offensichtlich war ihm alles Derartige »kleine Politik«, die einen Denker nicht zu interessieren brauchte. Ganz anders war die Einstellung von Marx und Engels zur zeitgenössischen Politik gewesen. Beide waren ja auf ihre Weise Journalisten und schon deshalb gezwungen, sich mit Tagesereignissen zu beschäftigen, aber auch in ihren Briefen spielt die konkrete Politik eine gewaltige Rolle. Offensichtlich hängt dieser Unterschied damit zusammen, daß für Marx und Engels das Subjekt (oder Instrument) *ihrer* »großen Politik« handgreiflich gegeben und in sehr anschauliche Kämpfe verwickelt war, während bei Nietzsche der Drang zur »Praxis« zwar auch vorhanden war, aber nichts besaß, worauf er sich hätte stützen können: »Ich (habe) bisher noch nicht einen einzigen Jünger.«[1] Der Verfasser von »Menschliches, Allzumenschliches« konnte noch vorgeben, im Kreis der »freien Geister« ein Werk der Aufklärung und der Verbesserung der Verhältnisse zu vollbringen, dem Urheber des »Zarathustra« mußte jener Mangel immer bewußter werden.

Der erste Teil (wie auch die späteren) wurde für sich in Druck gegeben; eine lange Verzögerung, bis in den Sommer 1883 hinein hatte den Grund, daß Teubner mit einem Auftrag über die Lieferung von 500 000 Gesangbüchern voll ausgelastet war. Wie sehr Nietzsche nach einem Wort der Teilnahme und Ermutigung von »seinesgleichen« verlangte, zeigt etwa ein Brief an Jacob Burckhardt, in dem es heißt: »Hochverehrter Herr Professor, zuletzt fehlt mir jetzt nichts als ein Gespräch mit Ihnen! ... Nicht wahr, Sie wissen, *wie* ich Sie liebe und ehre?«[2] Aber als Jacob Burckhardt den ersten Teil des Zarathustra gelesen hatte, fragte er Nietzsche, wie dieser tief enttäuscht an Gast schrieb, ob er es nicht einmal mit dem Drama versuchen wollte.[3]

Dieser erste Teil beginnt fast mit den gleichen Worten, mit denen die »Fröhliche Wissenschaft« geendet hatte: »Als Zarathustra dreißig Jahre alt war, verließ er seine Heimat und den See seiner Heimat und ging in das Gebirge.«[4]

Danach erfolgt eine Anknüpfung an den Aphorismus »Der tolle Mensch«. Zarathustra begegnet bei seinem »Untergang« (= Abstieg vom Gebirge) einem Heiligen, und er fragt sich verwundert: »Sollte es denn möglich sein! Dieser alte Heilige hat in seinem Walde noch nichts davon gehört, daß Gott tot ist!«[5]

Aus der Einsicht in den Tod Gottes resultiert unmittelbar die Predigt des Übermenschen, welcher hier eindeutig als Evolutionsstufe der Gattung aufgefaßt wird: »Und Zarathustra sprach also zum Volke: Ich lehre auch den Übermenschen. Der Mensch ist Etwas, das überwunden werden soll. Was habt ihr getan, ihn zu überwinden? Alle Wesen bisher schufen Etwas über sich hinaus: und ihr wollt die Ebbe dieser großen Flut sein und lieber noch zum Tiere zurückgehn, als den Menschen überwinden? Was ist der Affe für den Menschen? Ein Gelächter oder eine schmerzliche Scham. Und ebendas soll der Mensch für den Übermenschen sein: ein Gelächter oder eine schmerzhafte Scham.«

Damit verbunden ist kein bloßes Feststellungsurteil hinsichtlich des »Heiligen«, sondern ein Verwerfungsurteil: »Ich beschwöre euch, meine Brüder, bleibt der Erde treu ... An der Erde zu freveln ist jetzt das Furchtbarste und die Eingeweide des Unerforschlichen höher zu achten, als den Sinn der Erde.«

Aber Zarathustra findet keine Zustimmung bei den Zuhörern, sondern: »Alles Volk lachte über Zarathustra.«

Jetzt folgt die Rede über die »letzten Menschen«, auf die wir später noch ausführlich eingehen werden: »So will ich ihnen vom Verächtlichsten sprechen: das aber ist der letzte Mensch …«

Dies alles findet sich in »Zarathustras Vorrede«. Es folgen bis zum Schluß »die Reden Zarathustras«, u. a.: »Von den drei Verwandlungen«, »Von den Verächtern des Leibes«, »Vom Krieg und Kriegsvolke«, »Von den Fliegen des Marktes«, »Von der Keuschheit«, »Von alten und jungen Weiblein«, »Von Kind und Ehe«, »Von der schenkenden Tugend«. Es handelt sich um »Tugendlehren« besonderer Art oder um »antimoralische Moral«, die »aufklärerisch« und »antiaufklärerisch« in einem ist: »Einen neuen Stolz lehrte mich mein Ich, den lehre ich die Menschen: nicht mehr den Kopf in den Sand der himmlischen Dinge zu stecken, sondern frei ihn zu tragen, einen Erden-Kopf, der der Erde Sinn schafft.«[6] »Ihr sagt, die gute Sache sei es, die sogar den Krieg heilige? Ich sage euch: der gute Krieg ist es, der jede Sache heiligt.«[7]

Solche leicht zitierbaren Sentenzen sind auf Schritt und Tritt anzutreffen. Die meistzitierte ist wohl: »Du gehst zu Frauen? Vergiß, die Peitsche nicht.«[8] (Aber das wird von einem »alten Weiblein« gesagt.)

Auch der Schlußsatz gilt dem Übermenschen: »Tot sind alle Götter: nun wollen wir, daß der Übermensch lebe.«[9]

Damit ist abermals eine neue Bahn eingeschlagen. Der »Freigeist« ist nicht etwa vollständig verlassen, aber man kann sagen, daß im »Übermenschen« das »Genie« der Jugendzeit in verwandelter Form wieder entstanden ist und daß im »letzten Menschen« die zeitweise gepriesene moderne Massenkultur erneut und noch schroffer verworfen wird. Nietzsches dritte Periode ist wohl am besten als radikalisierende Rückkehr zur ersten Periode zu begreifen.

Zunächst aber ist das Leben Nietzsches weiter zu verfolgen.

Im Sommer 1883 hält er sich zum zweiten Mal in Sils-Maria auf. Im Juli erfolgt die Niederschrift von Zarathustra II, wieder innerhalb weniger Tage, aber auf der Basis ausgedehnter Notizen. Vorausdeutend ist die Wendung in einem Brief an Gast vom 13. Juli:

»Dabei ist mir der Gedanke gekommen, daß ich wahrscheinlich an einer solchen Gefühls-Explosion und -Expansion einmal sterben werde.«[10] Und er schreibt sogar: »Die kuriose Gefahr dieses Sommers heißt für mich … Irrsinn.«[11] Aber noch eigenartiger sind die äußerst schroffen Urteile über Nahestehende (bzw. ehemals Nahestehende), welche die Frage hervorrufen, ob nicht bereits eine dicht an das Pathologische grenzende »imbalance of mind« zu verzeichnen ist, so in einem Brief an Georg Rée über Lou: »Diese dürre schmutzige übelriechende Äffin mit ihren falschen Brüsten – ein Verhängnis!«[12] und wenig später an seine Mutter: »Begreift Ihr denn nichts von dem Widerwillen, den ich zu überwinden habe, mit solchen Menschen, wie Ihr seid, so nahe verwandt zu sein!«[13]

Und doch finden sich, um ein wenig vorzugreifen, auch immer wieder Zeugnisse einer tief bewegenden, ja rührenden Sehnsucht nach Freundschaft und Verbundenheit mit anderen Menschen, so besonders im Zusammenhang mit dem Besuch Heinrich von Steins in Sils-Maria im Sommer 1884. Über ihn schreibt er an Overbeck: »Das ist ein prachtvolles Stück Mensch … Endlich, endlich ein neuer Mensch, der zu mir gehört und instinktiv vor mir Ehrfurcht hat! Zwar einstweilen noch trop wagnetisé, aber durch die rationale Zucht, die er in der Nähe Dührings erhalten hat, doch sehr zu *mir* vorbereitet! In seiner Nähe empfand ich fortwährend auf das schärfste, welche praktische Aufgabe zu meiner Lebensaufgabe gehört, wenn ich nur erst genug jüngere Menschen einer ganz bestimmten Qualität besitze!«[14] Und an Heinrich von Stein richtet er eins der ergreifendsten seiner Gedichte, »Einsiedlers Sehnsucht«:

> Oh Jugend-Sehnen, das sich mißverstand!
> Die ich ersehnte,
> Die ich mir selbst verwandt-verwandelt wähnte
> Daß *alt* sie wurden, hat sie weggebannt:
> Nur wer sich wandelt, bleibt mit mir verwandt.
> Oh Lebens Mittag! Zweite Jugendzeit!
> Oh Sommergarten!
> Unruhig Glück im Stehn und Spähn und Warten
> Der Freunde harr ich, Tag und Nacht bereit: –
> Der *neuen* Freunde! Kommt! S'ist Zeit!
> S'ist Zeit!

Zurück ins Jahr 1883. Im Herbst verlobt sich[15] Elisabeth mit Dr. Bernhard Förster, und Nietzsche wurde dadurch in enge verwandtschaftliche Nähe zum praktisch-politischen Zweig des Antisemitismus gerückt, dessen eher subtilen Version er bereits bei Richard und Cosima Wagner begegnet war, ohne daß auf seiner Seite Zeichen des Abscheus zu erkennen gewesen wären.

Auch Förster war Wagnerianer, und er war wohl der erste, der in Vorträgen Nietzsche »in sehr emphatischen Ausdrücken seinen Zuhörern präsentiert(e)«, Wie Nietzsche im März 1882 Overbeck berichtet hatte.[16] Aber Förster hatte auch zusammen mit Männern wie Otto Boeckel, Theodor Fritsch und Liebermann zu Sonnenberg zu jenen »deutschen Sieben« gehört, auf deren Initiative hin im April 1881 Bismarck eine mit 267 000 Unterschriften versehene Petition überreicht wurde, in welcher die Einschränkung der Judeneinwanderung und ihr Ausschluß aus obrigkeitlichen Ämtern sowie ihre Registrierung gefordert wurde.[17] Förster war aber nicht nur Wagnerianer und Antisemit, sondern auch Lebensreformer, der einen erbitterten Kampf gegen die Vivisektion und für den Vegetarismus führte. Seine verschiedenen Bestrebungen liefen in der Verwerfung der »Verehrung des goldenen Kalbes« zusammen, und in dem Mammonismus sah er die Wurzel aller modernen Übel, dem Mammonismus, dessen wichtigste Vorkämpfer für ihn die Juden waren. Er stand also dem »Frühsozialismus« weitaus näher als den Konservativen, und das wurde an seiner Ablehnung des »verkehrten und verderblichen Eigentumsrechts« besonders deutlich. Daher war es nur konsequent, daß er sich wie Fourier und Cabet mit dem Gedanken trug, eine Kolonie jenseits des Meeres zu gründen, die weder das Eigentumsrecht (am Boden) noch die vielfältigen Dekadenzerscheinungen der Neuzeit kennen würde. Seine Gedanken richteten sich bald auf Paraguay, und dort wollte er ein »Neugermanien« erbauen, »damit, falls dieses Deutschland zwischen Felsen und Meere einmal den Russen, den Juden oder den Welschen anheimfällt, das ideale Deutschland verjüngt und voller Kraft lebe, um die großen Gedanken deutscher Kultur wieder aufzunehmen und in redlicher Arbeit fortzuführen«[18]. Zur Zeit der Verlobung hatte er bereits die ersten praktischen Vorbereitungen getroffen, nachdem er wegen seiner antisemitischen Propaganda aus seinem Lehramt entlassen worden war; der Name »Paraguay« sollte nun in Nietzsches Briefen bis zum Ende seines bewußten Lebens immer wieder auftauchen. Nietzsche war der Verlobte bzw. Gatte seiner Schwester persönlich keineswegs unsympathisch, und dieser stellte ihm ja in praktisch-vergröberter Gestalt sein einstiges Bemühen um eine neue deutsche Kultur unter den Auspizien Richard Wagners vor Augen. Aber er schwankte gleichwohl – und vielleicht gerade deshalb – keinen Augenblick in der Ablehnung der Auffassungen und Pläne seines Schwagers. Den Winter 1883/84 verbrachte Nietzsche bis zum April in Nizza. Hier empfing er den Besuch von Joseph Paneth, dem Freund und Schüler Sigmund Freuds, und vielleicht darf man daraus schließen, daß spätere Annäherungen zwischen Nietzscheanismus und Freudianismus nicht bloß zufällig waren. Im Januar 1884 war der dritte Teil des »Zarathustra« fertiggestellt. Peter Gast äußerte sich folgendermaßen dazu: »Man wird und muß Sie einst höher verehren als die asiatischen Religionsstifter, und hoffentlich auf weniger asiatische Art und Weise.«[19] Solche Wendungen wurden von Nietzsche offenbar ernstgenommen, ja noch durch Sätze wie diese übersteigert: »... wenn ich es nicht so weit treibe, daß ganze Jahrtausende auf meinen Namen ihre höchsten Gelübde tun, so habe ich in meinen Augen nichts erreicht«[20] oder »Wer nicht alles Dasein dafür segnet, daß so etwas in ihm wie dieser Zarathustra möglich ist, dem fehlt Alles, Ohr, Verstand, Tiefe, Bildung, Geschmack und überhaupt die Natur eines ›auserlesenen Menschen‹.«[21] Dieser zweite Satz ist in einem Brief an Helene Druskowitz enthalten, eine radikale Vorkämpferin der Frauenemanzipation, die trotzdem den Umgang mit Nietzsche mindestens eine Zeitlang für ersprießlicher hielt als den Verkehr mit Gesinnungsgenossinnen. Freilich wäre sie wohl zurückhaltender gewesen, wenn sie gewußt hätte, was Nietzsche etwa gleichzeitig an Elisabeth schrieb: »Alles, was für ›Emancipation des Weibes‹ schwärmt, ist langsam, langsam dahintergekommen, daß ich ›das böse Tier‹ für sie bin. In Zürich, unter den Studentinnen, große Wut gegen mich. *Endlich!*«[22] Auch hier ist der Wunsch nach Wirksamkeit, nach »Praxis« unverkennbar.

Im Sommer 1884 hält sich Nietzsche wieder in Sils-Maria auf. Zu diesem Zeitpunkt war er sicherlich in Deutschland weniger bekannt als etwa Malwida von Meysenbug; gleichwohl stellte er schon so etwas wie eine Fremdenattraktion dar. Sils war ja auch nicht etwa ein einsames Bergdorf außerhalb der Welt. Es wird berichtet, daß an einem Tag vor dem Hotel Maloja 900 Wagen passierten, davon 500 Kutschen und Equipagen. Nietzsche klagt über den heißen, überfüllten Speisesaal des Hotels »Alpenrose«, in dem er eine Zeitlang an der Table d'hôte die Hauptmahlzeit einnimmt. Seine Unterkunft ist ein Privatzimmer bei der Familie Durisch, das mehr als bescheiden ausgestattet ist und wo er sich am Abend aus Naumburger Materialien, hauptsächlich Schinken, selbst verpflegt. In einem Brief an Overbeck vom 23. Juli 1884 klagt er. »Die Abende, wo ich ganz allein, im engen niedrigen Stübchen sitze, sind harte Bissen zum Kauen.«[23]

Im Winter 1884/85 ist er wieder in Nizza, der »lähmend-widerlichen Franzosenstadt«[24] , die er aber des Klimas wegen sehr schätzt. Das Augenleiden tritt wieder stärker hervor, er muß das Lesen und Schreiben aufs äußerste beschränken. Der IV. Teil des »Zarathustra« wird fertiggestellt, aber er findet keinen Verleger; mit Schmeitzner ist Nietzsche in Konflikt geraten, nicht zuletzt wegen dessen Engagement für die antisemitische Bewegung. Schließlich läßt er 40 Exemplare auf eigene Kosten drucken. Am 22. Mai 1885, dem Geburtstag Richard Wagners, heiraten Bernhard und Elisabeth Förster. Nietzsche entschließt sich nicht zu der Reise nach Naumburg, aber er richtet einen sehr herzlichen Glückwunschbrief an sein »liebes, liebes Lama«.

Der zweite Teil des »Zarathustra« ist in vielem eine bloße Fortsetzung des ersten Teils, so etwa im Kapitel »Von den Taranteln«: »Ihr Prediger der Gleichheit, der Tyrannen-Wahnsinn der Ohnmacht schreit also aus euch nach ›Gleichheit‹: eure heimlichen Tyrannen-Gelüste vermummen sich also in Tugend-Worte! ... Das ist Volk schlechter Art und Abkunft; aus ihren Gesichtern blickt der Henker und der Spürhund.«[25] Das Neue ist das Auftauchen des Begriffs »Wille zur Macht«: »Wo ich Lebendiges fand, da fand ich Willen zur Macht; und noch im Willen des Dienenden fand ich den Willen, Herr zu sein.«[26]

Erst im dritten Teil erlangt die Lehre von der ewigen Wiederkunft einen hervorstechenden Platz, besonders in den Kapiteln »Vom Gesicht und Rätsel« und »Der Genesende«, denen Heidegger eine eindringliche Interpretation gewidmet hat. Ich begnüge mich mit einem einzigen Zitat: »Von diesem Torweg Augenblick läuft eine lange ewige Gasse *rückwärts*; hinter uns liegt eine Ewigkeit. Muß nicht, was laufen *kann* von allen Dingen, schon einmal diese Gasse gelaufen sein? … müssen wir nicht alle schon dagewesen sein? – und wiederkommen und in jener anderen Gasse laufen, hinaus, vor uns, in dieser langen schaurigen Gasse – müssen wir nicht ewig wiederkommen?«[27] Zarathustra wird von seinen Tieren, dem Adler und der Schlange, ausdrücklich als der »Lehrer der ewigen Wiederkunft« bezeichnet. Die Lehren vom Willen zur Macht und von der ewigen Wiederkunft müssen also als Einheit gesehen werden, aber als eine rätselvolle Einheit. Wenn irgendwo »Nietzsches philosophisches Problem« auszumachen ist, dann ist es hier der Fall.

Im vierten Teil findet sich nichts eigentlich Neues, aber es ist bemerkenswert, daß »Das andere Tanzlied« aus dem dritten Teil wiederholt und dadurch besonders hervorgehoben wird:

Oh Mensch! Gib Acht!
Was spricht die tiefe Mitternacht?
Ich schlief, ich schlief –,
Aus tiefem Traum bin ich erwacht: –
Die Welt ist tief,
Und tiefer, als der Tag gedacht.
Tief ist ihr Weh –
Lust, tiefer noch als Herzeleid:
Weh spricht: Vergeh!
Doch alle Lust will Ewigkeit –
Will tiefe, tiefe Ewigkeit.

Das ist schwer zu interpretieren. Aber ganz sicher ist, daß so nur ein Philosoph und »Metaphysiker« reden kann. Die Form des »Zarathustra« freilich wirkt heute im ganzen eher befremdend. Ein Analogon in seiner Zeit ist am ehesten Carl Spittelers Epos »Prometheus und Epimetheus. Ein Gleichnis«. Hin und wieder ist behauptet worden, der »Zarathustra« sei unter dem Einfluß dieses Prosagedichtes entstanden, aber die These hat wenig Überzeugungskraft.

Jedenfalls diktiert Nietzsche im Sommer 1885 bei seinem vierten Aufenthalt in Sils-Maria einer Bekannten eine Reihe von Aphorismen, in denen kein »Zarathustra-Ton« mehr vernehmbar ist. Und in dem eben erwähnten Brief an Elisabeth vom 7. Mai 1885 schreibt er: »Glaube ja nicht, daß mein Sohn Zarathustra *meine* Meinungen ausspricht. Er ist eine meiner Vorbereitungen und Zwischen-Akte ...«[28] Immer häufiger spricht Nietzsche nun von dem noch zu schreibenden »Hauptwerk«, und bis in den Herbst 1888 hinein gelten diesem »Hauptwerk«, dem er meist den Titel »Der Wille zur Macht« gibt, alle seine Gedanken und Pläne.

Das geplante »Hauptwerk«: »Der Wille zur Macht« – »Umwertung aller Werte«

In den letzten Jahren, von 1885 bis 1888, ändert sich in Nietzsches Leben nichts Wesentliches – die Aufenthalte wechseln schon beinahe routinemäßig: den Winter 1885/86 verbringt er wieder in Nizza (»Ein Nordzimmer ohne Ofen: habituelle blaue Finger. Was habe ich in den sieben Wintern meiner Existenz im Süden schon gefroren!«)[1]; vor der Übersiedlung nach Sils hält er sich im Mai und Juni u. a. in Leipzig auf, wo ein letztes und enttäuschendes Wiedersehen mit Erwin Rohde stattfindet; während des Aufenthaltes in Sils erscheint Anfang August 1886 »Jenseits von Gut und Böse. Vorspiel einer Philosophie der Zukunft«, das großenteils auf Materialien beruht, welche Nietzsche im Sommer 1885 für eine Neuauflage von »Menschliches, Allzumenschliches« ausgearbeitet hatte. Es gibt keinen Hinweis darauf, daß Nietzsche sich bei der Titelgebung des Anklangs an Ludwig Feuerbachs »Grundsätze der Philosophie der Zukunft« von 1843 bewußt war[2], aber innerlich sind beide Werke doch weit voneinander entfernt. Wieder mußte Nietzsche die Kosten der Veröffentlichung selbst übernehmen, und zwar bei der Druckerei C. G. Naumann in Leipzig, die später als der Verlag der Großoktavausgabe weltbekannt werden sollte; die Rechte an den übrigen Werken wurden durch Fritzsch von Schmeitzner zurückerworben, so daß die drei ersten Teile des »Zarathustra« nun in einem Band herausgebracht werden konnten. In Sils hatte Nietzsche viel Umgang mit Helen Zimmern, die er mit einer Mischung von Abneigung und Bewunderung als »Musterexemplar eines Literaturweibchens ... Natürlich Jüdin«[3] bezeichnete; eine kräftige Bestätigung seines Selbstgefühls bedeutete ihm eine Besprechung des »Jenseits« im Berner »Bund« durch J. V. Widmann, in welcher der Satz zu lesen war: »Hier liegt Dynamit«; im Winter und Vorfrühling 1886/87 war er wieder in Nizza, wo er diesmal ein geheiztes Zimmer hatte; hier las er Dostojewski und erkannte sofort dessen Bedeutung, ähnlich wie es zuvor hinsichtlich Stendhals der Fall gewesen war; einen Zwischenaufenthalt in Chur verbrachte er wie ein normaler Professor mit Arbeit in Bibliotheken; in dieser Zeit erfolgte der endgültige Bruch mit Erwin Rohde, der sich respektlos über den von Nietzsche hochgeschätzten Hippolyte Taine geäußert hatte; in Sils-Maria erfuhr Nietzsche dann mit tiefer Erschütterung von dem frühen Tod Heinrich von Steins; im Juli arbeitete er »Zur Genealogie der Moral. Eine Streitschrift« aus, die im Herbst erschien; den Winter 1887/88 über hielt er sich erneut in Nizza auf, und danach ging er Anfang April für zwei Monate erstmals nach Turin, das ihn mit Begeisterung erfüllte: »Eine Residenz des 17 Jhs. ... keine mesquinen Vorstädte.«[4] Hier wandte er sich dem »Fall Wagner« zu. In die Zeit vom 6. Juni bis zum 20. September fällt dann der letzte Aufenthalt in Sils-Maria.

Eine biographische Veränderung wird am ehesten in der Zuspitzung der Klagen und auch in negativen Selbstcharakterisierungen spürbar. So schreibt er an Overbeck über »das Unpraktische meiner Natur, die halbe Blindheit, andererseits das Ängstliche, Hilflose, Entmutigte, was in der Consequenz meiner Gesundheit liegt ... Und zu dem allen diese Überzahl von schmerzhaften, mindestens verhängten Tagen, gar nicht von der verzweifelten Langeweile zu reden, in die jeder gerät, welcher der ›Distraction der Augen‹ enträt.«[5]

Erwin Rohde gegenüber klagt er in einem der letzten Briefe: »Ich habe jetzt 43 Jahre hinter mir und bin genau noch so allein, wie ich es als Kind gewesen bin.«[6]

Die Mutter muß hören: »Nichts ist krank, nur die liebe Seele.«[7]

Overbeck gegenüber macht er die höchst aufschlußreiche Bemerkung, seine »extreme Irritabilität unter meteorologischen

Eindrücken« sei wohl auf »eine gewisse Gesamt-Erschöpfung« zurückzuführen, die zum Teil hereditär sei.[8]

Besonders ergreifend ist eine spätere Äußerung Rohdes in einem Brief an Overbeck über die Begegnung in Leipzig: »... eine unbeschreibliche Atmosphäre der Fremdheit, etwas mir damals völlig Unheimliches, umgab ihn. Es war etwas in ihm, was ich sonst nicht kannte, und vieles nicht mehr, was sonst ihn auszeichnete. Als käme er aus einem Lande, wo sonst Niemand wohnt.«[9]

Mit all dem gehen aber Zeugnisse höchsten Selbstgefühls Hand in Hand: »Unter den Lebenden so wenig als unter den Toten habe ich jemanden, mit dem ich mich verwandt fühlte.«[10]

So ist es nicht überraschend, daß die ersten Anfänge des Weltruhms, die nun bemerkbar werden, von Nietzsche mit völliger Selbstverständlichkeit als etwas ihm Zukommendes empfunden werden. Der erste Brief, den er von Georg Brandes (Morris Cohen) erhält, datiert vom 26. November 1887; in seiner Antwort spricht sich Nietzsche sehr positiv über dessen Kennzeichnung seiner Lehre als eines »aristokratischen Radikalismus« aus: sie sei »das gescheuteste Wort, das ich bisher über mich gelesen habe«[11]. Über die Nachricht von Brandes' Kopenhagener Vorlesungen war er sehr angetan; es gab kaum einen Bekannten, dem er davon nicht Mitteilung gemacht hätte.

Aber weitaus wichtiger als all dieses Biographische ist das Werk und insbesondere das geplante »Hauptwerk«. Zunächst ist ein flüchtiger Blick auf die beiden in dieser Zeit publizierten Schriften zu werfen. Diejenigen Stellen, die uns im zweiten Abschnitt noch begegnen werden, paraphrasiere ich in der Regel lediglich.

Die Vorrede zu »Jenseits von Gut und Böse« enthält eine der nicht allzu vielen Aussagen über den Grundcharakter der europäischen Gesellschaft und macht klar, daß Nietzsche sich gleichermaßen gegen die beiden Phänomene wendet, die sich bisher wechselseitig als Todfeinde betrachteten, nämlich gegen das Christentum und gegen die »demokratische Aufklärung«. Platos Erfindung des reinen Geistes und des Guten an sich sei der schlimmste und gefährlichste aller Irrtümer, aber der Kampf gegen ihn und gegen die christliche Kirche als den »Platonismus für's Volk« habe eine prachtvolle Spannung des Geistes geschaffen, die freilich von dem europäischen Menschen gerade als »Notstand« empfunden werde, so daß der Jesuitismus und die demokratische Aufklärung als Versuche der Abspannung des Bogens aufgekommen seien, und die letztere werde es mit Hülfe der Pressfreiheit und des Zeitunglesens wohl in der Tat erreichen, daß der Geist sich selbst nicht mehr so leicht als »Not« empfinde.[12] Nietzsche ist also hier von einem »Biologismus« weit entfernt, ebenso weit wie in jenem Satz des »Zarathustra«, Geist sei das Leben, »das selber in's Leben schneidet«[13].

Paradoxerweise ist das Hauptziel der Schrift jedoch, in der Spur von »Menschliches, Allzumenschliches« gerade den »Geist«, verstanden als den Wahrheitswillen der Philosophen, zu demaskieren und vom Throne zu stürzen, nämlich als ein Symptom niedergehenden Lebens, streckenweise schon mit schroffen Anklagen, streckenweise aber auch mit einem Verstehen, das den eigenen Wahrheitswillen, nämlich den Willen zur Demaskierung jener »Wahrheit« der bisherigen Philosophie, als eine höhere Stufe und Konsequenz zu begreifen sucht.

Das erste Hauptstück ist überschrieben: »Von den Vorurteilen der Philosophen«. Ich führe eine kennzeichnende Stelle wörtlich an: »Im ›An-sich‹ gibt es nichts von ›Causal-Verbänden‹, von ›Notwendigkeit‹, von ›psychologischer Unfreiheit‹, da folgt *nicht* ›die Wirkung auf die Ursache‹, da regiert kein ›Gesetz‹. Wir sind es, die allein die Ursachen, das Nacheinander, das Für-einander, die Relativität, den Zwang, die Zahl, das Gesetz, die Freiheit, den Grund, den Zweck erdichtet haben; und wenn wir diese Zeichen-Welt als ›an sich‹ in die Dinge hineindichten, hineinmischen, so treiben wir es noch einmal, wie wir es immer getrieben haben, nämlich mythologisch.«[14] Das ist ein extremer »subjektiver Idealismus«, ein Fiktionalismus und Relativismus, wie es scheint, möglicherweise sogar ein Solipsismus oder auch ein Heraklitismus nach dem Beispiel des Kratylus, der nur mit dem Finger auf die sich ständig verändernden »Dinge« hinzeigen wollte, weil Worte dem Fließen nicht adäquat seien. Aber mit dem Neukantianismus ist diese Auffassung vielleicht zu vereinbaren und ganz sicher mit dem »Perspektivismus« von African Spir und Gustav Teichmüller, die freilich in der Grundkonzeption von Nietzsche weit entfernt waren; nicht zu vereinbaren ist sie dagegen mit der

Vorstellung von der »dionysischen« Welt, wo »das Ewig-Närrische« uns hineinmischt.

Das wird im zweiten Hauptstück »Der freie Geist« augenfällig, wo es heißt: »Die Welt von innen gesehen, die Welt auf ihren ›intelligiblen Charakter‹ hin bestimmt und bezeichnet – die wäre eben ›Wille zur Macht‹ und nichts außerdem.«[15] Das ist der Ansatz des deutschen Idealismus und Schopenhauers, der zu einer Kosmologie führt, d. h. zum Gegenteil des subjektivistischen Fiktionalismus.

Im dritten Hauptstück »Das religiöse Wesen« wird die Orientierung an der Antike und die Bezugnahme auf politische Erscheinungen der Gegenwart besonders gut erkennbar: In der ungeheuren Umkehr aller bisherigen Werte, die in der Formel »Gott am Kreuze« enthalten sei, nehme der orientalische Sklave an Rom und seiner vornehmen und frivolen Toleranz Rache, und eine Gegenbewegung gegen die aristokratische Moral sei auch der letzte große Sklaven-Aufstand, welcher mit der Französischen Revolution begonnen habe.[16] Hier findet sich eine Anzahl von Grundbegriffen der Nietzscheschen Spätphilosophie in erhellender Verknüpfung: Umwertung, Rache (Ressentiment), Sklavenaufstand sowie die Parallelisierung von Christentum und Französischer Revolution.

Ich führe noch eine Stelle aus dem sechsten Hauptstück »Wir Gelehrten« an, die möglicherweise eine Synthese von Fiktionalismus und Kosmologie impliziert: die Philosophen nach dem Muster Kants und Hegels seien weiter nichts als eine Art Arbeiter – »Die eigentlichen Philosophen aber sind Befehlende und Gesetzgeber: sie sagen ›so soll es sein‹, sie bestimmen erst das Wohin? Und Wozu? des Menschen … Ihr ›Erkennen‹ ist *Schaffen*, ihr Schaffen ist eine Gesetzgebung, ihr Wille zur Wahrheit ist – Wille zur Macht.«[17] Wie sollte der Leser hier nicht an Platons Philosophen-Könige denken? Die aber erkannten die an sich existierenden Ideen und vor allem die »Idee des Guten«. Sollen Nietzsches Philosophen etwa politische Weltherrscher im Stil Alexanders oder Caesars sein? Oder reicht ihr »Wille zur Macht« am tiefsten in die Widersprüchlichkeit des Seienden und ist daher wirklich Erkenntnis dessen, »was ist« – was ganz unabhängig von allen »Fiktionen« der gewöhnlichen Menschen und der Wissenschaft *ist*?

»Zur Genealogie der Moral« ist noch härter in der Polemik, wie schon der Untertitel zu erkennen gibt.

Mit äußerster Schroffheit kämpft Nietzsche hier gegen die »Mitleidsmoral« an, in welcher der Wille sich gegen das Leben wendet und zum Nihilismus wird, der letzten Krankheit der europäischen Kultur. Nietzsches Ziel ist, den Wert der Wertsetzungen dieser Mitleidsmoral in Frage zu stellen, d. h. sie als Symptome eines niedergehenden Lebens zu dekuvrieren. »Leben« wird dabei manchmal vitalistisch oder biologistisch, manchmal aber auch eindeutig als »Kultur« gefaßt. Besonders merkwürdig ist dabei der Rückgriff auf einen Lieblingsautor der Jugendzeit, auf Theognis, dessen Aristokratismus von Nietzsche durch eine etymologische These zu einer Rassenlehre radikalisiert wird: malus (schlecht) sei von melas (schwarz, dunkelfarbig) abzuleiten.[18] Die stärkste Macht der antiaristokratischen Umwälzung ist für Nietzsche hier aber Israel als klassischer Repräsentant der »Rache«[19]. In diesem Zusammenhang bildet Nietzsche einen seiner umstrittensten Begriffe, denjenigen der »blonden Bestie«: »Auf dem Grunde aller dieser vornehmen Rassen ist das Raubtier, die prachtvolle nach Beute und Sieg lüstern schweifende *blonde Bestie* nicht zu verkennen ... es bedarf für diesen verborgenen Grund von Zeit zu Zeit der Entladung ... römischer, arabischer, germanischer, japanesischer Adel, homerische Helden, skandinavische Wikinger – in diesem Bedürfnis sind sie sich alle gleich.«[20] Wie ist diese Aussage zu verstehen? Sicherlich nicht »rassistisch« als Lob des Germanentums oder auch nur der Arier; vor allem muß das Wort »Grund« beachtet werden, und man würde wohl gut daran tun, das Kapitel »Vom Baum am Berge« im »Zarathustra« heranzuziehen, wo vom Baum gesagt wird, er müsse um so tiefer in das Erdreich, ins Dunkle, eindringen, je höher er sich zum Licht erheben wolle.[21] Auch auf den Begriff der »Umfänglichkeit (der Seele)« wäre zu verweisen und zugleich auf die Gegenbegriffe »Sand«, »letzte Menschen«, »Chineserei«. Es ist jedenfalls nicht auszuschließen, daß von der Präsenz des »Urwalds« als der Grundbedingung der »Kultur« die Rede ist; es könnte sich aber auch um einen jener simplen Biologismen handeln, in die Nietzsche immer wieder einmal verfällt.

»Kampf« aber ist essentiell; eine Rechtsordnung, welche ein Mittel *gegen* allen Kampf überhaupt wäre, »etwa gemäß der

Communisten-Schablone Dührings«, wäre »ein lebensfeindliches Prinzip, ein Attentat auf die Zukunft des Menschen, ein Zeichen von Ermüdung, ein Schleichweg ins Nichts«.[22]

Höchst merkwürdig ist nun aber, wie positiv Nietzsche an anderen Stellen über die »Krankheit« spricht, die geradezu als der Existenzgrund des Menschen als des »kranken Tieres« gilt, die ihn aus den übrigen Tieren hinaushebt, die, wie man sagen könnte, seine »Transzendenz« ausmacht und das sein läßt, was er ist: »Er, der große Experimentator mit sich, der Unbefriedigte, Ungesättigte, der um die letzte Herrschaft mit Tier, Natur und Göttern ringt, – er der immer noch Unbezwungne, der ewig-Zukünftige ..., so daß ihm seine Zukunft unerbittlich wie ein Sporn im Fleische jeder Gegenwart wühlt ...«[23] Wie könnte eine völlig gesunde »blonde Bestie« dieses großartige und eben darin »kranke« Tier sein? Die blonde Bestie wäre »festgestellt«, wie es alle Tiere sind; der Mensch aber ist nach Nietzsche »das noch nicht festgestellte Tier«[24] und eben deshalb kein Tier. Auch hier also ist die – wirkliche oder scheinbare – Widersprüchlichkeit von Nietzsches Aussagen evident. So hat für Nietzsche »das asketische Ideal« und dessen Hauptrepräsentant, der Priester, zerstörerisch auf die »Gesundheit und Rassenkräftigkeit, namentlich der Europäer« gewirkt[25], und dennoch ergibt sich aus seinen Darstellungen unwidersprechlich, daß es so etwas wie »europäische Geschichte« oder »Geistigkeit« oder »Verfeinerung« ohne den asketischen Priester und ohne die »Schwachen« nie gegeben haben würde, wobei seine Gleichsetzung von »Schwachen« und »Herde« ein abermaliger Widerspruch ist.

Offenbar hatte Nietzsche ein starkes Empfinden dafür, daß die aphoristische Art seines bisherigen Philosophierens nicht ausreichte, um den inneren Zusammenhang seiner Gedanken deutlich werden zu lassen, und etwa seit Mitte 1885 ist immer wieder von dem geplanten »Hauptwerk« die Rede, das sicherlich kein »System« werden sollte, etwa im Sinne Hegels, aber doch auch keine bloße, durch relativ zufällige Überschriften bloß locker zusammengehaltene Sammlung einzelner Aussagen und Gedankengänge. An Fritzsch schreibt er Ende 1886: »Ich brauche jetzt, für lange, lange, tiefe Ruhe: denn es steht die Ausarbeitung meines ganzen Gedankensystems vor mir.«[26]

Der Schwester schlägt er den Wunsch nach einer finanziellen Beteiligung am Paraguay-Unternehmen mit der folgenden Begründung ab: »Wenn alles so fort geht, wie es gut begonnen hat, so werde ich in den nächsten Jahren fertig mit einer Hauptsache meines Lebens – und brauche hübsch viel Geld zum Druck ...«[27] In »Jenseits von Gut und Böse« ließ er dieses Hauptwerk bereits ankündigen: »Der Wille zur Macht« in vier Büchern.

In den nun vollständig und in der ursprünglichen Reihenfolge vorliegenden Fragmenten der Jahre 1885–1888 läßt sich die Planung dieses Hauptwerkes mit ihren mancherlei Schwankungen und Ablenkungen im Detail beobachten; unübersehbar ist, daß der Titel »Der Wille zur Macht« am häufigsten genannt wird und daß Nietzsche eine Verbindung mit den Lehren vom »Übermenschen« und von der »ewigen Wiederkunft« sowie dem Begriff »Umwertung aller Werte« herstellen will. Im folgenden umreiße ich bloß flüchtig einige der Hauptetappen.

Im Fragment 35 (41) vom Sommer 1885 lautet einer der zahlreichen Titel-Entwürfe (denen fast durchweg »von Friedrich Nietzsche« hinzugefügt ist): »Mittag und Ewigkeit. Wahrsagungen eines Zukünftigen«. Die Titel der vier Teile lauten: Von der Rangordnung. Von den Herren der Erde. Vom Ring der Ringe. Vom neuen Sterben. Hier steht offenbar die ewige Wiederkunft im Mittelpunkt.[28]

Fragment 38 (12) von Juni–Juli 1885 ist jener lange Aphorismus, den Elisabeth als Nr. 1067 an den Schluß ihrer (zweiten) Ausgabe stellt: »Und wißt Ihr auch, was mir ›die Welt‹ ist? Diese Welt: ein Ungeheuer von Kraft, ohne Anfang, ohne Ende ... diese meine dionysische Welt des ewig sich-selber-Schaffens, des ewig sich-selber-Zerstörens ... diese Welt ist der Wille zur Macht – und nichts außerdem! Und auch ihr selber seid dieser Wille zur Macht – und nichts außerdem!«[29]

In die gleiche Zeit gehört der Titel-Entwurf: »Der Wille zur Macht. Versuch einer neuen Auslegung allen Geschehens.«[30]

Aus einem nicht genau datierbaren Heft von 1885/86 stammt ein noch sehr »zarathustrisch« klingender Titel: »Die ewige Wiederkunft. Zarathustrische Tänze und Umzüge. Erster Teil: Gottes Totenfest«. Eine Kapitelüberschrift lautet »Die Peststadt«, eine andere »Das große Dank- und Totenopfer an den toten Gott«.

Am Ende findet sich »Tod Zarathustras« und als Teil IV »Wir Gelobenden«.[31] Davon ist nichts ausgeführt. Unmittelbar danach sind ohne Titel Pläne von »vier Büchern« zu lesen, die aller Vermutung nach den Gesamttitel »Der Wille zur Macht« erhalten hätten.[32]

Exakt datiert, und zwar »Lenzer Heide, den 10. Juni 87« ist ein langes Fragment »Der europäische Nihilismus«, in dem sich der merkwürdige Satz findet: »Dasein ohne Sinn und Ziel, aber unvermeidlich wiederkehrend, ohne ein Finale ins Nichts: ›die ewige Wiederkehr‹. Das ist die extremste Form des Nihilismus: das Nichts (das ›Sinnlose‹) ewig.«[33] Nietzsche ist also nach eigener Aussage der eigentliche Nihilist – wie soll dann gleichwohl ein Kampf gegen den Nihilismus für ihn möglich sein?

In Mo XVII 3b von Ende 86 bis Frühjahr 87 sind umfangreiche Skizzen enthalten, die offenbar zum Willen zur Macht gehören. Darin stehen zwei besonders bemerkenswerte Sätze, die eine Verbindung von Wille zur Macht und Ewiger Wiederkunft herstellen: »Dem Werden den Charakter des Seins aufzuprägen – das ist der höchste Wille zur Macht.« und »Daß Alles wiederkehrt, ist die extremste Annäherung einer Welt des Werdens an die des Seins: Gipfel der Betrachtung.«[34]

Faktisch am wichtigsten ist der Entwurf vom 17. März 1887, weil Elisabeth Nietzsche ihn ihrer Ausgabe zugrunde gelegt hat: Der Wille zur Macht. Versuch einer Umwertung aller Werte. Erstes Buch: Der europäische Nihilismus. Zweites Buch: Kritik der höchsten Werte. Drittes Buch: Princip einer neuen Wertsetzung. Viertes Buch: Zucht und Züchtung.[35] Montinari 7 (64) liest: »[+++] aller Werte«. »Zucht und Züchtung« taucht in den anderen Entwürfen nicht auf.

Von Anfang 1888 stammt ein Titel-Entwurf »Umwertung der Werte. Buch 1: Der Antichrist. Buch 2: Der Misosoph, Buch 3: Der Immoralist, Buch 4: Dionysos«. Offenbar ist immer noch das »Hauptwerk« gemeint. Im Anschluß findet sich ein ausführliches »Register« zu zwei Büchern (insges. 372 Titel), die aber diesem Plan schwerlich entsprechen. Jedenfalls entwirft Nietzsche gerade in der Folgezeit immer wieder Pläne mit der Überschrift »Der Wille zur Macht«. Am klarsten ist »Sils-Maria, am letzten Sonntag des Monat August 1888«. Haupttitel ist: Der Wille zur Macht. Versuch einer Umwertung aller Werte. Vorgesehen sind vier Bücher: »Was ist Wahrheit?«; »Herkunft der Werte«; »Kampf der Werte«; »Der große Mittag«.[36]

Und diesen so lange und intensiv gehegten Plan scheint Nietzsche Anfang September 1888 von einem zum anderen Tag aufgegeben zu haben. An Meta von Salis schreibt er am 7. September, seine »Umwertung aller Werte« werde im nächsten Jahr in Druck gehen, das erste Buch heiße zum Beispiel »Der Antichrist«.[37] Man könnte annehmen, daß lediglich der Untertitel zum Haupttitel geworden ist. Aber sobald Nietzsche Ende September nach Turin gekommen ist, ist (seinen Beschreibungen nach) eine radikale Verbesserung seines Gesundheitszustandes zu verzeichnen, verbunden mit ausgesprochen euphorischen Zuständen. Was er jetzt schreibt, vor allem der »Antichrist« und die »Götzen-Dämmerung«, ist von einem noch viel schrofferen Anklageton erfüllt als »Jenseits« und selbst »Genealogie«, und vor allem: Er scheint jetzt den »Antichrist« als die ganze »Umwertung«, als das ganze »Hauptwerk« zu betrachten. Unmöglich kann *dieses* »Hauptwerk« noch im alten Sinne philosophisch sein. Es sieht vielmehr so aus, daß Nietzsche jetzt einen Übergang zur »Praxis« zu machen versuchte, der bei Marx bereits in die Mitte der zwanziger Jahre seines Lebens fällt: einen Übergang, der zugleich das unmittelbare Vorspiel seines »Zusammenbruchs« war. Diesem Versuch und diesem Zusammenbruch haben wir uns im letzten Abschnitt des biographischen Teils zuzuwenden.

Die Wendung zur »Praxis« 1888

Mit dem Eintreffen in Turin am 21. September vollzieht sich ein erstaunlicher Umschwung in Nietzsches Gesundheitszustand: keinerlei Klagen mehr, geradezu euphorische Äußerungen über das eigene Befinden, über die Stadt und ihre Menschen, über die Behandlung, die ihm zuteil wird – so an Gast am 30. Oktober: »Ich sah mich eben im Spiegel an, – ich habe nie so ausgesehen. Exemplarisch gut gelaunt, wohlgenährt und zehn Jahre jünger, als es erlaubt wäre ... Ich bekomme in meiner Trattoria unzweifelhaft die besten Bissen, die es gibt: man macht mich immer aufmerksam, was gerade besonders gelungen ist … Hier kommt Tag für Tag mit gleicher unbändiger Vollkommenheit und Sonnenhelle herauf: der herrliche Baumwuchs in glühendem Gelb, Himmel und der große Fluß zartblau, die Luft von höchster Reinheit – ein Claude Lorrain, wie ich ihn nie geträumt hatte, zu sehn … In allen Stücken finde ich es hier lebenswert … Mein Zimmer, erste Lage im Centrum, Sonne von früh bis Nachmittag, Blick auf den palazzo Carignano, die piazza Carlo Alberto und darüber weg auf die grünen Berge – monatliche 25 frs. mit Bedienung, auch Stiefelputzen. In der Trattoria zahle ich für jede Mahlzeit 1 fr 15 und lege, was entschieden als Ausnahme empfunden wird, noch 10 ct. bei. Dafür habe ich ganz große Portion Minestra, sei es trocken, sei es in Bouillon …«[1]

Von hier aus schickt er Anfang Oktober den eben publizierten »Fall Wagner« an Malwida von Meysenbug und nennt die Schrift eine »Kriegserklärung in aestheticis«; er kündigt ihr die Fertigstellung seiner »Umwertung aller Werte« an, die das »größte philosophische Ereignis aller Zeiten« sei. Begreiflicherweise reagiert Malwida, die gläubige Wagnerianerin, darauf nicht eben enthusiastisch; und Nietzsche nennt Wagner in seiner Antwort einen »Hanswurst«, ein »Genie der Lüge«, während er für sich in Anspruch nimmt, ein »Genie der Wahrheit« zu sein.[2] In einem weiteren Brief greift er die frühere Freundin und Wohltäterin unverhüllt wegen ihres »Idealismus« an, der nichts anderes als eine »Instinkt gewordene Unwahrhaftigkeit« sei, er nennt die Wagnerische Musik eine »Pest« und schreibt ihr eine »ekelhafte Sexualität« zu. Die letzten Zeilen an Malwida sind unterschrieben »Der ›Immoralist‹«, immerhin mit Anführungszeichen, und wollen den Beweis liefern, daß »Nietzsche est toujours haïssable« (Pascal!), denn er habe ihr unzweifelhaft Unrecht getan, aber da er diesen Herbst an einem Überfluß von Rechtschaffenheit leide, so sei es ihm eine wahre Wohltat, Unrecht zu tun.[3] Auf diese Weise kommt eine sehr alte und für Nietzsche wertvolle Beziehung an ihr Ende; zu seinem Geburtstag am 15. Oktober erhält er nur einen einzigen Glückwunschbrief, und zwar von Peter Gast. Von neuen Beziehungen ist neben derjenigen zu Georg Brandes am ehesten die zu August Strindberg zu nennen, die aber über einige Briefe nicht mehr hinausgelangt.

Mehr noch als in allen anderen Abschnitten von Nietzsches Leben ist allein das Werk von Interesse, aber dieses Werk nimmt jetzt einen anderen Charakter an, welcher dann auch in Briefentwürfen ganz sonderbarer Art zum Vorschein kommt, etwa denjenigen an Kaiser Wilhelm II. und an Bismarck.

Die »Götzen-Dämmerung oder Wie man mit dem Hammer philosophirt« war im wesentlichen schon in den vorhergehenden Monaten geschrieben, sie sollte zuerst den harmlos klingenden Titel »Müßiggang eines Psychologen« tragen – die herausfordernde und beziehungsreiche Formulierung ist auf eine Intervention Gasts zurückzuführen. Streckenweise liest sie sich wie eine Fortsetzung von »Menschliches, Allzumenschliches«. Trotzdem ist eine abermalige Verschärfung des Tones unüberhörbar, am meisten in dem vom 30. September 1888 stammenden Vorwort: »Diese kleine Schrift ist eine große Kriegserklärung.« In ihr werde an Götzen mit einer Stimmgabel gerührt; zumal, wie fast ohne Verschleierung gesagt wird, an den vornehmsten und bisher Gott genannten Götzen. »Turin, am 30. September 1888, am Tage, da das erste Buch der Umwertung aller Werte zu Ende kam.« Aber zunächst ist wieder Sokrates das Angriffsobjekt, und jetzt wird ihm nicht nur jene »Superfötation des Logischen« zum Vorwurf gemacht, sondern auch »Wüstheit und Anarchie in den Instinkten« sowie »Rhachitiker-Bosheit«. Das Zentrum des Buches ist wohl der kurze Abschnitt »Wie die ›wahre Welt‹ endlich zur Fabel wurde. Geschichte eines Irrtums«, wo der Fortschritt der platonischen Konzeption einer für den Weisen und Tugendhaften erreichbaren »wahren Welt« über ihre christlichen und kantischen Modifikationen zum aufklärerischen Skeptizismus und dann zum Willen der »Abschaffung« dieser Welt geht. Dann folgt Punkt 6: »Die wahre Welt haben wir abgeschafft: welche Welt blieb übrig? die scheinbare vielleicht? … Aber nein! mit der wahren Welt haben wir auch die scheinbare abgeschafft! [gesperrt] (Mittag; Augenblick des kürzesten Schattens; Ende des längsten Irrtums; Höhepunkt der Menschheit; INCIPIT ZARATHUSTRA.).«[4]

Danach wird der schlichte und fragwürdige Grundgedanke zum Thema: Moral als Widernatur. Hier werden überaus heftige Angriffe gegen das Christentum gerichtet. Die Kirche habe nicht Vergeistigung, sondern Ausrottung des Stolzes, der Herrschsucht, der

Habsucht erstrebt, ihre Praxis sei lebensfeindlich, das Leben sei dort zu Ende, wo das »Reich Gottes« anfange. Die Frage, ob das richtig ist (Thomas von Aquin) oder ob es originell ist (Dühring), ist hier nicht zu erörtern; die entscheidende Frage ist, ob das Christentum hier tatsächlich das letzten Endes Gemeinte ist. Eigentlich sollte offensichtlich sein, daß »die guten Menschen« gemeint sind, die »Verbesserer der Menschheit«, und daß eine Gleichsetzung mit Anarchisten und Sozialisten vorgenommen wird, welche ihrerseits offenbar als Erscheinungsformen eines moralistischen Verbesserungswunsches gelten, der sich weit in die Reihen der Liberalen, ja der Konservativen hinein erstreckt: der Christ und der Antichrist seien gleichermaßen décadents; die Verurteilung der »Welt« durch den Christen und die Verwerfung der »Gesellschaft« durch den sozialistischen Arbeiter entsprächen einander, und die Vorstellung des Jüngsten Gerichts entspringe ebenso dem Ressentiment wie der Wille zur Revolution.[5]

Hier ist nun in kurzen Umrissen eine Zwischenüberlegung einzuschalten, an die ich im systematischen Teil mit größerer Ausführlichkeit anknüpfen werde. Ähnliches gilt für die Zitate, die in diesem Abschnitt zu bringen sind: Sie werden später wieder aufgegriffen und in der Regel vollständiger angeführt werden.

»Verbesserer der Menschheit« – das wollte im 19. Jahrhundert die ganze »Partei der Bewegung« oder die gesamte Linke sein: »Fortschritt«, »progrès«, »improvement« waren für sie zugleich Realitäten und Ziele. Der größere Teil dieser Partei verstand die geschichtliche Bewegung, mit einem anderen Zentralbegriff der Zeit, als »Evolution«, und daraus leiteten sich ihre konkreten politischen Forderungen ab: Erweiterung des Wahlrechts, allmähliche Hebung des Lebensstandards durch Freihandel, Kampf gegen diejenigen, welche aus Selbstsucht an ungerechtfertigten Vorteilen, an »Privilegien« festhielten, etwa die »Feudalen« oder auch die Staatskirchen. Dagegen ließ sich von diesen »Privilegierten« schwer etwas einwenden, allenfalls dies: der jeweilige »Rechtszustand« sei ein wertvolles Gut, »Vorrechte« seien erforderlich, damit lebensnotwendige Aufgaben wahrgenommen werden könnten, Traditionen seien unentbehrlich. Aber im ganzen verhielten sich diese »Konservativen« re-aktiv; es war deshalb leicht, sie »Reaktionäre« zu nennen. Am konkreten Vorgang der

»Verbesserung« fanden die Konservativen oder die »Tories« jedoch viel zu kritisieren, was nicht nur ihnen selbst einleuchtete: Er bedeutete ja die Auflösung der wohltätigen und schützenden Bindungen (z. B. der Großfamilie oder des Dorfes oder des Gutshofes), er schloß Orientierungsverlust und Entpersönlichung in sich, er erzeugte ein Wachstum der Anonymität. Die radikale Richtung in der »Partei der Bewegung« war nun gerade dadurch gekennzeichnet, daß sie einerseits umfassende Verbesserungen für alle in einem sehr nahen Zeitpunkt für realisierbar hielt – alle Menschen würden wohlhabend sein, wenn nicht die Privilegierten die Quellen des Reichtums monopolisierten – und andererseits gerade das Gemeinde- oder Egalitätsprinzip in die Mitte stellte – »Der Kopf, der frevelnd sich über das Volk erhebt, den trifft des Volkes Beil« sangen die emigrierten deutschen Handwerker in der Schweiz während der dreißiger Jahre. Mithin wurde das Neue – Unternehmer und Marktwirtschaft – auf die gleiche Stufe gestellt wie das Alte – der (schon längst seinerseits in tiefgehenden Wandlungen begriffene) feudale Großgrundbesitz und die Dorfgemeinde mit ihrer erst wenig eingeschränkten Selbstversorgung und Bedarfsdeckungswirtschaft: Der Unternehmergewinn wurde ebenso als »Ausbeutung« charakterisiert wie die Abgabe des hörigen Bauern an den Grundherrn. Die »Frühsozialisten« erblickten die Lösung aller Schwierigkeiten in den industriell-agrikulturellen Kommunen von je höchstens 2000 Bewohnern, in denen es schmerzlosen Fortschritt und keine Ausbeutung geben würde, da sie autark und selbstverwaltend sein würden, so daß sie »ganze Menschen« hervorbringen würden, die keiner perennierenden Arbeitsteilung unterworfen wären. Das bedeutete eine Anknüpfung an die Kritik der »Reaktionäre«, aber zugleich eine Übereinstimmung mit den »Progressiven«. Insofern handelte es sich um eine sehr günstige und einleuchtende Position: Die Sehnsucht nach sichernder Gemeinschaft, die Kritik an der Gegenwart und eine zuversichtliche Erwartung der Zukunft waren dann vereinigt. Aber es war doch nicht zu übersehen, daß dieses Konzept im Kern idyllisch und extrem reaktionär war: Es war gegen die Haupttendenz der Moderne zur Erweiterung des Spielraums der Wirtschaft, zur gesellschaftlichen Differenzierung und zu grundlegenden Neuentwicklungen gerichtet und mußte doch alles Gegebene zerstören, da es die Nationen und die Welt in unzählige autarke und autonome Einheiten zersplittern würde, wie sie (tendenziell) im Mittelalter vorhanden waren. Neben diesen »Kommunalsozialismus« mit seiner Vorstellung der »Phalansteren« oder »villages of unity and cooperation« trat daher schon früh, besonders in Frankreich, ein »Staatssozialismus«, der die Konzentrationsprozesse in der Industrie vollenden und eine Staatswirtschaft schaffen wollte, die produktiver sein würde als die bisherige Konkurrenzwirtschaft. Eher mit diesem als mit dem ersten Konzept vereinbar war die Vorstellung der definitiven, einen »ganz anderen« und viel besseren Zustand heraufführenden, also »normativen« Revolution. Mannigfaltige Kombinationen dieser Entwürfe waren möglich; die weitaus erfolgreichste davon war der Marxismus. Er bejahte im Gegensatz zum Kommunalsozialismus die »Entfaltung der Produktivkräfte« durch den »Kapitalismus«, und er übernahm gleichwohl das ursprünglich »reaktionäre« Konzept der »Entfremdung«, d. h. der inneren so gut wie der äußeren Verelendung; er sprengte die Enge des Staatssozialismus und erwartete die internationale Revolution als Erlösung und Übergang in einen »ganz anderen« Zustand. Auch er war sehr stark in der Kritik der Gegenwart vom Standpunkt der Massen und der moralisch empfindenden Intellektuellen, aber er war viel unbestimmter als der Kommunalsozialismus hinsichtlich der konkreten Gestalt der Zukunft: Die familienhafte Maxime »Jeder nach seinen Fähigkeiten, jedem nach seinen Bedürfnissen« läßt sich in kleinen Gemeinschaften offensichtlich viel leichter realisieren als in großen. In den Augen seiner Gegner mußte er sehr bedrohlich erscheinen, denn er verkündete das Bevorstehen einer Revolution, die schwerlich anders als blutig sein konnte. Wie wäre ein umfassenderes Vernichtungskonzept vorstellbar gewesen, denn es gab nun einmal faktisch sehr viele Köpfe, die sich »frevelnd über das Volk« erhoben: alle Unternehmer, alle Juristen und Bürokraten, alle einzeln wirtschaftenden Bauern, alle Offiziere, aber auch alle professionellen Wissenschaftler und Künstler, denn für alle würde in Zukunft körperliche Arbeit vorgeschrieben sein, und eine »Professionalisierung« würde es nicht geben – der Architekt würde nur die Hälfte des Tages am Zeichentisch arbeiten und während der zweiten Hälfte Karrenschieber sein, sagte Friedrich Engels im »Anti-Dühring«, und er gab dadurch zu erkennen, daß er sich von seinen »owenitischen« Jugendträumen weniger entfernt hatte, als er wohl selbst meinte. Marx fand aber einen genialen Ausweg: jene Vernichtung, die auf kaum überwindbare Widerstände stoßen mußte, wenn sie die vorhandenen Ober- und Mittelschichten zu beseitigen versuchen würde, würde durch die Geschichte selbst, d. h. durch die Gesetzlichkeiten der kapitalistischen Produktion, vollzogen werden: Am Ende, und sogar schon in vorhersehbarer Zeit, würde nur noch eine kleine Anzahl von »Kapitalmagnaten« der ungeheuren Mehrzahl besitzloser Proletarier gegenüberstehen, und »des Volkes Beil« wäre nicht die Guillotine, sondern die schlichte und schmerzlose Indienstnahme nach der »Expropriation der Expropriateure«. Dieses Geschichtsbild besaß eine große Anziehungskraft auch und gerade für Intellektuelle, denn es ermöglichte schroffste Gegenwartskritik ohne reaktionäre Nostalgie, es befand sich anscheinend in der Tradition der Aufklärung, und es machte die stärkste aller Kräfte, nämlich »die Geschichte« zum Bündnispartner derjenigen, welche eine moralische Welt an die Stelle der unmoralischen Welt der Gegenwart zu setzen wünschten. Aber es waren auch gravierende Gegenargumente möglich: der Gang der Geschichte sei falsch beschrieben, da auf eine bloße Extrapolation gegenwärtiger Tendenzen gegründet, und daher sei eine ausgedehnte Vernichtungsfurcht unvermeidbar; die Vorstellung einer Abschaffung des Geldes und des Privateigentums an Produktionsmitteln sei verhängnisvoll, da im Grunde archaisch; eine genuine »Kultur« sei trotz aller schönen Worte in einem Zustand gleichmäßiger und gleichartiger Bedürfnisbefriedigung ausgeschlossen. Die wichtigste aller Fragen mußte daher sein: War ein radikales Gegenkonzept möglich? Müßte es als radikales ebenfalls ein Vernichtungskonzept sein? Und würde es sich auf alle diejenigen stützen können, denen das Recht auf ihre soziale Existenz abgesprochen wurde: Aristokraten, Unternehmer, »Mittelschichten«, freie Berufe, Bauern, christliche Kirchen, orthodoxe Juden, jüdische und andere Finanzleute, Künstler, Gelehrte? Dies war faktisch eine große Anzahl von sehr verschiedenartigen Menschen, die politisch in viele Parteien und Verbände geteilt waren, denen aber letzten Endes auch ein Teil (der »konfessionell gebundene«) des Industrieproletariats hinzuzuzählen war. In ihrer Gliederung bildeten diese vielen Millionen von Menschen »das Liberale System«, und in einigen Gebieten der Welt war es so stark, daß die Revolution einer »militanten Arbeiterpartei« von vornherein keine Chance hatte. In anderen Weltgegenden war dieses System allerdings schwach oder kaum ausgebildet. Nirgendwo aber bildete es eine einheitliche Partei und schon gar nicht eine Weltanschauungspartei, wie es der Marxismus war. Und am wenigsten hatte es um 1885 irgendwo ein korrespondierendes Vernichtungskonzept aufzuweisen, es herrschte vielmehr Vertrauen auf »Differentialmelioration« gerade hinsichtlich der ärmsten Schichten durchaus vor. Wenn eine Weltanschauungs- und Vernichtungspartei aufkommen würde, dann würde sie sich auch gegen zahlreiche Gegner innerhalb des eigenen Systems wenden müssen, die den Feind unterstützten und zu seiner Entstehung beitrugen, im extremen Falle gegen alle »Moralisten«, »guten Menschen« und »Emanzipierte«. Ich stelle die These auf, daß Nietzsche der erste war, der in seiner Spätphilosophie eben diesen Versuch der Begründung der »Gegenvernichtungspartei« machte und konsequenterweise zur »Praxis« überzugehen suchte.

Ich gliedere diese These nach verschiedenen Gesichtspunkten auf und zitiere vorwiegend aus »Antichrist« und »Ecce homo«, den spätesten von Nietzsches Werken, die in den letzten Monaten vor dem Zusammenbruch geschrieben wurden:

Wer soll vernichtet werden?

An manchen Stellen sieht es so aus, als denke Nietzsche noch wie ein Vulgäraufklärer, der lediglich die Priester und die Kirche der Priester vernichten will:

»*Alle* Begriffe der Kirche sind erkannt als das, was sie sind, als die bösartigste Falschmünzerei, die es gibt, zum Zweck, die Natur, die Natur-Werte zu entwerten, der Priester selbst ist erkannt als das, was er ist, als die gefährlichste Art Parasit, als die eigentliche Giftspinne des Lebens ...«[6]

Giftspinnen muß man töten, wenn man leben will. Daß Nietzsche ernsthaft zur Praxis übergehen wollte, zeigt der Entwurf »Gesetz wider das Christentum. Gegeben am Tage des Heils, am ersten Tage des Jahres Eins (am 30. September 1888 der falschen Zeitrechnung). Todkrieg gegen das Laster: das Laster ist das Christentum. Erster Satz: Lasterhaft ist jede Art Widernatur. Der lasterhafteste Mensch ist der Priester; er *lehrt* die Widernatur. Gegen Priester hat man nicht Gründe, man hat das Zuchthaus ... Dritter Satz: Die fluchwürdige Stätte, auf der das Christentum seine Basiliskeneier gebrütet hat, soll dem Erdboden gleichgemacht werden ... Fünfter Satz: Der Priester ist *unser* Tschandala – man soll ihn verfehmen, aushungern, in jede Art Wüste treiben ... Der Antichrist.«

Aber das Christentum wird auch im innersten Kern angegriffen, nämlich in seinem Gottesbegriff:

»Der christliche Gottesbegriff – Gott als Krankengott, Gott als Spinne, Gott als Geist – ist einer der corruptesten Gottesbegriffe, die auf Erden erreicht worden sind ... Gott zum Widerspruch des Lebens abgeartet, statt dessen Verklärung und ewiges Ja zu sein ... Gott die Formel für jede Verleumdung des ›Diesseits‹, für jede Lüge vom ›Jenseits‹. In Gott das Nichts vergöttlicht, der Wille zum Nichts heilig gesprochen!«[7] Dem entspricht in den positiven Äußerungen der gleichen Zeit eine Hervorhebung der dionysischen »Mysterien der Geschlechtlichkeit«[8] und sogar des »Rausches der Geschlechtserregung«[9], zu der sich in Nietzsches Frühzeit keine Analogie findet.

Aber vor allem wird das Christentum als Ursprung gefaßt, als Ursprung von Erscheinungen, die sich zu einem wesentlichen Teil als unchristlich deklarieren. Erst dadurch wird augenfällig, daß Nietzsche nicht als Aufklärer spricht und auch nicht als ein ehemaliger Puritaner, der sich zur Bejahung der eigenen – wohl gar homosexuellen – Geschlechtlichkeit befreit hat, sondern als Geschichtsphilosoph und als Programmatiker einer politischen Partei ganz besonderer Art: »... das Christentum ist es ... christliche Werturteile sind es, welche jede Revolution bloß in Blut und Verbrechen übersetzt! Das Christentum ist ein Aufstand alles Am-Boden-Kriechenden gegen das, was Höhe hat: das Evangelium der ›Niedrigen‹ macht niedrig ...«[10]

Diese Niedrigen bezeichnet Nietzsche nicht selten als die »guten Menschen«, von denen er in einer späten Nachlaß-Aufzeichnung sagt, sie seien »eine absolut schädliche Art Mensch«; in ihrem Kampf »gegen das Böse« werde sie in Dienst genommen von dem Priester gegen die Mächtigen, gegen die Starken und Wohlgeratenen und in ihrem Bemühen um gleiche Rechte werde sie in Dienst genommen von den Umsturzpolitikern, den Sozialisten als Ressentimentsmenschen gegen die Herrschenden.[11] Mitgemeint, ja wohl sogar in erster Linie gemeint, sind also Antichristen und Sozialisten:

»Die Gesamt-Entartung des Menschen, hinab bis zu dem, was heute den sozialistischen Tölpeln und Flachköpfen als ihr ›Mensch der Zukunft‹ erscheint – als ihr Ideal! – diese Entartung und Verkleinerung des Menschen zum vollkommenen Herdentiere (oder, wie sie sagen, zum Menschen der ›freien Gesellschaft‹), diese Vertierung des Menschen zum Zwergtiere der gleichen Rechte und Ansprüche, ist *möglich,* es ist kein Zweifel. Wer diese Möglichkeit einmal bis zu Ende gedacht hat, kennt einen Ekel mehr, als die übrigen Menschen, – und vielleicht auch eine neue Aufgabe! ...«[12]

Das Paradigma, an dem sich Nietzsche jetzt orientiert, ist nicht mehr das vorsokratische Griechentum, sondern das Imperium Romanum: »Die große Zahl wurde Herr; der Demokratismus der christlichen Instinkte siegte.. . Das Christentum war nicht national, nicht rassenbedingt, – es wendete sich an jede Art von Enterbten des Lebens, es hatte seine Verbündeten überall ...«[13]

Der Feind der Ankläger und der moralischen Schuldzuschreibungen verfällt in einen hektischen Anklageton, der Lobredner der »Unschuld des Werdens« spricht der Sache nach nahezu die gesamte Geschichte der Menschheit schuldig (denn das hochgerühmte Gesetzbuch des Manu erweist sich letzten Endes ebenso als »priesterlich« wie der Mohammedanismus): »Die ›Gleichheit der Seelen vor Gott‹, diese Falschheit, dieser Vorwand für die rancunes aller Niedriggesinnten, dieser Sprengstoff von Begriff, der endlich Revolution, moderne Idee und Niedergangs-Princip der ganzen Gesellschafts-Ordnung geworden ist – ist christlicher Dynamit ... Ich heiße das Christentum den Einen großen Fluch, die Eine große innerlichste Verdorbenheit, den Einen großen Instinkt der Rache, dem kein Mittel giftig, heimlich, unterirdisch, *klein* genug ist, – ich heiße es den Einen unsterblichen Schandfleck der Menschheit.«[14]

Wie kann dieser ungeheuren Gefahr des Untergangs der Menschheit in Spannungslosigkeit, dieser Degeneration zu den »letzten Menschen« begegnet werden, wo findet sich eine Rettung gegen das Zusammenwirken einer so großen Anzahl von Feinden? Im »Ecce homo« gibt Nietzsche die Antwort am klarsten:

»Werfen wir einen Blick ein Jahrhundert voraus, setzen wir den Fall, daß mein Attentat auf zwei Jahrtausende Widernatur und Menschenschändung gelingt. Jene neue Partei des Lebens, welche die größte aller Aufgaben, die Höherzüchtung der Menschheit in die Hände nimmt, eingerechnet die schonungslose Vernichtung alles Entartenden und Parasitischen, wird jenes *Zuviel von Leben* auf Erden wieder möglich machen, aus dem auch der dionysische Zustand wieder erwachsen muß. Ich verspreche ein tragisches Zeitalter; die höchste Kunst im Jasagen zum Leben, die Tragödie, wird wiedergeboren werden, wenn die Menschheit das Bewußtsein der härtesten, aber notwendigsten Kriege hinter sich hat, ohne daran zu leiden ...«[15]

So geht Nietzsche mit seinen Gedanken in seine ersten Baseler Jahre zurück, und es unterliegt nicht dem geringsten Zweifel, daß nach wie vor »die Kultur« dasjenige ist, was er retten will, die Größe, der Spannungsreichtum im Menschen; aber nun postuliert er ganz unverhüllt den Bürgerkrieg als Vorbedingung jener Rettung. Damit nimmt er eine idealtypische Denkmöglichkeit wahr, und er postuliert eine idealtypische Handlungsweise. Dem so einleuchtenden Konzept der Sozialisten, das sich auf Hegel und dessen Begriff der »Verwirklichung« berufen konnte und das doch faktisch so weit hinter Hegel, ja hinter alle Philosophie zurückgriff, indem es der Menschheit zu einem glücklichen Familiendasein nach Art einer vorgeschichtlichen Gens verhelfen wollte und seine Feindschaft gegen Komplexität, Vermittlung, individuelle Freiheit und »Größe« nicht zu verbergen vermochte, will Nietzsche ein ebenso radikales und damit ebenfalls auf »Vernichtung« abzielendes Konzept entgegenstellen – das Konzept einer biologischen und in eins damit »geschichtsphilosophischen« Vernichtung, das mit jenem ursprünglichen Konzept sozialer Vernichtung zwar offensichtlich durch einen kausalen Nexus verbunden, gleichwohl daraus aber nicht vollständig ableitbar ist. Damit wird er zum Propheten eines »Weltbürgerkrieges«, der aber zunächst ein »europäischer Bürgerkrieg« sein würde:

»Ich kenne mein Los. Es wird sich einmal an meinen Namen die Erinnerung an etwas Ungeheures anknüpfen, – an eine Krisis, wie es keine auf Erden gab, an die tiefste Gewissens-Collision, an eine Entscheidung heraufbeschworen gegen Alles, was bis dahin geglaubt, gefordert, geheiligt worden war. Ich bin kein Mensch, ich bin Dynamit.«[16]

»Ich bringe den Krieg. *Nicht* zwischen Volk und Volk ... *Nicht* zwischen Ständen ... Ich bringe den Krieg quer durch alle absurden Zufälle von Volk, Stand, Rasse, Beruf, Erziehung, Bildung: ein Krieg wie zwischen Aufgang und Niedergang, zwischen Willen zum Leben und Rachsucht gegen das Leben, zwischen Rechtschaffenheit und tückischer Verlogenheit ...«[17]

Damit ist ganz sicher kein bloßer »Geisterkrieg« gemeint, wie heutige Nietzsche-Interpreten es hinzustellen suchen. In einem späten Fragment heißt es »Man muß zuerst die Moralisten aufhängen ... Umwertung aller Werte: das wird kostspielig [an »Hekatomben«], ich verspreche es – –«[18] Und ebendort befinden sich nicht weniger als fünf Versionen eines besonders konkreten Postulats: »Das Bibel-Verbot ›du sollst nicht töten!‹ ist eine Naivität im Vergleich zum Ernst des Lebens-Verbots an die décadents: ›ihr sollt nicht zeugen‹.«[19] Noch krasser ist jene häufig zitierte Wendung aus dem »Antichrist«: »Die Schwachen und Mißratenen sollen zu Grunde gehen: erster Satz unserer Menschenliebe. Und man soll ihnen noch dazu helfen.«[20]

Aber wer soll diesen Bürgerkrieg führen? Die »höheren Stände«, in deren Interesse, wie man meinen möchte, dieser Krieg geführt werden müßte, schließt Nietzsche bedingungslos aus, da sie bereits von »schlechten Instinkten« erfüllt seien. Und er schließt vor allem jene große Macht aus, auf die seine Blicke sich immerhin einige Male hoffnungsvoll gerichtet hatten (der »Militärstaat das letzte Mittel, die große Tradition festzuhalten«[21], »ein junger Fürst, an der Spitze seiner Regimenter ...«[22]), nämlich das Preußen-Deutschland Bismarcks und der Hohenzollern, ja eins seiner letzten Fragmente kündigt dem Hause Hohenzollern einen »Todkrieg« an, und zwar u. a. mit einer Begründung, die im Kleinlichen mit Marx ebenso zusammenstimmt, wie im Großen der schroffste inhaltliche Gegensatz bei bloß noch formaler Übereinstimmung gegeben war, nämlich daß sie – die Hohenzollern – »seit Friedrichs des Großen Diebes Tagen« nur gelogen und gestohlen hätten und daß sie heute »die fluchwürdige Drachensaat des Nationalismus zwischen den Völkern« säten und – »die schwarzen Hausknechte, aus Liebe zu den ›Sklaven‹ befreien«[23] wollten.

Worauf will Nietzsche sich denn stützen, wenn er sich auf die »höheren Stände« in Europa und auf den militärisch mächtigsten Staat der Welt nicht stützen will? Handelt es sich am Ende doch um bloße Phantasien, denen kein Wille entspricht und nicht einmal ein ernsthafter Wunsch?

Sicher ist, daß Nietzsche während der letzten Monate seines klar bewußten Daseins von einem fieberhaften und praktischen Aktivitätsdrang erfüllt war, in dem freilich Vorzeichen der Sinnesverrückung unübersehbar sind. So schreibt er am 15. November an seinen Verleger G. G. Naumann, sobald Ecce homo gewirkt habe, werde er die »Umwertung« in 7 Hauptsprachen übersetzen lassen, im »Zarathustra« sei das Schicksal der Menschen einbegriffen und das Buch werde sich in wenigen Jahren in Millionen von Exemplaren verbreiten, die »Umwertung« werde ein Ereignis ohne gleichen sein, nicht etwa ein literarisches, sondern ein alles Bestehende erschütterndes.[24] Brandes versichert er, infolge der »Umwertung« werde sich in zwei Jahren die ganze Erde in Konvulsionen befinden[25], an Wilhelm II. schreibt er, es werde Kriege geben, wie es noch nie Kriege gab, und Bismarck kündigt er (in einem wohl nicht abgeschickten Entwurf) seine Feindschaft an. Er will den »Antichrist« in Millionen von Exemplaren »als Agitationsausgabe« herausbringen[26], an Ferdinand Avenarius schreibt er am 22. Dezember, mit dem Erscheinen von Ecce homo rechne er seine Anhänger »nach Millionen«. Eine der letzten Aufzeichnungen lautet folgendermaßen: »Man wird gut tun überall Vereine zu gründen, um mir zur rechten Zeit einige Millionen Anhänger in die Hände zu geben. Ich lege Wert darauf, zunächst die Offiziere und die jüdischen Bankiers für mich zu haben: – Beide zusammen repräsentieren den Willen zur Macht.«[27]

Bildung einer neuen Millionenpartei, an deren Spitze »die Offiziere« (offenbar in ganz Europa) und »die jüdischen Bankiers« (in der ganzen Welt, d. h. in Europa und USA) stehen würden! Das ist in der Tat ein Konzept, das dem Internationalismus des Feindes einen anderen Internationalismus entgegensetzt und das zwei konkrete Gruppen nennt, die tatsächlich durch die »proletarische Revolution« des Marxismus als erste vernichtet werden mußten. Und trotzdem springt die ganze Angestrengtheit und Artifizialität dieses Konzepts in die Augen, demgegenüber die gegnerische Konzeption von der Erhebung der Armen in aller Welt gegen alle Mächtigen soviel einleuchtender, wenngleich in ihren konkreten Verwirklichungsaussichten möglicherweise ebenso irreal und phantastisch war.

Und Nietzsche, der sich spät zum Propheten eines präzedenzlosen Bürgerkriegs und zugleich zum Protagonisten einer »mitleidslosen« Gegenvernichtung machte, blieb in seinem Denken ein Philosoph und in seinen Empfindungen das Gegenteil eines »Vernichters«. In den Dionysos-Dithyramben, seinen letzten Gedichten, finden sich einige Strophen, die zum Großartigsten der deutschen philosophischen Sprache zwischen Hegel und Heidegger gehören und die das äußerste Gegenteil zu politischer Agitation bilden:

> Schild der Notwendigkeit!
> Höchstes Gestirn des Seins!
> – das kein Wunsch erreicht,
> das kein Nein befleckt,
> ewiges Ja des Seins,
> ewig bin ich dein Ja:
> *denn ich liebe dich, oh Ewigkeit!* [28]

Und nach einer nicht ganz zweifelsfreien, aber keineswegs unglaubwürdigen Überlieferung warf sich der Begründer und Agitator der »Partei des Lebens«, der Anti-Mitleids-Partei, wie man sie nennen könnte, am 7. Januar 1889 auf offener Straße in Turin an den Hals eines erschöpften Droschkengauls und weinte ob des Leids der gequälten Kreatur. Das war der endgültige Zeitpunkt von Nietzsches »Zusammenbruch«, des Zusammenbruchs eines Denkers, der vermutlich seit langem an einer schweren körperlichen Krankheit litt und der doch sicherlich nicht allein deshalb ein »Schlachtfeld« war, ein Schlachtfeld der Empfindungen, der Ideen, der historischen Realitäten. Der Frage, was davon beim Versinken in die Nacht besonders offenbar wurde und was für Vorzeichen es gegeben haben mag, haben wir uns am Ende des biographischen Teils dieser Vorlesung zuzuwenden.

Zusammenbruch, Umnachtung, Tod

Die erste, freilich nur als Entwurf existierende Äußerung Nietzsches, die eindeutig als »Wahnsinnszettel« charakterisiert werden kann, stammt vom 30. Dezember 1888 und ist an Peter Gast gerichtet. Darin heißt es (u. a.): »Dann schrieb ich, in einem heroisch-aristophanischen Übermut eine Proklamation an die europäischen Höfe zu einer Vernichtung des Hauses Hohenzollern, dieser scharlachnen Idioten und Verbrecher-Rasse seit mehr als 100 Jahren verfügte dabei über den Thron von Frankreich auch über Elsaß, indem ich Victor Buonaparte, den Bruder unserer Laetitia zum Kaiser machte und meinen ausgezeichneten Ms. Bourdeau ... zum ambassadeur an meinem Hofe ernannte ...«[1] Derartiges ist in der Tat unverwechselbar. Eine Proklamation zur Vernichtung der Hohenzollern zu schreiben mag vielleicht noch als Ausdruck eines exzentrischen Phantasielebens gelten, aber wer von seinem eigenen »Hof« als einer Tatsache spricht und »Botschafter« ernennt, der hat eine Grenze überschritten, die vermutlich keine Rückkehr mehr erlaubt. Doch für die schreibende Person erhellend kann ein solcher Brief sehr wohl sein. Hier tritt die frankophile Orientierung des späten Nietzsche und im Schlußsatz seine Abneigung gegen den »Dreibund« so deutlich hervor, daß an deren Echtheit nicht zu zweifeln ist. Allerdings heißt es in der Niederschrift auch: »Man wird deutsch an meinem Hofe sprechen: denn die höchsten Werke der Menschheit sind deutsch geschrieben« – offenbar ist das »germanische« Ideal seiner Frühzeit unterhalb aller »deutschfeindlichen« Äußerungen des späten Nietzsche erhalten geblieben.

Der Briefentwurf an Gast und auch der einen Tag später an denselben abgesandte Brief sind mit »Friedrich Nietzsche« bzw. mit »Nietzsche« unterschrieben. Als kennzeichnendes Beispiel der etwas späteren »Wahnsinnszettel« führe ich zunächst nur das Schreiben an Meta von Salis vom 3. Januar an: »Die Welt ist verklärt, denn Gott ist auf der Erde. Sehen Sie nicht, wie alle Himmel sich freuen? Ich habe eben Besitz ergriffen von meinem Reich, werfe den Papst ins Gefängnis und lasse Wilhelm, Bismarck und Stöcker erschießen. Der Gekreuzigte.«[2] Die Unterschrift ist ganz besonders charakteristisch. Die meisten der Wahnsinnszettel sind mit »Der Gekreuzigte« oder mit »Dionysos« unterschrieben. Nietzsche identifiziert sich mit dem Gott, dessen Verkünder er sein wollte, und zugleich mit dem Gottmenschen, den er auf das heftigste als die Manifestation einer radikalen und verhängnisvollen »Umwertung der Werte« angegriffen hatte. Auch dies ist ein Überschreiten, eine Verrückung, aber es ist keine bloße Geistesgestörtheit. Nietzsches Wahn war zugleich eine Offenbarung.

Handelt es sich auch in dem Sinne um eine Offenbarung, daß der Keim dieser Verrückung schon längst vorher in Nietzsches Werken und Briefen erkennbar war, derart, daß man Nietzsches ganzes Denken als ein »verrücktes Denken« bezeichnen müßte?

Hinweise auf tiefe Erschütterungen, die aus einer Krankheit offensichtlich nicht zu erklären sind, und Äußerungen eines ungewöhnlich hohen Selbstgefühls, das mancher für pathologisch halten würde, finden sich in der Tat seit den frühen siebziger Jahren immer wieder. Schon die Umarbeitung der dritten Unzeitgemäßen brachte für Nietzsche 1874 eine solche »Angegriffenheit und Seelenerschütterung« mit sich, daß er sich »umgeworfen« fühlte.[3] Die Selbstkennzeichnungen als »Schlachtfeld« und als »kopfleidender Halb-Irrenhäusler« sind bereits angeführt worden, ebenfalls die von den »Gefühls-Explosionen«, an denen er eines Tages sterben werde. Im Sommer 1883 erkennt er den »Irrsinn« als Gefahr.[4] Schon 1884 ist er davon überzeugt, daß sein Gedanke der Ewigen Wiederkehr »die Geschichte der Menschheit in zwei Hälften spaltet« und daß einst »ganze Jahrtausende« auf seinen Namen ihre höchsten Gelübde tun werden.[5] Im Februar 1886 bringt er die Befürchtung zum Ausdruck, daß er eines Tages »diese Entfremdung nicht mehr aushalten« werde.[6] Im Jahre 1888 nehmen solche Äußerungen an Häufigkeit zu. Nietzsche vergleicht im Februar seinen Zustand mit demjenigen »eines bis zum Springen gespannten Bogens«[7], er nennt sich im Oktober in einem Brief an Hans von Bülow »den ersten Geist des Zeitalters«[8] und wenig später sogar den »ersten Menschen aller Jahrtausende«[9], von der Selbsteinschätzung der letzten Monate als des Gründers und Führers der »Partei des Lebens« ist schon ausführlich die Rede gewesen. Große Zweifel muß eine Äußerung in »Ecce homo« erwecken, die von der Schwester unterdrückt worden war und die von Montinari entdeckt wurde: »Wenn ich den tiefsten Gegensatz zu mir suche, die unausrechenbare Gemeinheit der Instinkte, so finde ich immer meine Mutter und Schwester – mit solcher canaille mich verwandt zu glauben wäre eine Lästerung auf meine Göttlichkeit.«[10] Das gleiche gilt von einer brieflichen Wendung (an C. Fuchs) vom 11. Dezember: »Nachdem der alte Gott abgedankt ist, werde ich von nun an die Welt regieren.«[11]

Es gibt also keinen schroffen und plötzlichen Übergang von der Normalität zum Irrsinn; die Normalität hatte sich sozusagen früh auf den Irrsinn hin geöffnet, und gerade im Irrsinn kamen wesentliche Züge von Nietzsches Normalität zum Vorschein. Auch hier liegt ein ausgeprägter Gegensatz zu Marx und Engels vor, die sehr weit von demjenigen entfernt waren, was man den eingeborenen »Hang zum Irrsinn« eines großen Künstlers nennen mag, weil ihr psychisches Gleichgewicht in der Art guter Bürger nie gefährdet war. Aber in all dem kommt vermutlich doch auch etwas von demjenigen zum Vorschein, was ich die Angestrengtheit und Artifizialität von Nietzsches Konzept der Gegenvernichtung genannt habe.

Ich gehe jetzt zu einer Analyse der »Wahnsinnszettel«[12] über.

Nach einem langen, noch weitgehend »normal« wirkenden »Geldbittbrief« an Andreas Heusler in Basel vom 30. Dezember beginnen die »Wahnsinnsbriefe«, wie gesagt, mit einem Briefentwurf an Gast vom gleichen Tage. Drei normale und geschäftsmäßige Mitteilungen an C. G. Naumann vom 1. und 2. Januar müssen abgezogen werden; es ergeben sich dann insgesamt 27 »Wahnsinnszettel«, die Nietzsche vom 30. Dezember bis zum 6. Januar geschrieben hat. Je drei davon sind an Peter Gast und an Cosima Wagner gerichtet, je zwei an Jacob Burckhardt, Ruggero Bonghi, August Strindberg und Catulle Mendés, je ein Brief bzw. Entwurf war für die folgenden Personen bestimmt: Jean Bourdeau, Meta von Salis, Georg Brandes, Hans von Bülow, Paul Deussen, Malwida von Meysenbug, Franz Overbeck, Erwin Rohde, Carl Spitteler, Heinrich Wiener (Reichsgerichtsrat in Leipzig, der eine Rezension des »Fall Wagner« geschrieben hatte), Kardinal Mariani und König Umberto von Italien. Ein Zettel hat »die erlauchten Polen« als Adressaten. Insgesamt acht haben die Unterschrift »Dionysos«, weitere acht »Der Gekreuzigte«, einer »Nietzsche

Caesar«, einer »Nietzsche Dionysos«, ohne Unterschrift sind fünf, bloß vier sind mit »Friedrich Nietzsche«, »N« oder »Nietzsche« unterzeichnet, so der erste an Gast und der letzte vom 6. Januar an Jacob Burckhardt. Anreden finden sich nur wenige. Daß eine Anzahl von solchen Zetteln verlorengegangen oder auch vernichtet worden ist, ist wahrscheinlich; auffällig ist jedenfalls, daß Mutter und Schwester nicht unter den Adressaten sind.

Daß die eigene Vergöttlichung ein Hauptthema ist, geht schon aus den Unterschriften und aus dem kurzen Brief an Meta von Salis deutlich hervor. Eine Entsprechung zu dieser Selbstvergöttlichung ist anscheinend die Selbstidentifizierung mit längst verstorbenen oder auch mit noch lebenden Persönlichkeiten: »In Natalie lebt ihr Vater, und der war ich auch« (an Malwida); »Ich bin Prado, ich bin auch der Vater Prado, ich wage zu sagen, daß ich auch Lesseps bin« (an Jacob Burckhardt, 6. Januar).

Die wichtigsten und erhellendsten dieser Zettel sind die drei an Cosima Wagner und die zwei an Jacob Burckhardt.

Alle drei an Cosima gerichteten Mitteilungen stammen vom 3. Januar. Die erste lautet: »Man erzählt mir, daß ein gewisser göttlicher Hanswurst [!] dieser Tage mit den Dionysos-Dithyramben fertig geworden ist.« Der zweite und längste: »An die Prinzeß Ariadne, meine Geliebte. Es ist ein Vorurteil, daß ich ein Mensch bin. Aber ich habe schon oft unter den Menschen gelebt und kenne Alles, was Menschen erleben können, vom Niedrigsten bis zum Höchsten. Ich hin unter Indern Buddha, in Griechenland Dionysos gewesen – Alexander und Caesar sind meine Inkarnationen, insgleichen der Dichter des Shakespeare, Lord Bakon. Zuletzt war ich noch Voltaire und Napoleon, vielleicht auch Richard Wagner ... Dies Mal aber komme ich als der siegreiche Dionysos, der die Erde zu einem Festtag machen wird ... Nicht daß ich viel Zeit hätte ... Die Himmel freuen sich, daß ich da bin ... Ich habe auch am Kreuze gehangen ...« Auch hier keine Unterschrift. Der dritte Zettel: »Dies breve an die Menschheit sollst du [!] herausgeben, von Bayreuth aus, mit der Aufschrift: *Die frohe Botschaft.*«

Wenn man einen Satz hinzunimmt, den Nietzsche später in der Jenaer Irrenanstalt sagte »Meine Frau Cosima Wagner hat mich hierher gebracht«[13], dann kann man nicht daran zweifeln, daß ein Liebesdrama in den innersten Kern des Nietzscheschen Schicksals gehört, ein Liebesdrama freilich, das schwerlich »bloß persönlich« zu verstehen ist, sondern so etwas wie das Ringen Nietzsches um das Gelingen des personalen Gipfels höchster Kultur darstellt.

Wie wichtig Cosima-Ariadne ihm war, geht auch aus dem ersten Brief an Jacob Burckhardt vom 4. Januar hervor: »Meinem verehrungswürdigen Jakob Burckhardt. Das war der kleine Scherz, dessentwegen ich mir die Langeweile, eine Welt geschaffen zu haben, nachsehe. Nun sind Sie – bist du [!] – unser großer größter Lehrer, denn ich, zusammen mit Ariadne, habe nur das goldne Gleichgewicht aller Dinge zu sein, wir haben in jedem Stücke Solche, die über uns sind ... Dionysos.« Der zweite und letzte ist bei weitem der längste aller Zettel, daraus zitiere ich nur einige Sätze »Lieber Herr Professor, zuletzt wäre ich sehr viel lieber Basler Professor als Gott, aber ich habe es nicht gewagt, meinen Privat-Egoismus so weit zu treiben, um seinetwegen die Schaffung der Welt zu unterlassen ... Ich ... danke dem Himmel jeden Augenblick für die *alte* Welt, für die die Menschen nicht einfach und still genug gewesen sind ... In herzlicher Liebe [!] Ihr Nietzsche«. Nachschrift: »Morgen kommt mein Sohn Umberto mit der lieblichen Margherita, die ich aber auch nur hier in Hemdsärmeln empfange. Der *Rest* für Frau Cosima ... Ariadne ... Von Zeit zu Zeit wird gezaubert ... ... Sie können von diesem Brief jeden Gebrauch machen, der mich in der Achtung der Basler nicht heruntersetzt.«

Wenn man die Bedeutung dieser Wahnsinnszettel im ganzen einzuschätzen versucht, muß man vor allem noch eine Mitteilung Franz Overbecks hinzunehmen. Dieser fuhr, durch Jacob Burckhardt veranlaßt, am 7. nach Turin, wo Nietzsche am gleichen Tage auch körperlich auf der Straße zusammengebrochen war, nachdem er schon in den Tagen zuvor die ihm sehr zugetane Familie Fino, seine Wirtsleute, durch ein überaus sonderbares Benehmen – laute Rufe, fessellose Tänze, hemmungsloses Phantasieren auf dem Klavier zu allen Zeiten des Tages und der Nacht – aufs äußerste beunruhigt hatte. Overbeck berichtet, Nietzsche habe bei seinem Eintreffen auf dem Sofa gehockt, die Korrekturfahnen von »Nietzsche contra Wagner« in der Hand, er sei dann tränenüberströmt auf ihn zugegangen, habe aber im weiteren Verlauf wie in einem bacchantischen Taumel unter konvulsivischen Sprüngen und sonderbaren Klavierphantasien Fetzen aus der Gedankenwelt, in der er zuletzt gelebt habe, hervorgestoßen, und dabei habe er auch »in kurzen mit einem unbeschreiblich gedämpften Tone vorgebrachten Sätzen sublime, wunderbar hellsichtige und unsäglich schauerliche Dinge über sich als den Nachfolger des toten Gottes«[14] vernehmen lassen.

Wenn man dieses Ganze in den Blick faßt, so dürfte als Ergebnis folgendes resultieren:

1. Das Zentrum von Nietzsches Gedankenwelt bildete jene negative Theologie, wie sie im Begriff vom »Tod Gottes« zum Vorschein kommt, und die damit verbundene positive Theologie der »dionysischen«, ganz diesseitigen, aus Machtquanten bestehenden, im »Übermenschen« zum Gipfel gelangenden und ewig wiederkehrende Welt.

2. Die innerste Mitte seiner Empfindungen war das Verhältnis zu Cosima und Richard Wagner, das für ihn aber nie ein bloß persönliches Verhältnis war, sondern mit jener »Größe« des Menschen eng verbunden blieb, die für ihn die höchste aller Wünschbarkeiten darstellte.

3. In seiner Beziehung zu Jacob Burckhardt kommt die einfachste seiner Empfindungen zum Ausdruck: der Wunsch, »Basler Professor« zu sein, das Leben eines »eximierten Kulturmenschen« zu führen und »verehren« zu dürfen.

4. Erst an die vierte Stelle ist dasjenige zu setzen, was man das »Politische« nennen mag, einschließlich der Vorhersage des großen Bürgerkriegs und des Konzepts der unumgänglichen Vernichtung. Dieser Vernichtungswunsch taucht zwar insgesamt fünfmal auf, aber er bezieht sich ausschließlich auf die Hohenzollern und die Antisemiten. Der vorletzte Satz im Brief an Jacob Burckhardt vom 6. Januar lautet: »Wilhelm Bismarck und alle Antisemiten abgeschafft.« Nirgendwo ist von einer Vernichtung der Schwachen oder auch nur der Priester die Rede. Zwar soll der Papst einmal »ins Gefängnis geworfen werden«, aber an den (angeblichen) Kardinal Mariani, seinen »geliebten Sohn«, schreibt Nietzsche, er komme am Dienstag nach Rom, um seiner Heiligkeit seine Ehrfurcht zu erweisen.

Der Eindruck drängt sich auf, daß in Nietzsche ein »eximierter Kulturmensch«, eine der höchsten Blüten dessen, was Marxisten geringschätzig als »Rentnerexistenz« oder als »unpolitische Innerlichkeit« zu charakterisieren pflegen, zwar alle Konflikte der modernen Welt als ein »Schlachtfeld« in sich austragen mußte, aber sich gleichsam gegen seinen Willen gezwungen sah, schließlich den großen Weltbürgerkrieg vorherzusehen und für eine Partei dieses Bürgerkriegs das Vernichtungskonzept zu schaffen, welches das Gegenkonzept zu einem anderen und ursprünglicheren Vernichtungsgedanken war.

Es war sicher nicht zufällig oder grundlos, daß das Ende dieses bewußten Lebens schon sehr bald von vielen Seiten große Aufmerksamkeit fand. Den einen galt es als die Widerlegung, ja Bestrafung von Nietzsches »Gottlosigkeit«, für die anderen war es ein »heiliger Wahnsinn«, für fast alle aber war es ein symbolischer Vorgang, der Nietzsche ganz dicht an Hölderlin rückte. Wie Hölderlin lebte Nietzsche noch lange Jahre in der Umnachtung – zuerst bis zu deren Tode bei der Mutter in Naumburg, dann ab 1897 im Gebäude des »Nietzsche-Archivs« in Weimar unter der Obhut seiner Schwester. Als er am Sonnabend, dem 25. August 1900 starb, waren die Trauerfeier im Archiv und das Begräbnis auf dem Friedhof des Geburtsortes Röcken ein Zeugnis des Nietzscheanismus und keineswegs das erste. Hier könnte also bruchlos der dritte Teil der Vorlesung angeschlossen werden, aber zunächst wollen wir mit größerer Genauigkeit verfolgen, mit wieviel Grund Nietzsche sich selbst ein »Schlachtfeld« nannte und auf welche Weise die Epochen und Faktoren der europäischen Geschichte sich ihm darstellten und in ihm ihre Auseinandersetzungen führten.

II
Nietzsche als »Schlachtfeld«

Die Antike als Paradigma und Vergangenes

Das Christentum ist in der Auseinandersetzung mit der Antike emporgewachsen; trotz seines Sieges und in seinem Siege bewahrte es die Antike zu beträchtlichen Teilen. Für die Kirchenväter waren zwar »die Tugenden der Helden glänzende Laster«, aber das Papsttum trat in gewisser Weise die Nachfolge des Imperium Romanum an; das Lateinische blieb die Sprache der Kirche, als sich schon längst die »Volkssprachen« ausgebildet hatten; die christliche Philosophie ging aus der Aneignung der griechisch-römischen Philosophie hervor. Thomas von Aquin betrachtete sich in gewisser Hinsicht als einen Schüler des Aristoteles, und Dante redete im Ersten Gesang der »Göttlichen Komödie« den Führer, der sich im finsteren Walde anbot und als Vergil zu erkennen gab, mit den ehrfürchtigen Worten an: »O degli altri poeti onore e lume, vagliami il lungo studio e'l grande amore che m'ha fatto cercar lo tuo volume ...« Der mittelalterliche »Roman de la Rose« ist voll von antiken Mythologemen, aber hier zeigt sich, daß die antike Tradition innerhalb der christlichen Welt auch als potentiell antichristliche Macht wirken konnte, vor allem durch das andersartige Verhältnis zur »Diesseitigkeit« und zur Sinnlichkeit; eben dadurch existiert eine Art Pluralismus schon im mittelalterlichen Katholizismus: die antike Tradition konnte sowohl als Vorbereitung des Christentums wie als Gegensatz zu ihm aufgefaßt werden, und die zweite Denkmöglichkeit ließ sich positiv und negativ werten. Die »Renaissance« war also nichts völlig Neues, aber durch sie erfolgte eine weit stärkere Betonung der griechischen Tradition, nicht zuletzt durch die Folgen der Eroberung von Konstantinopel durch die Türken im Jahre 1453. Die Renaissance und der Humanismus waren teilweise schon betont »antikisch«, d. h. diesseitig und antikirchlich orientiert; Erasmus von Rotterdam dagegen war auch in dieser Hinsicht versöhnlich und daher der »adventistischen« Auffassung zugeneigt. In Frankreich waren

Klassik, Aufklärung und noch die Revolution ganz am Vorbild der lateinischen Literatur und der römischen Geschichte ausgerichtet; die abermalige Hinwendung zum Griechentum war eines der Hauptkennzeichen der deutschen Klassik, und zwar in einem weiten Sinne, der den »Sturm und Drang« und die »Romantik« mit umfaßt. Der Sinn dieser Orientierung war mehrfältig: das Fußfassen in einer anderen und besseren Welt, die Kritik der Gegenwart, die Abstandnahme von der Übermacht der französischen Kultur.

Zur Veranschaulichung führe ich einige Beispiele aus den Dichtungen bzw. Schriften Schillers, Goethes und Hölderlins an.

1. Friedrich Schiller: Die Götter Griechenlands
Schein und Dichtung werden als die höhere Wahrheit gegen die nüchterne Wahrheit der Wissenschaft und das nüchterne Leben der Gegenwart gestellt, Konkretheit gegen Abstraktion, Polytheismus gegen Monotheismus, Sinnenbejahung gegen Verneinung der Sinnlichkeit, Beseeltheit gegen Entseelung, Mythos gegen Wissenschaft: Einst wand sich »der Dichtung zauberische Hülle ... noch lieblich um die Wahrheit«; bei den Griechen lenkte Helios »seinen goldnen Wagen«, während heute nach der Aussage der Weisen nur ein Feuerball sich seelenlos dreht; in der Antike meldete das Evoe muntrer Thyrsusschwinger »den großen Freudebringer« Dionysos, während in der Gegenwart nicht das Leben gefeiert, sondern der Tod in der Gestalt eines »gräßlichen Gerippes« beschworen wird. Entseelung und Entgötterung sind die Kennzeichen der Welt, in welcher der Dichter leben muß, so daß die Weltgeschichte sich ihm als Verfallsgeschichte darstellt:

> Alle jene Blüten sind gefallen
> Von des Nordes schauerlichem Weh'n,
> Einen zu bereichern unter allen
> Mußte diese Götterwelt vergehn
> ...
> Fühllos selbst für ihres Künstlers Ehre,
> Gleich dem toten Schlag der Pendeluhr,
> Dient sie knechtisch dem Gesetz der Schwere
> Die entgötterte Natur.

Aber gerade aus diesem abgründigen Pessimismus leitet Schiller eine neue und subtile Aufgabe für die Dichtung ab, indem er von den Göttern sagt:

> Aus der Zeitflut weggerissen schweben
> Sie gerettet auf des Pindus Höhn,
> Was unsterblich im Gesang soll leben
> Muß im Leben untergehn.

Als Theoretiker hat Schiller seine Auffassung besonders klar im Sechsten Brief der »Briefe über die ästhetische Erziehung des Menschen« artikuliert. Auch hier erscheinen die Griechen als Muster, weil sie vom modernen Zwiespalt frei waren und den Gegensatz von Individuum und Gattung nicht kannten. In der Gegenwart dagegen sind die einzelnen Menschen bloß Bruchstücke, und ganze Klassen können nur einen Teil ihrer Anlagen entfalten. Der »trennende Verstand« übt die Herrschaft aus, die Kultur schlägt Wunden. Alle Trennungen und gesellschaftlichen Absonderungen werden negativ bewertet, auch die Unterschiedenheit von Staat und Kirche. Freilich gab es keinen anderen Weg, um »Fortschritte« zu machen; aber diese Verknüpfung des Fortschritts mit dem Negativen soll nicht das letzte Wort sein. Schiller postuliert vielmehr, die »Totalität in unserer Natur«, welche die Kunst zerstört habe, durch eine höhere Kunst wiederherzustellen. Dies ist das Grundkonzept des »Deutschen Idealismus« von Schiller über Hegel bis zu Marx: Künftige Wiederherstellung der anfänglich vorhandenen Totalität und Harmonie auf höherer Stufe. Es impliziert eine Kritik nicht nur am Christentum, sondern auch an der Vulgäraufklärung als einer bloßen Verstandeskultur. Im weiteren Verlauf benutzt Schiller die Begriffe »Form« und »Materie« und gelangt von da aus auf hoher Abstraktionsstufe zu folgendem Postulat: »Hieraus fließen nun zwei entgegengesetzte Anforderungen an den Menschen, die zwei Fundamentalgesetze der sinnlich vernünftigen Natur. Das erste dringt auf absolute *Realität:* er soll alles zur Welt machen, was bloß Form ist, und alle seine Anlagen zur Erscheinung bringen; das zweite dringt auf absolute *Formalität:* er soll alles in sich vertilgen, was bloß Welt ist, und Übereinstimmung in alle seine Veränderungen bringen; mit anderen Worten: er soll alles Innre veräußern und alles Äußere formen. Beide Aufgaben, in ihrer höchsten Erfüllung gedacht, führen zu dem Begriff der Gottheit zurück, von dem ich ausgegangen bin.«[1]

Daraus resultiert die Herausstellung des »Spieltriebs«, in welchem Sach- und Formtrieb gleichzeitig wirken: der Materie Form und der Form Materie gebend. Mithin erweist sich das ästhetische Dasein als die höchste Möglichkeit des Menschen, denn das Schöne schließt die Kluft zwischen den Sinnen und dem Denken. Schönheit ist somit ein Werk freier Betrachtung, welche in die Welt der Ideen führt, ohne diejenige der Sinne zu verlassen. Damit folgt Schiller Kant, aber gerade nicht dem Kant der schroffen Trennung zwischen der »reinen« und der »praktischen« Vernunft, sondern dem Verfasser der »Kritik der Urteilskraft«. Der letzte Begriff, zu dem Schiller gelangt, ist der des »ästhetischen Staates«, welcher nichts anderes als das Reich des schönen Scheins ist, wo allem das Ideal der Gleichheit erfüllt ist, »welches der Schwärmer so gern auch dem Wesen nach realisiert sehen möchte«: Schiller wendet sich also gleichmäßig gegen »Schwärmer« und »Verstandesmenschen«: Die höchste Synthese und damit die »Versöhnung« ist nur als ästhetische möglich, d. h. in der Welt der Kunst und nicht in derjenigen der Politik oder auch der Wissenschaft. Wo und in welchem Ausmaße »Realisierung« sich vollzieht, bleibt im deutschen Idealismus umstritten, aber der Zielpunkt ist immer eine »Vollendung«, deren Charakter sich letzten Endes aus einem theologischen Begriff bestimmt. Das Spektrum reicht von der nie zu einem Ende gelangenden »Annäherung« an das Orientierung gebende Ideal (Kant) über das auf die Philosophie beschränkte »absolute Wissen« (Hegel) bis zur klassischen Weltgesellschaft der Gleichen und Freien, die als solche unüberholbar und vollendet ist (Marx). Universalistisch aber ist die Konzeption immer, auch da, wo sie wie bei dem Fichte der »Reden an die deutsche Nation« sich in Nationalismus zu verkehren scheint.

2. Johann Wolfgang Goethe: Iphigenie

Iphigenies Selbstcharakterisierung zu Beginn des Dramas »… das Land der Griechen mit der Seele suchend« könnte das Motto für den ganzen deutschen Idealismus sein, obwohl sie an dieser Stelle nur auf eine einzelne Person bezogen ist. Aber das Griechenland Goethes ist hier nicht wie dasjenige Schillers ein Land der Harmonie und auch nicht wie das Griechenland Winckelmanns von »edler Einfalt und stiller Größe« geprägt, sondern ein Land der Schrecken, die sich erst in Iphigenie zur »Humanität« geläutert haben.

Zum König Thoas, der die ans Gestade des wilden Thrakien verschlagene Griechin, die Priesterin der Diana, für sich gewinnen will, sagt lphigenie, als sie sich seinem Drängen anders nicht mehr entziehen kann:

»Vernimm, ich bin aus Tantalus' Geschlecht«, und zu dieser Erzählung von Bruderhaß und Kindermord kann der »Barbar« nur sagen: »Es sei genug der Greuel!«

Mit dem Erscheinen Orests, den Thoas der Göttin geopfert sehen will, greifen die Greuel auch nach Iphigenie: Der Bruder berichtet ihr vom Muttermord, den er auf Geheiß Apollons vollzogen hat, und von den Rachegeistern der Erinnyen, die ihn seitdem verfolgen. So tritt die Versuchung an Iphigenie heran, mit Orest heimlich zu entfliehen und das heilige Bild mitzunehmen. Aber zugleich fürchtet sie, daß der alte Fluch ewig walten wird, und so singt sie das »Lied der Parzen«, das ein ganz anderes Bild von den griechischen Göttern gibt als Schillers Gedicht:

Es fürchte die Götter Das Menschengeschlecht!
Sie halten die Herrschaft In ewigen Händen,
Und können sie brauchen, Wie's ihnen gefällt.

Iphigenie entschließt sich, rein und wahr zu bleiben, d. h. Thoas gegenüber aufrichtig zu sein und damit das Ideal über das Leben siegen zu lassen, und sie richtet am Ende bloß den Appell an den König: »Verdirb uns – wenn du darfst.«
Die Antwort des Thoas ist zunächst die des »Lebens« und seiner Selbstverständlichkeiten:

Du glaubst, es höre Der rohe Skythe, der Barbar, die Stimme
Der Wahrheit und der Menschlichkeit, die Atreus
Der Grieche, nicht vernahm?

Iphigenie aber bringt das Ideal zu Wort, denn sie meint ein Sollen und nicht ein Sein:

> Es hört sie jeder Geboren unter jedem Himmel, dem
> Des Lebens Quelle durch den Busen rein
> Und ungehindert fließt …

So ringt sich Thoas schließlich ein »So geht!« ab, und auf Iphigenies Bitte hin gelangt er zu einem »… Lebt wohl«, mit dem auch er in dem Bezirk der Überwindung der Alltagsstrebungen, eben in demjenigen der »Humanität«, Fuß faßt.

Das Griechentum ist also auch für Goethe das Paradigma der Humanität, aber nicht in seiner Alltagswirklichkeit, sondern in der Läuterung zu der beinahe übermenschlichen Reinheit der Iphigenie.

3. Friedrich Hölderlin: Hyperion

Daß die Erfahrung oder Vorstellung der griechischen Antike der Ausgangspunkt für ein überaus negatives Urteil über die Moderne und insbesondere über die Deutschen werden kann, geht aus Hölderlins einzigem »Roman« noch weit deutlicher hervor als aus Schillers »Göttern Griechenlands«. Im letzten Brief des ersten Bandes (»Hyperion an Bellarmin«) wird die »Trefflichkeit des alten Athenervolkes« beschrieben, dessen Götter »in der schönen Mitte der Menschheit« blieben und ein Ausschweifen in die Extreme des Übersinnlichen und des Sinnlichen nicht kannten. Diese Extreme sind einerseits im Orient zu finden, der despotisch und voll einer »leeren Unendlichkeit« ist, und andererseits im Norden, wo »der bloße Verstand, die bloße Vernunft« die Könige sind. In Griechenland dagegen war »die Natur Priesterin und der Mensch ihr Gott«. Heute jedoch ist der Himmel ausgestorben, entvölkert, und die Erde ist fast wie ein Ameisenhaufen geworden. Dennoch ist Hyperion von der Hoffnung erfüllt, daß »die alte Wahrheit wiederkehrt in neu lebendiger Jugend«, und der Schlußsatz ist eine Prophezeiung: »Es wird nur eine Schönheit sein, und Menschheit und Natur wird sich vereinen in *eine* allumfassende Gottheit.«

Von da sind die schroffen Aussagen im vorletzten Brief des zweiten Bandes abzuleiten: »So kam ich unter die Deutschen … Barbaren von alters her ... tief unfähig jedes göttlichen Gefühls ... Handwerker siehst du, aber keine Menschen, Denker, aber keine Menschen, Priester, aber keine Menschen, Herren und Knechte, jungen und gesetzte Leute, aber keine Menschen – ist das nicht, wie ein Schlachtfeld, wo Hände und Arme und alle Glieder zerstückelt untereinanderliegen, indessen das vergoßne Lebensblut im Sande zerrinnt?« Und danach ist von der »toten Ordnung« dieser »allberechnenden Barbaren« und »Gottverlaßnen« die Rede, deren Leben »übervoll von kalter stummer Zwietracht« ist, die keine »Begeisterung« kennen. Am Ende aber sind es weniger die Deutschen als die modernen Menschen überhaupt, von denen als Kunst- und Enthusiasmusfeinden gesagt wird: »Wüster immer, öder werden da die Menschen, die doch alle schön geboren sind; der Knechtsinn wächst, mit ihm der grobe Mut, der Rausch wächst mit den Sorgen, und mit der Üppigkeit der Hunger und die Nahrungsangst; zum Fluche wird der Segen jedes Jahrs und alle Götter fliehn.«

Wenn man sich all dies vergegenwärtigt und dann an Nietzsches Verhältnis zur Antike und insbesondere zu den Griechen herantritt, dann sticht ins Auge, wie vollständig er in dieser Tradition des »Deutschen Idealismus«, steht – nicht anders als Marx, bevor das große Maskenspiel der nationalökonomischen Schriften und des historischen Materialismus die in der Jugendzeit so klaren Linien verwischte, so daß sie schwer erkennbar wurden. Aber wie bei Marx Feuerbach, so kommt bei Nietzsche zunächst die pessimistische Metaphysik Schopenhauers und dann das Gegenwartsideal des Wagnerschen Gesamtkunstwerks schon in den Anfängen zu dieser Überlieferung hinzu; im weiteren Verlauf scheint die Einsicht eine vollkommene Umkehr zu bedeuten, daß das Griechentum unwiderruflich der Vergangenheit angehört und daß die Wahl der Antike als Paradigma ein vergebliches Aufbäumen gegen die Moderne darstellt; am Ende aber erfolgt eine Rückkehr ganz eigentümlicher und extremer Art.

Auch bei dem jungen Nietzsche steht der Harmoniegedanke im Mittelpunkt: Unter dem Zauber des Dionysischen »schließt sich nicht nur der Bund zwischen Mensch und Mensch wieder zusammen: auch die entfremdete, feindliche oder unterjochte Natur feiert wieder ihr Versöhnungsfest mit ihrem verlorenen Sohne, dem

Menschen«[2] – das ist das Evangelium der Weltenharmonie, jene »Resurrektion der Natur«[3], von der Marx in seiner Jugend gesprochen hatte. Der dionysische Weltgrund wird aber von Nietzsche im Anschluß an Schopenhauer auch wieder als das Schreckliche gefaßt, und damit wird das griechische Leben in die äußerste Spannung gestellt; gleich zu Anfang wird die Geschichte von Midas und dem Silen erzählt, welcher das Nichtsein nennt, als er gefragt wird, was das Beste für den Menschen sei. (Nietzsche erwähnt nicht, daß die Aussage des Silens bei Hölderlin im griechischen Urtext als Motto zum zweiten Band des »Hyperion« zu finden ist.) In diesen Zusammenhang gehört auch die Hervorhebung des »Geschlechtsfluchs der Atriden«, und damit enthüllen sich »die herrlichen olympischen Göttergestalten« als ein »Schein«, aber eben daher wird die Grundaussage abgeleitet: »Nur als ästhetisches Phänomen ist das Dasein und die Welt ewig gerechtfertigt.«[4]

Die negative Beurteilung der Moderne kommt hier in dem Angriff gegen den Sokratismus zum Vorschein, d. h. gegen die verstandesmäßige Aufklärung und deren verflachenden Omnipotenzanspruch, aber auch gegen den einseitigen »Apollinismus« der Wissenschaft im ganzen, welcher dic Neuzeit bestimmt.

Doch sogar hier gibt es einen Ausblick auf eine Synthese und Versöhnung, und zwar in der Gestalt des »musiktreibenden Sokrates«, der am Ende seines Lebens begreift, daß es »ein Reich der Weisheit gibt, aus dem der Logiker verbannt ist«[5]. Ganz ausdrücklich aber nimmt Nietzsche für die Griechen »die Würde und Sonderstellung unter den Völkern« in Anspruch, »die dem Genius unter der Masse zukommt«, und er stellt es mit starker Betonung als »Wahrheit« hin, »daß die Griechen unsere und jegliche Cultur als Wagenlenker in den Händen haben«[6]. So nimmt es nicht Wunder, daß Nietzsches Urteil über die gegenwärtige Kultur nicht weniger negativ ist als dasjenige Hölderlins: nichts als »Verödung« und »Ermattung«, als »Staub, Sand, Erstarrung, Verschmachten« vermag Nietzsche wahrzunehmen.[7] Aber seine Einschätzung der Deutschen ist, anders als diejenige Hölderlins, ganz positiv, weil er in ihnen infolge der Existenz Richard Wagners die neuen Griechen zu erkennen glaubt: »Möge uns niemand unsern Glauben an eine noch bevorstehende Wiedergeburt des hellenischen Altertums zu verkümmern suchen; denn in ihm finden wir allein unsre Hoffnung für eine Erneuerung und Läuterung des deutschen Geistes durch den Feuerzauber der Musik.«[8]

Auch aus den Briefen läßt sich der »Hellenozentrismus« des jungen Nietzsche vielfältig belegen. Im Dezember 1870 schlägt er Rohde vor, »eine neue griechische Akademie« zu bilden, und um die gleiche Zeit schreibt er an Ritschl: »Hier tut einmal ein völliger Radikalismus not, eine wirkliche Rückkehr zum Altertum, selbst auf die Gefahr hin, daß man in wichtigen Punkten den Alten nicht mehr nachfühlen könnte und daß man dies gestehen müßte.«[9]

So durchzieht die Orientierung an den Griechen als einem unvergänglichen Paradigma das ganze Frühwerk Nietzsches – noch ohne ausdrückliche Wendung gegen Christentum und Judentum, aber doch mit einer Konsequenz, die von Schiller, Goethe und Hölderlin sehr stark abweicht, der Bejahung des Sklaventums. In einer der »Fünf Vorreden«, die Nietzsche zu Weihnachten 1872 Cosima Wagner zum Geschenk machte, nämlich derjenigen über den griechischen Staat, heißt es: »Damit es einen breiten tiefen und ergiebigen Erdboden für eine Kunstentwicklung gebe, muß die ungeheure Mehrzahl im Dienste einer Minderheit, über das Maß ihrer individuellen Bedürftigkeit hinaus, der Lebensnot sklavisch unterworfen sein. Auf ihre Unkosten, durch ihre Mehrarbeit soll jene bevorzugte Klasse dem Existenzkampf entrückt werden, um nun eine neue Welt des Bedürfnisses zu erzeugen und zu befriedigen. Demgemäß müssen wir uns dazu verstehen, als grausam klingende Wahrheit hinzustellen, daß zum Wesen einer Kultur das Sklaventum gehöre; eine Wahrheit freilich, die über den absoluten Wert des Daseins keinen Zweifel übrigläßt.«[10] Eben hier liegt die stärkste und früheste Differenz gegenüber Marx, die doch aus einem gemeinsamen Grunde hervorgeht: Für Marx ist die künftige Gesellschaft die weltweite »Polis« ohne Sklaventum; für Nietzsche ist die im Mythos verwurzelte Kultur die höchste Wahrheit des Menschseins, die sich nur in einzelnen und wenigen Menschen nach Analogie der athenischen Polis verwirklichen kann.

Um so bewegender ist es, die Wandlung zu beobachten, die sich in Nietzsche während der Jahre 1874 und 1875 vollzieht. Auf der einen Seite werden die ursprünglichen Empfindungen jetzt sogar besonders schroff formuliert: »Das Aufkommen des Christentums war der zweite große Mißerfolg: die rohe Macht dort, der dumpfe

Intellekt hier kamen zum Siege über das aristokratische Genie unter den Völkern. Philhellene sein heißt: Feind der rohen Macht und der dumpfen Intellekte sein.«[11] Nur eine andere Version ist der vorhergehende Satz: »Das politische Unterliegen Griechenlands ist der größte Mißerfolg der Cultur: denn es hat die gräßliche Theorie aufgebracht, daß man die Cultur nur pflegen könne, wenn man zugleich bis an die Zähne bewaffnet und mit Fausthandschuhen angetan sei.«[12] Aber es klingt ganz anders, wenn er wenig später schreibt: »Das wäre eine Aufgabe, das Griechentum als unwiederbringlich zu kennzeichnen und damit auch das Christentum und die bisherigen Fundamente unserer Sozietät und Politik.«[13]

Eben dies wird in der Periode von »Menschliches, Allzumenschliches« immer vorausgesetzt, so etwa wenn gesagt wird, je mehr die Herrschaft der Religionen und aller Kunst der Narkose [des Rausches?] abnehme, um so strenger faßten die Menschen die wirkliche Beseitigung der Übel ins Auge: »was freilich schlimm für die Tragödiendichter ausfällt«[14].

Griechische Schätzungen werden nun zu den »Vorurteilen« gerechnet: »›Die Vornehmheit und die Ehre sind allein bei otium und bellum‹: so klang die Stimme des antiken Vorurteils.«[15]

Allerdings ist die »Gegenstimme« zu beachten: »Wir haben die Dinge neu gefärbt, wir malen immerfort an ihnen, – aber was vermögen wir einstweilen gegen die Farbenpracht jener alten Meisterin! – ich meine die alte Menschheit.«[16]

Unter dem Gesichtspunkt der Stellungnahme zur Antike beginnt Nietzsches Spätperiode schon sehr früh, und zwar dadurch, daß das Christentum (und meist zugleich das Judentum) in anklagendem Ton für das Vergehen des griechischen und antiken Paradigmas verantwortlich gemacht werden, so schon in einem Fragment vom Sommer 1880: »Das Christentum hat vermöge seiner jüdischen Eigenschaften den Europäern jenes jüdische Unbehagen an sich selber gegeben ... das Griechische in Europa unmöglich gemacht.«[17] In dieser Spätzeit scheint sich die Bejahung, die mit der Verneinung des jüdischen Christentums verknüpft ist, zeitweise auf die Römer und das Imperium Romanum zu verlagern, so daß Nietzsche wie der letzte und anklagende Römer auftritt, aber in einer höchst aufschlußreichen Wendung verspricht er im Zusammenhang der Vorhersage der »Partei des Lebens«, daß die höchste Kunst im Jasagen zum Leben, die Tragödie, wiedergeboren werden werde. Es heißt auch: »Die Griechen bleiben deshalb das erste Culturereignis der Geschichte ..., das Christentum, das den Leib verachtete, war bisher das größte Unglück der Menschheit.«[18] Und Schillers Angriff gegen die moderne Zerrissenheit wird durch die These radikalisiert, daß in den griechischen Göttern das Tier im Menschen sich vergöttlicht fühlte und »nicht gegen sich selber wütete!«[19] Die Orientierung an der Antike ist zu einem sehr wesentlichen Teil maßgebend für seine Verurteilung des Christentums und zugleich des Judentums, die freilich nicht identisch ist mit einem negativen Urteil über alle Christen und alle Juden, die vielmehr auf merkwürdige Weise mit einem sehr ausgeprägten Anti-Antisemitismus verknüpft ist. Zunächst also haben wir uns dem Thema »Judentum und Orient« zuzuwenden.

Judentum und Orient

So wenig wie beim Verhältnis zum Griechentum handelt es sich bei Nietzsches Verhältnis zum Judentum um eine bloße Einschätzung von Vergangenem. Mit dem einen waren zu Beginn Richard Wagner, dauernd die Kultur und die Frage des richtigen Lebens verknüpft; das Verhältnis zum Judentum ist von vornherein auch ein Verhältnis zu lebendigen Menschen, es schließt ein Verhältnis zum gegenwärtigen Christentum in sich bzw. impliziert es und steht damit notwendigerweise in einer Beziehung zum Phänomen des zeitgenössischen »Antisemitismus«, der fast durchweg besser als Antijudaismus zu bezeichnen wäre. Den »Orient« habe ich deshalb hinzugenommen, weil sich bei Nietzsche die historische Stellungnahme an einigen Stellen bis zu den alten Indern und zu den Babyloniern erstreckt; im allgemeinen sind aber für ihn, wie für sehr viele Zeitgenossen, Orient und Judentum mehr oder weniger identisch: Das Judentum ist der anschaubare Orient inmitten der okzidentalen Völker. Das gilt auch für Eugen Dühring, obwohl er eine allgemeinere Formulierung wählt: »Alle geltende Religion ist Asiatismus; die bessern Völkerstämme haben aber ihr besseres Selbst zur Entwicklung zu bringen. Der Asiatismus ist abzutun.[1]

Daß auf »Asien« und »asiatisch« ein negativer Akzent liegt, versteht sich weithin von selbst; hinsichtlich des »Judentums« ist es in der Regel nicht anders; auch für Lessing, denn der »edle Jude« Nathan hat sich eben seines spezifischen Judentums entledigt und ist zur »Humanität« vorgedrungen, in deren Rahmen Christen und Juden sich nicht essentiell unterscheiden.

In der Bundesrepublik bedeutet es seit 1945 und insbesondere in den 80er Jahren eine große Schwierigkeit, von historischen Erscheinungsformen der Feindschaft gegen das Judentum zu sprechen, ohne daß sofort der Name und das Symbol »Auschwitz« vor dem geistigen Auge auftauchten. Aber die Feindschaft, die den Juden bzw. der jüdischen Religion begegnete, ist so alt und so weitverbreitet, daß ein singuläres Ereignis des 20. Jahrhunderts unmöglich daraus ohne Mittelglieder und zusätzliche Ursachen abgeleitet werden kann. Schon die Bibel beschreibt im Buch Esther eine große Judenverfolgung und die Reaktion der Juden darauf; Tacitus spricht von dem »odium generis humani«, von dem die Juden bzw. die Judenchristen erfüllt seien; große Judenverfolgungen und -vertreibungen kamen in der Spätantike häufig vor. Man könnte geneigt sein zu sagen, es habe sich stets um eine Sonderform von Fremdenhaß und Abneigung der Mehrheit gegen Minderheiten gehandelt und ähnliche Vorgänge hätten sich überall in der Welt abgespielt, wo leicht erkennbare Minderheiten von der Bevölkerungsmehrheit mit mißtrauischen oder auch neidischen Augen angesehen worden seien.

Im Prinzip ist die Beobachtung richtig, und sie könnte in der Gegenwart etwa durch den Hinweis auf das Schicksal der Inder in Uganda und anderer Minderheiten gestützt werden, obwohl sich auch einige Gegenbeispiele anführen ließen. Aber die Juden waren nie bloß ein »Fall« innerhalb der Gattung Minderheitenverfolgung.

Die jüdische Religion war der Ursprung des Christentums, und das Christentum hatte sich in der Auseinandersetzung mit seiner Herkunft erst zu demjenigen entwickelt, was es war. Der Gegensatz war insofern also ganz selbstverständlich; er fand eine schroffe Form schon im 2. Jahrhundert bei Marcion, für den der Gott der Liebe des Neuen Testaments von dem Rachegott des Alten Testaments abgründig verschieden war. Andererseits ließ sich jedoch nicht bestreiten, daß Jesus ein Jude war und daß das Alte Testament mit dem Neuen Testament als »Wort Gottes« zusammengehörte. Das Verhältnis war also ambivalent. Das Selbstverständnis der Juden als »auserwähltes Volk« wurde vom Christentum einerseits übernommen und andererseits bekämpft. Faktisch blieb für viele Jahrhunderte die religiöse Feindschaft sichtbarer als die religiöse Verwandtschaft. jedenfalls ist das Judentum ein welthistorisch sehr bedeutendes Phänomen und keine bloße Minderheit.

Das zweite unterscheidende Grundfaktum war die Zerstreuung der Juden nach dem Untergang der jüdischen Staaten und insbesondere nach der Zerstörung Jerusalems durch Titus im Jahre 70 n. Chr. Im mittelalterlichen Europa waren die Juden durchweg Händlerminderheiten, teils freiwillig, teils durch Zwang, und sie waren ein unentbehrliches Element bei der Ausbildung der Geldwirtschaft und des »Kapitalismus«. Auf diese Art und Weise trat zu dem religiösen Gegensatz ein ökonomischer hinzu; in den mittelalterlichen Verfolgungen gehen die beiden Motive ineinander über. Das »Ghettodasein« war ebenfalls teils erzwungen, teils freiwillig; es bildete die Grundvoraussetzung für ein intensives Gemeindeleben, welches Selbstverwaltung und damit Bewahrung der Einheit von Glauben, Sitte und Ritual bedeutete, die in der christlichen Gesellschaft seit der Reformation bereits deutlich im Schwinden begriffen war. Die Aufklärung war in bedeutenden Repräsentanten, wie Voltaire und Holbach, ausgesprochen »antisemitisch«, d. h. antijüdisch, aber das war ein Bestandteil des Kampfes gegen das Christentum und die Sonderstellung einer »heiligen Geschichte«. Doch auch der »philosemitische« Zweig der Aufklärung nahm eindeutig gegen die jüdische Orthodoxie und für »Veredlung« der Juden Stellung, d. h. für ihr Aufgehen im allgemeinen Staatsbürgerverband. Die Französische Revolution bringt dann die »Emanzipation«, aber mit der Maßgabe: »Den Juden als Menschen ist alles zu gewähren, den Juden als Nation ist alles zu verweigern.« Die Aufklärung bedeutete also ein ungeheures Problem für die Juden: Sie gewährte als Vorteil die Befreiung von den Schranken der wirtschaftlichen und politischen Betätigung; aber sie schloß als Nachteil den Verlust des Gemeindezusammenhalts in sich, auf den in seiner Form des christlichen bzw. konfessionellen Staates zu verzichten doch auch den Christen so schwer gefallen war. So entstanden bald ausgeprägte Parteiungen im Judentum selbst: Orthodoxe, »Assimilanten« (Liberale), Revolutionäre. Dem entsprachen »Antisemitismen« unter der Mehrheitsbevölkerung: Die Konservativen polemisierten vor allem gegen den »zersetzenden« Geist jüdischer Literaten und Revolutionäre, gegen »das jüdische junge Deutschland« um Heine und Börne oder den »jüdischen Revolutionär Lassalle«. Die Liberalen kritisierten die Orthodoxen als erstorbenes Relikt eines vergangenen Weltzustandes und warfen ihnen Feindschaft gegen die moderne, durch Christentum und Aufklärung bestimmte Welt vor, so etwa Bruno Bauer in seiner Frühzeit und auch noch später, als er den »Sozialkonservativen« um Hermann Wagener nahestand; die Sozialisten wandten sich gegen die »jüdische Geldmacht«, vor allem gegen das Haus Rothschild als die Symbolfigur des »Kapitalismus«, gegen Geldbesessenheit und Schachergeist, so Fourier und Proudhon, aber auch Karl Marx: die heutige Welt sei »bis in ihr innerstes Herz jüdisch«, die Judenemanzipation sei in ihrer letzten Bedeutung »die Emanzipation der Menschheit vom Judenturn«.[2]

Es ist unangebracht, diese »Antisemitismen« mit einem moralischen Bannfluch zu belegen. Sie waren Bestandteile weltgeschichtlicher Auseinandersetzungen und sind nur zu verwerfen, wenn alle geschichtlichen Konflikte verworfen werden. Kennzeichnend war immer, daß eine Übereinstimmung mit der Denkweise eines Teils der Juden vorlag: Daher gab es Konservative jüdischer Abstammung wie Friedrich Julius Stahl, liberale Juden wie Gabriel Riesser, jüdische Sozialisten wie Marx und Lassalle. Hierher gehört auch noch der sogenannte Berliner Antisemitismusstreit. Um den Artikel Heinrich von Treitschkes »Unsere Aussichten« von 1879 entstand ein gewaltiger Lärm, insofern mit Recht, als Treitschke anscheinend mit Sympathie Auffassungen wiedergegeben hatte, die in dem Satz gipfelten: »Die Juden sind unser Unglück.« Aber bei Lichte betrachtet entsprach dieser Satz in seiner Allgemeinheit keineswegs Treitschkes Ansicht, die vielmehr in einem weit unscheinbareren Satz artikuliert wurde: »Was wir von unseren israelitischen Mitbürgern zu fordern haben, ist einfach: sie sollen Deutsche werden, sich schlicht und recht als Deutsche fühlen – unbeschadet ihres Glaubens und ihrer alten heiligen Erinnerungen, die uns allen ehrwürdig sind ...« Der Mann, der als einer von Treitschkes Gegnern und als ausgesprochener Philosemit galt, nämlich Theodor Mommsen, sagte aber im Kern genau das gleiche: »Auch die Juden führt kein Moses wieder in das gelobte Land; ... es ist ihre Pflicht, so weit sie es können, ohne gegen ihr Gewissen zu handeln, auch ihrerseits die Sonderart nach bestem Vermögen von sich zu tun und alle Schranken zwischen sich und den übrigen deutschen Mitbürgern mit entschlossener Hand niederzuwerfen.«[3] Treitschke und Mommsen nahmen also bezüglich des eigentlichen Problems, vor dem die Juden standen, nämlich der Frage, ob sie ein Volk oder eine bloße Konfession seien, den gleichen Standpunkt ein. Aber gerade Juden wie Heine und Moses Hess hatten den Volks-, ja den Rassecharakter der Juden hervorgehoben, und es sollte nicht lange dauern, bis Theodor Herzl seine Grundeinsicht in die Worte faßte: »Wir sind ein *Volk, ein* Volk.« Wenn man bedenkt, von wie schweren Konflikten das allmähliche Sich-aneinander-Gewöhnen, das mühsame »Sich-als-gleichberechtigt-Anerkennen« zwischen Protestanten und Katholiken im Bismarck-Reich begleitet war, dann wird man die Annahme für unbegründet halten müssen, daß die »Assimilation der Juden« sich ohne Widerstreben von beiden Seiten und ohne Konflikte hätte vollziehen können. Wiederum muß Theodor Herzl zitiert werden, der dem Sinne nach schrieb: Wir stehen auf beiden Seiten an den exponiertesten Punkten des sozialen Konflikts, und wir werden als erste dessen Opfer werden, wenn wir nicht bald den Entschluß fassen, Palästina zu kolonisieren und uns dadurch eine Heimstatt zu schaffen.

Man könnte im Anschluß an diese Aussage Herzls geradezu ein soziales Gesetz formulieren, das folgendermaßen lauten würde: Je fremdartiger eine Minderheit ist (und sein will) und je größer ihre Aktivität und ihre Erfolge sind, um so stärkeren Haß ruft sie hervor, da sie gleichzeitig konservative und egalitäre Instinkte erweckt. Um so mehr bietet sie sich zugleich für bewußte politische Tendenzen als Sündenbock und Interpretationsschema an, durch das soziale Konflikte einer größeren Dimension erklärt werden. So können konservativ-aristokratische Vergangenheitsorientierung und demokratisches Homogenitätsverlangen oder mindestens

Proporzdenken eine höchst explosive Mischung eingehen, insbesondere dann, wenn eine ideologische Urhebersuche hinzutritt, die nach einer anschaulichen Erklärung des Komplexen, Undurchsichtigen, als bedrohlich Empfundenen verlangt. Von daher wurde die weit überschießende These möglich, »die Juden« hätten die soziale Kluft im Volke geschaffen, während man doch mit Recht nur sagen konnte, einige Juden wie Marx, Lassalle und Hess hätten jene Verbindung von »kritischer Intelligenz« und »Arbeiterbewegung« besonders anschaulich repräsentiert, die in der Tat für die ideologische Bewegung des Sozialismus kennzeichnend war, ganz wie einige Juden, mit der Symbolfigur Rothschild an der Spitze, eine sehr wichtige Rolle in der Entwicklung des »Kapitalismus« spielten. Die Juden waren daher zur »kollektivistischen Schuldzuschreibung« besonders geeignet. Aber der Antisemitismus war vor 1918 in Deutschland keineswegs stärker als in Frankreich, Polen und Rumänien; man konnte sogar mit guten Gründen sagen, daß er im Abklingen begriffen war, weil die Assimilation große Fortschritte machte. Allerdings ergab sich eine besondere Situation durch die Einwanderung der »Ost-Juden«, welche die Fremdartigkeit, sehr zum Unbehagen der assimilierten Juden, immer wieder hervortreten ließ. So war als Endperspektive das Aufeinanderprallen zweier demokratischer Emanziationsbewegungen unter den Kampfrufen »Volle Gleichberechtigung für die Juden« und »Deutschland den Deutschen« nicht auszuschließen.

Aber aus Treitschkes Auffassungen ließ sich das zweite Konzept nicht herleiten; der sogenannte Antisemitismus als Konsequenz einer der großen Weltanschauungen mußte erst zum genuinen Antisemitismus als dem Zentrum einer eigenen Ideologie geworden sein, welcher offenbar eine ganz eigenartige »negative Hochschätzung« der Juden in sich schloß, die hier als Urheber eines lebensfeindlichen Monotheismus und als Urheber des kulturzerstörenden Kapitalismus und/oder als Urheber eines blutigen Revolutionskonzepts galten. Her ist als Beispiel Eugen Dühring zu nennen, und damit kommen wir wieder in die unmittelbare Nähe Nietzsches.

Dührings Herkunft von der Linken, der Aufklärung und dem »Geist von 1848« ist unbestreitbar. Der 1875 erschienene »Cursus der Philosophie als streng wissenschaftlicher Weltanschauung und

Lebensgestaltung« will eine »Wirklichkeitslehre« auf naturwissenschaftlicher und betont antitheologischer Grundlage sein, und schon im Vorwort ist die praktische Konsequenz (oder auch Voraussetzung) mit klaren Worten ausgesprochen: nämlich der Kampf gegen »Fäulnis« und den »Kleinmut der Weltverzweiflung«, ein Kampf, welcher die »edlere Ordnung« vorwegnimmt, die sich nach dem »Absterben des alten geistigen Regime« durchsetzen werde. Innerhalb dieser Ontologie, zu der das prononciert »anti-autoritäre« Konzept einer den »Gewaltstaat« ablösenden freien Gesellschaft gehört, finden sich Aussagen wie die folgenden: »In der heutigen Gesellschaft und im heutigen Staat ist die wachsende Einwirkung des jüdischen Elements auf keine Weise zu vermeiden. Ein Völkchen, in dessen Vorgeschichte sich Grausamkeit und krasser Egoismus schon wie ein Programm des weiteren Lebenslaufes angekündigt hatten, ist durch die Zudringlichkeit und Zähigkeit, mit der es bereits vor dem Verfall des eignen Staats gewohnt war, sich im Fleische anderer Nationen schmarotzerartig einzunisten, schließlich dazu gelangt, mit seiner Nachkommenschaft die ganze Erde zu besäen. Indem es zugleich überall und nirgends zu Hause ist, spielt es in den modernen Culturstaaten die bekannte, vorzugsweise händlerische und finanzielle Rolle.«[4] Daher beherrschen die Juden die Presse, ihr gewinnorientiertes Denken dringt sogar in die Wissenschaften ein, sittliche Auflösung greift um sich usw. Nur der Sozialismus ist nach Dührings Meinung in der Lage, das jüdische Problem zu lösen, und Dühring scheint hier an so etwas wie eine vorläufige Quotenregelung zu denken, welche der völligen Aufsaugung der Juden durch die Mehrheit günstige Voraussetzungen bieten soll. Aber in späteren Büchern und Auflagen wie etwa der »Denkerbetrachtung im Sinn heroischer Lebensauffassung« über den »Wert des Lebens« oder in der Autobiographie »Sache, Leben und Feinde« wird der Ton immer schärfer, anscheinend nicht zuletzt wegen der Erfahrungen, die Dühring ab 1877 mit der »jüdischen Socialdemokratie« machte, und es sieht nicht selten so aus, als werde die lebensfeindliche Weltansicht des Christentums, dessen »Nichtsverhimmelung«, geradezu aus der »schlechten Beschaffenheit der Judenrace« abgeleitet. Hier heißt es jetzt, die Hebräerselbstsucht werde nur mit den Hebräern selbst vom Schauplatz abtreten. Dies läuft in der Tat auf die Forderung nach Ausrottung hinaus, und in der fünften Auflage von 1901 der Schrift: »Die Judenfrage als Frage des Rassencharakters und seiner Schädlichkeiten für Völkerexistenz, Sitte und Kultur« ist sie unumwunden ausgesprochen.

Dies erst ist genuiner Antisemitismus, d. h. Antijudaismus als Zentrum einer Weltanschauung, mit der nicht ein einziger Jude sympathisieren kann, weil er *als* Jude, d. h. aufgrund einer unverlierbaren, biologischen Qualität zum Feind, zum Weltfeind schlechthin erklärt wird.

Wie komplex und vieldeutig Nietzsches Verhältnis zum Judentum und zu den Juden ist, wird erst vor diesem Hintergrund ganz deutlich.

Hier ist zunächst einmal streng zu unterscheiden zwischen Nietzsches Stellung zu den Juden und seiner Stellung zum Judentum. An sich ist die Differenz nicht besonders bemerkenswert; denn es ist eine bekannte Tatsache, daß Antisemiten jüdische Freunde hatten und zu späterer Zeit für Juden eingetreten sind. Aber bei Nietzsche ist der Unterschied besonders ausgeprägt und symptomatisch.

Daß der junge Nietzsche »antisemitische Vorurteile« hatte, steht außer Frage. Sehr deutlich ist jedoch der Zusammenhang mit der Abneigung gegen Geld und Geldwirtschaft. Geldsachen seien ihm ein Greuel, schreibt er 1865 in einem Brief: »Warum gibt es überhaupt dies Gewächs?«[5] Wenig später schildert er in einem Brief an Mutter und Schwester die Situation in Leipzig während der Messe: »Da wimmelte alles von abscheulichen geistlosen Affen und anderen Kaufleuten ... Endlich habe ich mit Gersdorff eine Kneipe gefunden, wo man nicht Schmelzbutter und Judenfratzen zu genießen hat, sondern wo wir regelmäßig die einzigen Gäste sind.«[6] Das mag eine Art Metapher sein wie in Toussenels »Les juifs rois de l'époque«, aber es klingt doch anders, wenn er an Richard Wagner schreibt, durch vordringliches Judentum sei der germanische Lebensernst gefährdet.[7] Wieder ein anderer Ton macht sich im Zusammenhang mit dem Streit um die »Geburt der Tragödie« bemerkbar, wo er »dem Juden Bernays« Verdienste zugesteht: »Die Juden sind überall und auch hier voran, während der gute teutsche Usener gutgehörnt dahinten im Nebel bleibt.«[8] Aber Carl Fuchs gegenüber spricht er wieder von dem »unruhigen Bildungs-Juden-

Pöbel« in dem zappeligen Hatz-Berlin[9], und während einer Reise in die Alpen notiert er: »Ein Jude reist morgen leider um dieselbe Stunde (5 früh) mit mir ab ...«[10] Doch die jüdische Herkunft von Paul Rée hinderte ihn offenbar nicht, mit diesem in nahe Beziehungen zu treten, und im August 1877 schreibt er an Siegfried Lipiner, dessen Versepos »Der entfesselte Prometheus« ihm großen Eindruck gemacht hatte, er habe neuerdings manche Erfahrungen gemacht, die ihm eine sehr große Erwartung gerade von Jünglingen dieser Herkunft erregt habe.[11] In der Spätzeit werden positive Aussagen dieser Art immer häufiger, und sie werden meist mit negativen Wendungen gegen die Deutschen gekoppelt: es sei toll, wie sehr diese Rasse jetzt die »Geistigkeit« in Europa in den Händen habe; der Himmel erbarme sich des europäischen Verstandes, wenn man den jüdischen Verstand davon abziehen wolle, die Juden seien ihm interessanter als die Deutschen[12], und gegenüber Ferdinand Avenarius äußert er sich mit großer Erbitterung gegen das »Preisgeben Heinrich Heines« angesichts des »verfluchten Windes von Deutschtümelei«[13]. Und doch fließt ihm dann wieder eine Wendung wie »der greuliche Jüd Goldschmidt«[14] in die Feder. Und es klingt zum mindesten zweideutig, wenn er über Georg Brandes schreibt, dieser habe gerade wieder seine Verachtung gegen alles Deutsche ausgedrückt; er gehöre zu jenen internationalen Juden, die einen wahren Teufels-Mut im Leibe hätten.[15] Deshalb ist jene »Angestrengtheit und Artifizialität« abermals nicht zu übersehen, wenn er Brandes Anfang Dezember 1888 mitteilt, für den Vernichtungsschlag gegen das Christentum benötige er unbedingt die internationale Macht der Juden, da diese ein Instinkt-Interesse an der Vernichtung des Christentums habe, oder wenn er neben den Offizieren »die jüdischen Banquiers« – zu den Kadern der künftigen »Partei des Lebens« zählt.[16]

Und so bringt er zwar in ganz klaren Wendungen einen Anti-Antisemitismus zum Ausdruck, aber die Begründungen dafür sind oft sehr eigenartig. Über Schmeitzners »Internationale Monatsschrift« äußert er sich im Januar 1883 folgendermaßen: »Zum erstenmal las ich seit 6 Jahren etwas über mich ohne Ekel. Sonst stinkt das Blatt nach Dühring und Juden-Feindschaft.«[17]

Offenbar verwirft er am Antisemitismus gerade den Charakter, den man »schmalspursozialistisch« nennen könnte (und den übrigens Friedrich Engels ebenfalls mit freilich andersartiger Akzentsetzung konstatierte): auch die antisemitische Bewegung führe zu den »europäischen Anarchien und Erdbeben in ungeheurem Umfang«, die er voraussehe; sie nehme sich ganz und gar so aus »wie der Kampf gegen die Reichen und die bisherigen Mittel, reich zu werden«[18].

Aber noch häufiger sind ganz persönliche und pragmatische Begründungen, die er für seinen Anti-Antisemitismus anführt: »Die verfluchte Antisemiterei verdirbt mir alle meine Rechnungen, auf pekuniäre Unabhängigkeit, Schüler, neue Freunde, Einfluß, sie hat Richard Wagner und mich verfeindet, sie ist die Ursache eines *radikalen* Bruchs zwischen mir und meiner Schwester usw. usw.«[19] Als Schwager Bernhard Försters, als Autor Ernst Schmeitzners, als (freilich abgefallener) Anhänger Richard Wagners mußte Nietzsche im Auge der Öffentlichkeit wie ein Freund oder Anhänger des Antisemitismus dastehen, und das schien ihm nicht zuletzt deshalb untragbar, weil es »ohne die Juden keinen Ruhm« gebe. Doch es ist sicherlich nicht unaufrichtig oder pragmatisch, wenn er sich in einem Brief an seine Schwester vom Februar 1886 als »unverbesserlichen Europäer und Anti-Antisemiten«[20] bezeichnet.

Aber wer Nietzsche ein positives Verhältnis zum Judentum als historisch-geistiger Macht zuschreiben wollte, würde sehr in die Irre gehen, obwohl auch in diesem Bereich keine blanke Eindeutigkeit zu verzeichnen ist.

In der »Geburt der Tragödie« und den übrigen frühen Schriften kommt das Judentum nicht vor; aber aus den gleichzeitigen Fragmenten wird deutlich, daß Nietzsche sich als Erben jener antiken Tradition fühlte, welche die Juden des »odium generis humani« bezichtigt und noch im Munde Schillers darüber geklagt hatte, daß die griechische Götterwelt habe vergehen müssen, um »einen zu bereichern unter allen«. Dem Sokratismus wird ein »Monismus aus Armut« zugeschrieben; dieser bedeute den »Sieg der jüdischen Welt über den geschwächten Willen der griechischen Kultur«[21]. Künftiges wird vorweggenommen, wenn von der »nichtswürdigen jüdischen Phrase vom Himmel auf Erden«[22] die Rede ist. Auch für den jungen Nietzsche bedeutet es ein »fremdes unnationales Joch«, daß der jüdische Nationalgott, Symbol eines kämpfenden Volkes mit *einer* Fahne, zum Gott der Deutschen geworden sei.[23]

Aber in der Periode von »Menschliches, Allzumenschliches« schließt die Akzentverlagerung auch das Judentum mit ein: das Judentum habe wesentlich mitgeholfen, den Okzident immer wieder zu okzidentalisieren, heißt es[24], und noch in der »Morgenröte« klingt es positiv, wenn Nietzsche die Juden das Volk nennt, »welches die Phantasie der sittlichen Erhabenheit höher als irgendein anderes Volk getrieben hat und welchem allein die Schöpfung eines heiligen Gottes, nebst dem Gedanken der Sünde als eines Vergehens an dieser Heiligkeit gelungen ist«[25]. Hier und da scheinen sogar ausgesprochen philosemitische Töne zu erklingen: Wenn die von Nietzsche damals erträumte oder akzeptierte Erdkultur Wirklichkeit geworden sei, »dann werden sie die Erfinder und Wegzeiger der Europäer heißen ... dann wird jener siebente Tag wieder einmal da sein, an dem der alte Judengott sich seiner selber, seiner Schöpfung und seines auserwählten Volkes freuen darf, – und wir Alle, Alle wollen uns mit ihm freuen!«[26] Aber im gleichen Atemzug schreibt Nietzsche nieder: »Den schwärmerischen Satz ›Liebet eure Feinde!‹ haben Juden erfinden müssen, die besten Hasser, die es gegeben hat.«[27] Ganz und gar zweideutig klingt der Satz: »Die Juden (sind) das moralische Genie unter den Völkern.«[28] Je klarer Nietzsche in seiner Spätzeit »die Moral« als Feind identifiziert, um so entschiedener müssen seine Äußerungen gegen das Judentum werden.

Ich führe einige an:

»Jüdisch ist im ganzen die Moralität Europas, die Kluft zwischen Gott und Mensch.«[29]

»In dieser Umkehrung der Werte ... liegt die Bedeutung des jüdischen Volkes: mit ihm beginnt der Sklaven-Aufstand in der Moral.«[30]

»Die Römer waren ja die Starken und Vornehmen, wie sie stärker und vornehmer bisher auf Erden nie dagewesen ... Die Juden umgekehrt waren jenes priesterliche Volk des Ressentiment par excellence, dem eine volkstümlich-moralische Genialität sondergleichen innewohnte ... Wer von ihnen einstweilen gesiegt hat, Rom oder Judäa? ... In einem sogar entscheidenderen und tieferen Sinne als damals [in der Ressentiment-Bewegung der Reformation] kam Judäa noch einmal mit der französischen Revolution zum Siege über das klassische Ideal ...«[31]

»Die Juden sind das merkwürdigste Volk der Weltgeschichte, weil sie, vor die Frage von Sein und Nichtsein gestellt, mit einer vollkommen unheimlichen Bewußtheit das Sein um jeden Preis vorgezogen haben: dieser Preis war die radikale Fälschung aller Natur, aller Natürlichkeit, aller Realität, der ganzen inneren Welt so gut als der äußeren. Die Juden sind, ebendamit, das verhängnisvollste Volk der Weltgeschichte: in ihrer Nachwirkung haben sie die Welt dermaßen falsch gemacht, daß heute noch der Christ antijüdisch fühlen kann, ohne sich als die letzte jüdische Konsequenz zu verstehen.«[32]

Es kann kein Zweifel sein: Alles, was Nietzsche im »Gesetz gegen das Christentum« über den Priester als den Protagonisten der Widernatur sagt, alle Vernichtungsforderungen, die er daraus ableitet, können auch auf die Juden als die eigentlichen Urheber der »Moral«, d. h. der Entnatürlichung und, wie man sagen könnte, der Rationalisierung Anwendung finden.

Wenn man Termini wie »Judain« und Gedichtzeilen wie »Am Judengott fraß Judenhaß«, »Roms Caesar sank zum Vieh, Gott selbst ward Jude« hinzunimmt[33], dann ist es schwierig, dem Urteil von Franz Overbeck *nicht* zuzustimmen, der schrieb: »Nietzsche ist ein herzlicher Gegner des Antisemitismus, wie er ihn erlebt hat, gewesen ... Das hindert nicht, daß, wo er ehrlich spricht, seine Urteile über die Juden allen Antisemitismus an Schärfe weit hinter sich lassen. Sein Antichristentum ist vornehmlich antisemitisch begründet.«[34]

Und dennoch klingt es keineswegs »unehrlich«, wenn Nietzsche die Juden den »höheren Rassen« zuzählt, die auch in den schrecklichsten Lagen nicht leicht in die äußerste Not gerieten, sich als physische Maschinen vermieten (d. h. Arbeiter werden) zu müssen, oder wenn er sagt, in Europa seien die Juden die älteste und reinste Rasse; deshalb sei die Schönheit der Jüdin die höchste.[35] Gelegentlich stellt er sogar den »großen Stil« des Alten Testaments nicht nur weit über das Neue Testament, sondern selbst über das griechische Schrifttum[36]. Offenbar stießen in diesem Menschen Denkweisen zusammen und artikulierten sich gerade im Zusammenstoß, welche sich sonst immer nur auf verschiedene Menschen verteilt finden. Deshalb kann nahezu jede Ideologie sich durch geschickte Selektion so leicht ihren »eigenen Nietzsche« konstruieren.

Erst abschließend kann nun noch ein Blick auf das Verhältnis zum »Orient« oder zum »Morgenland« geworfen werden, sofern es nicht mit dem Judentum identifiziert wird.

In der »Geburt der Tragödie« übersieht Nietzsche nicht, daß Dionysos, wie auch Friedrich Creuzer gezeigt hatte, aus dem Osten, aus Asien, gekommen ist, und deshalb trifft er eine Unterscheidung zwischen den dionysischen Griechen und den dionysischen Barbaren. Außerhalb Griechenlands lag das Zentrum der dionysischen Feste »in einer überschwänglichen geschlechtlichen Zuchtlosigkeit«, in der »die wildesten Bestien der Natur« entfesselt wurden; im Vergleich mit jenen babylonischen Sakäen und ihrem Rückschritt des Menschen zum Tiger und Affen hätten die dionysischen Orgien der Griechen die Bedeutung von Welterlösungsfesten und Verklärungstagen gehabt.[37] Dazu paßt es gut, daß Nietzsche in einem Brief an Rohde von der scheußlich-gierigen Geschlechtsliebe spricht und an anderer Stelle von dem »widerlichen Geheimnis«, in dem sich die Zeugung von Kindern vollziehe.[38] Am Ende seines Lebens aber setzt er Dionysos als den Herrn der »Mysterien der Geschlechtlichkeit« gegen die Widernatur des Christentums, und man könnte die Frage stellen, ob der späte Nietzsche gar am Ende den Schritt von dem griechischen zum babylonischen Dionysos vollzogen habe oder zu vollziehen gedrängt gewesen sei.

Ein Widerspruch anderer Art ergibt sich im Verhältnis zur indischen Religion, mit der sich Nietzsche erst sehr spät beschäftigte.

Das »Gesetzbuch des Manu«, das er durch eine französische Übersetzung kennenlernte, hat ihm 1887/88 offenbar großen Eindruck gemacht. Die äußerst brutalen Bestimmungen, die hier im Interesse der Reinerhaltung der arischen Rasse gegen die nichtarischen Urbewohner, die »Tschandala«, getroffen werden, stellen sich ihm als begrüßenswerte Zeugnisse einer »arischen Humanität« dar, als das genaue Gegenteil des aus jüdischer Wurzel erwachsenen Christentums, der »antiarischen Religion par excellence«.[39] Mit besonders starkem Beifall bedenkt er die Kasteneinteilung, die Manu vornimmt, denn sie ist für ihn ein zutreffender Spiegel der Natur-Ordnung: »Die Natur, *nicht* Manu, trennt die vorwiegend Geistigen, die vorwiegend Muskel- und Temperaments-Starken und die weder im Einen noch im Anderen ausgezeichneten Dritten, die Mittelmäßigen, voneinander ab, – die letzteren als die große Zahl, die ersteren als die Auswahl.«[40] Das ist eine genaue Replik der Ständeeinteilung, die Platon in der »Politeia« vornimmt; Nietzsche erscheint hier also als der vollkommenste Platoniker unter den neuzeitlichen Philosophen. Aber in einem späteren Fragment schreibt er, im arischen Gesetzbuche reinster Rasse, im Manu, sei der »Semitismus«, d.h. Priestergeist, schlimmer als irgendwo.[41]

Die schlichte Entgegensetzung von Judentum und Griechentum, »Orient« und klassischer Antike war also offenbar unzureichend. Was die Kirchenväter als das »Adventistische« in der Antike begriffen hatten, konnte Nietzsche nicht übersehen: Die »Moral« gab es schon vor dem Judentum und außerhalb seiner, das Christentum existierte in gewisser Weise bereits vor Jesus Christus, mitten im Griechentum, in Gestalt von Sokrates und Platon. Unser nächstes Thema lautet daher: Platonismus, »Moral« und Christentum.

Platonismus, »Moral« und Christentum

Zunächst ist an Grundvorstellungen, Grundpräferenzen, »Grundeinsichten« Nietzsches zu erinnern, die zugleich Grundemotionen sind und in den frühen Briefen besonders unbefangen formuliert werden:

Angesichts eines Gewitters: »Was war mir das ewige ›Du sollst‹, ›Du sollst nicht‹. Wie anders der Blitz, der Sturm, der Hagel, freie Mächte, ohne Ethik! Wie glücklich, wie kräftig sind sie, reiner Wille, ohne Trübungen durch den Intellekt!«[1]

An v. Gersdorff am 6. April 1867: »… ist hier vielleicht auch durch das ›Christentum‹ ein Riß in die Menschennatur gekommen, den das Volk der Harmonie nicht kannte?«[2]

Auch für den jungen Nietzsche ist also der Mensch das einzige durch Ethik (= Moral) der Natur entfremdete Wesen. Diese Entfremdung ist jedoch geschichtlich wandelbar und schließt zu bestimmten Zeiten »Harmonie« nicht aus. Das Christentum bedeutet die Zerreißung der griechischen Harmonie. Muß es daher als Niedergang gefaßt werden? Oder darf es als Entwicklungsstufe, als

Ausbildung der Differenzen gesehen werden, so daß es die Voraussetzung einer künftigen und höheren Art der Harmonie wäre?

Aber gerade für Nietzsche muß sich die folgende Frage aufdrängen: Sind Christentum und Moral nicht gerade im Griechentum vorbereitet worden? In der »Geburt der Tragödie« erscheint Sokrates als die »Superfötation des Logischen«, als Bekämpfer der Instinkte und des Irrationalen, und Euripides wird als der Feind der Tragödie eingeführt, welcher den Zuschauer, den gewöhnlichen Menschen, auf die Bühne bringt. Mit Sokrates aber ist dessen Schüler Platon aufs engste verbunden. In der Tat geht die Auseinandersetzung mit Platon, wie diejenige mit Sokrates, durch Nietzsches ganzes Leben hindurch, und zwar mit sehr unterschiedlichen Akzentsetzungen.

Zunächst ist ein Blick auf die »Philosophie im tragischen Zeitalter der Griechen« zu werfen. Nietzsche will hier Philosophiegeschichte als die Geschichte der Philosophen, der großen »idealtypischen« (wie man sagen könnte) Persönlichkeiten schreiben. In der Denkerreihe von Thales bis Sokrates sieht Nietzsche eine »Genialen-Republik«, die noch keine Konvention kannte, »weil es damals keinen Philosophen- und Gelehrtenstand gab«[3], ein »hohes Geistergespräch«, in dem ein Riese dem anderen durch die öden Zwischenräume der Zeiten zuruft. Aber schon Platon ist ein »Mischcharakter«, in dessen Ideenlehre sokratische, pythagoreische und heraklitische Elemente vereint sind und der auch als Mensch verschiedenartige Charakterzüge vereinigt. Der eigentliche Held Nietzsches ist Heraklit mit seiner »Rechtfertigung des Werdens«, eines Werdens und Vergehens »ohne jede moralische Zurechnung«, Wie es im »Spiel des Künstlers und des Kindes« zum Vorschein kommt[4], und mit seiner Lehre von der Einheit des Gegensätzlichen, in welcher die »gute Eris« Hesiods zum Weltprinzip verklärt ist: »Die Dinge selbst, an deren Feststehen und Standhalten der enge Menschen- und Tierkopf [!] glaubt, haben gar keine eigentliche Existenz, sie sind das Erblitzen und der Funkenschlag gezückter Schwerter, sie sind das Aufglänzen des Siegs, im Kampfe der entgegengesetzten Qualitäten.«[5] Aber es zeigt sich nun, daß nicht erst Platon, sondern bereits Parmenides dem Heraklit entgegenzusetzen ist, jener Parmenides, der die Welt des Werdens als unwahr verwarf und im »kalten Bad seiner furchtbaren Abstraktionen« dazu gelangte, dem »Sein«, der untrennbaren Einheit, allein Wahrheit zuzuschreiben, derart, daß ihm die Welt, welche die Sinne erscheinen lassen, als bloße Täuschung sich darstellte, so daß Sinne und Vernunft schroff auseinandergerissen wurden und »jene gänzlich irrtümliche Scheidung von ›Geist‹ und ›Körper‹« zustande kam, »die, besonders seit Plato, wie ein Fluch auf der Philosophie liegt«.[6] Was Parmenides erfindet und Platon weiterführt, ist die Überzeugung, daß die äußerste »Abstraktion des Denkens« gerade zur höchsten Wahrheit gelange, aber diese Wahrheit ist für Nietzsche nichts als die verblaßteste, abgezogenste Allgemeinheit, »die starre Todesruhe des kältesten, Nichts sagenden Begriffs, des Seins«[7]. Doch von diesem Begriff aus kann die anschauliche Welt als »eine Objektivation des Unlogischen und Widerspruchsvollen« verworfen und gerichtet werden. Diese aber ist für Nietzsche kein »Ding« bzw. »Komplex von Dingen«, sondern, wie es in einem späten Fragment heißt, »das verführerische Goldaufblitzen am Bauch der Schlange vita«[8]. So ist gerade im Verhältnis zu Platon und Parmenides der spätere Nietzsche im jüngsten vorgebildet, und es ist sehr charakteristisch, daß Nietzsche schon in einem Fragment von Anfang 1871 sagt: »Meine Philosophie umgedrehter Platonismus: je weiter ab vom wahrhaft Seienden, um so reiner, schöner, besser ist es. Das Leben im Schein als Ziel.«[9]

Und in diesem zentralen Punkte bedeutet Nietzsches zweite Periode nicht wirklich eine Abweichung, sondern bloß eine Veränderung der Betonung. So sagt er in der »Fröhlichen Wissenschaft«, daß auch die Erkennenden von heute, die »Gottlosen und Antimetaphysiker«, zu denen er sich zählt, ihr Feuer noch von dem Brande nähmen, den ein Jahrtausende alter Glaube entzündet habe, »jener Christenglaube, der auch der Glaube Platos war, daß Gott die Wahrheit ist, daß die Wahrheit göttlich ist«[10]. Eben dies aber erwies sich mehr und mehr als unglaubwürdig, da sich nichts mehr als göttlich zeige, es sei denn der Irrtum, die Blindheit, die Lüge. Hier gilt der Platonismus also als doppelte Zwischenstufe, als Zwischenstufe zwischen eigentlicher Antike und Christentum und als Zwischenstufe zwischen dem Christentum und dem modernen »Freigeist«, der ebenfalls die Wahrheit will und eben deshalb zur Erkenntnis der Allein-Existenz des Irrtums gelangt, welcher offenbar sowohl mit dem Furchtbaren wie mit dem Schönen verschwistert ist.

In Nietzsches Spätzeit nimmt die schlichte Verwerfung, ja Beschimpfung in bezug auf Platon Überhand: Jetzt ist er »die große Zwischenbrücke der Verderbnis, der zuerst die Natur in der Moral mißverstehen wollte ..., der bereits die griechischen Götter mit seinem Begriff *gut* entwertet hatte, der bereits jüdisch-angemuckert war«[11]. Nietzsche stellt ihm nun die Sophisten und Thukydides als starke, strenge Realisten entgegen, die sich nicht ins Ideal flüchten und also nicht wie Platon »verjüdelt« und »präexistent-christlich« sind.[12] Platon ist ihm also der Urheber der Moral, d. h. der »Fälschung alles Tatsächlichen« und damit »das größte Malheur Europas«[13]. Von hier aus gesehen, sinkt das Christentum zu einem defizienten Modus herab, »Christentum ist Platonismus für's ›Volk‹«, heißt es in der Vorrede zu »Jenseits von Gut und Böse«.[14]

Nichts ist freilich näherliegend, denn das Christentum ist die große Grundtatsache der abendländischen Geschichte (und auch der morgenländischen, soweit sie nicht mohammedanisch war).

Im Imperium Romanum für Jahrhunderte unterdrückt, sich dabei durch alle Klassen ausbreitend und im vierten Jahrhundert siegreich, das Evangelium der Armen, aber auch die Lehre vom Königtum des Gottmenschen Christus, asketisch und dennoch nicht in der Weise mancher Sekten den Leib für ein »Grab« erklärend, unterwarf sich das Christentum die Welt in einer Weise, wie sie vollständiger kaum vorstellbar ist: Kirchen oder Kapellen standen in allen Städten und Dörfern, Gesänge der Gläubigen ertönten an allen Sonntagen, die Lehre vom Sündenfall und von der Erlösung wurde auch in den Universitäten dargeboten; von Schottland bis Sizilien, von den Pyrenäen bis zum Dnjepr herrschte die Einheit des Glaubens, wenngleich mit häretischen Episoden und Einsprengseln. Aber es gab kein kniefälliges Gebet fünfmal am Tag wie im Islam, die Antike und insofern das Heidentum blieben fortwährend lebendig bis hin zu der großen Synthese mit Aristoteles im Werk des Thomas von Aquin; der jüdische Ursprung war nach wie vor nicht zu übersehen, und schon gar nicht war auch nur in der christlichen Welt der so häufig beschworene »Friede auf Erden« wahrzunehmen, sondern es wurden unablässig innerchristliche Kriege geführt und Fehden ausgefochten. So war das »christliche Mittelalter«, auch durch die Existenz selbstverwaltender Städte, in sich spannungsreicher als der gleichzeitige Mohammedanismus, in dem genuine dogmatische Differenzen unbekannt waren und keine Trennung von Papst und Kaiser erfolgt war; ferner waren »Nationen« und »Staaten« relativ ausgebildet, im Gegensatz zu der (grundsätzlich) einheitlichen »umma«, der islamischen Gemeinde der Gläubigen. Aus diesen Spannungen ging der Bruch der Einheit hervor, die »Kirchenspaltung« und damit die Entstehung von »Konfessionen«. Die Konkurrenz gegensätzlicher Wahrheitsansprüche förderte das Entstehen der Wissenschaft, wie sich am Beispiel von Pierre Bayle und John Locke leicht zeigen läßt. Eine weitere Folge war das Aufkommen der »Aufklärung«, die vor allem der definitive Abschluß des Zeitalters der Religionskriege und der »Intoleranz« sein wollte. Daraus entstanden sowohl antimetaphysische Skepsis wie neue Sozialreligionen. In der Lehre von den »drei Betrügern« wurde die Skepsis zur Religionsfeindschaft, und in derjenigen von den »drei Ringen« wurde die Richtung zu einer »Religion der Humanität« eingeschlagen. Nur sehr allmählich drangen Unglaube und Skepsis bis ins Volk hinab: Zum Zeitpunkt von Nietzsches Geburt und Jugend war das »Volksleben« noch durchaus christlich, wie sich an den Beispielen Naumburgs, aber auch Schulpfortas leicht anschaulich machen läßt. Eine Geschichte der »Säkularisierung des Christentums« wäre mit einer »Geistesgeschichte Europas« bis zur Mitte des 19. Jahrhunderts so gut wie identisch, wobei »Säkularisierung« natürlich auch immer »Kampf gegen« bedeutete, aber nicht bedeuten mußte, da es sehr wohl eine »christliche Aufklärung« gab und selbstverständlich ebenfalls eine christliche Apologetik und eine Fortsetzung der konfessionellen Kämpfe.

Nietzsches Werk nimmt in diesen Auseinandersetzungen eine idealtypische Stellung ein, da er ebenso entschieden wie das Christentum selbst dessen »Realisierung« bekämpfte, wie es in aller Regel die Aufklärung, der Liberalismus und zumal der Sozialismus sein wollten.

Als »Rahmen« für Nietzsches Verhältnis zum Christentum wähle ich Texte von drei Autoren, die für genuine Christlichkeit, für spöttische Skepsis und für die Tendenz zur »Realisierung« charakteristisch sind:

1. Blaise Pascal (aus »Pensées« VII): »Quelle chimère est-ce donc que l'homme? Quelle nouveauté, quel monstre, quel chaos, quel sujet de contradiction, quel prodige! Juge de toutes choses, imbécile ver de terre, dépositaire du vrai, cloaque d'incertitude et d'erreur: gloire et rebut de l'univers.

Qui démêlera cet embrouillement? La nature confond les pyrrhoniens et la raison confond les dogmatiques. Que deviendrez-vous donc, ô hommes qui cherchez quelle est votre véritable condition par votre raison naturelle? Vous ne pouvez fuir une de ces sectes, ni subsister dans aucune.

Connaissez-donc, superbe, quel paradoxe vous êtes à vous-même. Humiliez-vous, raison impuissante; taisez-vous, nature imbécile; apprenez que l'homme passe infiniment l'homme, et entendez de votre maître votre condition véritable que vous ignorez. Écoutez Dieu!«[15]

2. Heinrich Heine: Aus den »Lobgesängen auf König Ludwig I.«

Zu München in der Schloßkapell
Steht eine schöne Madonne
Sie trägt in den Armen ihr Jesulein,
Der Welt und des Himmels Wonne.

Als Ludewig von Bayerland
Das Heiligenbild erblicket,
Da kniete er nieder andachtsvoll
Und stotterte selig verzücket:

›Maria, Himmelskönigin,
Du Fürstin sonder Mängel!
Aus Heilgen besteht dem Hofgesind
Und deine Diener sind Engel.
...

O lass aus deiner Gnaden Born'
Auch mir ein Tröpflein gleiten!
...‹
Die Mutter Gottes bewegt sich alsbald,
...
Und spricht zu ihrem Kindchen:
›Es ist ein Glück, daß ich auf dem Arm
Dich trage und nicht mehr im Bauche,
...
Hätt ich in meiner Schwangerschaft
Erblickt den häßlichen Toren,
Ich hätte gewiß einen Wechselbalg
Statt eines Gottes geboren!

3. Ludwig Feuerbach: Das Wesen des Christentums: »Die Religion, wenigstens die christliche, ist das Verhalten des Menschen zu sich selbst, oder richtiger, zu seinem Wesen, aber das Verhalten zu seinem Wesen als einem *anderen* Wesen. Das göttliche Wesen ist nichts anderes als das menschliche Wesen, oder besser: das Wesen des Menschen abgesondert von den Schranken des individuellen, d. h. wirklichen, leiblichen Menschen, vergegenständlicht, d. h. angeschaut und verehrt als ein anderes, von ihm unterschiedenes, eigenes Wesen – alle Bestimmungen des *göttlichen* Wesens sind darum Bestimmungen des *menschlichen* Wesens ... Ein bestimmungsloses Wesen ist ein ungegenständliches Wesen, ein ungegenständliches ein nichtiges Wesen.«[16]

»Erst schafft der Mensch ohne Wissen und Willen Gott nach seinem Bilde. Dies bestätigt vor allem der Entwicklungsgang der israelitischen Religion ... Das vernichtende Zornfeuer in dem racheglühenden Auge des vertilgungssüchtigen Israels, kurz Jehovah das Ich Israels, das sich als der Endzweck und Herr der Natur Gegenstand ist.«[17] »... Das Judentum ist das weltliche Christentum, das Christentum das geistliche Judentum.«[18] »... Homo homini deus est – dies ist der oberste praktische Grundsatz, dies der Wendepunkt der Weltgeschichte.«[19]

Nietzsche kannte Pascal und Heine gut und Feuerbach mindestens in den Grundzügen. Für seine Stellung zum Christentum sind (individual)psychologische Erklärungen unzureichend: Es handelte sich nicht um die »Jugendwelt«, von der er sich unter Schmerzen und mit großer Heftigkeit losgerissen hätte – gewiß galt er einmal als »der kleine Prediger«, aber dennoch ist die Aussage in »Ecce homo« nicht unglaubwürdig, daß er schon als Kind den christlichen Begriffen keine Aufmerksamkeit zugewandt habe, und bereits erheblich früher notierte er, er habe als Atheist nie das Tischgebet in Pforta gesprochen[20]; auch der Zorn gegen die »Naumburger Tugend« ist sicherlich kein zureichender Erklärungsgrund. In der Frühzeit lassen sich unvergleichlich mehr Aussagen über das Griechentum als über das Christentum finden, wobei allerdings das negative Urteil über Sokratismus und Platonismus ein entsprechendes Urteil über das Christentum andeutet oder impliziert.

Trotzdem ist nicht zu bezweifeln, daß in Nietzsche »christliche Empfindungen« mächtig waren und daß er immer wieder Versuche machte, dem Christentum gerecht zu werden; hier wäre etwa an die Herabsetzung der »scheußlich-gierigen Geschlechtsliebe« gegenüber der Freundschaft zu erinnern oder an die Rede von dem »widerlichen Geheimnis« der Zeugung und Geburt. Von einer christlichen Empfindung getragen ist der folgende Aphorismus aus dem Nachlaß vom Sommer 1880: »Flössen alle Tränen, die jeden Augenblick auf Erden geweint werden, zusammen, es flösse beständig ein starker Strom durch die ›Wiese des Unheils‹.«[21] Ganz pascalisch ist ein Satz über den modernen Wissenschaftler in »David Strauß«: »Rings umstarren ihn, den Erben weniger Stunden, die schrecklichsten Abstürze, jeder Tritt sollte ihn erinnern: Wozu? Wohin? Woher? Aber seine Seele erglüht bei der Aufgabe, die Staubfäden einer Blume zu zählen oder die Gesteine am Wege zu zerklopfen, und er versenkt in diese Arbeit das ganze, volle Gewicht seiner Teilnahme, Lust, Kraft und Begierde.«[22] Sogar im Jahre 1885 nennt er als Kennzeichen der »christlichen Anschauung, aus der wir alle stammen« die Vorstellung »eine(r) Welt, die wir verehren [!] können, die unserem anbetenden Triebe gemäß ist«[23]. Ebenfalls aus der Spätzeit stammt der Aphorismus 350 der »Fröhlichen Wissenschaft«: »Zu Ehren der homines religiosi. Der Kampf gegen die Kirche ist ganz gewiß unter Anderem ... auch der Kampf der gemeineren vergnügteren, vertraulicheren oberflächlicheren Naturen gegen die Herrschaft der schwereren tieferen beschaulicheren, das heißt böseren und argwöhnischeren Menschen ... – der gemeine Instinkt des Volkes, seine Sinnen-Lustigkeit, sein ›gutes Herz‹ empört sich gegen sie ...«[24] Damit stimmt es gut zusammen, wenn Nietzsche im Juli 1881 an Gast schreibt: »Es [das Christentum] ist aber doch das beste Stück idealen Lebens, welches ich wirklich kennengelernt habe, ... und ich glaube, ich bin *nie* in meinem Herzen gegen dasselbe gemein gewesen. Zuletzt bin ich der Nachkomme ganzer Geschlechter von christlichen Geistlichen.«[25] Einen Anklang von Schmerz und Widerstreben mag man in jener »ernsthaftesten Parodie« vernehmen, die er je gehört habe und die den Aphorismus des Zweiten Teils von »Menschliches, Allzumenschliches« bildet: »Im Anfang war der Unsinn, und der Unsinn war, bei Gott! und Gott (göttlich) war der Unsinn.«[26] Wenn er sich »vollkommene Gegner« wünscht, dann sieht er Pascal vor sich, »in der Vereinigung von Geist, Glut und Redlichkeit der erste aller Christen«, und Fénelon, der für ihn »der vollkommene und bezaubernde Ausdruck der kirchlichen Cultur in allen ihren Kräften«[27] ist.

Nietzsches mittlere Periode ist im allgemeinen jedoch dadurch gekennzeichnet, daß ihm das Christentum als Vorstufe der Aufklärung gilt, daß Moralität primär als »Sittlichkeit der Sitte« betrachtet wird und nur dadurch einen negativen Akzent erhält, daß der »Herde« das »Schöpferische« abgesprochen wird. So wird im Zweiten Teil von »Menschliches, Allzumenschliches« das Christentum als »Balsam« für die entarteten alten Kulturvölker gesehen, als »Abendläuten des *guten* Altertums«; für junge frische Barbarenvölker sei es dagegen *Gift* gewesen, indem es z.B. in die »Helden-, Kinder- und Tierseele« des alten Deutschen die Lehre von der Sündhaftigkeit und Verdammnis einpflanzte.[28] Aber es ist zu fragen, ob nicht der echtere Nietzsche-Ton hörbar wird, wenn es um die gleiche Zeit in einem nachgelassenen Fragment heißt: »Das Christentum als große Pöbelbewegung des römischen Reichs ist die Erhebung der Schlechten, Ungebildeten, Gedrückten, Kranken, Irrsinnigen, Armen, der Sklaven, der alten Weiber, der feigen Männer, im Ganzen aller derer, welche Grund zum Selbstmord gehabt hätten, aber den Mut dazu nicht hatten ...«[29]

Dies ist der Hauptgedanke der Spätzeit, wie wir schon im biographischen Teil gesehen haben: Das Christentum entsteht aus den Ressentiments niedergehenden Lebens; es ist ein Ausfluß der »Weltverleumdung«, die ihrerseits ihre Quelle in der Hypothese des »Seienden« hat und also zugleich asketische Moral ist. Jetzt heißt es in schroffem Gegensatz zu den oben erwähnten Empfindungen. »Erst das Christentum, mit seinem Ressentiment gegen das Leben auf dem Grunde, hat aus der Geschlechtlichkeit etwas Unreines gemacht: es warf Koth auf den Anfang, auf die Voraussetzung unseres Lebens.«[30] Und es ist nur der positive Ausdruck derselben These, wenn Nietzsche nun dem »Rausch«, der für ihn immer die Voraussetzung der Kunst war, »vor allem« die Bedeutung des »Rausches der Geschlechtserregung« als der »ältesten und ursprünglichsten Form des Rausches« gibt.[31] Der Protagonist der asketischen Moral ist der Priester, und die Lehre von der »Sittlichkeit der Sitte« wird dahin weitergeführt, daß der asketische Priester als der »Anwalt der kranken Herde« gilt, während auf der anderen Seite doch immer wieder der Einwand auftaucht, die »Mittelmäßigen« seien die Gesunden und gerade die Neuerer gälten als die »décadents«. Aber Nietzsches »Umwertung aller Werte« gelangt nicht da zum extremen Ausdruck, wo er die Bedeutung der Schwachen für die Ausbildung von Geistigkeit und überhaupt für die Fortentwicklung des Lebens hervorhebt, sondern wo er das Christentum mit der Moral als dem Symptom niedergehenden Lebens in eins setzt und zu Forderungen gelangt, die im engsten Sinne »antichristlich« sind: »Das höchste Gesetz des Lebens, von Zarathustra formuliert, verlangt, daß man ohne Mitleid sei mit allem Ausschuß und Abfall des Lebens, – daß man vernichte, was für das aufsteigende Leben bloß Hemmung, Gift, Verschwörung, unterirdische Gegnerschaft sein würde, – Christentum mit einem Wort ... es ist *unmoralisch* im tiefsten Verstand zu sagen: du sollst nicht töten.«[32]

Und doch finden sich sogar im »Antichrist«, wo der christliche Gottesbegriff mit beispielloser Schärfe angegriffen und dem Priester der Kampf bis zur Vernichtung angesagt wird (»Gott als Krankengott, Gott als Spinne, Gott als Geist ...«, »Gesetz wider das Christentum«), Interpretationen Jesu und des Urchristentums, die eine tiefe Sympathie zu verraten scheinen: »Das ›Himmelreich‹ ist ein Zustand des Herzens – nicht Etwas, das ›über der Erde‹ oder ›nach dem Tode‹ kommt ... Das ›Reich Gottes‹ ist nichts, das man erwartet; es hat kein Gestern und kein Übermorgen, es kommt nicht in ›tausend Jahren‹ – es ist eine Erfahrung an einem Herzen, es ist überall da, es ist nirgends da ... Im Grunde gab es nur Einen Christen, und der starb am Kreuz«[33].

Gleichwohl wäre es ein grobes Mißverständnis, Nietzsche in der »Nachfolge Christi« und als bloßen Kämpfer gegen die Vulgarisierung des Christentums durch die Kirche zu sehen. Nietzsche wendet sich auch gegen den »heiligen Anarchisten« Jesus und nennt ihn einen »politischen Verbrecher«, dessen Sprache »heute noch nach Sibirien führen würde«.[34] Er ist ein Feind des Christentums in dessen Wurzel, in dessen Realität und in dessen Konsequenzen, und er verachtet es, sofern es in der Moderne bloß noch Heuchelei ist. Höchst aufschlußreich ist ein Satz aus dem »Antichrist«, der wenig beachtet worden ist und auf den wir zurückkommen müssen, wenn wir uns die Frage vorlegen, was die eigentlichen Gründe für Nietzsches Abneigung gegen das »Deutsche Reich« Bismarcks und Wilhelms II. sind: »Ein junger Fürst, an der Spitze seiner Regimenter, prachtvoll als Ausdruck der Selbstsucht und Selbstüberhebung seines Volks – aber, *ohne* jede Scham, sich als Christen bekennend ... was für eine Mißgeburt von Falschheit muß der moderne Mensch sein, daß er sich trotzdem nicht schämt, Christ noch zu heißen! – –«[35]

Trotzdem waren diesem Denker, wie gezeigt worden ist, christliche Empfindungen keineswegs fremd: als Fortsetzer von Feuerbach und Heine wäre er ganz unzureichend charakterisiert, denn ein Analogon zu Pascal ist ebenfalls in seinem Denken enthalten. Wenn wir uns fragen, welche der widersprüchlichen Empfindungen die stärkere war, müssen wir uns seinem Verhältnis zum Christentum in dessen konkreten Erscheinungsweisen zuwenden, dem Katholizismus bzw. dem Mittelalter und dem Protestantismus bzw. der Reformation. Es wird sich zeigen, daß Nietzsches höchste Bewunderung demjenigen galt, was dem einen wie dem anderen zeitlich sehr nahesteht und was doch beiden entgegengesetzt ist, der Renaissance.

Katholizismus, Renaissance, Reformation

Daß dem Katholizismus und fast stets zugleich dem Mittelalter im 19. Jahrhundert von Protestanten ein neues und oftmals sehnsüchtiges Interesse zugewandt wurde, läßt sich schon aus den zahlreichen Konversionen bedeutender Persönlichkeiten ersehen, von Adam Müller und Zacharias Werner bis zu der Halbschwester und dem Halbbruder des preußischen Königs Friedrich Wil-helms III. Aber das eindrucksvollste Zeugnis ist Novalis' Schrift »Die Christenheit oder Europa«, und mit einigen Zitaten daraus wollen wir diese Vorlesung beginnen.

»Es waren schöne glänzende Zeiten, wo Europa ein christliches Land war, wo EINE Christenheit diesen menschlich gestalteten Weltteil bewohnte ... Ohne große weltliche Besitztümer lenkte und vereinigte EIN Oberhaupt die großen politischen Kräfte. – Eine zahlreiche Zunft, zu der jedermann den Zutritt hatte, stand unmittelbar unter demselben und vollführte seine Winke und strebte mit Eifer seine wohltätige Macht zu befestigen ... Mit welcher Heiterkeit verließ man die schönen Versammlungen in den geheimnisvollen Kirchen, die mit ermunternden Bildern geschmückt, mit süßen Düften erfüllt, und von heiliger erhebender Musik belebt waren ... Mit Recht widersetzte sich das weise Oberhaupt der Kirche frechen Ausbildungen menschlicher Anlagen auf Kosten des heiligen Sinns, und unzeitigen gefährlichen Entdeckungen, im Gebiet des Wissens ... Fürsten legten ihre Streitigkeiten dem Vater der Christenheit vor, willig ihm ihre Kronen und ihre Herrlichkeit zu Füßen, ja sie achteten es sich zum Ruhm, als Mitglieder dieser hohen Zunft den Abend ihres Lebens in göttlichen Betrachtungen zwischen einsamen Klostermauern zu beschließen ... Das waren die schönen wesentlichen Züge der ächt katholischen oder ächt christlichen Zeiten. Noch war die Menschheit für dieses herrliche Reich nicht reif, nicht gebildet genug ... Mit der Reformation wars um die Christenheit getan [vorher: eine Revolutions-Regierung permanent erklärt, dann positiv über die Jesuiten] ... Es wird so lange Blut über Europa strömen, bis die Nationen ihren fürchterlichen Wahnsinn gewahr werden, der sie im Kreise herumtreibt, und von heiliger Musik getroffen und besänftigt zu ehemaligen Altären in bunter Vermischung treten, Werke des Friedens vornehmen und ein großes Liebesmahl, als Friedensfest, auf den rauchenden Wahlstätten mit heißen Tränen gefeiert wird. Nur die Religion kann Europa wieder aufwecken und die Völker sichern, und die Christenheit mit neuer Herrlichkeit sichtbar auf Erden in ihr altes friedenstiftendes Amt installiren … Keiner wird dann mehr protestiren gegen christlichen und weltlichen Zwang, denn das Wesen der Kirche wird ächte Freiheit seyn, und alle nötigen Reformen werden unter der Leitung derselben, als friedliche und förmliche Staatsprozesse betrieben werden.«

Nietzsche ist dem Katholizismus und dem darin noch gegenwärtigen Mittelalter des öfteren begegnet, anders als der gewöhnliche Lokal-Thüringer oder Lokal-Sachse; er studierte in Bonn, und er lebte während seines letzten Jahrzehnts überwiegend in katholisch-romanischen Gegenden. Trotzdem ist ihm der Katholizismus immer fremd geblieben, und die Äußerungen dazu lassen sich beinahe an den Fingern einer Hand aufzählen.

An seine Tanten Friederike und Rosalie schreibt Nietzsche im Dezember 1864 aus Bonn: »Ihr könnt Euch denken, daß bei der Nähe von Köln der Katholizismus in Bonn vorherrschend ist, ja leider auch der Jesuitismus. Die Jesuiten haben dicht bei Bonn ein Kloster auf dem Kreuzberg … unter den Studierenden haben sie, wie es scheint, großen Einfluß durch die sogenannten marianischen Sodalitäten, die die Ausbreitung des Katholizismus und Vernichtung des Protestantismus bezwecken.«[1] Konsequenterweise engagiert sich Nietzsche eine Zeitlang im Gustav-Adolf-Verein, und er äußert sich sehr negativ über die bigotte katholische Bevölkerung Bonns. Daß er über Köln schreibt, diese Stadt mache mit ihrem erhabenen Dom und den unzähligen Kirchen einen bedeutenden erhabenen Eindruck, ist sicherlich bloß auf ein ästhetisches Empfinden zurückzuführen. Ein ähnliches Motiv dürfte vorliegen, wenn er von neuen »Klöstern« träumt oder Richard Wagner mit »Pater seraphice« anredet. Eine bloße, obgleich interessante Beobachtung liegt vor, wenn er feststellt, das antike Musikdrama habe ein Analogon im katholischen Hochamt; dies vermittle allein noch eine Vorstellung vom antiken Theatergenuß zur aeschyleischen Zeit.[2]

Die eigenartigste Äußerung, die am ehesten so etwas wie Nostalgie verrät, findet sich in Nietzsches mittlerer Periode, und zwar in der »Morgenröte«. Sie lautet: »In diesem Geiste und im Bunde mit der Macht ... hat es [das Christentum] vielleicht die feinsten Gestalten der menschlichen Gesellschaft ausgemeißelt, die es bisher gegeben hat: die Gestalten der höheren und höchsten katholischen Geistlichkeit, namentlich wenn diese einem vornehmen Geschlecht entsprossen waren ... Die mächtige Schönheit und Feinheit der Kirchenfürsten hat immerdar für das Volk die Wahrheit der Kirche bewiesen; eine zeitweilige Brutalisierung der Geistlichkeit (wie zu Zeiten Luthers) führte immer den Glauben an das Gegenteil mit sich. – Und *dieß* Ergebnis menschlicher Schönheit und Feinheit in der Harmonie von Gestalt, Geist und Aufgabe wäre, mit dem Ende der Religionen, auch zu Grabe getragen? Und Höheres ließe sich nicht erreichen, nicht einmal ersinnen?«[3] Es ist nicht ausgeschlossen, daß man gerade diesen Aphorismus zu den Ausgangspunkten für die Konzeption des »Übermenschen« zählen müßte.

Gleichwohl hätte ein Beobachter noch 1875 behaupten dürfen, Nietzsche habe wie ein guter, wenngleich säkularisierter Protestant empfunden. Ein Beweis dafür ist Nietzsches Reaktion auf den geplanten Übertritt Heinrich Romundts, des dritten Bewohners der »Baumanns-Höhle«, und auf dessen Absicht, katholischer Priester zu werden: »Unsere gute reine protestantische Luft! Ich habe nie bis jetzt stärker meine innigste Abhängigkeit von dem Geiste Luthers gefühlt als jetzt ... Ich schäme mich tief, wenn ich dem Verdacht begegne, daß ich irgendwie mit diesem mir grundverhaßten katholischen Wesen zu tun hätte.«[4] Dem entspricht die positive Bemerkung über die Burschenschaft im V. Vortrag über die Zukunft unserer Bildungsanstalten: Sie habe in sich geschlossen »jenen männlich ernsten, harten und kühnen deutschen Geist, jenen aus der Reformation her gesund bewahrten Geist des Bergmannssohnes Luther«[5].

Die Atmosphäre des Kulturprotestantismus, in der Nietzsche mithin noch 1875 zu atmen scheint, soll nun durch einige Zitate aus Werken eben dieser 70er Jahre vergegenwärtigt werden.

1. Heinrich von Treitschke: Deutsche Geschichte im 19. Jahrhundert. Erster Teil (1879; S. 1 ff.).

»Dann hat Martin Luther nochmals begeisterte Männer aus allen Stämmen des zersplitterten Volkes zu großem Wirken vereinigt. Der Ernst des deutschen Gewissens führte die verweltlichte Kirche zurück zu der erhabenen Einfalt des evangelischen Christentums; deutschem Geist entsprang der Gedanke der Befreiung des Staates von der Herrschaft der Kirche. Unser Volk erstieg zum zweiten Male einen Höhepunkt seiner Gesittung, begann schlicht und recht die verwegenste Revolution aller Zeiten. [vgl. Novalis!] (Aber) Die kaiserliche Macht, dermaleinst der Führer der Deutschen im Kampfe wider das Papsttum, versagte sich der kaiserlichen, wie der politischen Reform. Das Kaisertum der Habsburger ward römisch, führte die Völker des romanischen Südeuropas ins Feld wider die deutschen Ketzer und ist fortan bis zu seinem ruhmlosen Untergange der Feind alles deutschen Wesens geblieben... Das Mark unseres Geistes war protestantisch ...« Die Ziele Treitschkes waren offensichtlich die Identifizierung von Protestantismus, Preußentum und Deutschtum sowie die Rechtfertigung der Ausstoßung Österreichs aus dem Deutschen Bund.

2. Conrad Ferdinand Meyer: Huttens letzte Tage (1871)
(»Romfahrt«)

Die Trümmer sah ich alter Römerpracht
Zur Festung dienen einer Priestermacht
...
Ich sah ein Weib, das mit sich handeln ließ,
Die man die ›allgemeine Kirche‹ hieß.
...
Sag ich es kurz und klassisch, was ich sah
Am Tiberstrom? Cloaca Maxima!
(»Luther«)
Je schwerer sich ein Erdensohn befreit,
Je mächtger rührt er unsre Menschlichkeit.
...
Er brach in Todesnot den Klosterbann –
Das Größte tut nur, wer nicht anders kann!
...

In seiner Seele kämpft, was wird und war
Ein keuchend hart verschlungen Ringerpaar.
Sein Geist ist zweier Zeiten Schlachtgebiet –
Mich wunderts nicht, daß er Dämonen sieht.

(»Fiebernacht« Ignatius von Loyola)
Der Morgen graut – des Pilgers Stätte leer?
Beim Hahnenruf verschwand gespenstisch er!
Was ich geschaut, ists Wahrheit? War es Traum?
Schlief mit dem Teufel ich im gleichen Raum?
…
Nein, Wahrheit wars! Kein Morgenwind verweht
Das andachtsvoll irrsinnige Gebet … !
[›Im Bibelbuche spricht der eigne Sohn
zu dir, du Hohe, nicht in würdgem Ton.

Wo wir zerstörte Tempel wieder weihn,
Besteige, Göttin, den Altar allein … ‹]
Er ist ein Schwärmer! Voller Selbstbetrug!
Daneben ist er wie die Hölle klug!

Ein Weib vergöttern – Aberwitz und Schmach –
Von Even stammend, die den Apfel brach!
Zutunlich naht die üppge welsche Kunst
Andacht verkuppelnd mit der Sinne Brunst
…
Der Drache Rom, getroffen bis ins Mark
Durch seine Wunde wird er wieder stark,
Und von der Wahrheit Schwert des Kopfs beraubt
Wächst er empor mit einem giftgem Haupt …

Aber schon 1873 ist Nietzsche von den Grundempfindungen des Protestantismus ziemlich weit entfernt, wenn er sagt, der Protestantismus habe geglaubt, das Christentum gereinigt zu haben, aber er habe es durch Verinnerlichung verflüchtigt und aus der Welt geschafft[6], und wie hätte Treitschke sich durch das antiprotestantische Geschichtswerk von Johannes Janssen so in seinem Urteil beeinflussen lassen, wie Nietzsche es 1879 in einem

Brief an Peter Gast tat!?: »Hier redet einmal nicht die verfälschte protestantische Geschichtskonstruktion, an welche wir zu glauben angelernt worden sind. Augenblicklich scheint es mir nichts mehr als die Sache des *nationalen* Geschmacks im Norden und Süden, daß *wir* Luther als Menschen dem Ignatius Loyola vorziehen. Die gräßliche hochmütige gallig-neidische Schimpfteufelei Luthers, dem gar nicht wohl wurde, wenn er nicht vor Wut auf jemanden speien konnte, haben mich zu sehr angeekelt.«[7] Eine Bemerkung wie diese beruht aber nicht auf einer momentanen Anwandlung. Treitschke wird geradezu auf den Kopf gestellt, wenn es im dritten Buch der »Fröhlichen Wissenschaft« heißt, das Gelingen von Luthers Reformation sei ein Zeichen dafür gewesen, daß der Norden gegen den Süden Europas zurückgeblieben war. Noch schroffer klingt eins der nachgelassenen Fragmente dieser Zeit: »Luther ließ seine Wut gegen die vita contemplativa aus, nachdem ihm das Mönchsleben mißraten war und er sich zum Heiligen unfähig fühlte; rachsüchtig und rechthaberisch, wie er war, trat er auf die Seite der vita practica, der Ackerbauer und Schmiede.«[8] Im fünften Buch der »Fröhlichen Wissenschaft«, das erst in der zweiten Auflage von 1887 enthalten war, setzt sich Nietzsche am ausführlichsten und negativsten mit Luthers Reformation auseinander, und zwar im Aphorismus 358 »Der Bauernaufstand des Geistes«. In gewisser Weise nimmt er hier für die römisch-katholische Kirche Partei, die »der letzte Römerbau« gewesen sei, aber gerade nicht aus christlichem Geiste. Die Kirche war etwas »Vielfältiges«, die sich den »Luxus von Skepsis und Toleranz« erlauben konnte, gegen den Luther aus einer »Entrüstung der Einfalt« heraus protestierte, weil ihm »alle Erbschaft einer herrschenden Kaste, aller Instinkt für Macht abging«. So wollte er »jenes Römerwerk« wiederherstellen, aber er machte nur den Anfang eines Zerstörungswerkes. »Er lieferte die heiligen Bücher an jedermann aus, – damit gerieten sie endlich in die Hände der Philologen, das heißt der Vernichter jeden Glaubens, der auf Büchern ruht. Er zerstörte den Begriff ›Kirche‹, indem er den Glauben an die Inspiration der Concilien wegwarf … Er gab dem Priester den Geschlechtsverkehr mit dem Weibe zurück: aber drei Viertel der Ehrfurcht, deren das Volk, vor allem das Weib aus dem Volke fähig ist, ruht auf dem Glauben, daß ein Ausnahmemensch in diesem Punkte auch in anderen

Punkten eine Ausnahme sein wird ... ›Jedermann sein eigner Priester‹ – hinter solchen Formeln und ihrer bäurischen Verschlagenheit versteckte sich bei Luther der abgründige Haß auf den ›höheren Menschen‹ und die Herrschaft des ›höheren Menschen‹, wie ihn die Kirche konzipiert hatte ...« Die Reformation war also ein »Bauernaufstand«, der »die Verflachung des europäischen Geistes, namentlich im Norden« zur Folge hatte, der Ausdruck eines »Plebejismus des Geistes«, der gewiß die »moderne Wissenschaft« gefördert hat, aber auch die moderne Wissenschaft und die »modernen Ideen« überhaupt gehören noch »zu diesem Bauernaufstand des Nordens gegen den kälteren, zweideutigeren, mißtrauerischen Geist des Südens, der sich in der christlichen Kirche sein größtes Denkmal gebaut hat«[9].

Nietzsche ergreift indessen mit diesen Ausführungen nicht die Partei der katholischen Kirche, sondern diejenige der Renaissance, und damit knüpft er an die Werke zweier Autoren an, die ihm beide gut bekannt waren, nämlich Jacob Burckhardts und des Grafen Gobineau. Mit Burckhardts »Die Kultur der Renaissance« (zuerst 1860) war er bestimmt vertraut; Gobineaus Historische Szenen »Die Renaissance« von 1879 können ihm bekannt gewesen sein. Auf beide ist zunächst ein Blick zu werfen.

Jacob Burckhardt will die Renaissance vor allem als den Beginn der modernen Zeit, d. h. der Zeit des Individualismus darstellen, welche das »Erwachen der Persönlichkeit« und deren Vollendung in sich geschlossen habe, aber nur deshalb, weil sie eine »Wiedererweckung des Altertums« vollzogen habe und eben dadurch zur Entdeckung der Welt und des Menschen fähig geworden sei. In alldem ist sie für Burckhardt offensichtlich eine erste Phase der Aufklärung, in welcher »Weltlichkeit des Geistes« und Toleranz sogar gegenüber dem Islam sichtbar werden, der Glaube eine tiefe Erschütterung erfährt und allgemeiner Zweifel aufkommt. All dies wird ausführlich und anschaulich beschrieben, wobei Gegentendenzen wie die Herrschaft des Girolamo Savonarola in Florenz und die Verbreitung des Aberglaubens sogar unter den Humanisten nicht ausgespart werden. Uns interessiert hier von alldem nur dasjenige, was Burckhardt über die großen politischen Verbrechen und deren Urheber sagt, insbesondere über die beiden Borgia, den Papst Alexander VI. und dessen Sohn Cesare. Das eigentliche Ziel der beiden und insbesondere Cesares, die Beseitigung der vielen Kleinfürstentümer und die Herstellung einer einheitlichen Gewalt mindestens im Kirchenstaat, möglichst aber in ganz Italien, findet Burckhardts Zustimmung, wie es bekanntlich auch Machiavellis Zustimmung gefunden hatte. Aber Burckhardt billigt die Mittel nicht, die zur Erreichung dieses Ziels angewendet wurden, und er nennt sie sogar »satanisch«. »Vollends grauenhaft ist die Art und Weise, wie Cesare den Vater isoliert, indem er den Bruder, den Schwager und andere Verwandte und Höflinge ermordet, sobald ihm deren Gunst beim Papst oder ihre sonstige Stellung unbequem wird. Alexander mußte zu der Ermordung seines geliebtesten Sohnes, des Duca di Gandia, seine Einwilligung geben, weil er selber stündlich vor Cesare zitterte.«[10] Burckhardt erwägt auch die Möglichkeit, daß Cesare sich nach dem Tod des Vaters zum Papst hätte wählen lassen, und er kommt zu folgendem Ergebnis: »Wenn irgendeiner, so hätte er den Kirchenstaat säkularisiert und hätte es tun müssen, um dort weiter zu herrschen. Trügt uns nicht alles, so ist dies der wesentliche Grund der geheimen Sympathie, womit Machiavelli den großen Verbrecher behandelt; von Cesare oder von niemand durfte er hoffen, daß er ›das Eisen aus der Wunde ziehe‹, d. h. das Papsttum, die Quelle aller Interventionen und aller Zersplitterung Italiens, vernichte.«[11]

Arthur de Gobineau hat in seinen »Historischen Szenen« die meisten der großen Männer und Frauen der Renaissance in sehr bewegten und anschaulichen Szenen auftreten lassen: Savonarola, Leonardo da Vinci, Michelangelo, Raffael, Lucrezia Borgia, Alexander VI., Giovanni de' Medici (später Leo X.), Machiavelli, Julius II. (Giuliano della Rovere), aber er hat auch den eigenartigen »Totalitarismus« von Savonarolas »Gottesreich« dargestellt, die Greueltaten der Soldateska geschildert und die Atmosphäre der Künstlerateliers gezeichnet.

Ich zitiere nur einige Stellen, welche die Borgia und insbesondere Cesare betreffen.

Alexander VI. sucht seine Tochter Lukrezia zu trösten, deren Gatte Don Alfonso von ihrem Bruder Cesare aus politischen Motiven ermordet worden ist: »Nein, meine Tochter, ein Ungeheuer ist er nicht. Eine Herrschernatur, für die es keine Rücksicht gibt, wenn es gilt, in heißem Ringen den Siegeslorbeer zu erkämpfen …

So liebe ich dich, und so bist du wieder, die du warst. Die kleine Bürgerswitwe ist verschwunden, und die Königin, die Herrin spricht zu mir! ... Wie schön du jetzt bist, mein Kind; schön, wie der Stolz! Du bist die Kraft! Jetzt brauche ich meine Worte nicht mehr zu wählen ... Überlaß den kleinen Geistern, den Herdenmenschen, schwach zu sein und sich in Bedenken zu verzehren. Nur eine Rücksicht gibt's, die deiner würdig ist: Deine und des Hauses Borgia Erhebung! ...«[12]

Machiavelli in einem Selbstgespräch: »Welch seltsam schreckliches Wesen! ... Klug und voll List wie die Schlange, treulos wie die Katze, stolz wie der Adler. ... Es würde mich nicht überraschen, wenn Cesare Borgias verruchter Geist uns eines Tages die Errettung brächte! Errettung von dem Fluch unzähliger Verbrechen und Befreiung aus dem Sumpf von Blut und Schmach, in den uns Girolamos verhängnisvolle Güte hineingetrieben! ...«[13]

Cesare zu Machiavelli: »Ja, einen Drachen trägt mein Wappenschild, Herr Niccoló. Ich gleiche nicht, wie der Trauerherzog von Mailand, der elenden Schlange, die einen Säugling sich zur Beute wählt. Ich bin die lernäische Hydra! Nennt mich ein Ungeheuer, doch zugleich der Ungeheuer ärgsten Feind. Nicht eins von ihnen soll mir mehr am Leben bleiben. ... Die Trümmer ihrer Nester werden meines Horstes Stützen sein. Und der Tag wird kommen, da es vom Fuß der Alpen bis zum Meere Siziliens nur einen Herrscher gibt: Mich!«

Es ist sehr merkwürdig, daß Cesare Borgia vor 1884 von Nietzsche an keiner Stelle erwähnt wird; während Machiavelli immerhin schon wesentlich früher vorkommt, aber durchweg nur im Vorübergehen oder im Zusammenhang mit Stilfragen. (Eine gewichtige Aussage zu Machiavelli findet sich erst in der »Götzendämmerung«: Thukydides und, vielleicht, der principe Machiavellis seien ihm selber am meisten verwandt durch den unbedingten Willen, »sich Nichts vorzumachen und die Vernunft in der *Realität* zu sehn, – *nicht* in der »Vernunft«, noch weniger in der ›Moral‹«[14].

Über Cesare wird in einem nachgelassenen Fragment vom Frühjahr 1884 gesagt: »Mißverständnis des Raubtiers: sehr gesund wie Cesare Borgia! Die Eigenschaften der Jagdhunde.«[15] Eigenartigerweise steht ganz in der Nähe folgende Notiz: »Wollte man *Ge-*

sundheit, so würde man das Genie abschaffen. Ebenfalls den religiösen Menschen. Wollte man Moralität, ebenfalls [dies fett]: Abschaffung des Genies. Die Krankheit. Das Verbrechen. Das Laster. Die Lüge und ihre Cultur-Mission.«[16] Daraus würde sich ergeben, daß Cesare Borgia, gesund wie ein Raubtier, jedenfalls kein Genie sein kann. Aber gibt es nicht auch geniale Verbrecher und Lasterhafte? Die Ambivalenz von Nietzsches Einstellung zu einem biologischen Begriff der »Gesundheit« zeigt sich auch an dieser Stelle. Müßte die reine Gesundheit nicht das schlechthin »Kulturwidrige« sein?

Nietzsche faßt »Gesundheit« aber in der Regel als ein »Überströmen der Kräfte« auf, das mit der Gesundheit als Durchschnittlichkeit nichts zu tun hat und in deren Blickwinkel gerade als Krankheit erscheinen kann. So heißt es in Aphorismus 197 von »Jenseits von Gut und Böse«: »Man mißversteht das Raubtier und den Raubmenschen (zum Beispiele Cesare Borgia) gründlich, man mißversteht die ›Natur‹, so lange man noch nach einer ›Krankhaftigkeit‹ im Grunde dieser gesündesten aller tropischen Untiere und Gewächse sucht, oder gar nach einer ihnen eingeborenen ›Hölle‹. Es scheint, daß es bei den Moralisten einen Haß gegen den Urwald und gegen die Tropen gibt ... Warum doch? Zu gunsten der ›Gemäßigten‹? Der Mittelmäßigen? ...«[17]

Es scheint, daß Nietzsche hier »Maß« und »Mäßigung« – Hauptbegriffe der griechischen Antike – als Mäßigung des »Urwalds« oder des »Tropischen« im Menschen auffassen möchte, während eine »Mäßigung des Mäßigen« soviel wie Niedergang oder Ersterben in Geringfügigkeit bedeutet. Aber dem Wortlaut nach rühmt er hier das Urwaldhafte und Tropische als solches und nennt es »Gesundheit«. Ein ähnliches von Nietzsche selbst nahegelegtes Mißverständnis resultiert ja auch aus dem Begriff der »blonden Bestie«, der wohl nicht zufällig in zeitlicher Nähe zu den Erwähnungen Cesare Borgias steht und zu dem eben gehört, daß er »auf dem Grunde« der vornehmen Rassen gefunden wird und nicht in ihrer anschaubaren Realität.[18]

Wie sehr für Nietzsche die Kritik an der Moderne der Drehpunkt für seine Erhebung der Renaissance ist, kommt besonders deutlich im Aphorismus 37 der »Götzendämmerung« zum Vorschein. Dort sagt er: »Gewiß ist, daß wir uns nicht in Renaissance-Zustände hineinstellen dürfen, nicht einmal hineindenken: unsere Nerven hielten jene Wirklichkeit nicht aus, nicht zu reden von unseren Muskeln … Zweifeln wir andrerseits nicht daran, daß wir Modernen mit unsrer dick wattierten Humanität … den Zeitgenossen Cesare Borgias eine Komödie zum Totlachen abgeben würden … Die Abnahme der feindseligen und mißtrauenerweckenden Instinkte – und das wäre ja unser ›Fortschritt‹ – stellt nur eine der Folgen in der allgemeinen Abnahme der *Vitalität* dar: es kostet hundert Mal mehr Mühe, mehr Vorsicht, ein so bedingtes, so spätes Dasein durchzusetzen. Da hilft man sich gegenseitig, da ist jeder bis zu einem gewissen Grade Kranker und jeder Krankenwärter. Das heißt dann ›Tugend‹ –: unter Menschen, die das Leben noch anders kannten, voller, verschwenderischer, überströmender, hätte man's anders genannt, ›Feigheit‹ vielleicht, ›Erbärmlichkeit‹, ›Altweiber-Moral‹ …«[19] (vgl. Herder! Moderne als Niedergang der Vitalkraft!)

Als Gegenbild taucht Cesare Borgia auch in einem der heftigsten und maßlosesten Angriffe gegen das Christentum des Neuen Testaments auf, nämlich in Aphorismus 46 des »Antichrist«: »Wir würden uns ›erste Christen‹ so wenig wie polnische Juden zum Umgang wählen: … Sie riechen beide nicht gut … jedes Buch wird reinlich, wenn man eben das Neue Testament gelesen hat: ich las … mit Entzücken unmittelbar nach Paulus jenen anmutigsten, übermütigsten Spötter Petronius, von dem man sagen könnte, was Domenico Boccaccio über Cesare Borgia an den Herzog von Parma schrieb: »è tutto festo – unsterblich gesund, unsterblich heiter und wohlgeraten.«[19a] Cesare ist also der schroffste Gegensatz zu den »kleinen Muckern« in den frühchristlichen Gemeinden und zu deren »Tschandala-Haß« gegen die Privilegierten, d. h. die Repräsentanten eines stolzen, männlichen, geistvollen Lebens.

Nicht nur die »blonde Bestie«, sondern auch der »Übermensch« Nietzsches stehen in einer unübersehbaren Verknüpfung mit Cesare Borgia. So sagt er in »Ecce homo« ausdrücklich, das Wort »Übermensch« diene zur Bezeichnung eines Typus höchster Wohlgeratenheit, im Gegensatz zu ›modernen‹ Menschen, zu ›guten‹ Menschen, zu Christen und anderen Nihilisten; der Begriff habe nicht das geringste zu tun mit dem »Heroen-Kult« des »großen Falschmünzers« Carlyle: »Wem ich ins Ohr flüstere, er solle sich eher noch nach einem Cesare Borgia als nach einem Parsifal umsehen, der traute seinen Ohren nicht.«[20]

Und so denkt sich Nietzsche gegen Ende seiner Bahn eine Paradoxie aus, mit der er eine Bemerkung Jacob Burckhardts zu einer äußersten Zuspitzung bringt, und zwar in Aph. 61 des »Antichrist«: »... Ich sehe ein Schauspiel, so sinnreich, so wunderbar paradox zugleich, daß alle Gottheiten des Olymps einen Anlaß zu einem unsterblichen Gelächter gehabt hätten – *Cesare Borgia als Papst* ... Versteht man mich? ... Wohlan, *das* wäre der Sieg gewesen, nach dem *ich* heute allein verlange –: damit war das Christentum abgeschafft!« Und diese Paradoxie – die blonde Bestie als Oberhaupt des Reichs der Widernatur und damit als dessen Selbstzerstörung – wird für Nietzsche zum Ausgangspunkt eines der schärfsten Angriffe, die je ein Pfarrerssohn und Protestant gegen Luther und die Reformation gerichtet hat: »Was geschah? Ein deutscher Mönch, Luther, kam nach Rom. Dieser Mönch, mit allen rachsüchtigen Instinkten eines verunglückten Priesters im Leibe, empörte sich in Rom gegen die Renaissance ... [C. F. Meyer!] Luther sah die Verderbnis des Papsttums, während gerade das Gegenteil mit Händen zu greifen war: die alte Verderbnis, das peccatum originale, das Christentum, saß *nicht* mehr auf dem Stuhl des Papstes. Sondern das Leben! Sondern der Triumph des Lebens! Sondern das große Ja zu allen hohen, schönen, verwegenen Dingen.... Und Luther stellte die Kirche wieder her: er griff sie an ... Die Renaissance, ein Ereignis ohne Sinn, ein großes *Umsonst* – durch die Reformation (und durch die Deutschen).«[21]

Aber man geht fast immer in die Irre, wenn man die rhetorischen Glanzstücke und Paradoxien Nietzsches allzu wörtlich nimmt; fast immer finden sich in der Nähe Überlegungen, in denen ein andersartiger Gesichtspunkt, eine unterschiedliche Empfindung zum Ausdruck kommen. So gibt es in den nachgelassenen Fragmenten vom Frühjahr 1888 eine Seite, die »Renaissance und Reformation« überschrieben ist.[22] Hier stellt Nietzsche die Frage, was die Renaissance beweise, und er gibt die Antwort: »Daß das Reich des ›Individuums‹ nur kurz sein kann. Die Verschwendung ist zu groß; es fehlt die Möglichkeit selbst, zu sammeln, zu capitalisiren, und die Erschöpfung folgt auf dem Fuße.« Anscheinend sind also im menschlichen Leben »Aufgang« und »Niedergang« nicht Realitäten, von denen man die eine festhalten und rühmen könnte, während die andere bekämpft und verworfen wird, sondern sie sind Phasen, von denen die eine sich in der anderen vorbereitet. Das Raubtier bleibt als Gattung durch die Jahrtausende dasselbe Raubtier, und eben deshalb kann Cesare Borgia nicht das Paradigma des Menschen sein, so könnte man Nietzsches Konsequenz formulieren, die sich aus Nietzsches Aussagen ableiten läßt. An der Herabsetzung der Reformation hält er freilich auch in diesem Aphorismus fest, sie bleibt für ihn »ein wüstes und pöbelhaftes Gegenstück« zur Renaissance Italiens, aber nicht zuletzt deshalb, weil das Zauberwort »evangelische Freiheit« alle Instinkte, »die Grund hatten, im Verborgenen zu bleiben«, wie wilde Hunde herausbrechen ließ, so daß »der Bauch der Gott des ›freien Evangeliums‹ wurde« und alle Rache- und Neidgelüste sich befriedigen konnten. Gibt es eine Art »blonder Bestie« (besser: wilder Bestie) auch im Grunde der einfachen, unvornehmen Menschen, die also gerade nicht durch »Verzärtelung« charakterisiert wären? Jedenfalls läßt Nietzsche der Reformation eine »*gemeine* Art der Erschöpfung« folgen, ein allgemeines ruere in servitium. »Es kam das unanständige Jahrhundert Deutschlands.«

In der Tat hat Nietzsche zum deutschen 17. Jahrhundert so gut wie nichts gesagt; die nächste Periode, die ihn bewegt, war die Zeit der Aufklärung und der darin beginnenden Wissenschaft, und diese Zeit war überwiegend eine französische Zeit.

Aufklärung und Wissenschaft

»Aufklärung« ist heute ein allgemein anerkannter Begriff, und auch in der Bundesrepublik Deutschland wird er seit längerem rundum positiv und oft als ein einheitliches Phänomen gefaßt. Ursprünglich ist das Wort eine der Natur entnommene Metapher: Ein verdeckter Himmel klärt sich auf – das Licht des Tages tritt an die Stelle der Nacht. Aber hier ist schon die erste Paradoxie der Übertragung erkennbar: Auf den Tag folgt notwendigerweise wieder die Nacht, dem klaren Tag folgt bald wieder ein trüber Tag. Das Hauptkennzeichen des Begriffs ist aber gerade die präsumtive Dauerhaftigkeit: Die Aufklärung soll und wird die ganze Zukunft bestimmen. Wenn es im Französischen »siècle des lumières«, »siècle des philosophes« heißt, so ist dieses »Jahrhundert« kein begrenzter Zeitabschnitt, und diese »Philosophen« werden nicht irgendwann durch Wissenschaftler oder Techniker abgelöst werden. Die überwundene, aber in ihren Restbeständen auch weiterhin zu überwindende Dunkelheit ist diejenige des Mittelalters und vor allem diejenige der Religionskriege des 16. und 17. Jahrhunderts. Voltaire wollte »diese Pest aus der Welt verbannen«, und zwar offensichtlich für alle Zeit.[1]

Negative Hauptworte der Aufklärung waren vor allem: »Vorurteil« bzw. »Aberglaube« und »Privileg«. Als »Vorurteile« galten zumal die dogmatischen Differenzen, aus denen jene Kämpfe zwischen Protestanten und Katholiken anscheinend hervorgegangen waren; »Privilegien« waren obsolet gewordene Vorteile und Machtpositionen, in erster Linie von kirchlicher Art, etwa die oftmals fürstlich zu nennenden Einkommen der Bischöfe im Vergleich zu den überaus dürftigen Gehältern der Landgeistlichen. Positive Hauptworte waren: »Vernunft« (die oft, ja meist, mit »Natur« identifiziert wurde), »Fortschritt«, »Wissenschaft«. Faktisch bestand eine enge Verbindung der Aufklärung mit dem aufkommenden Absolutismus bzw. (in England) mit dem sich definitiv durchsetzenden Parlamentarismus, allerdings hingen in Frankreich nicht wenige Aufklärer der »thèse nobiliaire« an, d. h. sie waren antiabsolutistische Aristokraten wie Montesquieu, und der bedeutendste Theoretiker des Absolutismus war ein Engländer, nämlich Thomas Hobbes. »Natur« ist ebensowenig ein wasserklarer und unstrittiger Begriff wie »Gott«; die »Vernunft« ist offenbar nicht das Ganze des Menschen; »Vorurteile« sind keineswegs nur im religiösen Bereich verbreitet; als »Privileg« kann jede Art von Ungleichheit verstanden und angegriffen werden. Die »Aufklärung« und die »Aufklärer« waren mithin keine Einheit; ein gemeinsames Grundkennzeichen war allenfalls der Gegensatz gegen den Offenbarungsglauben, den »Supernaturalismus« des Christentums; insofern mag der Rationalismus als der Fundamentalcharakter der Aufklärung angesehen werden. Aber wenn die Vernunft als Weltgrund gefaßt wird, so ist sie Gott, und es wäre nur eine »mystische« Theologie zu verwerfen; als Maxime aller menschlichen Handlungen ist das Vernunftprinzip fragwürdig und fordert die Reaktion des »Irrationalismus« geradezu heraus. Als eindeutiger Gegensatz zur Aufklärung in allen ihren Schattierungen bliebe dann nur der Wunderglaube. Wenn Aufklärung aber egalitärer Kosmopolitismus sein will und sich als die entgrenzende Wiedergewinnung urzeitlicher Zustände versteht, dann befand sie sich im 18. Jahrhundert in schroffem Gegensatz zu der gesamten vorhandenen Realität einschließlich der fast durchweg sehr aristokratisch-bürgerlichen Existenz der Aufklärer selbst.

Zur Veranschaulichung zitiere ich wieder aus Texten einiger Autoren, die Nietzsche entweder gekannt hat oder die eine idealtypische Position einnehmen:

1. Antoine (»Marquis de«) Condorcet: Esquisse d'un tableau historique des progrès de l'esprit humain (1794)

»Sie wird also kommen, die Zeit, da die Sonne hienieden nur noch auf freie Menschen scheint, Menschen, die nichts über sich anerkennen als ihre Vernunft; da es Tyrannen und Sklaven, Priester und ihre stumpfsinnigen oder heuchlerischen Werkzeuge nur noch in den Geschichtsbüchern und auf dem Theater geben wird; da man sich mit ihnen nur noch befassen wird, um ihre Opfer zu beklagen und die, die sie zum Narren machten ... [Ungleichheiten des Reichtums, der Situation und des Unterrichts] Daher ist zu zeigen, daß diese drei Arten von wirklicher Ungleichheit fortwährend abnehmen müssen, ohne jedoch ganz zu verschwinden; denn sie haben natürliche und notwendige Ursachen, die beseitigen zu wollen unsinnig und gefährlich wäre; man könnte nicht einmal versuchen, ihre Wirkungen ganz zum Verschwinden zu bringen, ohne dabei noch ergiebigere Quellen der Ungleichheit zu eröffnen und eines noch unmittelbareren und verhängnisvolleren Eingriffs in die Menschenrechte sich schuldig zu machen.[2] ... Und was für ein Schauspiel bietet dem Philosophen das Bild eines Menschengeschlechts dar, das von allen Ketten befreit, der Herrschaft des Zufalls und der Feinde des Fortschritts entronnen, sicher und tüchtig auf dem Wege der Wahrheit, der Tugend und des Glücks vorwärtsschreitet; ein Schauspiel, das ihn über die Irrtümer, die Verbrechen, die Ungerechtigkeit tröstet, welche die Erde noch immer entstellen und denen er selber so oft zum Opfer fällt.«[3]

Frage: Deutet Condorcet damit nicht selbst an, daß aus dem Kern der Aufklärung eine schlimmere Ungleichheit und schrecklichere Verbrechen hervorgehen könnten als aus dem »Aberglauben«? Jedenfalls starb er selbst im Jahre des Erscheinens seines Buches als Girondist unter der Guillotine seiner jakobinischen Mitaufklärer.

2. Immanuel Kant: Beantwortung der Frage: Was ist Aufklärung? (1784)

»Aufklärung ist der Ausgang des Menschen aus seiner selbst verschuldeten Unmündigkeit. Unmündigkeit ist das Unvermögen, sich seines Verstandes ohne Leitung eines anderen zu bedienen. Selbstverschuldet ist diese Unmündigkeit, wenn die Ursache derselben nicht am Mangel des Verstandes, sondern der Entschließung und des Mutes liegt, sich seiner ohne Leitung eines andern zu bedienen. Sapere aude! Habe Mut dich deines eigenen Verstandes zu bedienen! ist also der Wahlspruch der Aufklärung Es ist so bequem, unmündig zu sein. Habe ich ein Buch, das für mich Verstand hat, einen Seelsorger, der für mich Gewissen hat, einen Arzt, der für mich die Diät beurteilt, u.s.w. so brauche ich mich ja nicht selbst zu bemühen ... [gefordert unbeschränkte Freiheit im öffentlichen Gebrauch der Vernunft, aber auch nur hier positive Anspielung auf Friedrich den Großen] ... Aber auch nur derjenige, der, selbst aufgeklärt, sich nicht vor Schatten fürchtet, zugleich aber ein wohldisciplinirtes zahlreiches Heer zum Bürgen der öffentlichen Ruhe zur Hand hat, – kann das sagen, was ein Freistaat nicht wagen darf: räsonnirt so viel ihr wollt, und worüber ihr wollt; nur gehorcht! ...«

Frage: Verbindet Kant den Begriff der »Mündigkeit« nicht viel zu eng mit dem der »Autarkie«, fällt der Denker der Moderne nicht ins Anti-Moderne, wenn er anscheinend das »Sich-Verlassen« (auf den Arzt z. B.) negativ kennzeichnet, das mit dem »Fortschritt« sich gerade immer weiter ausdehnen muß? Und wenn die Kritik ihre Schranke am staatsbürgerlichen Gehorsam finden muß, ist dann ein aufgeklärter Freistaat nicht selbstzerstörerisch?

3. Jean-Jacques Rousseau: Essai sur les sciences et les arts (1750)
»Dieu tout-puissant ... délivre-nous des lumières et des funestes arts de nos pères et rends-nous l'ignorance, l'innocence et la pauvreté, les seuls biens qui puissent faire notre bonheur et qui soient précieux devant toi.«

Frage: Steckt das »Anti-Aufklärerische« nicht vielleicht in der Aufklärung selbst, nämlich an »Primitivismus« als einem ihrer (freilich umstrittensten) Grundzüge?

4. Adolf Freiherr von Knigge: Über den Umgang mit Menschen (zuerst 1788)

»Jahrhundert der Universalarzneien, wohin wirst du uns noch führen? Ich sehe im Geiste allgemeine Aufklärung sich über alle Stände verbreiten, ich sehe den Bauer seinen Pflug müßig stehen lassen, um dem Fürsten eine Vorlesung zu halten über Gleichheit der Stände und über die Schuldigkeit, die Last des Lebens gemeinschaftlich zu tragen; ich sehe, wie jeder die ihm unbequemen Vorurteile wegräsonniert ..., wie Eigentum, Staatsverfassungen und Grenzlinien aufhören, wie jeder sich selbst regiert und sich ein System zur Befriedigung seiner Triebe erfindet. O gebenedeietes, goldenes Zeitalter! Dann machen wir Alle nur eine Familie aus, dann drücken wir den edeln, liebenswürdigen Menschenfresser brüderlich an unsere Brust und wandeln, wenn dies Wohlwollen sich erweitert, endlich auch mit den genievollen Orangutang Hand in Hand durch dies Leben.«[4]

Frage: Muß nicht gerade der Aufklärer dasjenige am allermeisten fürchten, was als die äußerste Konsequenz der Aufklärung gelten mag: die vollkommene Entmachtung der (allgemeinen) Vernunft durch die sich als Vernunft ausgebenden Triebe des Individuums, die Anarchie?

Diese Beispiele ließen sich leicht durch zahlreiche andere aus allen Bereichen der Aufklärung vermehren, und sie würden durchweg dasselbe unter Beweis stellen: Die Aufklärung ist voller Spannungen und ungelöster Probleme; Begriffe wie »Rationalität«, »Optimismus«, Fortschrittsglaube, Antikirchlichkeit, Bürgerlichkeit, Primitivismus, Pazifismus, Kosmopolitismus, ökonomischer Liberalismus, Szientismus sind als einzelne nicht geeignet, sie zu charakterisieren. Aber es ist sicher, daß sie für das ganze 18. Jahrhundert fundamental war: die ›Partei der Bewegung‹ berief sich auf die Aufklärung, aber auch die Protagonisten der Gegenpartei waren zum guten Teil aufgeklärte Aristokraten des Ancien régime wie etwa Metternich; der ganze »Deutsche Idealismus« ist von Gedanken der Aufklärung geprägt, aber mit dem Begriff »Aufkläricht« ist er ihrer Vulgärform gegenüber sehr kritisch, und sein Harmoniegedanke ist nicht zuletzt eine Korrektur der (Vulgär-) Aufklärung.

Unter dem Gesichtspunkt der Stellungnahme zur Aufklärung läßt sich Nietzsches Werk, wie es scheint, besonders klar gliedern. Die erste Phase könnte man mit Nietzsches eigenen Worten (gegen die Musik Richard Wagners gerichtet) den »allerletzten Kriegs- und Reaktionszug … gegen den Geist der Aufklärung«[5] nennen, die zweite wäre die Periode, in der Nietzsche als »Aufklärer« eine derartige Selbstkritik formuliert, und seine Spätphase wäre die Wiederaufnahme der ersten in weit radikalerer, aber durch die zweite Phase »hindurch gegangener« Gestalt. Im Prinzip ist das richtig, aber es ist doch erheblich zu modifizieren.

Der Euripides der »Geburt der Tragödie« ist in der Tat ein Paradigma des antiken Aufklärers: Mit seinem kritischen Denken, mit der Helligkeit und Behendigkeit seines Bewußtseins sucht er die Tragödie rein und neu auf einer undionysischen Kunst, Sitte und Weltbetrachtung aufzubauen, und eben dadurch zerstört er sie. Er bringt die »aufgeklärte Masse« auf die Bühne und rechtfertigt die »bürgerliche Mittelmäßigkeit«. In noch stärkerem Maße ist Sokrates ein »Apolliniker«, d. h. ein Verstümmler des Daseins. Für ihn muß alles verständig sein, um schön zu sein, und da das Vorhandene nicht verständig ist, schließt er auf die innerliche Verkehrtheit und Verwerflichkeit dieses Vorhandenen, das er daher mittels der Dialektik korrigieren möchte. So ist er der Prototyp des »theoretischen Menschen«, der daran glaubt, »daß das Denken, an dem Leitfaden der Kausalität, bis in die tiefsten Abgründe des Seins« reiche, »das Urbild des theoretischen Optimisten, der in dem bezeichneten Glauben an die Ergründlichkeit der Natur der Dinge, dem Wissen und der Erkenntnis die Kraft einer Universalmedizin beilegt und im Irrtum das Übel an sich begreift«[6]. Eben dadurch begründet er eine »alexandrinische«, eine späte Kultur, welche auch die moderne Zeit noch beherrscht, weil sie an die Stelle des von Mythen geleiteten Menschen der tragischen Weltbetrachtung, der ein Gesamtbild der Welt mit ihren ewigen Leiden besitzt, den abstrakten Menschen, die abstrakte Erziehung, die abstrakte Sitte, das abstrakte Recht, den abstrakten Staat gesetzt hat, mit anderen Worten, weil sie die »Abstraktion des Lebens« hervorgebracht hat. Ganz eigenartig ist freilich, wie Nietzsche gleichwohl eine »Lebensdienlichkeit« des Sokratismus wahrnimmt: ohne Ablenkung durch Erkenntnis würde es vielleicht »allgemeinen Vernichtungskampf und fortdauernde Völkerwanderung« geben, an deren Ende möglicherweise eine grauenhafte Ethik des Völkermordes aus Mitleid ins Dasein treten würde.[7] Eine Erscheinungsform dieses abstrakten Daseins ist, wie es in »David Strauss« heißt, »die moderne Jahrmarkts-Buntheit«[8], die Abwesenheit jener »Einheit des künstlerischen Stils in allen Lebensäußerungen eines Volkes«, welche das Wesen genuiner »Cultur« darstellt. Ein solcher abstrakter Mensch ist vor allem der moderne Wissenschaftler, der Repräsentant einer »aufgeregten, atemlosen, hin- und herrennenden, ja zappelnden Wissenschaftlichkeit«[9]. Es ist die moderne Fachwissenschaft in ihrer Abgelöstheit von der Philosophie, die Nietzsche als kulturfeindlich angreift. Einen Weg zur Barbarei bahnen ihm jene »Gelehrten- und Forscherkohorten«, die wie in einer »wissenschaftlichen Fabrik« arbeiten und eine Herrschaft über das »Leben« anstreben, die dieses Leben gerade ertötet, ob sie nun in der Geschichtswissenschaft sich blinder Sammelwut hingeben oder einen Grad von Schlaflosigkeit erzeugen, in dessen grausamem Licht das Leben verkümmert, oder ob sie auf andere Weise eine »Menge von unverdaulichen Wissenssteinen« produzieren. Diese Wissenschaftskritik geht Hand in Hand mit einer noch allgemeineren Kulturkritik, welche die »Friedlosigkeit und Verworrenheit der modernen Seele« konstatiert, die »großartig verächtliche Geldwirtschaft« verwirft und im Tone Pascals feststellt: »Niemals war die Welt mehr Welt, nie ärmer an Liebe und Güte.«[10] Aber ist das alles wirklich »anti-aufklärerisch«? Begann diese Art Kulturkritik nicht gerade mit der Aufklärung und in ihrer Mitte? Würde nicht Schiller in allen diesen Punkten Nietzsche zugestimmt haben? Waren nicht alle Protagonisten der Aufklärung auf ihre Weise »eximierte Kulturmenschen« gewesen? Gehörten Metaphysiker wie Leibniz und Christian Wolff nicht zur Aufklärung? Auch der junge Nietzsche war nicht schlicht ein »Anti-Aufklärer« – es wäre richtiger, ihn in die Tradition der Selbstkritik der Aufklärung einzureihen.

Deshalb sollte man Nietzsches zweite Periode vielleicht besser die Periode des Anschlusses an die aktivistische oder praktische Richtung der Aufklärung nennen, jene Richtung, welche auf jede Art von Metaphysik und metaphysischer, d. h. sinnstiftender Kunst verzichtet und eine »vernünftige Welt« zu schaffen sucht, indem sie »die wirkliche Beseitigung der Übel ins Auge« faßt.[11] So ergreift Nietzsche jetzt Partei für den »bescheidenen« Geist der Fachwissenschaft, er macht sich das »historische Philosophieren« zu eigen, er bejaht die »neue bewußte Kultur«, welche die alte und mithin auch die Vorbildlichkeit der Antike tötet. Er nennt sich selbst einen »Freigeist«, spricht von »Wir Aufgeklärten«, will eine Verminderung der »niederdrückenden Kulturlast« gerade durch Wissenschaft herbeiführen, bildet einen ganz anderen, nicht-soziologischen, Begriff von »Sklaverei«, verwirft das Genie als Feind des vorsichtigen und bescheidenen Sinnes der Wissenschaft. Er kritisiert die Neigung, ganze Schichten des Volkes sich roher und niedriger vorzustellen, als sie wirklich sind; er stellt sich auf die Seite von Sokrates in der Hochschätzung der kleinen und nächsten Dinge, und er scheint sogar Helvétius den Vorzug gegenüber Kant zu geben. Vor allem aber macht er sich ganz die Auffassung Condorcets von der Verwandlung der Menschheit in eine glückliche Einheit zu eigen: »Das, was ihr als Übervölkerung der Erde in greisenhafter Kurzsichtigkeit fürchtet, gibt dem Hoffnungsvolleren eben die große Aufgabe in die Hand: die Menschheit soll einmal ein Baum werden, der die ganze Erde überschattet, mit vielen Milliarden von Blüten, die alle nebeneinander Früchte werden sollen, und die Erde selbst soll zur Ernährung dieses Baumes vorbereitet werden … Wir müssen vielmehr der großen Aufgabe ins Gesicht sehen – einer Aufgabe der Vernunft für die Vernunft.«[12] Damit gehören die Bejahung der »Demokratisierung Europas«[13] und die Zustimmung zum »Verfall … des Staates«[14] zusammen. Als die große Leistung der Griechen bezeichnet er nun die Schaffung der Wissenschaft, während ihre Kunst oberflächlich gewesen sei, und immer beruft er sich auf Voltaire.

Und dennoch ist die Frage legitim, ob nicht mitten in Nietzsches aufklärerischer Periode immer wieder Töne vernehmbar werden, die auf einen tiefen Zwiespalt innerhalb der Aufklärung hinweisen oder sogar einen »anti-aufklärerischen« Angriff bedeuten. Wenn er sagt, die Welt im ganzen sei nicht vernünftig und nicht einmal die menschliche Vernunft selbst, wenn er die Vernunft als Zufall im Zufall charakterisiert und den Menschen nicht grundsätzlich von der Ameise oder vom Ohrwurm unterschieden sehen will, dann untergräbt er, so sollte man meinen, das ontologische Fundament der Aufklärung, aber das hatte auch Helvétius mit seiner Reduzierung des Urteilens auf das Fühlen bereits getan. Mit der Demaskierung des Menschen, mit der Reduzierung der Tugenden auf Verkleidungen des Egoismus geht er in der Spur der französischen »Moralisten«. Aber das eigentlich »Nietzschesche« kommt doch am ehesten dort zum Vorschein, wo er erkennen läßt, wieviel Schmerz und Bedauern ihm seine eigenen »fortschrittlichen« Auffassungen bereiten, wo er dem künftigen Menschen ein »Doppelgehirn« geben will, eins für die Wissenschaft und eins für diejenigen Einstellungen und Auffassungen, die aus seiner »unlogischen Grundstellung zu allen Dingen«[15] erwachsen, oder wo er sogar eine mögliche Vertierung des Menschen bis ins Affenhafte für eine Zukunftsperspektive erklärt. Noch bedenklicher ist es, wenn er in der »Morgenröte« verächtlich vom »schöntuerischen Aufklärer«[16] spricht und wenn er die Aufklärung in eine Linie mit dem Christentum stellt, da sie eine Fortsetzung des Monotheismus sei, mit dem sie die »Lehre von Einem Normalmenschen« teile, so daß sie zur schlimmsten Gefahr für den Menschen selbst werden kann, welcher nur deshalb das »nicht festgestellte Tier« ohne ewige Horizonte und Perspektiven ist, weil im Polytheismus die Freigeisterei und Vielgeisterei des Menschen vorgebildet sei.[17] Dieser anthropologisch ausgerichteten Kritik ist eine soziologische benachbart, die »Rousseaus leidenschaftliche Torheiten und Halblügen« der »maßvollen Natur« Voltaires entgegenstellt und damit einen tiefen Graben zwischen Aufklärung und Revolution aufreißt. Aphorismus 221 des zweiten Bandes von »Menschliches, Allzumenschliches« hat die Überschrift »Die Gefährlichkeit der Aufklärung«, und es heißt darin: »Alles das Halbverrückte, Schauspielerische, Tierisch-Grausame, Wollüstige, namentlich Sentimentale und Sich-selbst-Berauschende, was zusammen die eigentlich revolutionäre Substanz ausmacht und in Rousseau, vor der Revolution, Fleisch und Geist geworden war, – dieses ganze Wesen setzte sich mit perfider Begeisterung noch die Aufklärung auf das fanatische Haupt.«[18] Dadurch sei eine tiefe Verkehrung entstanden, denn nichts sei der Aufklärung fremder als ein »gewaltsames und plötzliches Wesen«. Daher komme es für jeden Menschen darauf an, die Aufklärung von dieser »Verunreinigung« zu läutern und ihr Werk an sich selber fortzusetzen, um die Revolution nachträglich in der Geburt zu ersticken, ungeschehen zu machen.

Aber schlug Nietzsche in seiner Spätzeit wirklich diesen Weg ein, das Reformerische an der Aufklärung von dem Revolutionären zu trennen und es als das eigentliche Motiv zu erweisen? Zwar redet Nietzsche auch in dieser Phase nicht ganz selten so, als wenn er ein einfacher Vulgär-Aufklärer wäre, etwa wenn er sagt, es sei mit den Priestern und Göttern zu Ende, wenn der Mensch wissenschaftlich werde.[19] Aber selbst solche Wendungen haben jetzt einen so schrillen Klang, daß die Frage unumgänglich wird, ob Nietzsche nun nicht auf die Seite der Revolution getreten sei, freilich einer andersartigen Revolution. Jetzt stellt er »Jesuitismus« und »demokratische Aufklärung« als Gegner der »prachtvollen Spannung« Europas auf dieselbe Stufe, jetzt verwirft er die »freien Geister«, da sie, »kurz und schlimm«, zu den Nivellierern gehören, jetzt ruft er aus: »Oh Voltaire, Oh Humanität! Oh Blödsinn!«[20] Jetzt setzt er den wissenschaftlichen Menschen wieder herab, und zwar als eine »unvornehme Art Mensch«, und der »objektive Mensch« ist ihm weiter nichts als ein Werkzeug. Was er nun gegen Rousseau einwendet, ist die »schmeichlerische Farbe und Übermalung«, unter welcher »der schreckliche Grundtext homo natura« wieder heraus erkannt werden müsse.[21] Damit erscheint die Aufklärung im ganzen und in ihrem Grunde als ein Phänomen der Entartung, des Niedergangs, der décadence, und Sokrates ist für Nietzsche wie in seiner Jugend die Symbolfigur: »Sokrates war ein Mißverständnis; die ganze Besserungs-Moral, auch die christliche, war ein Mißverständnis ... Das grellste Tageslicht, die Vernünftigkeit um jeden Preis, das Leben hell, kalt, vorsichtig, bewußt, ohne Instinkt, im Widerstand gegen Instinkte war selbst nur eine

Krankheit, eine andre Krankheit – und durchaus kein Rückweg zur ›Tugend‹, zur ›Gesundheit‹, zum ›Glück‹ ... Die Instinkte bekämpfen müssen – das ist die Formel für décadence: so lange das Leben *aufsteigt*, ist Glück gleich Instinkt.«[22]

Aufklärung ist also für den späten wie für den frühen Nietzsche Dekadenz, Entartung, Gefahr für die Zukunft des Menschen. Sie gehört zusammen mit Moral, Christentum, Sozialismus und »Weibs-Emanzipation« in das Phänomen der »Gesamt-Entartung« der Menschheit, deren Interpretation wir uns noch gesondert zuwenden müssen. Aber zunächst wollen wir bei Einzelphänomenen bleiben und zuerst die Frage stellen: Dekadenz ist Ermüdung, Verlust der Instinkte, Krankenstube – aber war nicht die Französische Revolution die stärkste Entfesselung von Instinkten und Leidenschaften – mußte sie nicht gerade für denjenigen eine positive Erscheinung sein, der ihre eigene Behauptung, ein Gipfelpunkt oder gar die praktische Vollendung der Aufklärung zu sein, für falsch erklärte?

Die Französische Revolution

Kein Ereignis der neueren Zeit hat vor 1914 die Europäer stärker gespalten als die Französische Revolution. Die Aufklärung wollte ihrem Grundsatz nach versöhnend sein und die Klüfte der Religionskriege gerade überwinden – die Französische Revolution riß neue Klüfte von bisher unbekannter Tiefe auf, weil sie durch die Radikalisierung des Kampfes der Aufklärung gegen »Priester und Tyrannen« selbst rasch den Charakter einer ideologischen Gruppierung gewann und sich ziemlich rasch durch das Motto »Friede den Hütten, Krieg den Palästen« zur Partei in einem »ersten europäischen Bürgerkrieg« machte. Als die Truppen Ludwigs XIV. ihren Zerstörungskrieg in der Rheinpfalz führten, stellte sich kein einziger Bewohner des Landes auf ihre Seite; als aber die Truppen der eben ausgerufenen französischen Republik Ende 1792 Mainz besetzten, da bildeten sich rasch Vereine zur Unterstützung der »Befreier«, und an zahlreichen Stellen des Rheinlands, aber auch in Österreich und anderen Plätzen wurden »Jakobiner« aktiv, die sich mit ihren Gesinnungsgenossen in Paris weit enger verbunden fühlten als mit den »Tyrannen« ihrer Heimatländer. Wenn ein kriegführender Staat bei seinen Gegnern überzeugte Anhänger und Kollaborateure findet, ist eine Bürgerkriegssituation gegeben, auch dann, wenn es nicht zur Bildung bewaffneter Einheiten kommt, die sich dem staatlichen Feind und ideologischen Freund anschließen. Die kämpfenden Staaten werden in gewisser Weise selbst zu Parteien in einem Bürgerkrieg neuer Art, wo die eine Seite »die Revolution« verkörpert und die andere »die Reaktion«. Aber von Anfang an war der Tatbestand zu konstatieren, daß diese »Reaktion« nicht so schwach und hilflos war, wie diejenigen annahmen, die in ihr weiter nichts als eine Verschwörung ängstlicher Tyrannen sehen wollten. Die französischen Emigranten in Koblenz formierten sich zu leistungsfähigen militärischen Einheiten, die keineswegs ausschließlich aus Aristokraten bestanden, und in der Vendée kämpfte weitgehend »das Volk« selbst gegen »die Revolution«. Noch wichtiger war, daß Freunde und Gegner der französischen Umwälzung keine starren Gruppen waren: Als die zunächst in ganz Europa mit nahezu einhelligem Jubel begrüßte Reform der französischen Staatsverfassung (denn etwas anderes als eine Umwandlung des Absolutismus zum Konstitutionalismus bedeuteten die Ereignisse von 1789/90 nicht) immer radikaler wurde, als die Jakobiner schließlich den König und die Königin hinrichteten und zum Terror der Jahre 1793/94 übergingen, da wurden zahlreiche Anhänger zu Gegnern, da verhärtete sich aber auch die Anhänglichkeit derjenigen, welche die Schuld an dieser Entwicklung nicht Robespierre und seinen Jakobinern, sondern deren Gegnern gaben oder die im geheimen das Werk der Guillotine bewunderten. Eine wesentliche Änderung ergab sich wiederum, als die Jakobiner gestürzt waren und als der General Napoleon Bonaparte in den Vordergrund trat, denn jetzt wurden viele Jakobiner zu Gegnern des neuen Militärdespotismus, aber es dauerte doch noch bis zur Kaiserkrönung Bonapartes, daß Ludwig van Beethoven davon Abstand nahm, seine Eroica dem siegreichen Feldherrn zu widmen. Schiller und Klopstock gehörten zu denjenigen, die schon unter dem Eindruck der Schreckensherrschaft umdachten, Goethe war fast von Anfang an skeptisch gewesen, aber Kant und Hegel hielten mit nur geringen Modifikationen an der alten positiven Auffassung fest, und Johann Gottlieb Fichte blieb bis ins neue Jahrhundert hinein ein Jakobiner und Revolutionär. Um die gleiche Zeit waren jedoch ehemalige Liberale wie Ernst Brandes, August Rehberg und Friedrich Gentz längst zu erbitterten Gegnern der »despotischen Synode« zu Paris und dann des napoleonischen Regimes geworden.

Zur Veranschaulichung wähle ich vier Texte, nicht in chronologischer Reihenfolge und nicht in strikter Beschränkung auf die Französische Revolution, denn fast das ganze 19. Jahrhundert war davon überzeugt, daß die französischen Ereignisse nur ein Fall »der Revolution« gewesen seien, und »die Revolution« wurde wie eine enthusiastisch ersehnte oder wie eine abgründig gefürchtete Entität aufgefaßt, seitdem der Begriff, nicht zuletzt durch die »Glorreiche Revolution« von 1689 in England, die alte neutrale Bedeutung verloren hatte.

1. Johann Gottlieb Fichte: Zurückforderung der Denkfreiheit von den Fürsten Europas, die sie bisher unterdrückten. Heliopolis, im letzten Jahr der Finsternis … (1793, anonym)

»Die Zeiten der Barbarei sind vorüber, ihr Völker, wo man euch im Namen Gottes anzukündigen wagte, ihr seiet Herden Vieh, die Gott deswegen auf die Erde gesetzt habe, um einem Dutzend Göttersöhnen zum Tragen ihrer Lasten, zu Knechten und Mägden ihrer Bequemlichkeit und endlich zum Abschlachten zu dienen. [Hinweis auf die Greuel] … und wir wollen euch nicht an blutigere Feste erinnern, welche Despotismus und Fanatismus im gewohnten Bunde eben diesem Volke gaben – euch nicht erinnern, daß dies nicht die Früchte der Denkfreiheit, sondern die Folgen der vorherigen langen Geistessklaverei sind – euch nicht sagen, daß es nirgendwo stiller ist als im Grabe …«[1]

2. Richard Wagner: Die Revolution (1849)

»Ja, wir erkennen es, die alte Welt, sie geht in Trümmer, eine neue wird aus ihr entstehen, denn die erhabene Göttin Revolution, sie kommt dahergebraust auf den Flügeln der Stürme … und wohin ihr mächtiger Fuß tritt, da stürzt in Trümmer das in eitlem Wahne für Jahrtausende Erbaute … Doch hinter ihr, da eröffnet sich uns, von lieblichen Sonnenstrahlen erhellt, ein nie erahntes Paradies des Glückes … und frohlockende Jubelgesänge der befreiten

Menschheit erfüllen die noch vom Kampfgetöse erregten Lüfte. ... Wie getrocknete Pflanzen liegen zwischen diesen Stößen von Dokumenten und Verträgen die Herzen der lebendigen Menschheit und verdorren zu Staub in diesen modernen Folterkammern. ... Sieh hin, dort strömen Scharen heraus aus den Fabriken; sie haben geschafft und erzeugt die herrlichsten Stoffe – sie selbst und ihre Kinder sind nackt, sie frieren und hungern, denn nicht ihnen gehört die Frucht ihrer Arbeit, dem Reichen und Mächtigen gehört sie, der die Menschen und die Erde sein eigen nennt.« [Worte der Revolution:] »Ich bin das ewig verjüngende, das ewig schaffende Leben! wo ich nicht bin, da ist der Tod ... Alles, was besteht, muß untergehen, das ist das ewige Gesetz der Natur, das ist die Bedingung des Lebens und ich, die ewig Zerstörende, vollführe das Gesetz und schaffe das ewig junge Leben ... Ich will zerstören die Herrschaft des einen über die anderen, der Toten über die Lebendigen, des Stoffes über den Geist; ich will zerbrechen die Gewalt der Mächtigen, des Gesetzes und des Eigentums ... Zerstören will ich diese Ordnung der Dinge, die den Genuß trennt von der Arbeit, die aus der Arbeit eine Last, aus dem Genusse ein Laster macht, die einen Menschen elend macht durch den Mangel und den anderen durch den Überfluß ... Nur zwei Völker noch gibt es von jetzt an: das eine, welches mir folgt, das andere, welches mir widerstrebt und mit dem himmelerschütternden Rufe ›Ich hin ein Mensch!‹ stürzen sich die Millionen, die lebendige Revolution, der Mensch gewordene Gott, hinab in die Täler und Ebenen, und verkünden der ganzen Welt das neue Evangelium des Glückes!«[2]

3. Edmund Burke: Reflections on the Revolution in France (1790)
»The levellers therefore only change and pervert the natural order of things: they load the edifice of society, by setting up in the air what the solidity of the structure requires to be on the ground.[3] ... and thus the commonwealth itself would, in a few generations, crumble away, be disconnected into the dust and powder of individuality, and at length dispersed to all the winds of heaven ... Society is indeed a contract ... but the state ought not to be considered as nothing better than a partnership agreement in a trade of pepper and coffee, calico or tobacco, or some other such low concern, to be taken up for a little temporary interest, and to be dis-

solved by the fancy of the parties … it becomes a partnership not only between those who are living, but between those who are living, those who are dead, and those who are to be born. Each contract of each particular state is but a clause in the great primæval contract of eternal society, linking the lower with the higher natures, connecting the visible and invisible world …[4] … As the colonists rise on you, the negroes rise on them. Troops again – Massacre, torture, hanging! These are your rights of men! These are the fruits of metaphysic declarations wantonly made, and shamefully retracted[5] …Never shall I think any country in Europe to be secure, whilst there is established, in the very centre of it, a state (if so it may be called) founded on principles of anarchy, and which is, in reality, a college of armed fanatics, for the propagation of the principles of assassination, robbery, rebellion, fraud, faction, oppression, and impiety …[6] [Vergleich mit Mohammed] … Your despots govern by terror. They know that he who fears God fears nothing else: and therefore they eradicate from the mind, through their Voltaire, their Helvetius, and the rest of that infamous gang, that only sort of fear which generates true courage. … The new school of murder and barbarism, set up in Paris, having destroyed … all the other manners and principles which have hitherto civilized Europe, will destroy also the mode of civilized war which, more than anything else, has distinguished the Christian world. Such is the approaching golden age, which the Virgil of your assembly has sung to his Pollios! … The associations of tailors and carpenters of which the republic (of Paris, for instance) is composed, cannot be equal to the situation, into which, by the worst of usurpations, an usurpation on the prerogatives of nature, you attempt to force them.«[7] [Gemeint Mirabeaus Rede über den universalen Frieden.]

4. Joseph de Maistre: Considérations sur la France, 1797
»il y a dans la révolution française un caractère satanique qui la distingue de tout ce qu'on a vu et peut-être de tout ce qu'on verra. Qu'on se rappelle les grandes séances! Les discours de Robespierre contre le sacerdoce, l'apostasie solennelle des prêtres, la profanation des objets du culte, l'inauguration de la déesse Raison, et cette foule de scènes inouïes où les provinces tâchaient de surpas-

ser Paris; tout cela sort du cercle ordinaire des crimes, et semble appartenir à un autre monde. ... La génération présente est témoin de l'un des plus grands spectacles qui jamais ait occupé l'oeil humain: c'est le combat à outrance du christianisme et du philosophisme. La lice est ouverte, les deux ennemis sont aux prises, et l'univers regarde.«[8]

Eins sollte heute offenkundig sein, nämlich daß alle plakativen Beschreibungen ungenügend sind. Die europäische Gesellschaft bestand nicht ausschließlich aus Bewohnern von »Palästen« auf der einen und von »Hütten« auf der anderen Seite. Sie war aber auch nicht so »natürlich«, so selbstgewiß und »deferential«, wie Burke die englische schilderte. Zu den entscheidenden Fragen mußten die folgenden zählen: Wie viele »Häuser« gab es, und was war die Einstellung von deren Bewohnern? Gab es eine innere Bindung zwischen »Hütten« und »Palästen«, und wie stark war sie? War der Adel tatsächlich bloß eine parasitäre Luxusklasse, oder war er eine Führungsschicht? Wie bedeutend war die Rolle der Kirchen in allen Loyalitätsfragen?

Aber die Auseinandersetzungen gingen weiter und mußten weitergehen. Während des ganzen Jahrhunderts sah sich eine »Partei der Beharrung« einer »Partei der Bewegung« konfrontiert. Ranke fand zwei Grundprinzipien im Kampfe begriffen: das Prinzip des Legitimismus und das Prinzip der Volkssouveränität. Es ist kein Zweifel, daß die »Revolutionshoffnung« einen beständigeren Charakter hatte und leichter zu erneuern war als die Verwerfung des »Satanischen«. Richard Wagner sprach 1849 ähnlich, wie Siéyès und Mirabeau 1789 und 1790 gesprochen hatten; aber Friedrich Julius Stahl war kein neuer de Maistre.

Merkwürdig ist nun, daß Nietzsche, der hinsichtlich der Antike, des Christentums, des Judentums, der Reformation und weiterhin des Deutschen Reiches in der Tat ein Schlachtfeld gegensätzlicher Empfindungen und Auffassungen war, im Hinblick auf diese umkämpfteste aller Fragen ganz eindeutig Stellung bezieht, und zwar in einem Sinne, der Richard Wagner genau entgegengesetzt ist. Außerdem sind seine Äußerungen nicht zahlreich: Man kann sie vollständig Revue passieren lassen, während bei allen anderen Themen eine harte Selektion erfolgen muß. Dennoch ist Nietzsche kein bloßer Nachfolger von Burke und de Maistre.

In der »Geburt der Tragödie« und den Vorarbeiten dazu werden Revolution, Rousseau, liberaler Optimismus und sozialistische Bewegungen der Gegenwart mit »Flachheit« identifiziert und dem griechisch-deutschen Geist der Tragödie entgegengestellt: In der Oper, als der eigentlich modernen Kunstgattung, erzwingt sich ein mächtiges Bedürfnis unästhetischer Art eine Kunst, nämlich »die Sehnsucht zum Idyll, der Glaube an eine urvorzeitliche Existenz des künstlerischen und guten Menschen«. Daraus ist mit der Zeit eine Forderung entstanden, »die wir, im Angesicht der sozialen Bewegungen der Gegenwart, nicht mehr überhören können. Der ›gute Urmensch‹ will seine Rechte: welche pardiesischen Aussichten«[9]. In der hinterlassenen Vorrede »Der griechische Staat« wird ausdrücklich gesagt, die liberal-optimistische Weltanschauung habe ihre Wurzeln in den Lehren der französischen Aufklärung und Revolution, »d. h. in einer gänzlich ungermanischen, ächt romanisch flachen und unmetaphysischen Philosophie«. Als besonders verhängnisvoll betrachtet Nietzsche hier »die Verwendung des Revolutionsgedankens im Dienst einer eigensüchtigen staatlosen Geldaristokratie«, und eben deshalb soll man ihm »einen gelegentlich anzustimmenden Päan auf den Krieg« zugute halten, denn die »unerreichte griechische Kunstvollendung« sei nicht zufällig in einer »kriegerischen Geschichte« zur Wirklichkeit geworden.[10] Das nun bedeutete zugleich Gegensatz zu und halbe Übereinstimmung mit Richard Wagner, der 1850 bekanntlich seine Schrift »Das Judentum in der Musik« geschrieben hatte.

Eine andere Notiz in den Fragmenten dieser Zeit lautet: »Die Französische Revolution ist aus dem Glauben an die Güte der Natur entstanden: sie ist die Consequenz der Renaissance. Wir müssen uns belehren lassen. Eine mißleitete und optimistische Weltbetrachtung entfesselt endlich alle Greuel.«[11] Einige Zeit später, 1874, stellt er folgende Postulate nebeneinander: »Vernichtung der Aufklärung, Wiederherstellung vom metaphysischen Sinn des Daseins, Feindschaft gegen das Christentum, weil es dasselbe übersieht – Gegen die Gedanken der Revolution.«[12]

Auch in »Schopenhauer als Erzieher« wird »der Mensch Rousseaus« für die Revolution verantwortlich gemacht, aber doch zugleich entschuldigt, da er sich »gedrückt und halb zerquetscht durch hochmütige Kasten, erbarmungslosen Reichtum, durch Priester und schlechte Erziehung verderbt« gesehen habe.[13]

Am nächsten bei Richard Wagner und doch ein gutes Stück von ihm entfernt ist Nietzsche in »Richard Wagner in Bayreuth«, wo er die Frage stellt: »wie dämmen wir die Flut der überall unvermeidlich scheinenden Revolution so ein, daß mit dem Vielen, was dem Untergange geweiht ist und ihn verdient, nicht auch die beseligende Antizipation und Bürgschaft einer besseren Zukunft, einer freieren Menschheit weggeschwemmt wird?«[14]

So tief der Umbruch zu »Menschliches, Allzumenschliches« im übrigen ist, so wenig ändert er an der grundsätzlichen Einstellung Nietzsches zur Revolution und insbesondere zur Französischen Revolution. Nietzsche rühmt hier Voltaires »schlechterdings unrevolutionäre Gesinnung« und stellt dessen Zugehörigkeit zu der durch die Griechen begründeten Tradition des Maßes heraus.[15] Uneingeschränkte Zustimmung findet Voltaires Satz: »quand la populace se mêle de raisonner, tout est perdu.«[16] Die schon erwähnte Entgegensetzung von Voltaire und Rousseau sollte jetzt vollständig zitiert werden: »Nicht Voltaires maßvolle, dem Ordnen, Reinigen und Umbauen zugeneigte Natur, sondern Rousseaus leidenschaftliche Torheiten und Halblügen haben den optimistischen Geist der Revolution wachgerufen, gegen den ich rufe: ›Ecrasez l'infâme.‹ Durch ihn ist der Geist der Aufklärung und der fortschreitenden Entwicklung auf lange verscheucht worden – sehen wir zu – ein Jeder bei sich selber – ob es möglich ist, ihn wieder zurückzurufen.«[17] Einen andersartigen Akzent erhält die Rousseau-Kritik, wenn von Rousseau der Moralismus Kants, Schillers und Beethovens abgeleitet und wenn dieser Moralismus für ein »halbtheologisches Attentat gegen Helvétius« erklärt wird, aber Kritik bleibt sie.[18]

In der Vorrede zur »Morgenröte« von 1886 wird Rousseau eine »Moral-Tarantel« genannt sowie zusätzlich durch die Nennung seines »Vollstreckers« Robespierre angegriffen, und eine grundsätzliche Umkehrung der Grundbegriffe Rousseaus nimmt Nietzsche im Aph. 163 »Gegen Rousseau« vor, wo die »Erbärmlichkeit der Civilisation« auf die »unmännlichen gesellschaftlichen Begriffe von gut und böse« zurückgeführt wird.[19] Auch wo er die »Feindschaft der Deutschen gegen die Aufklärung« anklagt, wird die (angebliche) Revolutionsfeindschaft von dem Tadel ausgenommen.[20] Aber im Fünften Buch schreibt er selbst in zwei aufeinanderfolgenden Aphorismen von der »pathetischen und blutigen Quacksalberei« der Französischen Revolution und von dem »schöntuerischen Aufklärer«.[21] Am nächsten geht er, der weder Marat noch Danton mit einem Wort erwähnt, auf die konkrete Geschichte der Französischen Revolution ein, wenn er die Gründe von Chamforts Sympathie für die Revolution auf ein aus Knabenjahren resultierendes Rachebedürfnis zurückführt: »Gesetzt, Chamfort wäre damals um einen Grad mehr Philosoph geblieben, so hätte die Revolution ihren tragischen Witz und ihren schärfsten Stachel nicht bekommen.«[22] In die Gattung der bloßen Beschimpfungen gehört der Schlußsatz aus dem Aphorismus 350 der »Fröhlichen Wissenschaft«: »Schon der Protestantismus ist ein Volksaufstand zu gunsten der Biederen, Treuherzigen, Oberflächlichen ..., aber erst die Französische Revolution hat den ›guten Menschen‹ das Scepter vollends und feierlich in die Hand gegeben (dem Schaf, dem Esel, der Gans und Allem, was unheilbar flach und Schreihals und reif für das Narrenhaus der ›modernen Ideen‹ ist.)«[23]

Im Zarathustra kommt das Wort »Französische Revolution« natürlich nicht vor, aber daß Robespierre in dem Kapitel »Von den Taranteln« noch mehr gemeint ist als Proudhon oder Bakunin, dürfte keinem Zweifel unterliegen: »Ihr Prediger der Gleichheit, der Tyrannen-Wahnsinn der Ohnmacht schreit also aus euch nach ›Gleichheit‹: eure heimlichsten Tyrannen-Gelüste vermummen sich also in Tugend-Worte! Vergrämter Dünkel, verhaltener Neid, vielleicht eurer Väter Dünkel und Neid: aus euch bricht's als Flamme heraus und Wahnsinn der Rache ... Das ist Volk schlechter Art und Abkunft; aus ihren Gesichtern blickt der Henker und der Spürhund.«[24]

In »Jenseits von Gut und Böse« ist für Nietzsche die Französische Revolution sogar eine »schauerliche und überflüssige Posse«, deren »Text« freilich unter den Interpretationen der »edlen und schwärmerischen Zuschauer von ganz Europa« verschwunden sei.[25] Ein noch schärferer Ton wird in der »Genealogie der Moral« vernehmbar, wo »Judäa noch einmal mit der Französischen Revolution zum Siege über das klassische Ideal!« gelangte, weil es sich mit den »volkstümlichen Ressentimentinstinkten« zu verbinden wußte, so daß »niemals auf Erden ein größerer Jubel, eine lärmendere Begeisterung gehört wurde«.[26] Offensichtlich schweben ihm die Reden Robespierres und Saint-Justs über die »vertu« vor, wenn er später schreibt: »Diese Mißratenen: welche edle Beredsamkeit entströmt ihren Lippen! ... Sie haben die Jugend jetzt ganz und gar für sich in Pacht genommen, diese Schwachen und Heillos-Krankhaften ... wie sie darnach dürsten, *Henker* zu sein.«[27]

In der »Götzen-Dämmerung« ist ihm Rousseau »Idealist und canaille in Einer Person«, Darreicher des giftigsten Giftes, der Lehre von der Gleichheit, die von der Gerechtigkeit selbst gepredigt zu sein scheint, während sie das Ende der Gerechtigkeit ist, Urheber der Moralität und damit zugleich der »Immoralität« der »blutigen Farce«, vor der man wie Goethe Ekel empfinden sollte, obwohl ihr Schauspiel »auch die edelsten Geister verführt hat«.[28] Und daß nicht das Christentum der Theologie es ist, das im »Antichrist« mit so zügelloser Erbitterung angegriffen wird, macht der folgende Satz ganz klar: »Der Aristokratismus der Gesinnung wurde durch die Seelen-Gleichheits-Lüge am unterirdischsten untergraben; und wenn der Glaube an das ›Vorrecht der Meisten‹ Revolutionen macht und machen wird, das Christentum ist es, man zweifle nicht daran, christliche Werturteile sind es, welche jede Revolution bloß in Blut und Verbrechen übersetzt!«[29] Und welche Ahnenreihe er im Auge hat, macht Nietzsche noch einmal deutlich, wenn er »Savonarola, Luther, Rousseau, Robespierre, Saint-Simon« als »Fanatiker« und als den »Gegensatz-Typus des starken, des freigewordenen Geistes« bezeichnet.[30]

Im Nachlaß der dritten Periode findet sich so gut wie nichts, das all dem etwas Neues oder auch nur andersartig Formuliertes hinzufügte, vielleicht mit Ausnahme des Satzes: »Deshalb ist die französische Revolution die Tochter und Fortsetzerin des Christentums ... sie hat den Instinkt gegen die Kirche, gegen die Vornehmen, gegen die letzten Privilegien.«[31]

Interessanter ist die Frage, ob nicht am Ende doch auch hier entgegengesetzte Äußerungen aufzufinden sind, die beweisen würden, daß in Nietzsches eigener Brust die Schlacht zwischen Revolutionsfreunden und Revolutionsgegnern ausgetragen wurde, die ein so bedeutendes Kapitel der europäischen Geistesgeschichte ausmacht.

Aber es findet sich nur weniges. Im Sommer 1873 formuliert Nietzsche in den nachgelassenen Fragmenten folgenden Satz: »Unter allen Umständen die Revolution: aber von der Klugheit und Menschlichkeit der nächsten Geschlechter hängt es ab, ob daraus die Barbarei oder etwas Anderes hervorgeht.«[32] Im »Schopenhauer« bezweifelt er, daß ganze Gebiete revolutioniert werden könnten, bevor die Menschen selbst revolutioniert seien, und eben das lasse sich nicht wahrnehmen.[33] Der merkwürdigste Satz ist wohl der folgende aus »Ecce homo«: »Wir, die wir in der Sumpfluft der fünfziger Jahre Kinder gewesen sind, sind mit Notwendigkeit Pessimisten für den Begriff ›deutsch‹; wir können gar nichts anderes sein als Revolutionäre, – wir werden keinen Zustand der Dinge zugeben, wo *der Mucker* obenauf ist.«[34] Eben daraus leitet er hier seine Hinneigung zu Richard Wagner ab. Aber im »Fall Wagner« spricht er doch eher abschätzig davon, daß Wagner »sein halbes Leben lang« an die Revolution geglaubt habe, daß sein Siegfried den typischen Revolutionär darstellt und daß Wagner, »gleich allen Revolutions-Ideologen«, die Quelle des Unheils »in alten Verträgen« erblickt.[35] Nietzsches Revolution gegen die Mucker ist nun gerade eine Revolution gegen die Französische Revolution als eins der Ergebnisse der christlichen Muckerhaftigkeit, die er mit »Sklaven-Moral« gleichsetzt. Er bejaht die Französische Revolution vielmehr nur in einer Hinsicht und auf ganz paradoxe Weise: Sie brachte den »großen Menschen« hervor, wenn auch gegen ihren Willen und gegen ihre wahre Natur: »Wie ein letzter Fingerzeig zum *andren* Wege erschien Napoleon, jener einzelnste und spätestgeborene Mensch, den es jemals gab, und in ihm das fleischgewordene Problem des vornehmen Ideals an sich – man überlege wohl, *was* es für ein Problem ist: Napoleon, diese Synthesis von *Unmensch* und *Übermensch*.«[36]

Wenn für Nietzsche die Französische Revolution die Tochter und Fortsetzerin des Christentums war, so war für ihn in seiner Gegenwart der Sohn und der Fortsetzer der Französischen Revolution neben anderen Emanzipationsbewegungen, die für ihn Verfallserscheinungen waren, unzweifelhaft der Sozialismus. Über ihn gibt es weitaus mehr Äußerungen als über die Französische

Revolution, besonders dann, wenn man die impliziten Übereinstimmungen in der Kritik der modernen Gegenwart heranzieht. Ist es auszuschließen, daß Nietzsche im Sozialismus Züge oder Personen entdeckt, die jenem »Übermenschlichen« nahestehen, das er in Napoleon, dem Sproß der Französischen Revolution, wahrnimmt?

Der Sozialismus

Als Nietzsche in die Umnachtung versank, war das Sozialistengesetz in Deutschland noch nicht aufgehoben, und die Zweite Internationale war noch nicht gegründet. Dennoch galt der Sozialismus weithin als die »Welle der Zukunft«, und der Begriff war allgemein bekannt, obwohl er kaum ein halbes Jahrhundert alt war. Nur der radikale Liberalismus Adam Smiths und seiner Nachfolger hatte ebenfalls ein umfassendes Zukunftsbild: eine Welt des Friedens, frei von einschränkenden Repressionen wirtschaftlicher, politischer und geistiger Art, ohne Grenzlinien und Feindseligkeiten – aber eine Verwirklichung erwartete Richard Cobden erst »in tausend Jahren«, und es mußte sich sofort die Frage erheben, ob nicht diese Welt der unbeschränkten Konkurrenz aller Individuen zwar die bisherigen Gliederungen der Gesellschaft und die politischen Konzentrationen, d. h. Staaten, auflösen, aber lediglich eine andersartige Gliederung und eine andersartige, primär ökonomische, Konzentration an deren Stelle setzen würde. Der Sozialismus versprach dagegen eine sofortige oder sehr baldige Lösung aller Schwierigkeiten durch die entgegengesetzte Methode: durch die Schaffung zahlloser selbstgenügsamer industriell-agrikoler Gemeinschaften – »phalanstères« oder »villages of unity and cooperation« genannt –, deren höchstens 2000 Mitglieder sich ohne Ständeordnung selbst regieren würden, indem sie die Arbeitslasten und den Genuß gleichmäßig verteilten, so daß ein jeder den »vollen Ertrag seiner Arbeit« erhalten würde und alle Ausbeutung ebenso beseitigt wäre wie jede Form von Ungleichheit. In eins damit würde die Arbeitsteilung abgeschafft sein, da »jeder an allem« Anteil haben würde, so daß der Begriff der »Demokratie« vollständig verwirklicht wäre.

Freilich hatte diese Erscheinungsform des Sozialismus ihre große Zeit in den dreißiger und vierziger Jahren des Jahrhunderts gehabt, als Robert Owen und Charles Fourier ihre Gedanken vorlegten und mancherlei Experimente kommunalen Lebens gemacht wurden, vor allem in England und Amerika. Aber sehr rasch waren die großen Schwierigkeiten offenbar geworden, die diesem Konzept entgegenstanden. Orbiston, New Lanark und Queenwood waren zusammengebrochen, weil sich unter den Bewohnern rasch heftige Konflikte entwickelt hatten, die meist darauf zurückzuführen waren, daß eine Arbeitsstunde des einen eben nicht der Arbeitsstunde eines anderen gleichwertig war und daß die Gemeindeversammlungen viel zuviel Zeit in Anspruch nahmen, wenn tatsächlich alle Fragen dort geregelt werden sollten. Schon früh wurde daher eine staatliche Planwirtschaft ins Auge gefaßt. So heißt es bei Constantin Pecqueur: »En principe, il ne doit y avoir dans une nation qu'un seul propriétaire, un seul entrepreneur, un seul maître, un seul capitaliste-prêteur, une seule institution de crédit, à savoir: L'Etat, le peuple dans ses représentants. Tout producteur, tout commerçant, tout détenteur de la matière de travail doit être fonctionnaire de l'association nationale.«[1] Dadurch wurde nun in der Tat die »Planlosigkeit« der liberalen Ökonomie aufgehoben, aber es entstehen die Probleme der institutionalisierten Leitung, d. h. der Bürokratie, und des Verhältnisses zu anderen Staaten. Es ist schwerlich zufällig, daß bei Pecqueur die Arbeiter »wie Soldaten« angesehen werden. Trotzdem wird das Idyllische, der Charakter der »modernen Dorfgemeinschaft«, in den meisten Beschreibungen wie selbstverständlich gewahrt, so etwa in Etienne Cabets »Voyage en Icarie«.

Ikarien, von dem hochverehrten Ikar gegründet, ist ein irdisches Paradies; es gibt keine Ungleichheit, kein Geld, weder Kaufen noch Verkaufen und daher allgemeines Glück. Alles ist zentralisiert und rationalisiert, mäßige Arbeit ist Pflicht für jeden, Soldaten, Gendarmen und Gefängnisse sind unbekannt. Die Möbel sind standardisiert und überall gleich. Alle erheben sich um 5 Uhr zur Arbeit und gehen um 10 Uhr abends zu Bett. Alte Sprachen werden in den Schulen nicht gelehrt, da sie nutzlos sind. Der ganze Staat ist eine große Familie, da kein Privateigentum existiert. Schlechte Bücher werden öffentlich verbrannt. Es herrscht eine strenge

Moral: Verführer werden als Verbrecher betrachtet. Eine Verbesserung der »race humaine« wird durch das Studium der Phrenologie und durch Beachtung der Gesetze der Eugenik angestrebt. Aber sogar die Vergangenheit wird in Sorge genommen: als »tribunal pour les morts« richten Historiker die Vergangenheit vom Blickpunkt des endlich erreichten Glücks aus. Die Volksversammlung hat sich einmütig für die Gottesverehrung entschieden, aber gegen die Bibel, da der Gott des Moses ein »Dieu jaloux, exigeant, colérique, vindicatif et sanguinaire« ist. Mit dem Eigentum, dem Geld und der Ungleichheit sind alle Laster der alten Gesellschaftsordnung abgeschafft; endlich führen die Menschen ein naturgemäßes Dasein, da von Natur weder Arme noch Reiche existieren. Nur dadurch ist »sozialer Friede« möglich, während früher der »soziale Krieg« die Grundrealität war. Als entscheidende Vorbedingung der neuen Organisation wird (wie auch bei Pecqueur) »der Dampf« genannt, der die Aristokratie beseitigt habe. Aber von einer selbstgenügsamen Abgeschlossenheit Ikariens kann nicht die Rede sein, sondern es werden Kreuzzüge zugunsten der Unterdrückten in aller Welt unternommen.

Der Staatssozialismus ist also ebenso wie der Kommunalsozialismus nach der Intention seiner Urheber ein »Weltsozialismus«, und auch in diesem wird das »Familienmäßige« bewahrt. Saint-Simon schreibt England, Frankreich und Deutschland eine Avantgarde-Funktion zu. Bei ihm sind allerdings die Bankiers besonders wichtig; zwar ist das Erbrecht abgeschafft, aber der individuelle Besitz und die individuelle Initiative bleiben erhalten.

Der Sozialismus begann indessen nicht mit Saint-Simon, Owen und Fourier, sondern er hat weit ältere Wurzeln.

Max Beer macht in seiner »Allgemeinen Geschichte des Sozialismus und der sozialen Kämpfe« den Anfang mit der »Urgesellschaft«, die durch die Gleichheit aller Mitglieder gekennzeichnet war und die allmählich in Gesellschaften institutionalisierter Ungleichheiten verwandelt wurde. Die Unterdrückten denken sehnsüchtig an die verlorene Urzeit und deren Gleichheit zurück und idealisieren sie in den Vorstellungen des Paradieses und des »Goldenen Zeitalters«. Auch das Naturrecht ist ein Protest gegen die aufgrund des Sondereigentums geschaffene Inegalität und deren Einrichtungen. Der Jahwe-Glaube war der Glaube der Besitzlosen, während die Besitzenden in Palästina für Baal eintraten. Alle »Staatsromane« der Antike geißeln Privateigentum, Habgier und Gewalt, entwerfen Bilder glücklicher Inseln, wo die Menschen wie eine Familie in völliger Übereinstimmung leben. Vergil und David priesen das saturnische Zeitalter, wo es noch keine Grenzsteine gab, und damit meinten sie die kommunistische Urzeit. Die Kirchenväter beschrieben zum erheblichen Teil »diese Welt« als eine Folge der Habsucht und ließen »das Mein und Dein« aus der Sündhaftigkeit entspringen. Die gnostische Sekte der Karpokratianer ging sogar soweit, die Tiere als Vorbild hinzustellen, die der Natur nicht entfremdet sind und »einander ohne Vorschrift und ohne Gebote begatten«. Besonderung und Unterschiedlichkeit entstanden nach ihrer Auffassung durch die niederen abgefallenen Engel, und erst Jesus brachte das Heil zurück, das die Seele mit Gott vereinigt und Gesetze überflüssig macht. Das Mönchtum des Mittelalters war ein Protest gegen die weltlich gewordene Kirche, indem es alles ablehnte, was die »Welt« ausmacht: Sondereigentum, Habsucht, Familie, Staat, Standesunterschiede, Herrschaftsverhältnisse, Zwang und Gewalt. Für Joachim von Floris war das »Dritte Reich« des Heiligen Geistes, dessen Kommen er verkündigte, ein Zustand der Freiheit, des Friedens, der Gewaltlosigkeit, des Kommunismus, ein Zeitalter der Demütigen und Armen, ohne soziale Unterschiede.[2] Meister Eckehart verkehrte mit den Begharden, die, nach Beer, »damals bei den Dominikanern und allen kirchlichen Kreisen so viel Abscheu erregten wie heute die Bolschewisten bei den Ordnungsparteien«[3]. John Wycliffe gehörte zu den Männern, die »geistig den Übergang vom Mittelalter zur Neuzeit vorbereiteten« – »wirtschaftlich stand Wycliffe jedoch noch im Mittelalter, und verteidigte die Gemeinwirtschaft gegenüber der überhandnehmenden Privatwirtschaft«.[4] Für die Taboriten, für John Ball und Thomas Müntzer gilt ähnliches: Sie verwarfen das Mein und Dein, aus dem für sie alle Übel entsprangen. Für Thomas Morus war die bestehende Ordnung eine Verschwörung der Reichen gegen die Armen, und eine grundsätzlich andere, nämlich »bürgerliche« Auffassung trat (freilich durch Aristoteles und Thomas von Aquin vorbereitet) erst mit Francis Bacon ins Dasein, der das Glück der Menschheit nicht durch eine Veränderung der Eigentumsverhältnisse, sondern durch die Steigerung der Produktion mittels Anwendung der Naturwissenschaften erreichen wollte, und sie erfuhr ihre definitive Begründung durch John Locke, der das Privateigentum und den Staat bereits im Naturzustand vorhanden sah. Von da führt die eine, die »bürgerliche« Linie weiter zu David Ricardo und Richard Cobden, während die andere über Linguet, William Godwin und die sogenannten Frühsozialisten zu Karl Marx geht, der sich aber von allen Naturrechts-Sozialisten dadurch unterscheidet, daß er die Entwicklung der Produktivkräfte und die Massenkämpfe des modernen Industrieproletariats in den Mittelpunkt seines Denkens stellt. Freilich ist seine Lehre später durch den Reformismus entstellt und verdorben worden, heute aber gibt es nur noch eine Wahl für die Menschheit: »entweder Rettung in den Kommunismus oder Untergang in die Barbarei«.[5]

Schon dieser flüchtige Überblick macht deutlich, daß »der Sozialismus« ein sehr komplexes Phänomen ist. In gewisser Hinsicht ist er etwas Uraltes: eine »Wurzel des Übels« wird in der Gegenwart gesucht und im »Privateigentum« gefunden, nicht anders als häufig bereits in der Antike; Rettung und »Erlösung« werden in einem Zustand gesucht, der familienartig, personal und gleichheitlich ist. In diesem »Primitivismus« ist der Sozialismus radikal-reaktionär, ja archaisch: Sozialreligion und Gegenbild zur modernen Welt mit ihrer Herrschaft der Maschine, ihrer Unpersönlichkeit und ihrem Spezialistentum.

Andererseits ist er besonders modern: Er bietet eine zugespitzte »Kulturkritik«, er nimmt die Zunahme der Besitzlosen wahr, er kann sich auf die »sozialisierenden« Tendenzen in Staatsleben und Produktion berufen (Einkommensteuer, Großbetriebe), er übernimmt die aufklärerische Religionskritik, er schätzt die Naturwissenschaft hoch und gibt eine Analyse der Krisenhaftigkeit der modernen Ökonomie.

Dieses »Andererseits« entsteht keineswegs erst bei Marx: Schon Owen und Proudhon wollten einen »wissenschaftlichen Sozialismus« begründen, Saint-Simon war von nostalgischen Rückblicken frei, obwohl er und seine Nachfolger Elemente des antiliberalen, »reaktionären« Denkens de Maistres und Bonalds in ihr System einbauten, Pecqueur und schon Owen unterstrichen die Bedeutung des »Dampfes«, des Industriesystems und des sozialen

Elends. Aber Marx brachte alle Elemente am umfassendsten und erfolgreichsten zur Synthese, und zusammen mit Engels setzte er die Auffassung durch, daß erst sein »historischer Materialismus« ein »wissenschaftlicher Sozialismus« und damit eine durch und durch moderne Lehre sei.

Tatsächlich muß man Marx als denjenigen Sozialisten bezeichnen, der, wie vorher bloß William Thompson und Proudhon in Ansätzen, vor allem eine Analyse der »kapitalistischen Produktionsweise« vornahm und nachzuweisen suchte, daß diese auf der Trennung von »Arbeit« und »Kapital« beruhende Produktionsweise die Arbeitsteilung zum Extrem führt, eine Arbeiterklasse schafft und ins Elend stürzt, wegen ihrer Planlosigkeit von Krise zu Krise taumelt und schließlich mit Notwendigkeit zugrunde geht. Über die künftige »sozialistische Organisation« der Gesellschaft dagegen sagt Marx so gut wie nichts, und das bei Owen und Fourier so ausgeprägte sozialreligiöse Motiv scheint ihm, dem »Materialisten«, fernzuliegen. Der Marxismus ist kein »Beschreibungs-Sozialismus«.

Aber in den sog. Ökonomisch-philosophischen Manuskripten von 1844 nimmt er nicht nur eine klassische und doch am ehesten der romantischen Gesellschaftsphilosophie etwa Adam Müllers verwandte Kennzeichnung des durch die moderne Arbeitsteilung seinem menschlichen Wesen entfremdeten Arbeiters vor, der bloß noch »eine abstrakte Tätigkeit und ein Bauch« ist, sondern er gibt auch eine Beschreibung des Sozialismus als eines Endzustandes, die er sonst so hartnäckig vermeidet: »Der Kommunismus als positive Aufhebung des Privateigentums als menschlicher Selbstentfremdung und darum als wirkliche Aneignung des menschlichen Wesens durch und für den Menschen; darum als vollständige, bewußt und innerhalb des ganzen Reichtums der bisherigen Entwicklung gewordne Rückkehr des Menschen für sich als eines gesellschaftlichen, d. h. menschlichen Menschen. Dieser Kommunismus ist als vollendeter Naturalismus gleich Humanismus, als vollendeter Humanismus gleich Naturalismus, er ist die wahrhafte Auflösung des Widerstreites zwischen dem Menschen mit der Natur und mit dem Menschen, die wahre Auflösung des Streits zwischen Existenz und Wesen, zwischen Vergegenständlichung und Selbstbestätigung, zwischen Freiheit und Notwendigkeit, zwischen Individuum und Gattung. Er ist das aufgelöste Rätsel der Geschichte und weiß sich als diese Lösung.«[6]

Man sagt, diese Auffassung gehöre noch der »Frühzeit« an, erst danach habe Marx zum Materialismus und Ökonomismus gefunden. Aber nur ein Narr kann glauben, eine so zentrale und herausgehobene Aussage eines immerhin 25jährigen könne später stillschweigend in ihr Gegenteil verkehrt werden. Und es sollte doch jedermann in die Augen springen, daß jener Vorrang der ökonomischen Verhältnisse gerade ein Kennzeichen der bisherigen Geschichte ist und in der nach der »proletarischen Revolution« beginnenden »eigentlichen Geschichte der Menschheit« seine Gültigkeit verloren haben wird.

Ganz Ähnliches muß zu einer bekannten Stelle in den Auszügen aus James Mill gesagt werden, die in die gleiche Zeit gehören: »Unser wechselseitiger Wert ist [in der gegenwärtigen Warenproduktion] für uns der Wert unserer wechselseitigen Gegenstände. Also ist der Mensch selbst uns wechselseitig wertlos.

Gesetzt, wir hätten als Menschen produziert: Jeder von uns hätte in seiner Produktion sich selbst und den Anderen doppelt bejaht. ... Unsere Produktionen wären ebenso viele Spiegel, woraus unser Wesen sich entgegenleuchtete. ... Dies Verhältnis wird dabei wechselseitig, von Deiner Seite geschehe, was von meiner geschieht. ... Meine Arbeit wäre freie Lebensäußerung, daher Genuß des Lebens. Unter der Voraussetzung des Privateigentums ist sie Lebensentäußerung, denn ich arbeite, um zu leben, um mir ein Mittel des Lebens zu verschaffen. Mein Arbeiten ist nicht Leben.«[7]

Marx' Verständnis dessen, was Arbeit eigentlich ist, d. h. sein sollte, ist also radikal personalistisch, jeder modernen Massenproduktion und Massenindustrie aufs schroffste entgegengesetzt und nur als Wechselverhältnis von Künstlern nachvollziehbar.

Gewiß ist in der späteren Zeit die Ausdrucksweise zurückhaltender und das Objekt alltäglicher. Aber im zweiten Band des »Kapital« wird folgende Erwägung angestellt, nachdem gezeigt worden ist, auf welche Weise in der Geldwirtschaft Investitionen vorgenommen werden: »Denken wir die Gesellschaft nicht kapitalistisch, sondern kommunistisch, so fällt zunächst das Geldkapital ganz fort, also auch die Verkleidungen der Transaktionen, die durch es hineinkommen. Die Sache reduziert sich einfach darauf, daß die Gesellschaft im voraus berechnen muß, wieviel Arbeit, Produktionsmittel und Lebensmittel sie ohne irgendwelchen Abbruch auf Geschäftszweige verwenden kann, die, wie Bau von Eisenbahnen z. B., für längre Zeit, ein Jahr oder mehr, weder Produktionsmittel noch Lebensmittel, noch irgendeinen Nutzeffekt liefern, aber wohl Arbeit, Produktionsmittel und Lebensmittel der jährlichen Gesamtproduktion entziehn. In der kapitalistischen Gesellschaft dagegen, wo der gesellschaftliche Verstand sich immer erst post festum geltend macht, können und müssen so beständig große Störungen eintreten.«[8] Es dürfte einleuchtend sein, welch schwere Probleme sich an die Termini »einfach« und »die Gesellschaft« knüpfen. Aber für ein selbstgenügsames »village of unity and cooperation« ist die Überlegung in der Tat sinnvoll und unproblematisch. Das gleiche gilt für Engels' bekannte Aussage über »Karrenschieber und Architekten«.

Eine der sehr wenigen anderen Kennzeichnungen der »sozialistischen Gesellschaft« gibt Marx 1875 in der »Kritik des Gothaer Programms«:

»In einer höheren Phase der kommunistischen Gesellschaft, nachdem die knechtende Unterordnung der Individuen unter die Teilung der Arbeit, damit auch der Gegensatz geistiger und körperlicher Arbeit verschwunden ist; nachdem die Arbeit nicht nur Mittel zum Leben, sondern selbst das erste Lebensbedürfnis geworden und alle Springquellen des genossenschaftlichen Reichtums voller fließen – erst dann kann der enge bürgerliche Rechtshorizont überschritten werden und die Gesellschaft auf ihre Fahnen schreiben: Jeder nach seinen Fähigkeiten, jedem nach seinen Bedürfnissen.«[9]

Wenn also Marx Hegelsche Dialektik und Ricardosche Produktionsanalyse so sehr in sein Denken einbezieht, wie es kein Sozialist vor ihm getan hatte, so bleibt doch der uralte Charakter des Sozialismus als Sozialreligion und Erlösungslehre und damit implizit als gegen »die Bösen« gerichteter Vernichtungswille erhalten, in eins mit dem Primitivismus einer familienhaften, personalistischen, damit aber schroff antimodernen Gesellschaftskonzeption. Man kann fragen, ob es sich um Restbestände inmitten einer nationalökonomischen Analyse handelt oder ob die nationalökonomische Analyse nur ein Mittel ist, dem Archaischen einen modernen Anstrich zu geben. Jedenfalls ist die marxistische und schon zu Nietzsches Zeiten wirksamste Form des Sozialismus ein sehr komplexes, bedeutendes und widerspruchsreiches Gebilde, das einerseits nichts anderes war als der Naturlaut der an Zahl anscheinend unaufhaltsam wachsenden Arbeiterschaft in ihrem Gegensatz zu den Unternehmern und andererseits gerade die intellektuelle, wenn auch nicht wirklich vollzogene, Einsicht, daß »die Arbeit« gerade nicht allein alle Werte schafft, wie das überlieferte Selbstverständnis der Handwerker sagte, sondern daß infolge der Arbeitsteilung die »Begeisterung« der Arbeit verlorengeht und ihren unverzichtbaren Platz in einer eigenen Klasse erhält, nämlich in der Klasse der Unternehmer, Wissenschaftler und »Mittelsmänner« verschiedenster Art.

In der Terminologie von Ferdinand Tönnies könnte man sagen: Der Sozialismus in seiner marxistischen Gestalt war eine singuläre Synthese des Entgegengesetzten, der Gemeinschaft und der Gesellschaft: von der Gemeinschaft wollte er durch »die Gesellschaft« mit ihrer Zersetzung und Entfremdung hindurch zu einer Gemeinschaft »auf höherer Stufe« gelangen. Darin lag seine außerordentliche Attraktivität: Der Wissenschaftsglaube und das Heilsverlangen von Intellektuellen konnten ebenso befriedigt werden wie die Forderung der Arbeiter nach materieller Besserstellung und erfolgreichem »Klassenkampf«. Aber auch gravierende Einwände lagen nahe: »Gemeinschaft« ist, wenn einmal verloren, auch »auf höherer Stufe« nicht wiederzuerlangen, es sei denn in außerordentlichen Situationen wie etwa dem Krieg; »Wissenschaft« kann über das »richtige menschliche Leben«, das »eu zēn«, nichts sagen; die materielle Besserstellung ist möglicherweise gerade an die Fortentwicklung des »Kapitalismus« geknüpft; »Klassenkampf« ist, wenn er nicht bloß als »Pression« zum Zweck der Lohnerhöhung gefaßt wird, ein Euphemismus für »Bürgerkrieg« und kann zu entsetzlichen Niederlagen führen.

In jedem Fall mußte dieser Sozialismus von ganzen Schichten als Vernichtungsdrohung empfunden werden, und (soziale) Vernichtung war sein unverhülltes Ziel. Die entscheidende Frage lautete: Wie groß war die Gruppe, die sich bedroht und zu Reaktionen herausgefordert fühlte? (wie viele »Häuser« gab es zwischen Palästen und Hütten?) Wenn nur wenige »Kapitalmagnaten«, oder die »200 Familien«, im Wege standen, dann war die Zukunft wasserklar. Aber wie, wenn die Quantität der angeblich immer kleiner und bedeutungsloser werdenden »Mittelklassen« zunahm, wenn für zahlreiche Intellektuelle die vorhandene Kultur oder überlieferte Religion wertvoller waren als ein schlichter Szientismus oder wenn gegenüber Erlösungshoffnungen Skepsis vorherrschte? Oder gar: Wenn in feindseligem Geiste Revolution, Glaube, Vernichtung, Erlösung gefordert wurden und damit eine neuartige Glaubensbewegung zur Existenz kam?

Nietzsche wußte nicht sehr viel vom Sozialismus, und er hat offenbar nie eine Zeile von Marx gelesen, aber trotzdem ist es nicht ausgeschlossen, daß ihm der Marxismus vor dem geistigen Auge stand, wenn er sich zum Sozialismus äußerte, und daß diese Äußerungen eine zentrale Anteilnahme erkennen lassen. Ganz ohne Kenntnisse war Nietzsche keinesfalls: Die Lektüre des Büchleins von J. E. Jörg über die »socialpolitischen Parteien in Deutschland« sowie der Schrecken über den »internationalen Hydrakopf« 1871[10] sind bereits erwähnt worden und ebenso die indirekte Beziehung zu Alexander Herzen. Gut vertraut war er mit den Schriften von Dühring, dessen Lehre von Anhängern als »freiheitlicher Sozialismus« bezeichnet wurde, und zwar in ausdrücklicher Entgegensetzung zum »Staatsknechtstum« der Marxisten. 1869 parallelisiert Nietzsche in einem Brief an von Gersdorff den Sozialismus mit dem Vegetarismus als Erscheinungsweisen eines anti-Schopenhauerschen Optimismus[11]; 1875 berichtet er, er und einige Freunde seien mit »Herrn Cook, dem Freunde Proudhons« zusammengewesen: »es war toll«[12]; an Franz Overbeck schreibt er im April 1880 aus Venedig, er hätte gern den Katalog der Bücher, welche die sozialistische Buchhandlung in Zürich vertreibe.[13]

Wenn man sich den Schriften zuwendet, so fällt zuerst eine erstaunliche Übereinstimmung mit Marx ins Auge, die sich leicht aus der gemeinsamen Herkunft vom deutschen Idealismus und damit der negativen Einstellung zur »Zivilisation« der Gegenwart erklärt. Der Marxschen Wendung von der künftigen »Resurrektion der Natur« entspricht bei dem jungen Nietzsche die Aussage, daß unter dem Zauber des Dionysischen auch die entfremdete, feindliche oder unterjochte Natur ihr Versöhnungsfest mit ihrem verlorenen Sohne, dem Menschen, feiere, der seinerseits von einem »übermächtigen Einheitsgefühl« beherrscht sei, welches alle Klüfte zwischen Mensch und Mensch zum Verschwinden bringe.[14] Ebenso schroff wie der junge Marx wendet sich der junge Nietzsche gegen diejenigen, »die unermüdlich den modernen Schlacht- und Opferruf ›Teilung der Arbeit‹, ›in Reih und Glied‹ im Munde führen«[15]; er redet von der Schädlichkeit des ökonomischen Lehrsatzes ›Laissez faire‹, er spricht abschätzig von »der großartig verächtlichen Geldwirtschaft«[16], er setzt wie Marx den »Gattungsmenschen« positiv gegen das bloße Individuum[17], er charakterisiert die moderne Welt mit den Worten »Die Fabrik herrscht. Der Mensch wird Schraube«, er sieht in der Tragödie einen Akt »der ganzen Bürgergemeinde«[18], er greift »die ekelhafte Gesinnung der besitzenden Klassen«[19] an, er entsetzt sich mit ganz ähnlichen Worten wie der junge Friedrich Engels über die Tausende in den großen Städten, »wie sie mit dem Ausdrucke der Dumpfheit oder der Hast vorübergehen«[20].

Aber gleichwohl ist bereits in der Frühzeit ein klarer und scharfer Gegensatz zwischen Nietzsche und Marx zu erkennen. Schroffer als der junge Nietzsche kann man, wie es scheint, der »materialistischen Geschichtsbetrachtung« nicht widersprechen: »Man fahre nur fort, um diesen Schöpfungen [utilitaristischer Gemeinheit] vorzuarbeiten, die Geschichte vom Standpunkt der *Massen* zu schreiben und nach jenen Gesetzen in ihr zu suchen, die aus den Bedürfnissen dieser Massen abzuleiten sind, also nach den Bewegungsgesetzen der niederen Lehm und Tonschichten der Gesellschaft. Die Massen scheinen mir nur in dreierlei Hinsicht einen Blick zu verdienen: einmal als verschwimmende Copien der großen Männer, auf schlechtem Papier und mit abgenutzten Platten hergestellt, sodann als Widerstand gegen die Großen und endlich als Werkzeuge der Großen; im Übrigen hole sie der Teufel und die Statistik.«[21] Gegensatz und Übereinstimmung scheinen vereinigt zu sein, wenn Nietzsche die »Selbstsucht der Erwerbenden« attackiert, deren verhängnisvolle Postulate lauten: »möglichst viel Produktion, daher möglichst viel Gewinn und Glück«, und ähnliches trifft auf die Beschreibung der bisherigen Geschichte als einer noch halbtierischen zu: »Die ungeheure Bewegtheit der Menschen auf der großen Erdwüste, ihr Städte- und Staatengründen, ihr Kriegführen ... ihr Geschrei in Not, ihr Lustgeheul im Siege – alles ist Fortsetzung der Tierheit«, denn das Heraustreten aus diesem Zustand ist für Nietzsche nur im »abendmüden« Denken der Philosophen als der »Nicht-mehr-Tiere«[22] möglich, und nicht etwa durch die revolutionäre Umgestaltung der bisherigen »Klassengesellschaft«. Aber völlig eindeutig ist der Gegensatz, wenn Nietzsche jene »grausam klingende Wahrheit« formuliert, daß zum Wesen einer Kultur das Sklaventum gehöre, und an dieser Stelle bezieht sich Nietzsche auch ganz ausdrücklich auf den Kommunismus in einer sehr weiten Bedeutung: »Hier liegt der Quell jenes Ingrimms, den die Kommunisten und Sozialisten und auch ihre blassen Abkömmlinge, die weiße Race der ›Liberalen‹ jeder Zeit gegen die Künste, aber auch gegen das klassische Altertum genährt haben.«[23] Wenn man sich vor Augen hält, daß für Marx »die Massen« in der sozialistischen Zukunft eben keine »Massen« mehr sein würden, sondern individuelle »Vollmenschen«, wie die Bürger Athens es waren, dann wird unübersehbar, daß die Übereinstimmung zwischen Marx und Nietzsche in der Kritik der modernen Gegenwart aus dem Blickpunkt des antiken Paradigmas besteht und der Gegensatz in der Einschätzung der »Realisierbarkeit« dieses Paradigmas und damit des Verhältnisses von Kultur und Gesellschaft: Marx ist ein »Kulturtotalist«, während Nietzsche an der Differenz festhält und in einer Aufhebung der Differenz gerade die Zerstörung der Kultur erblickt. Daher ist auch die sehr merkwürdige Aussage in den nachgelassenen Fragmenten von 1873 nicht bloß soziologisch als Angstreaktion eines »Bürgers« zu verstehen: »Wenn einmal die Arbeiterstände dahinter kommen, daß sie uns durch Bildung und Tugend jetzt leicht übertreffen können, dann ist es mit uns vorbei. Aber wenn das nicht eintritt, ist es erst recht mit uns vorbei.«[24]

In der mittleren Periode scheint die Übereinstimmung manchmal bis zur Identität einzelner Formulierungen zu gehen, etwa wo Nietzsche die Einsicht ausspricht, »daß unsere Erzieher selber nicht erzogen sind«[25]. Doch auch in der Sache ist eine bemerkenswerte Ähnlichkeit der Auffassungen zu konstatieren, etwa wenn es heißt: »Aber die Menschen können mit Bewußtsein beschließen, sich zu einer neuen Cultur fortzuentwickeln, während sie sich früher unbewußt und zufällig entwickelten: sie können ... die Erde als Ganzes ökonomisch verwalten, die Kräfte der Menschen überhaupt gegen einander abwägen und einsetzen.«[26] Von der künftigen »ökonomischen Gesamtverwaltung der Erde« ist wie von etwas Unvermeidbarem implizit und explizit des öfteren die Rede, über die temporäre Notwendigkeit der Askese und über die sekundäre Rolle des Bewußtseins äußert sich Nietzsche ganz ähnlich wie Marx. Er kommt sogar in die Nähe der sozialistischen Grundaversion gegen das »Geld heckende Geld«, wenn er schreibt, es sei bekannt, daß in der großen Geldwelt der Taler des faulsten Reichen gewinnbringender sei als der des Armen und Arbeitsamen[27], und er stützt eine Marxsche Überzeugung, wenn er feststellt, daß die Historie zu einem furchtbaren Werkzeug der Revolution werden würde, wenn sie »mit mehr Gerechtigkeit und inbrünstigem Mitgefühl« geschrieben wäre, statt als »Opiat gegen alles Umwälzende« zu dienen[28]. In der »Morgenröte« schreibt Nietzsche ganz wie ein Sympathisant des Sozialismus und Angehöriger der »weißen Rasse der Liberalen«: »Und nun! Entsetzen! Gerade der ›Arbeiter‹ ist gefährlich geworden. Es wimmelt von ›gefährlichen‹ Individuen. Und hinter ihnen die Gefahr der Gefahren: *das* Individuum.«[29] Zugleich Übereinstimmung und Gegenkonzept ist in dem folgenden Satz enthalten:

»... dann wird es [das Volk] mit der Progressivsteuer dem Capitalisten-, Kaufmanns- und Börsenfürstentum an den Leib gehen und in der Tat langsam einen Mittelstand schaffen, der den Socialismus wie eine überstandene Krankheit *vergessen* darf ...«[30]

Und doch dürften sogar in Nietzsches »aufgeklärter« Zeit die eindeutig negativen Aussagen das größere Gewicht haben: »Der ideale Staat, den die Sozialisten erstreben, würde die Menschheit matt machen.«[31] Der Sozialismus ist »der jüngere Bruder des Despotismus«[32], die »sozialistische Herzenskrätze« ist eine Volkskrankheit[33], die »Sozialisten und Staatsgötzendiener« intendieren ein »chinesisches Glück« für die Massen[34], und in der »Fröhlichen Wissenschaft« begrüßt Nietzsche die Anzeichen dafür, »daß ein männlicheres, ein kriegerischeres Zeitalter anhebt, das vor allem die Tapferkeit wieder zu Ehren bringen wird«[35]. In den nachgelassenen Fragmenten scheut er nicht davor zurück, sogar von persönlichem Haß zu sprechen: »Ich weiß, woran diese Staaten zu Grunde gehen werden, an dem Non-plus-ultra-Staat der Sozialisten: dessen Gegener bin ich, und schon im jetzigen Staate hasse ich ihn.«[36]

In der Spätzeit spricht Nietzsche auch in den publizierten Schriften von »Haß«, so im »Antichrist«, wo es heißt: »Wen hasse ich unter dem Gesindel von heute am besten? Das Socialisten-Gesindel, die Tschandala-Apostel, die den Instinkt, die Lust, das Genügsamkeits-Gefühl des Arbeiters mit seinem kleinen Sein untergraben, – die ihn neidisch machen, die ihn Rache lehren.«[37]

Zwar leitet Nietzsche auch in dieser Zeit den Sozialismus an keiner Stelle direkt aus dem Judentum ab, aber er bringt ihn als Dekadenz-Phänomen mit Christentum und Judentum in enge Verbindung. Alle Mitleidspostulate sind Symptome des Verfalls und der Lebensfeindlichkeit: »Leben ist *wesentlich* Aneignung, Verletzung, Überwältigung des Fremden und Schwächeren, Unterdrückung, Härte, Aufzwängung eigener Formen, Einverleibung und, mildestens, Ausbeutung – aber wozu sollte man immer gerade solche Worte gebrauchen, denen von Alters her eine verleumderische Absicht eingeprägt ist? ... man schwärmt jetzt überall, unter wissenschaftlichen Verkleidungen sogar, von kommenden Zuständen der Gesellschaft, denen der ›ausbeuterische Charakter‹ abgehn soll: das klingt in meinen Ohren, als ob man ein Leben zu erfinden verspräche, welches sich aller organischen Funktionen enthielte. Die »Ausbeutung gehört nicht einer verderbten oder unvollkommenen und primitiven Gesellschaft an: sie gehört ins Wesen des Lebendigen, als organische Grundfunktion, sie ist eine Folge des eigentlichen Willens zur Macht, der eben der Wille des Lebens ist.«[38] Zwar nennt Nietzsche nur Dühring, wenn er von der »Communisten-Schablone« spricht, die ein lebensfeindliches Prinzip, »ein Attentat auf die Zukunft des Menschen, ein Zeichen von Ermüdung, ein Schleichweg ins Nichts« sei[39]; aber in der Sache tritt er als Anti-Marx auf, der die Forderung der »Abschaffung« von Ausbeutung und Klassengesellschaft für eine ressentimentgeleitete Überschwenglichkeit des Denkens erklärt, welcher als »fundamentum in re« nur Gestaltwandlungen von Ausbeutung und Klassenherrschaft zugrunde liegen. Und die bisherige Geschichte stellt sich Nietzsche mehr und mehr als ein Attentat dar, das von jüdischer und christlicher Weltverleumdung seinen Ausgang nimmt und in der sozialistischen Erwartung eines geschichtslosen Endzustandes, eines säkularisierten »Reichs Gottes« zu seinem Höhepunkt gelangt: »Aber wenn der Christ die *Welt* verurteilt, verleumdet, beschmutzt, so tut er es aus dem gleichen Instinkte, aus dem der sozialistische Arbeiter die Gesellschaft verurteilt, verleumdet, beschmutzt: das ›jüngste Gericht‹ selbst ist noch der süße Trost der Rache: die Revolution, wie sie auch der sozialistische Arbeiter erwartet, nur etwas ferner gedacht ...«[40]

Erst mit dieser Konzeption des fernher kommenden Attentats gegen das Wesen des Menschen hat Nietzsche die eigentliche Gegenposition zu dem Hegel-Marxschen Begriff der Geschichte als »Realisierung« dieses Wesens erreicht, und die »furchtbarste aller Anklagen« am Ende des »Antichrist« richtet sich offensichtlich ebensosehr gegen den Sozialismus wie gegen das Christentum, ja man würde schwerlich in die Irre gehen, wenn man das »Écrasez l'infâme« am Schluß von »Ecce homo« in den Satz zusammenfaßte: »Der jüdisch-christliche Sozialismus soll ausgerottet werden.« Und damit entwickelt Nietzsche bei formaler Übereinstimmung das inhaltliche Gegenkonzept zu Marx' Vorstellung der Vernichtung des Kapitalismus und mithin auch des Bürgertums als sozialer Klasse. Fast genau zur gleichen Zeit suchte Friedrich Engels seine Parteigenossen in Paris, die eine bedenkliche Sympathie für den General Boulanger an den Tag gelegt hatten, mit beschwörenden Worten von dieser Verirrung abzubringen: »Und euch, euch wird er vernichten!«[41] Aber die Radikalität von Nietzsches Gegenkonzept und Gegenbewegung war ihm aller Vermutung nach unvorstellbar.

Es fällt nicht allzusehr ins Gewicht, wenn gleichwohl darauf hinzuweisen ist, daß auch Nietzsches Spätphase sich nicht einfach auf die Formel Anti-Sozialismus oder Anti-Marxismus bringen läßt. Nietzsche nimmt ja jene mit Marx übereinstimmenden Aussagen über Arbeitsteilung und Spezialisierung nicht zurück, sondern er bestätigt sie mit Wendungen über »das entmenschte Räderwerk«, und die »Unpersönlichkeit des Arbeiters«, an denen das Leben krankt[42] oder über die »ungeheure Maschinerie«, vor welcher der einzelne verzage[43]. Aber damit ist nur bewiesen, daß die Kulturkritik und der Entfremdungsbegriff kein Monopol von Marx waren. Höchst eigenartig ist indessen ein Fragment aus dem Jahre 1887, wo die spätantiken Religionen, an die sich das Christentum angepaßt habe, als Religionen derjenigen Masse »der Frauen und Sklaven, der nicht-vornehmen Stände« bezeichnet werden, »welche an Isis, Mithras, Dionysos und die ›große Mutter‹ glaubten«. Vermutlich ist das jedoch eine Parallele zu jenem Gedankengang der Frühzeit, in dem Nietzsche die asiatische und die griechische Form des Dionysos-Kultes voneinander unterschieden hatte.[44]

Entscheidend ist der folgende Gedankengang: Der General Boulanger hatte, marxistisch gesprochen, eine Massenbasis in den nationalistischen Kleinbürgern, denen sich überraschenderweise so viele Arbeiter angeschlossen hatten. Auf welche Basis wollte Nietzsche seine Gegenbewegung gründen? Die »Offiziere« und die »jüdischen Bankiers« mochten »Kader« sein, aber sie konnten keine Massenbasis bilden. Mußte er nicht das Deutsche Reich und »die Deutschen« als solche in seine Überlegungen einbeziehen, die stärkste Militärmacht Europas und der Welt, den »anti-sozialistischen« Staat par excellence, der die Sozialdemokraten verfolgte und mindestens dem katholischen Christentum nicht freundlich gesinnt war? Oder scheute der »eximierte Kulturmensch« vor einer Allianz mit der »rohen Macht« zurück? Oder war ihm diese Macht gerade nicht mächtig und machtbewußt genug? Bevor wir uns dem umfassendsten der »gesellschaftlichen« Begriffe Nietzsches zuwenden, dem Begriff der »Gesamtentartung der Menschheit«, müssen wir einen Blick auf sein Verhältnis zu Deutschland und den Deutschen werfen. Es ist von vornherein zu vermuten, daß es sich auch hier um ein widerspruchsvolles Verhältnis handelte.

Die Deutschen und das Deutsche Reich

Nietzsche war bei weitem nicht der erste deutsche Denker oder Schriftsteller, der die Zukunft der Deutschen meinte, wenn er von ihrer Gegenwart und Vergangenheit sprach, und er war ebensowenig der erste, für den diese Zukunft ebenso ungewiß und problematisch war, wie die Gegenwart und die Vergangenheit kritikwürdig waren. Das berühmte Kapitel über die Deutschen aus Hölderlins Hyperion ist bereits angeführt worden, Goethe und Schiller haben sich mehrfach sehr skeptisch über die deutschen Zukunftsmöglichkeiten geäußert, Hegel galt als der Philosoph des preußischen Staates, Novalis meinte, dereinst werde der Deutsche »der Hans aller Hänse« sein, und in Nietzsches Zeiten übten Paul de Lagardes »Deutsche Schriften« großen Einfluß aus. Selbst Historiker, welche die deutsche Vergangenheit als Thema hatten, sprachen fast immer zugleich von der Gegenwart und der Zukunft der Deutschen, an erster Stelle Heinrich von Treitschke. So gut wie nie konnte eine saubere Trennung von anderen Realitäten vorgenommen werden: Wer sich über die Deutschen äußerte, mußte sich auch über ihr Verhältnis zum Christentum und zur Reformation äußern, und er konnte »die Judenfrage« kaum umgehen. Aber von Nietzsche stammen doch wohl die extremsten Äußerungen, und zwar sowohl in Zuneigung, ja Liebe, als auch in Abneigung, ja Haß. Um diese These nicht in den leeren Raum zu stellen, führe ich zunächst einige Texte von Heinrich Heine und von Richard Wagner als Beispiele an:

1. Heinrich Heine: Zur Geschichte der Religion und Philosophie in Deutschland (1834/35)

»Sonderbar! Wir Deutschen sind das stärkste und das klügste Volk. Unsere Fürstengeschlechter sitzen auf allen Thronen Europas, unsere Rothschilde beherrschen alle Börsen der Welt, unsere Gelehrten regieren in allen Wissenschaften, wir haben das Pulver erfunden und die Buchdruckerei; und dennoch, wer bei uns eine Pistole losschießt, bezahlt drei Taler Strafe, und wenn wir in den ›Hamburger Correspondent‹ setzen wollen ›meine liebe Gattin ist in Wochen gekommen, mit einem Töchterlein, schön wie die Freiheit‹ dann greift der Herr Doktor Hoffmann zu seinem Rotstift und streicht uns ›die Freiheit‹.«[1]

»Laßt euch aber nicht bange sein, ihr deutschen Republikaner; die deutsche Revolution wird dadurch nicht müder und sanfter ausfallen, weil ihr die Kantsche Kritik, der Fichtesche Transzendental-Idealismus und gar die Naturphilosophie vorausging. Durch diese Doktrinen haben sich revolutionäre Kräfte entwickelt, die nur des Tages harren, wo sie hervorbrechen und die Welt mit Entsetzen und Bewunderung erfüllen können. Es werden Kantianer zum Vorschein kommen, die auch in der Erscheinungswelt von keiner Pietät etwas wissen wollen und erbarmungslos mit Schwert und Beil den Boden unseres europäischen Lebens durchwühlen, um auch die letzten Wurzeln der Vergangenheit auszurotten. Es werden bewaffnete Fichteaner auf den Schauplatz treten, die in ihrem Willens-Fanatismus weder durch Furcht noch durch Eigennutz zu bändigen sind ... der Naturphilosoph (wird) dadurch furchtbar sein, daß er mit den ursprünglichen Gewalten der Natur in Verbindung tritt ... daß in ihm jene Kampflust erwacht, die wir bei den alten Deutschen finden, und die nicht kämpft, um zu zerstören, noch um zu siegen, sondern bloß um zu kämpfen ... Die alten steinernen Götter erheben sich dann aus dem verschollenen Schutt und reiben sich den tausendjährigen Staub aus den Augen, und Thor mit dem Riesenhammer springt endlich empor und zerschlägt die gotischen Dome ... Es wird ein Stück aufgeführt werden in Deutschland, wogegen die französische Revolution nur wie eine harmlose Idylle erscheinen möchte ...«[2]

(Aus »Ludwig Börne«) »Oder soll ich nach Amerika, nach diesem ungeheuren Freiheitsgefängnis, wo die unsichtbaren Ketten mich noch schmerzlicher drücken würden als zu Hause die sichtbaren, und wo der widerwärtigste aller Tyrannen, der Pöbel, seine rohe Herrschaft ausübt? Du weißt, wie ich über dieses gottverfluchte Land denke, das ich einst liebte, als ich es nicht kannte ...«[3]

(Börne über die Taufe von Juden:) »Oder glauben Sie, daß durch die Taufe die innere Natur ganz verändert worden? Glauben Sie, daß man Läuse in Flöhe verwandeln kann, wenn man sie mit Wasser begießt? ›Ich glaube nicht.‹ ... Widerwärtiger war mir noch der Anblick von schmutzigen Bartjuden, die aus ihren polnischen Kloaken kamen, von der Bekehrungsgesellschaft in Berlin für den Himmel angeworben wurden und in ihrem mundfaulen Dialekte das Christentum predigten und so entsetzlich dabei stanken.«[4]

»Wann. wird die Harmonie wieder eintreten, wann wird die Welt wieder gesunden von dem einseitigen Streben nach Vergeistigung, dem tollen Irrtume, wodurch sowohl Seele wie Körper erkrankten!«[5]

(»Vermächtnis«) »... Dieses Bekenntnis, daß die Zukunft den Kommunisten gehört, dieses Bekenntnis machte ich im Ton der Besorgnis und äußersten Furcht, und – ach! das war keineswegs

Verstellung! Wahrhaftig, nur mit Schauder und Schrecken denke ich an die Zeit, da diese finsteren Bilderstürmer zur Herrschaft gelangen werden ... Ach, ich sehe all dies voraus, und ich bin von einer unaussprechlichen Traurigkeit ergriffen, wenn ich an den Untergang denke, mit dem das siegreiche Proletariat meine Verse bedroht, die mit der ganzen alten romantischen Welt vergehen werden. Und dennoch ... zwei Stimmen erheben sich in meiner Brust zu seinen Gunsten ... [Gerechtigkeit; fiat justitia, pereat mundus] Die zweite der beiden gebieterischen Stimmen ... ist die des Hasses, des Hasses, den ich gegen eine Partei hege, deren schrecklichster Gegner der Kommunismus und die aus diesem Grunde unser gemeinsamer Feind ist ... Ja, diese Überbleibsel oder Nachfahren der Teutomanen von 1815, die nur ihr altes ultra-teutsches Narrenkostüm modernisiert haben und sich ein wenig die Ohren haben stutzen lassen – mein ganzes Leben lang habe ich sie verabscheut und bekämpft, und jetzt ... fühle ich mich getröstet durch die Überzeugung, daß der Kommunismus, der sie als erste auf seinem Wege finden wird, ihnen den Gnadenstoß versetzen wird ... mit einem einfachen Fußtritt wird der Riese sie zertreten, wie man eine Kröte zertritt [Bekenntnis der Kommunisten zum unbedingtesten Weltbürgertum] ... Dieses grundlegende Dogma ist das gleiche, das einst das Evangelium gepredigt hat, dergestalt, daß dem Geist und der Wahrheit nach die Kommunisten sehr viel christlicher sind als unsere sogenannten germanischen Patrioten, jene beschränkten Verfechter einer exklusiven Nationalität.«[6] Vor Nietzsche war kein Autor in Deutschland so widerspruchsreich und für jede einzelne der entgegengesetzten Empfindungen bzw. Anschauungen so repräsentativ.

2. Richard Wagner: Was ist deutsch? (1865)

»Wie wäre ein Zustand denkbar, in welchem das deutsche *Volk* bestünde, der deutsche *Geist* aber verweht sei? Das schwer Denkbare haben wir näher vor uns, als wir glauben ... was uns bei glücklichster Befähigung dem allerhöchst begabten alten Indusvolke als am verwandtesten hinstellt, kann der Masse des Volkes aber den Charakter der gewöhnlichen orientalischen Trägheit geben ... kein Volk bedarf es daher mehr, aufgestachelt und in die Nötigung zur Selbsthilfe, zur Selbsttätigkeit versetzt zu werden, als das deutsche. Hiervon geschah nun seitens der deutschen Fürsten und Regierungen gerade das Gegenteil. Es mußte der Jude Börne sein, der zuerst den Ton zur Aufstachelung der Trägheit des Deutschen anschlug, und hierdurch ... das große Mißverständnis der Deutschen in ihrem eigenen Betreff bis zur traurigsten Verwirrung steigerte ... Der *Demagoge* war nun wirklich da; aber welche klägliche Aftergeburt! Jede neue Pariser Revolution ward nun in Deutschland alsbald auch in Szene gesetzt: war ja doch jene neue Pariser Spektakeloper sofort auf den Berliner und Wiener Hoftheatern zum Vorbilde für ganz Deutschland in Szene gesetzt worden. Ich stehe nicht an, die seitdem vorgekommenen Revolutionen in Deutschland als ganz undeutsch zu bezeichnen. Die ›Demokratie‹ [»französisch-jüdisch-deutsch«] ist in Deutschland ein durchaus übersetztes Wesen. Sie existiert nur in der ›Presse‹, und was diese deutsche Presse ist, darüber muß man sich eben klarwerden ...«[7]

Daß der Knabe Nietzsche sich für die deutsche Sagenwelt interessierte und eine Abhandlung über Ermanarich schrieb, ist schwerlich schon sehr individuell, und die Empfindungen, mit denen der Jüngling den deutschen Bürgerkrieg von 1866 bzw. dessen Vor- und Nachgeschichte verfolgte, teilte er gewiß mit vielen Zeitgenossen: Alle unsere Hoffnung steht bei einem deutschen Parlament; es ist ein starkes Stück Bismarcks, auf diese revolutionäre Weise den deutschen Einheitsstaat zu gründen, aber er unterschätzt die moralischen Kräfte im Volke. Wenig später stellt er die »Erfüllung unserer deutschen Hoffnungen« fest und nennt sich selbst einen »engagierten Preußen«, über die Entthronung der drei Fürsten spricht er sich positiv, über den »alten Gerlach« und über »diese fürchterliche Kreuzzeitung« negativ aus. Als Gesinnungsgenossen nennt er Gustav Freitag und Karl Biedermann; man darf diesen jungen Nietzsche also unbedenklich zu den freisinnigen Patrioten und Großpreußen zählen.[8]

Aber die frühen öffentlichen Äußerungen des Baseler Professors stehen in einer so umfassenden Perspektive und sind von so hohen Hoffnungen geprägt, daß eine tiefgreifende Verwandlung stattgefunden haben muß, und diese Verwandlung hat die Namen: Richard und Cosima Wagner, Tribschen. Mit Deutschland nämlich verbindet er in der »Geburt der Tragödie« seine Hoffnung auf eine Gegenbewegung zu dem bisherigen Grundzug der Moderne, dem Entschwinden des dionysischen Geistes, welcher mit einer Degeneration des griechischen Menschen begonnen habe: »Aus dem dionysischen Grunde des deutschen Geistes ist eine Macht emporgestiegen, die mit den Urbedingungen der sokratischen Kultur nichts gemein hat ..., vielmehr von dieser Kultur als das Schrecklich-Unerklärliche, als das Übermächtig-Feindselige empfunden wird, die deutsche Musik, wie wir sie vornehmlich in ihrem mächtigen Sonnenlaufe von Bach zu Beethoven, von Beethoven zu Wagner zu verstehen haben.«[9] Diese Konzeption gründet sich auf Wagner und Schopenhauer, auf die griechische Antike und die Musik; sie hat nichts Geringeres im Auge als die Überwindung der »Zivilisation der Jetztzeit« mit ihrer »Verödung und Ermattung«; es handelt sich offenkundig um eine von der Kunst her gedachte Parallele zu den in ökonomische Terminologie gekleideten Marxschen Vorstellungen von der revolutionären Überwindung der kapitalistischen Produktionsweise, einer Vorstellung, die bei dem jungen Marx ebenfalls eine enge Verbindung mit »Deutschland« hatte. Daß es sich zugleich um einen Kampf zur Überwindung der Aufklärung, genauer gesagt der Vulgär-Aufklärung handelt, wird bei Nietzsche sehr viel klarer als bei Marx, denn eine schroffe Wendung gegen »romanische Flachheit« und »französische Eleganz« ist unübersehbar, denen gegenüber die wunderbare Begabung des Deutschen, nämlich »der eigentümliche Schwer- und Tiefsinn seiner Natur« herausgestellt wird.[10] Nur deshalb kann es ein »Band ... zwischen dem innersten deutschen Wesen und dem griechischen Genius« geben.[11]

Aber wie verhält sich dieses »innerste Wesen« zu der äußeren Wirklichkeit? Zwar schreibt Nietzsche gleich nach dem Ausbruch des Deutsch-Französischen Krieges an seine Mutter: »Es gilt unsrer Kultur. Und da gibt es kein Opfer, das groß genug wäre. Dieser fluchwürdige französische Tiger«[12], und er spricht sich höchst negativ über die Franzosenfreundlichkeit der Baseler aus. Aber schon bald nach seiner Rückkehr von den Schlachtfeldern schreibt er am 7. November 1870 an von Gersdorff folgendes: »Vor dem bevorstehenden Culturzustande habe ich die größten Besorgnisse. Wenn wir nur nicht die ungeheuren nationalen Erfolge zu teuer in einer Region bezahlen müssen, wo *ich* wenigstens mich zu keinerlei Einbuße verstehen mag. Im Vertrauen: Ich halte das jetzige Preußen für eine der Cultur höchst gefährliche Macht.«[13] Dieses Urteil gründet er aber sonderbarerweise auf die angeblich von Berlin ausgehenden »Umtriebe zu Gunsten der katholischen Kirchenwelt«, und man könnte geneigt sein, auch hier den normalen Freisinnigen wahrzunehmen, wenn sich Nietzsches Begriff der Kultur, desjenigen, »was für mich mit den größten militärischen Taten, ja selbst mit allen nationalen Erhebungen nicht in Vergleichung kommen darf« nicht so fundamental von dem Kulturbegriff der Durchschnittsliberalen unterschieden hätte. Für die große Öffentlichkeit wurden die Zweifel des jungen Nietzsche klar, als er gleich am Anfang der Unzeitgemäßen Betrachtung über David Strauß schrieb: der Irrtum der öffentlichen Meinung, daß auch die deutsche Kultur im Deutsch-Französischen Kriege gesiegt habe, könne den deutschen Sieg in eine völlige Niederlage verwandeln: »In die Niederlage, ja Exstirpation des deutschen Geistes zu Gunsten des ›deutschen Reiches‹.«[14] Sein positives Alternativkonzept formulierte Nietzsche einige Zeit später in dem ganz von »Bayreuth« geprägten »Mahnruf an die Deutschen«: »Ehrwürdig und heilbringend wird der Deutsche erst dann den anderen Nationen erscheinen, wenn er gezeigt hat, daß er furchtbar ist, und es doch durch Anspannung seiner höchsten und edelsten Kunst- und Culturkräfte vergessen machen will, daß er furchtbar war.«[14a]

Aber für Nietzsche hieß der Gegensatz nicht sehr lange »Bayreuth gegen Berlin«, »Richard Wagner gegen Bismarck«. Der Glaube an Wagner schwand dahin, aber eine immer wieder durchbrechende Liebe blieb; die Abneigung gegen das Bismarckreich verschärfte sich, und dennoch war auch hier eine verborgene Attraktion zu erkennen.

Es ist sehr leicht, Nietzsche als »Deutschenfeind« zu dekuvrieren (einst) oder zu loben (heute). So heißt es in der »Fröhlichen Wissenschaft«: »Man gebe Acht auf die Commandorufe, von denen die deutschen Städte förmlich umbrüllt werden, jetzt, wo man vor allen Toren exerziert: welche Anmaßung, welches wütende Autoritätsgefühl, welche höhnische Kälte klingt aus diesem Gebrüll heraus. Sollten die Deutschen wirklich ein musikalisches

Volk sein? ... Fast in jeder Rede des ersten deutschen Staatsmannes und selbst dann, wenn er sich durch sein kaiserliches Sprachrohr vernehmen läßt, ist ein Accent, den das Ohr eines Ausländers mit Widerwillen zurückweist: aber die Deutschen ertragen ihn, – sie ertragen sich selber.«[15] »Gut deutsch sein heißt sich entdeutschen.«[16] Der späte Nietzsche stellt die französische und überhaupt die südlich-romanische Kultur weit über die deutsche, er spricht mit bitterem Spott von »Reichsdeutschland«, er ruft aus: »Welche Wohltat ist ein Jude unter Deutschen!«[17], und am Ende seines bewußten Lebens zieht er mit beispielloser Radikalität gegen die Hohenzollern und das Deutsche Reich zu Felde: einen »Todkrieg« will er gegen die Hohenzollern führen, »diese gepurpurten Idioten«; er will das Reich in ein ehernes Hemd einschnüren und zu einem Verzweiflungskampf herausfordern, und die Deutschen sind ihm weiter nichts als »die niedrigste, stupideste, gemeinste Rasse ... verhohenzollert bis zum Haß gegen Geist und Freiheit«[18].

Nun hört es sich gut an, wenn er den Hohenzollern zum Vorwurf macht, »die fluchwürdige Drachensaat des Nationalismus zwischen den Völkern« zu säen, aber im gleichen Atemzug klagt er Wilhelm II. an, »die schwarzen Hausknechte aus Liebe zu den Sklaven ›befreien‹«[19] zu wollen, und bei näherem Zusehen ist es gar nicht mehr so ganz klar, was er Bismarck und Wilhelm II. eigentlich vorwirft. Der Satz über den »jungen Fürsten, an der Spitze seiner Regimenter« ist bereits zitiert worden, und damit muß man wohl ein nachgelassenes Fragment aus dem Jahre 1885 zusammennehmen, das lautet: »Ich habe mich durch die glänzende Erscheinung des Deutschen Reiches nicht täuschen lassen. Ich nahm als Hintergrund, als ich meinen Zarathustra schrieb, einen Zustand in Europa, bei dem auch in Deutschland dasselbe schauerliche und schmutzige Parteitreiben herrscht, welches wir heute schon in Frankreich finden.«[20] Dahin gehört auch ein Satz wie der folgende: »Demokratismus war jeder Zeit die Übergangsform der organisierenden Kraft: ich habe schon in Menschliches, Allzumenschliches I, 218 die moderne Demokratie samt ihren Halbheiten wie ›Deutsches Reich‹ als Verfallsform des Staates gekennzeichnet.«[21] Sollte Nietzsches Feindschaft gegen das Bismarck-Reich, das in der Kultur – weiterhin für ihn der »Hauptsache« –

nicht mehr in Betracht kommen,[22] am Ende gerade darin begründet sein, daß es in ihm zuviel Demokratie, zuviel Christlichkeit, zuviel Humanitarismus, zuviel Pazifismus gab? Wie hätte Nietzsche sich denn nicht zum Deutschen Reiche hingezogen fühlen sollen, wenn er in der »Fröhlichen Wissenschaft« schrieb: »Einstweilen wenigstens steht alle militärisch begründete Cultur noch hoch über aller sogenannten industriellen Cultur: letztere in ihrer jetzigen Gestalt ist überhaupt die gemeinste Daseinsform, die es bisher gegeben hat ... Den Fabricanten und Groß-Unternehmern des Handels fehlten bisher wahrscheinlich allzusehr all jene Formen und Abzeichen der *höheren Rasse*, welche erst die Personen interessant werden lassen; hätten sie die Vornehmheit des Geburts-Adels im Blick und in der Gebärde, so gäbe es vielleicht keinen Sozialismus der Massen.«[23] Und fordert er nicht an anderer Stelle die »Aufrechterhaltung des Militärstaates« als letztes Mittel, um der modernen Dekadenz Halt zu gebieten?[24]

So läßt sich zwar nicht bezweifeln, daß Nietzsche die Instinkt-Abneigung des Intellektuellen gegen den »Militarismus« teilte und daß er gewisse Grundempfindungen des »Freisinnigen« sein Leben lang bewahrte, wie ja schon allein die Tatsache zeigt, daß er den »unvergeßlichen Friedrich III.« vom Verdikt gegen die Hohenzollern ausnimmt.[25] Aber die Konsequenz seines Denkens und die Tatsächlichkeit der Verhältnisse treiben ihn doch in eine andere Richtung. Und es läßt sich auch nicht bezweifeln, daß ein guter Teil der »deutschfeindlichen« Äußerungen der Enttäuschung über das Unbekanntbleiben in Deutschland entsprangen und daß jene »erste Liebe« im tiefsten Grunde bestehen blieb. Ungemein erhellend ist ein Fragment aus dem Jahre 1884: »Kann man sich für dieses deutsche Reich interessieren? Wo ist der neue Gedanke? Ist es nur eine neue Macht-Combination? ... Frieden und Gewährenlassen ist gar keine Politik, vor der ich Respekt habe. Herrschen und dem höchsten Gedanken zum Siege zu verhelfen – das Einzige, was mich an Deutschland interessieren könnte ...«[26]

Daß Nietzsche unter »dem höchsten Gedanken« seine eigenen Gedanken versteht, sticht ins Auge. Wie müßte also die »deutsche Zukunft« im Sinne Nietzsches aussehen? Sie müßte offenbar imstande sein, all jenen Niedergangsphänomenen ein Ende zu machen, von denen uns einzelne in der Gestalt von Judentum,

Christentum, Fachwissenschaft und Sozialismus bereits begegnet sind. Im ganzen stellt sich dieser Niedergang Nietzsche als »Gesamt-Entartung der Menschheit« dar. Diesem Nietzscheschen Begriff und seinem Inhalt müssen wir uns im nächsten Schritt zuwenden.

Emanzipationen und Moderne als »Gesamt-Entartung« der Menschheit

Es ist für uns heute nicht leicht, den Begriff der »Gesamt-Entartung« der Menschheit überhaupt nachzuvollziehen. Zwar fühlt sich die gesamte Menschheit seit 1945 unter dem Schatten der Atombombe und damit erstmals in ihrer Geschichte vom Untergang durch eigene Hand bedroht. In den letzten Jahren sind Sorgen ganz anderer und doch wieder ähnlicher Art hinzugetreten, die ebenfalls auf die Existenz der Menschheit als ganzer bezogen sind: Umweltzerstörung, Klimaveränderung, Ozonloch usw. Aber durchweg sieht man doch diese Gefahren aus einem »Zuviel« hervorgehen, aus einem Zuviel an technischen Kenntnissen, aus einem Zuviel an ungeregeltem Veränderungswillen. Überdies wird der Begriff »Emanzipation« mit diesen schlimmen Dingen meist nicht in Verbindung gebracht, da er ganz positiv besetzt ist: Nicht einmal die schlimmsten »Reaktionäre« stellen heute die politische Emanzipation des Volkes durch das Allgemeine Wahlrecht oder gar die Emanzipation der Frauen zu vollberechtigten Mitgliedern der Gemeinwesen in Frage. Im 19. Jahrhundert dagegen war der Begriff der »Entartung« eng mit dem des »Niedergangs« verknüpft, und da man immer noch das Bild einer vergangenen hohen Kultur vor Augen hatte, sei es diejenige der Goethezeit oder die des klassischen Zeitalters Frankreichs, erblickte man an vielen Stellen Zeichen des kulturellen Niedergangs und nannte sie Entartung. Der Wortsinn ist allerdings der des »Aus-der-Art-Schlagens«, und insofern bot sich auch eine biologische Interpretation an, die ein Herausfallen des Menschen aus seinem »Wesen« konstatierte und die Ursache in Entwicklungen der Vitalsphäre sah. Hier läßt sich eine auf den ersten Blick paradoxe Anknüpfung vornehmen – paradox wie die Tatsache, daß man heute besten Gewissens eine »weibliche Wissenschaft« fordern kann und gleichzeitig über den einstigen Begriff einer »deutschen Physik« in brennende Empörung gerät: Die Menschheit im ganzen kann als eine entartete Zelle des Kosmos betrachtet werden, als ein zerstörerischer Tumor, der die Erde angreift und dadurch schließlich auch seine eigene Existenz vernichtet. Eine Präfiguration dieser Auffassung steckte sicherlich schon in den Angriffen gegen »den Imperialismus«; sie steckte aber auch in der Behauptung Theodor Lessings, der »westliche Mensch« sei das Verhängnis der Weltgeschichte, und sie stand vielleicht sogar als rationaler Kern hinter der ungeheuerlichen Aussage Adolf Hitlers, wenn »der Jude« mit Hilfe seines marxistischen Glaubensbekenntnisses über die Völker dieser Welt siege, dann werde seine Krone der Totenkranz der Menschheit sein, dann werde dieser Planet wieder wie einst vor Jahrmillionen menschenleer durch den Äther ziehen.

Zunächst führe ich drei Beispiele einer vor-Nietzscheschen Auffassung der historischen Entwicklung an, in denen ausdrücklich oder dem Sinne nach der Begriff »Entartung« verwendet und auf die ganze Menschheit bezogen wird:

1. Ernst Ludwig von Gerlach, Novemberrundschau 1851 der »Kreuzzeitung«

»Das alles zersetzende Geld, der Repräsentant der Genußsucht und des Egoismus, wird als allein überlebende Macht unseren Grundbesitz und unsere ständische Gliederung, aber noch viel früher das Innere unserer Städte in Staub zertreten. Es wird in Verbindung mit Gesetzen, die alles Feste und Substantielle auflösen und zersetzen, die Ehe und die Schule, die Familie und den Sonntag, den Staat und die Kirche – in Verbindung mit gottloser Aufklärung und flachem Unglauben – die Säulen und die Fundamente unseres Vaterlandes, zuletzt auch die Armee und den Thron zerfressen. Nur mechanische Staats- und Rechtsformationen werden noch übrigbleiben, Zustände, in denen man nach und nach jedes Ideal von Recht und Freiheit als Aberglauben verabschieden, den Säbel aber und zuletzt die Knute als die allein realen Herrscher, als die populärsten Retter der Welt begrüßen wird, bis die zum Untergang reifen Kulturvölker wie vor 1400 Jahren neuen Barbaren Platz machen.«

2. Karl Marx: Das Kapital 1, 24. Kap.
»Sobald dieser Umwandlungsprozeß nach Tiefe und Umfang die alte Gesellschaft hinreichend zersetzt [!] hat, sobald die Arbeiter in Proletarier, ihre Arbeitsbedingungen in Kapital verwandelt sind, sobald die kapitalistische Produktionsweise auf eigenen Füßen steht, gewinnt die weitere Vergesellschaftung der Arbeit ... daher die weitere Expropriation der Privateigentümer eine neue Form ... Diese Expropriation vollzieht sich durch das Spiel der immanenten Gesetze der kapitalistischen Produktion selbst, durch die Zentralisation der Kapitale. ... Hand in Hand mit dieser Zentralisation oder der Expropriation vieler Kapitalisten durch wenige entwickelt sich die kooperative Form des Arbeitsprozesses auf stets wachsender Stufenleiter ... Mit der beständig abnehmenden Zahl der Kapitalmagnaten, welche alle Vorteile dieses Umwandlungsprozesses usurpieren und monopolisieren, wächst die Masse des Elends, des Drucks, der Knechtschaft, der Entartung [!], der Ausbeutung, aber auch die Empörung der stets anschwellenden und durch den Mechanismus des kapitalistischen Produktionsprozesses selbst geschulten, vereinten und organisierten Arbeiterklasse. Das Kapitalmonopol wird zur Fessel der Produktionsweise, die mit und unter ihm aufgeblüht ist. Die Zentralisation der Produktionsmittel und die Vergesellschaftung der Arbeit erreichen einen Punkt, wo sie unverträglich werden mit ihrer kapitalistischen Hülle. Sie wird gesprengt. Die Stunde des kapitalistischen Privateigentums schlägt. Die Expropriateurs werden expropriiert. ... Es ist Negation der Negation. Diese stellt nicht das Privateigentum wieder her, wohl aber das individuelle Eigentum auf Grundlage der Errungenschaft der kapitalistischen Ära: der Kooperation und des Gemeinbesitzes der Erde und der durch die Arbeit selbst produzierten Produktionsmittel.«[1]

3. Arthur de Gobineau: Versuch über die Ungleichheit der Menschenrassen. Erstes Buch, Viertes Kapitel
»Ich meine also, daß das Wort *degeneriert*, auf ein Volk angewandt, bedeuten muß und bedeutet, daß dieses Volk nicht mehr den inneren Wert hat, den es ehedem besaß, weil es nicht mehr das nämliche Blut in seinen Adern hat, dessen Wert fortwährende Vermischungen allmählich eingeschränkt haben; anders ausgedrückt,

weil es mit dem gleichen Namen nicht auch die gleiche Art, wie seine Begründer, bewahrt hat, kurz, weil der Mensch des Verfalles, derjenige, den wir den degenerierten Menschen nennen, ein unter dem ethnographischen Gesichtspunkt von dem Helden der großen Epochen verschiedenes Subjekt ist.«[2]

»Die Völker, nein, die Menschenherden, werden alsdann, von düsterer Schlafsucht übermannt, empfindungslos in ihrer Nichtigkeit dahinleben, wie die wiederkäuenden Büffel in den stagnierenden Pfützen der pontinischen Sümpfe.«[3]

Viele von Nietzsches Aussagen über die »Gesamtentartung der Menschheit« sind uns bereits begegnet, etwa im biographischen Teil das Kapitel über die »letzten Menschen« im »Zarathustra«, aber auch in den Vorlesungen über Nietzsches Verhältnis zum Christentum oder zum Sozialismus waren entsprechende Äußerungen enthalten, da beide Phänomene als Ursachen oder Symptome eines umfassenden Niedergangs, einer universalen Dekadenz betrachtet wurden, nämlich der »Entartung und Verkleinerung des Menschen zum vollkommenen Herdentiere«, das den sozialistischen Tölpeln und Flachköpfen als der Mensch der Zukunft in der »freien Gesellschaft« erscheint.[4] Ebenso klar ist, daß der Ausgangspunkt in der Auffassung des jungen Nietzsche von dem, was »Kultur« war oder sein sollte, liegt: Sokrates ist ein Repräsentant des Niedergangs, Urheber der »alexandrinischen Kultur«, Förderer der Greisenhaftigkeit; in der Gegenwart aber besteht nicht nur die Gefahr einer Exstirpation des deutschen Geistes zugunsten der deutschen Macht, sondern es ist auch zu befürchten, daß »das amerikanische-politische Getreibe« und die »haltlose Gelehrtenkultur« der Gegenwart sich verschmelzen.[5] Das moderne Geschichtsbewußtsein hat einen Grad erreicht, bei dem »das Leben verkümmert und entartet«[6]. Ganz ähnlich, nur noch etwas allgemeiner, heißt es in der »Genealogie der Moral«: »Man sehe sich die Zeiten eines Volkes an, in denen der Gelehrte in den Vordergrund tritt ... Das Übergewicht des Mandarinen bedeutet niemals etwas Gutes: so wenig als die Heraufkunft der Demokratie, der Friedens-Schiedsgerichte an Stelle der Kriege, der Frauen-Gleichberechtigung, der Religion des Mitleids und was es sonst alles für Symptome des absinkenden Lebens gibt.«[7] Letzten Endes geht es dabei gegen eine sich abzeichnende Realität, der heute im allgemeinen ein ganz positiver Akzent gegeben wird, nämlich die »Weltzivilisation«, welche als die große Abschleifung alles Bedeutenden und Individuellen für Nietzsche nichts Geringeres als »die Tendenz nach dem Ende der Menschheit« bedeutet, zunächst nicht in einem physischen, sondern ganz und gar in einem kulturellen Sinne verstanden: »Ich sehe in der staatlichen und gesellschaftlichen Tendenz eine Hemmung für die Individuation, ein Ausbilden des homo communis – aber der gemeine und *gleiche* Mensch wird nur deshalb so begehrt, weil die schwachen Menschen das starke Individuum fürchten und lieber die allgemeine Schwächung wollen, statt der Entwicklung zum Individuellen ... Die Tendenz der altruistischen Moral ist der sanfte Brei, der weiche Sand der Menschheit.«[8] Diese allgemeine Gesinnung ist für Nietzsche eine »gemeine« Gesinnung, und er nennt sie »sklavisch«, man darf seine Termini daher nicht ohne weiteres als soziologische und auch nicht als biologische verstehen; der »große Sklavenaufstand« ist das Vordringen der gewöhnlichen, der gemeinen, der sich aneinander abschleifenden Menschen; die »Schlechtweggekommenen« sind diejenigen, welche unfähig sind, zu Individualitäten zu werden und der Größe auch nur mit Ehrfurcht zu begegnen. Als einzelne Erscheinungsform nennt Nietzsche an einer Stelle des Nachlasses: »Mode, Presse, suffrage universel, faits«; sklavisch ist also auch und gerade »die Unterwerfung unter die facta«.[9]

»Suffrage universel« bedeutet die Herrschaft der »niederen Menschen«, und Demokratie ist damit identisch. Wenn Nivellierung und Abschleifung aber schlecht und eine Minderung des Menschlichen sind, dann muß eine der sogenannten Emanzipationen ganz besonders verhängnisvoll sein, nämlich die Emanzipation der Frauen. Dazu sagt Nietzsche in Aphorismus 232 des »Jenseits«: »Das Weib will selbständig werden; und dazu fängt es an, die Männer über ›das Weib an sich‹ aufzuklären – *das* gehört zu den schlimmsten Fortschritten der allgemeinen Verhäßlichung Europas.«[9a] Eine Aufklärung über sich selbst könnten Frauen gar nicht wollen, denn nichts sei »von Anbeginn an dem Weibe fremder, widriger, feindlicher als die Wahrheit – seine große Kunst ist die Lüge, seine höchste Angelegenheit ist der Schein und die Schönheit«. Aber war nach einem der berühmtesten Sätze des jungen Nietzsche nicht die Welt »nur als ästhetisches Phänomen« ewig gerechtfertigt?

Waren Schein und Schönheit für ihn nicht das Höchste, was dem Menschen zuteil werden kann? Könnte man nicht seine Philosophie insofern sogar eine »Philosophie des Weiblichen« nennen, des Sieges des lebenfördernden Schemas über die lebentötende Wahrheit? Mußte Emanzipation als Angleichung des Weibes an den Mann nicht in der Tat so etwas wie Weltzerstörung sein? Es ist daher nur konsequent, wenn Nietzsche den Aphorismus mit dem Satz beschließt: »ich denke, daß es ein rechter Weiberfreund ist, der den Frauen heute zuruft: mulier taceat de muliere.«[10]

Es ist ja merkwürdig, daß Nietzsche gerade mit emanzipierten Frauen in freundlichstem Umgang stand wie etwa mit Malwida von Meysenbug, Meta von Salis oder Resa Schirndorfer. Auch innerhalb der eigentlichen feministischen Bewegung galt er keineswegs durchweg als »der Feind«, wie wir noch sehen werden, sowenig wie bei Sozialisten und Anarchisten. Man sollte daher jenen vielleicht meistzitierten seiner Sätze nicht allzu ernst nehmen: »Du gehst zu Frauen? Vergiß die Peitsche nicht«, und es ihm auch nachsehen, daß er gelegentlich einmal auf Stammtisch-Niveau absinkt: »Hat man meine Antwort auf die Frage gehört, wie man ein Weib *kurirt* – ›erlöst‹? Man macht ihm ein Kind.«[11] Aber es war nicht nur die Phantasie eines Junggesellen, die Nietzsches Denken immer wieder um die Frage der »Weibs-Emanzipation« kreisen ließ.

Manche Äußerungen im Nachlaß finden eine genaue, wenngleich zurückhaltender formulierte Parallele bei Friedrich Engels, der ganz wie Karl Marx ein theoretischer (!) Verfechter der Frauenemanzipation war: »Vermännlichung der Weiber ist der rechte Name für ›Emancipation des Weibs‹. Das heißt, sie formen sich nach dem Bilde, welches der Mann jetzt abgibt, und begehren *seine* Rechte. Ich sehe dann eine *Entartung* im Instinkt der jetzigen Weiber: sie müßten wissen, daß sie ihre Macht zugrunderichten, auf diesem Wege. – Sobald sie sich nicht mehr erhalten lassen wollen und ernsthaft Concurrenz mit dem Manne im bürgerlich-politischen Sinne machen, folglich auch auf jene milde und nachsichtig-schonende Behandlungsart verzichten wollen, mit der sie bisher behandelt wurden, so – «[12] Nietzsche schwebt hier offenbar jene Art von lebenbefeuernder Differenz vor, die ja auch heute noch die Frauen in der Regel bunter gekleidet sein läßt als die »in den bürgerlichen Universalrock«[13] eingezwängten Männer und die im viktorianischen Zeitalter nicht zuletzt in dem Bestreben der Männer verankert war, ihre Frauen den Zwängen der »kapitalistischen Konkurrenzgesellschaft« entzogen zu halten bzw. davon zu befreien. Aber biologische Sorgen sind ihm ebenfalls nicht fremd: »Wo nur der industrielle Geist über den militärischen und aristokratischen Geist gesiegt hat, strebt jetzt das Weib nach der wirtschaftlichen und rechtlichen Selbständigkeit eines Commis. ›Das Weib als Commis‹ steht an der Pforte der sich bildenden modernen Gesellschaft.« Das aber ist nichts anderes als ein Symptom »von der zunehmenden Schwächung und Abstumpfung der allerweiblichsten Instinkte«. Es bedeutet »Entweiblichung« und »Entzauberung des Weibes«, und macht sie »täglich hysterischer und zu ihrem ersten und letzten Berufe, kräftige Kinder zu gebären, unbefähigter«.[14] Es ist leicht, über eine so »reaktionäre« Auffassung zu spotten. Aber es ist eine unbezweifelbare Wahrheit, daß es ohne Vorgang in der Natur und in der bisherigen Geschichte ist, daß ein Wesen seine eigene Fortpflanzung nicht mehr als »Schicksal« akzeptiert, sondern der »Willkür« unterwirft. Daß Individuen einer Gattung sich selbst als obersten Zweck ansehen könnten, ist in der gesamten Natur und war durch viele Jahrtausende der Menschheitsgeschichte völlig ausgeschlossen. Da diese Unterwerfung unter die »Willkür«, – trivial ausgedrückt: die Einführung des Zweikinder- oder Einkindersystems – nicht gleichmäßig erfolgt, sind überaus gravierende politische Folgen zu erwarten: Man könnte die politische, die ökonomische und die ideologische Geschichte Europas durch die demographische Feststellung untergreifen, daß die Bevölkerung Frankreichs im 19. Jahrhundert zuerst zu stagnieren begann und daß die politischen und sonstigen Ansprüche der Franzosen nicht im gleichen Maße zurückgingen. Schwerwiegende Analogien dazu sind im 21. Jahrhundert zu erwarten, falls sich nicht eine »Bereitschaft zur Verkleinerung« ganzer Völker und Kulturen entwickelt. Es läßt sich aber durchaus vorstellen, daß die emanzipierten Frauen eines Tages ihr spezifisches Vermögen als unerträgliche Benachteiligung empfinden, und das Reich einer solchen Gerechtigkeit, allgemein gedacht, wäre für die Menschheit zweifellos der physische Untergang.

Aber nicht nur die Emanzipation der gewöhnlichen Menschen und der Frauen sieht Nietzsche mit sehr kritischem Blick, sondern auch eine andere, heute ebenfalls durchweg positiv (wenngleich nicht ohne einige Selektivität) aufgefaßte Emanzipation, nämlich diejenige der Nationen: »Wir sind mitten im gefährlichen Carneval des Nationalitäten-Wahnsinns, wo alle feinere Vernunft sich zur Seite geschlichen hat und die Eitelkeit der ruppigsten Winkel-Völker nach den Rechten der Sonder-Existenz und Selbstherrlichkeit schreit ...«[15] Auch hier ist 100 Jahre nach Nietzsches Umnachtung nicht zu verkennen, daß er etwas Richtiges gesehen hat. Wenn man die UN-Ideologie ins Negative kehrt, dann hat seit 1945 eine fast unglaubliche »Balkanisierung der Welt« stattgefunden, die möglicherweise nur deshalb noch nicht zum allgemeinen Chaos geführt hat, weil sich zwei gigantische Machtkonzentrate (die »Supermächte«) gebildet (und zunächst einmal erhalten) haben; Machtkonzentrate, die heute auf schwere innere Spannungen zuzugehen scheinen.

So kann man Nietzsches Begriff der »Gesamt-Entartung der Menschheit« von jenem schrillen und hektischen Ton lösen, mit dem er im Spätwerk häufig dargeboten wird: ob kulturlose »Welt-Zivilisation« der »letzten Menschen« auf der Basis der altruistischen Moral Herbert Spencers oder zum physischen Untergang einer naturvergessenen Tierrasse führend: in jedem Falle ist diese Menschheit ohne eine positive Zukunft. Ist Nietzsche nun ein reiner Pessimist oder, wie man sagen könnte, »Geschlechts-Nihilist«, oder sieht er einen Ausweg, nimmt er einen möglichen Durchbruch wahr? Wenn wir uns erinnern, daß Nietzsche, vor allem in seiner zweiten Periode, z.B. »Demokratie« auch im positiven Sinne verwendet und daß er hin und wieder sogar der Degeneration nicht anders als der Krankheit und dem Leiden Unentbehrlichkeit zuschreibt, dann nimmt es nicht wunder, daß er nicht bloß ein Bild einer guten, die Gefahren überwindenden Zukunft vor Augen hat. Es handelt sich einmal um die Zukunft der »guten Europäer« und des Übermenschen als des »summierenden Menschen«, und zum anderen um diejenige der »Partei des Lebens«, welcher eine andere Vorstellung vom Übermenschen zugeordnet ist.

Die »guten Europäer« und die Zukunft des Übermenschen

Ob die »Zukunft« ein Thema darstellt oder nicht, macht einen Hauptunterschied zwischen der griechischen Antike und der jüdisch-christlichen Tradition aus: Für Platon ist die »Politeia« nicht Zukunft, sondern Idealtyp oder Norm; die Welt der Poleis blickt nicht über sich selbst hinaus auf einen künftigen und nicht-polishaften Zustand. Das Selbstverständnis des Römischen Imperiums und der Stoiker war allerdings ein anderes, aber auch hier liegen eher Kreislauflehren und Paradigmen (Reich der Vernunft oder der Weisen) vor als dasjenige, was wir unter Geschichtsphilosophie verstehen. Diese hat ihren Ursprung im späten Judentum mit der aus der Not geborenen Prophezeiung eines künftigen Zustandes, wo Schwerter in Sicheln umgeschmiedet werden und Löwen neben Lämmern weiden, wo aber auch Jerusalem das Zentrum der Welt ist; im Ausgang davon und im Gegensatz dazu entwickelt sich die christliche Eschatologie mit dem Begriff des »Jüngsten Tages« bzw. des »Gottesreichs«, womit kein irdischer, sondern ein »jenseitiger« Zustand gemeint ist. Eine Ausnahme bildet die Konzeption eines diesseitigen »Dritten Reiches« des Joachim von Floris. Nicht nur diesseitig, sondern auch unmetaphysisch ist das künftige »regnum hominis« bei Francis Bacon mit seiner Naturbeherrschung zugunsten des Wohlergehens der Individuen. Von Bacon ist leicht der Übergang zur allgemeinen aufklärerischen Vorstellung von dem sich bereits abzeichnenden Weltbürgertum der Vernunft und des Friedens zu machen. Kant entfaltet in seiner »Idee zu einer allgemeinen Geschichte in weltbürgerlicher Absicht« das Bild der zu einem »großen Völkerbunde« vereinigten Menschheit, die aber auf sehr merkwürdige Weise nicht nur mit »Plan«, sondern auch mit »Bienen und Bibern« sowie mit einem »Automaten« in Verbindung gebracht und in einen Gegensatz zur Triebkraft der bisherigen Entwicklung gestellt wird, nämlich zu dem »Antagonismus« und der »ungeselligen Geselligkeit«. Ein anderes klassisches Beispiel ist Condorcet. Bei Hegel geht die Entwicklung dialektisch vor sich, und sie führt weder zu einem überstaatlichen Endzustand, noch beseitigt sie die »bürgerliche Gesellschaft«. Bei Hegel finden sich auch konkrete, aber sehr vorsichtige Vorhersagen: Amerika gilt ihm als »das Land der Zukunft«, und er spricht von der »großen slawischen Welt«, die ihr Wort noch nicht gesagt habe. Noch konkreter sind die Vorhersagen bei Saint-Simon, und die politischen Bewegungen des radikalen Liberalismus und des Sozialismus sind ausgesprochene Zukunftslehren von optimistischem Grundcharakter. Die populären Zukunftsromane stehen entweder in der Nachfolge der Utopien wie Samuel Butlers »Erewhon« oder in derjenigen der baconschen Technokratie wie die Romane von Jules Verne. Der Legitimismus und generell der christliche Konservativismus stellen sich diesem Optimismus entgegen und fassen die Säkularisierung als etwas Negatives auf, so Ernst Ludwig Gerlach in traditioneller und Arthur de Gobineau in modernisierter Weise. Nietzsche gehört, je nach Periode, zu der einen und zu der anderen Tendenz, aber im ganzen mit deutlichem Vorrang des negativen und pessimistischen Akzents. Falls es berechtigt ist, Aufklärung und Optimismus gleichzusetzen, ist Nietzsche also der »Gegenaufklärung« zuzurechnen, und ich zitiere jetzt die Aussagen über die »letzten Menschen« im Zarathustra mit größerer Ausführlichkeit, denen sich all dasjenige an die Seite stellen läßt, was zu Begriffen wie »Nivellierung«, »Vermittelmäßigung«, »Chineserei« und »Gesamtentartung des Menschen« gesagt wird:

> »Wehe! Es kommt die Zeit, wo der Mensch keinen Stern mehr gebären wird. Wehe! Es kommt die Zeit des verächtlichsten Menschen, der sich selber nicht mehr verachten kann.
> Seht! Ich zeige euch *den letzten Menschen.*
> ›Was ist Liebe? Was ist Schöpfung? Was ist Sehnsucht? Was ist Stern?‹ – so fragt der letzte Mensch und blinzelt …
> ›Wir haben das Glück erfunden‹ – sagen die letzten Menschen und blinzeln …
> Man wird nicht mehr arm und reich: beides ist zu beschwerlich. Wer will noch regieren? Wer noch gehorchen? Beides ist zu beschwerlich.
> Kein Hirt und eine Herde. Jeder will das Gleiche, jeder ist gleich: wer anders fühlt, geht freiwillig ins Irrenhaus.
> ›Ehemals war alle Welt irre‹ – sagen die Feinsten und blinzeln …
> Man hat sein Lüstchen für den Tag und sein Lüstchen für die Nacht: aber man ehrt die Gesundheit.

›Wir haben das Glück erfunden‹ – sagen die letzten Menschen und blinzeln.«[1]

Daß damit jene Zukunft gemeint ist, die heute als Realität des »Wohlfahrtsstaates« oder des »realen Sozialismus« in großen Teilen der Welt eine Tatsache ist, bedarf nicht des Nachweises. Gemeint ist der individualistisch-massenhafte Utilitarismus, und daß Nietzsche ihn nicht einmal während seiner aufklärerischen Periode ohne Einschränkung bejaht hat, unterliegt keinem Zweifel.

Aber Nietzsche macht auch konkrete Aussagen über die Zukunft, innerhalb deren die »wohlfahrtsstaatliche Tendenz« mächtig ist, und darin eingeschlossen sind Konzepte, wie diese Tendenz überwunden werden kann. Zwei Wege sind zu unterscheiden: Der eine ist durch Begriffe wie »gute Europäer« und »Europa« gekennzeichnet; der andere durch den Begriff der »Partei des Lebens«. Beide Konzepte sind auf nicht immer ganz durchsichtige Weise mit den Vorstellungen vom »Übermenschen« und von den »Herren der Erde« verknüpft.

Auch hier indessen soll der »objektive Kontext« angedeutet werden, und zwar durch einen Blick auf die wohl berühmteste und am meisten zitierte konkrete Vorhersage im 19. Jahrhundert, diejenige auf den Schlußseiten des Ersten Teils (1835) von Alexis de Tocquevilles: »De la démocratie en Amérique«

»Si ce mouvement d'assimilation rapproche des peuples étrangers, il s'oppose à plus forte raison à ce que les rejetons du même peuple deviennent étrangers les uns aux autres.
Il arrivera donc un temps où l'on pourra voir dans l'Amérique du Nord cent cinquante millions d'hommes, égaux entre eux, qui tous appartiendront à la même famille, qui auront le même point de départ, la même civilisation, la même langue ... les mêmes mœurs. ... Or, voici un fait entièrement nouveau dans le monde, et dont l'imagination elle-même ne saurait saisir la portée.
Il y a aujourd'hui sur la terre deux grands peuples qui, partis de points différents, semblent s'avancer vers le même but: ce sont les Russes et les Anglo-Americains. ...

> L'américain lutte contre les obstacles que lui oppose la nature; le Russe est aux prises avec les hommes. ...
> Pour atteindre son but, le premier s'en repose sur l'intérêt personnel, et laisse agir, sans les diriger, la force et la raison des individus.
> Le second concentre en quelque sorte dans un homme toute la puissance de la société.
> L'un a pour principal moyen d'action la liberté; l'autre, la servitude.
> Leur point de départ est différent, leurs voies sont diverses; néanmoins, chacun d'eux semble appelé par un dessein secret de la Providence à tenir un jour dans ses mains les destinées de la moitié du monde.«

Wenn man Nietzsche gegen Angriffe verteidigen will, die vor allem in der ersten Zeit nach 1945 gegen ihn gerichtet wurden, dann eignet sich kaum ein Begriff so sehr dazu wie der Begriff des »guten Europäers«. In der Tat ist er eng mit der »aufklärerischen« Periode verbunden und taucht erstmals in »Menschliches, Allzumenschliches« auf. Hier heißt es: Es komme darauf an, »jenen jetzt noch so fernen Zustand der Dinge vor(zu)bereiten, wo den guten Europäern ihre große Aufgabe in die Hände fällt; die Leitung und Überwachung der gesamten Erdcultur«. Wer das Gegenteil predige, der zeige den Völkern einen Weg, »wie sie immer noch mehr *national* werden können: er vermehrt die Krankheit dieses Jahrhunderts und ist ein Feind der guten Europäer, ein Feind der freien Geister.«[2] Der »gute Europäer« ist also derjenige, der Borniertheit und Enge überwunden hat, insbesondere die Enge des Nationalismus, und der sich als »Freier Geist« oder »Aufklärer« ebensosehr über die überlieferten Vorurteile hinweggesetzt hat. Aber sicherlich ließ Nietzsche zu keiner Zeit diesen Bildungsprozeß im Vorgang der Nivellierung und Abschleifung der Unterschiede aufgehen. So heißt es in »Jenseits«, die langsame Heraufkunft einer wesentlich übernationalen und nomadischen Art Mensch sei »der Prozeß des werdenden Europäers«, welcher durch große Rückfälle im Tempo verzögert werden könne, z.B. durch Nationalismus und Nationalgefühl, aber vielleicht gerade dadurch an Vehemenz und Tiefe gewinne. Er laufe jedoch wahrscheinlich auf Resultate hinaus, »auf welche seine naiven Beförderer und Lobredner, die Apostel der ›modernen Ideen‹«, am wenigsten rechnen möchten, denn die Demokratisierung Europas sei »zugleich eine unfreiwillige Veranstaltung zur Züchtung von Tyrannen – das Wort in jedem Sinne verstanden, auch im geistigen«.[3] Hin und wieder tendieren Nietzsches Aussagen über die Zukunft zu Condorcet, ja zu Jules Verne, aber fast durchweg nehmen sie dann doch eine Wendung, die für Condorcet und auch für Verne überraschend und bedenklich gewesen wäre: »Die Menschheit wird sich im neuen Jahrhundert vielleicht schon viel mehr Kraft durch Beherrschung der Natur erworben haben, als sie verbrauchen kann, und dann wird etwas vom Luxushaften unter die Menschen kommen, von dem wir uns jetzt keine Vorstellung machen können. ... Allein die Luftschiffahrt wirft alle unsere Culturbegriffe über den Haufen. Statt Kunstwerke zu schaffen, wird man die Natur in großem Maße verschönern in ein paar Jahrhunderten [sic] Arbeit, um z. B. die Alpen aus ihren Ansätzen und Motiven der Schönheit zur Vollkommenheit zu erheben. Dann wird alle frühere Literatur etwas nach der Enge kleiner Städte riechen. Ein Zeitalter der Architektur kommt, wo man wieder für Ewigkeiten wie die Römer baut. Man wird die zurückgebliebenen Völkerschaften Asiens, Afrikas usw. als Arbeiter verwenden, die Bevölkerungen des Erdbodens werden anfangen sich zu mischen ... Um eine solche Zukunft vorzubereiten, müssen wir die Trübsinnigen, Griesgrämigen Nörgler Pessimisten separatisieren und zum Aussterben bringen. Die Politik so geordnet, daß mäßige Intellekte ihr genügen und nicht Jedermann jeden Tag drum zu wissen braucht. Ebenso die wirtschaftlichen Verhältnisse ohne die Gier ob leben ob sterben. Zeitalter der Feste.«[4] Man könnte sagen, hier liege eine Mischung von Vorstellungen des Sozialismus und des Darwinismus vor. Jedenfalls ist für Nietzsche »Europa« immer maßgebend, wenn von »Erdkultur« und ähnlichem die Rede ist.

Was versteht Nietzsche aber unter »Europa«, wodurch zeichnet sich dieser Erdteil unter den anderen und größeren aus? Nietzsches Aussagen sind hier besonders uneinheitlich. Hauptkennzeichen Europas ist für ihn in der Regel: eine besondere Art von »Spannung«, die manchmal positiv, manchmal negativ beurteilt wird und manchmal in einer Aussage sowohl auf die eine wie die andere Weise. So heißt es in einem Fragment des Jahres 1875: »Wir leben in der Periode, wo verschiedene Lebensauffassungen nebeneinander stehen: deshalb ist die Zeit so lehrreich wie selten eine, deshalb so krank, weil sie an den Übeln aller Richtungen zugleich leidet. Zukunftsmensch: der europäische Mensch.«[5] Europa ist für Nietzsche in einem Satz zugleich »überbevölkert und in sich brütend« und »unruhig und sich aufreibend«.[6] An einer Stelle nennt er die (offenbar für die europäische Vergangenheit kennzeichnende) »Spannung zwischen dem immer reiner und ferner gedachten Gott und dem immer sündiger gedachten Menschen« »einen der größten Kraftversuche der Menschheit« und die Vorstellung der Liebe Gottes zum Sünder »wundervoll«[7], aber gerade aus dieser Spannung geht in der Moderne letzten Endes der »Nihilismus« hervor, »der unheimlichste aller Gäste«, der Grundvorgang, »daß die obersten Werte sich entwerten«. Innerhalb der Gesellschaft ist »Spannung« (produktive) für Nietzsche gerade daran geknüpft, daß keiner der Gegensätze die Vernichtung des anderen will; mindestens sieht er an einer Stelle für Antichristen und Immoralisten einen Vorteil darin, daß die Kirche besteht. ...[8] Nietzsche nähert sich mithin an verschiedenen Stellen dem Begriff des »Liberalen Systems« als der Gesellschaft der produktiven Differenzen und Hervorbringung Europas, aber er weicht auch immer wieder davor zurück. Vielleicht ist er am nächsten daran, wenn er »China« und »Europa« einander entgegensetzt und den Sozialisten sowie den »Staatsgötzendienern« vorwirft, sie wollten »chinesische Zustände« bloßer Stabilität herbeiführen und verstünden das Wesen Europas nicht, das ein Kranker sei, »der seiner Unheilbarkeit und ewigen Verwandelung seines Leidens den höchsten Dank schuldig ist; diese beständigen neuen Lagen, diese ebenso beständigen neuen Gefahren, Schmerzen und Auskunftsmittel haben zuletzt eine intellektuale Reizbarkeit erzeugt, welche beinahe so viel als Genie, und jedenfalls die Mutter alles Genie's ist«.[9]

Ähnlich: »In Europa hat der Kampf gegen den Geist der Anarchie der Meinungen und der Conkurrenz der Fürsten, Völker und Kaufleute bis jetzt den Verstand verfeinert.«[10]

Wer sind, konkreter betrachtet, diese künftigen »Europäer«, die manchmal von den »Herren der Erde« ununterscheidbar sind? Wieder sind Nietzsches Aussagen widersprüchlich. Einmal sieht er ein »deutsch-slawisches Erdregiment« kommen, und wiederholt fordert er ein »unbedingtes Zusammengehen mit Rußland«, ja ein »Ineinanderwachsen der deutschen und der slawischen Rasse«. Dadurch würde die »englische Kleingeisterei«, d. h. der Utilitarismus und Parlamentarismus (zuletzt »Weiber ins Parlament«) aus dem Zentrum gedrängt und das Postulat erfüllt »Keine amerikanische Zukunft«.[11] Andererseits lautet die Prophetie jedoch: »Die Gewalt ist einmal geteilt zwischen Slawen und Angelsachsen. Der geistige Einfluß könnte in den Händen des typischen Europäers sein.«[12] Aber er schließt es auch nicht ganz aus, daß Deutschland eines Tages »dem höchsten Gedanken zum Siege verhelfen« werde.[13]

Die Entscheidung solcher Alternativen mag zum Bereich der »großen Politik« gehören, wie Nietzsche sie nennt. Aber wer immer die »Wirtschafts-Gesamtverwaltung« als Nation, Staat oder Rasse in Händen hat: die eigentliche Alternative ist eine andere: »Haben wir erst jene unvermeidlich bevorstehende Wirtschafts-Gesamtverwaltung der Erde, dann *kann* die Menschheit als Maschinerie in deren Diensten ihren besten Sinn finden ... als ein Ganzes von ungeheurer Kraft, dessen einzelne Faktoren Minimal-Kräfte, Minimal-Werte darstellen. Im Gegensatz zu dieser Verkleinerung und Anpassung der Menschen an eine spezialisiertere Nützlichkeit bedarf es der umgekehrten Bewegung – der Erzeugung des synthetischen, des summierenden, des rechtfertigenden Menschen, für den jene Machinalisierung der Menschheit eine Daseins-Vorausbedingung ist, als ein Untergestell, auf dem er seine höhere Form zu sein sich erfinden kann. Diese höhere Form des Aristokratism ist die der Zukunft. ...«[14] Dieser summierende und rechtfertigende, dieser »ganze« Mensch ist aber nichts anderes als »der Übermensch«, wie Nietzsche ganz eindeutig in einem Fragment aus dem Jahre 1883 sagt, wo er der Bewegung der Nivellierung (z.B. Dührings) »seine« Bewegung der »Verschärfung aller Gegensätze und Klüfte« entgegensetzt und schließt: »Jene erzeugt den letzten Menschen. Meine Bewegung den Übermenschen.«[15]

An dieser Stelle wird das Verhältnis beider aber gerade *nicht* als ein Herrschaftsverhältnis gefaßt: »Es ist durchaus *nicht* das Ziel, die letzteren als die Herren der ersteren aufzufassen: sondern, es sollen zwei Arten nebeneinander bestehen – möglichst getrennt, die eine wie die epikurischen Götter, sich um die andere nicht kümmernd.«

Diese »Übermenschen« könnten also wohl am ehesten als die Insassen jenes »weltlichen Klosters« gedacht werden, von dem der junge Nietzsche träumte. Es handelt sich, könnte man sagen, um den irenischen Begriff des »Übermenschen«. Aber wie vereinigt sich das mit dem kommenden »Kampf um die Erdherrschaft«, mit dem Begriff der »Herren der Erde«, mit der Prophezeiung, wir gingen wilderen Zeiten entgegen, mit der Aussage, zur Vollendung der europäischen Demokratie qua sublimer Sklaverei würde sich eine höhere Art herrschaftlicher und cäsarischer Geister hinzufinden, und die Ökonomie der Erde schließe das »Aussterbenlassen von schlechten Rassen« ein?[16] Wie vereinigt es sich vor allem mit Nietzsches Haß gegen die décadents, die Mißratenen, die Viel-zu-Vielen, die ja doch ihrerseits auf Herrschaft und Vernichtung sinnen? Neben dem irenischen Begriff der Zukunft und des Übermenschen steht bei Nietzsche ein »polemischer«, kriegerischer, zu dem es in der Geistesgeschichte, wenn ich recht sehe, kein Präzedens gibt, der Begriff der »Partei des Lebens« und der Vernichtung der Mißratenen. Dies ist unser nächstes Thema.

Das Vernichtungskonzept und die »Partei des Lebens«

So wie man vom Begriff des »guten Europäers« aus Nietzsche der Gegenwart gleichsam »mundgerecht« machen kann, so kann man von seinen »polemisch-praktischen« Äußerungen her Nietzsche ohne Mühe als Vorläufer des Nationalsozialismus hinstellen und herabsetzen. Aber es ist vermutlich richtiger zu sagen, daß der Nationalsozialismus hinter einer der »Denktendenzen« Nietzsches weit zurückblieb und daß umgekehrt Nietzsche selbst diese Tendenz erst unmittelbar vor seinem Zusammenbruch vollständig entwickelte, so daß die Vermutung nicht von vornherein abwegig ist, er sei an ihr und mit ihr zerbrochen.

Schon der junge Nietzsche wollte, wie wir gesehen haben, einen »Päan auf den Krieg« anstimmen – auf den Krieg als die Wahrheit des Menschseins, könnte man sagen. Aber ganz wie Heraklits

»pólemos patér pánton« der Ausdeutung fähig ist und nicht notwendigerweise den blutigen Staatenkrieg meint, so lassen Nietzsches Äußerungen über den Krieg meist die Vermutung zu, er habe geistige Auseinandersetzungen im Auge. So heißt es im Aphorismus 283 der »Fröhlichen Wissenschaft«: »Ich begrüße alle Anzeichen dafür, daß ein männlicheres, ein kriegerisches Zeitalter anhebt, das vor allem die Tapferkeit wieder zu Ehren bringen wird. Denn es soll einem noch höheren Zeitalter den Weg bahnen und die Kraft einsammeln, welche jenes einmal nötig haben wird, – jenes Zeitalter, das den Heroismus in die Erkenntnis trägt und Kriege führt um der Gedanken und ihrer Folgen willen. ... Denn – glaubt es mir, – das Geheimnis, um die größte Fruchtbarkeit und den größten Genuß vom Dasein einzuernten, heißt: *gefährlich leben*! Baut eure Städte an den Vesuv! Schickt eure Schiffe in unerforschte Meere! Lebt im Kriege mit Euresgleichen und mit euch selber! ... Endlich wird die Erkenntnis die Hand nach dem ausstrecken, was ihr gebührt: – sie wird herrschen und besitzen wollen, und ihr mit ihr.«[1] Dieser Aphorismus scheint also zu Nietzsches Vorstellung von den Philosophen-Herrschern zu gehören, die natürlich eine enge Verwandtschaft mit Platons Begriff der Philosophen-Könige nicht verleugnen kann. Hierher gehört auch die Vorstellung von den »Herren der Erde«, die in etwa Platons »phylakes« entsprechen dürften, weil sie Helfer und »Werkzeuge« des Herrscherphilosophen sind: »... es ist die Entstehung von internationalen Geschlechts-Verbänden möglich gemacht, welche sich hier die Aufgabe setzen, eine Herren-Rasse heraufzuzüchten, die zukünftigen ›Herren der Erde‹; – eine neue, ungeheure, auf der härtesten Selbst-Gesetzgebung aufgebaute Aristokratie, in der dem Willen philosophischer Gewaltmenschen und Künstler-Tyrannen Dauer über Jahrtausende gegeben wird: eine höhere Art Mensch, welche sich, Dank ihrem Übergewicht von Wollen, Wissen, Reichtum und Einfluß, des demokratischen Europas bedienen als ihres gefügigsten und beweglichsten Werkzeugs, um die Schicksale der Erde in die Hand zu bekommen, um am ›Menschen‹ selbst als Künstler zu gestalten.«[2] Es ist unklar, ob diese »höhere Art Mensch« selbst schon die »Übermenschen« sind oder ob nur dem philosophischen Herrscher diese Qualität zukommt. Es ist schwer, eine konkrete Vorstellung aus dieser Aussage herzuleiten. Wenn von dem »Übergewicht von Reichtum und Einfluß« die Rede ist, könnte man für einen Augenblick an die amerikanische Plutokratie denken, die durch ihre Zeitungen und Fernsehstationen die »öffentliche Meinung« des großen Landes beherrscht, aber diese Gruppe unterliegt schwerlich einer »härtesten Selbst-Gesetzgebung«, und sie ist viel zu eng mit jenem »Sklavengeist« verbunden, den Nietzsche so sehr verachtete. Mit größerem Recht ließe sich die reale Entsprechung wohl in Mao Tse-tung finden, der seine Chinesen als ein Blatt Papier betrachtete, auf das man die schönsten Buchstaben malen könne, und der eine asketische Partei als Werkzeug hatte, die das äußerste Gegenteil jener Plutokratie darstellt. Sucht man nach einer Mitte zwischen den Extremen, so verliert man sich ins Phantastische, bloß Erdachte, und deshalb muß der Blick auch auf dasjenige gerichtet werden, was bei Nietzsche nur allzu zeitgebunden und konkret zu sein scheint und aufs schroffste von dem »guten Europäer« absticht: »Die Aufrechterhaltung des Militärstaates ist das allerletzte Mittel, die große Tradition sei es aufzunehmen, sei es festzuhalten hinsichtlich des obersten Typus Mensch, des starken Typus. Und alle Begriffe, die die Feindschaft und Rangdistanz der Staaten verewigen, dürfen daraufhin sanktioniert erscheinen ... z.B. Nationalismus, Schutzzoll.«[3] Wieder könnte man glauben, damit sei weiter nichts gemeint als die Erhaltung des Vorbilds vornehmer Tapferkeit, wie sie etwa im höheren Offizierscorps Deutschlands, aber auch Frankreichs weit besser verkörpert war als in einer reichen Industriellen- und Händlerschicht. Aber an einer Stelle, ebenfalls in der Spätzeit, stellt Nietzsche die Frage: »Wo sind die Barbaren des 20. Jahrhunderts? Offenbar werden sie erst nach ungeheuren socialistischen Krisen sichtbar werden und sich consolidieren«[4] ...; mithin kann Nietzsche nicht ein Mann wie Moltke vorschweben. Sind diese »Barbaren« etwa »der neue Adel«, von dem Nietzsche im »Zarathustra« sagt, daß er »allem Pöbel und allem Gewalt-Herrischen Widersacher ist und auf neue Tafeln neu das Wort schreibt: ›edel‹«?[5] Handelt es sich indessen nicht um eine denkbar alte Tafel und zugleich eher eine barbarische als eine edle, wenn Nietzsche ebenfalls im Zarathustra postuliert: »Der Mann soll zum Krieger erzogen werden und das Weib zur Erholung des Kriegers – alles Andere ist Torheit.«[6] Aber erst ein Zeitgenosse

Darwins und Galtons konnte sagen: der Bann bestimmter grammatischer Funktionen sei im letzten Grunde »der Bann physiologischer Werturteile und Rasse-Bedingungen«[7], die Rasse sei »unsäglich wichtiger« als das Milieu[8] und die Blutvermischung von Herren und Sklaven sei die Ursache des Heraufkommens der demokratischen Ordnung der Dinge.[9]

Man kann Nietzsches Begriff des »Kampfes« oder »Krieges« mithin nicht auf »geistige Auseinandersetzung« reduzieren; man darf ihn aber davon auch nicht trennen. Es kann nicht nur metaphorisch gemeint sein, wenn Nietzsche sagt: »Die Zeit kommt, wo der Kampf um die Erdherrschaft geführt werden wird – er wird im Namen philosophischer Grundlehren geführt werden.«[10] Dazu gehören nationale und dann soziale Kriege, und schließlich wird der mächtigste Begriff sich durchsetzen. Was Nietzsche für das 20. Jahrhundert vorhersagt, ist also vor allem ein großer ideologischer Bürgerkrieg, zu dem Nationalkriege und soziale Kriege als untergeordnete Teile gehören. Was für Parteien sich da letzten Endes gegenüberstehen werden, hat Nietzsche zu Anfang 1888 in einem unvollständigen Fragment skizziert:

»Eine Partei des Friedens, ohne Sentimentalität, welche sich und ihren Kindern verbietet, Krieg zu führen; verbietet, sich der Gerichte zu bedienen; welche den Kampf, den Widerspruch, die Verfolgung gegen sich heraufbeschwört; eine Partei der Unterdrückten, wenigstens für eine Zeit; alsbald die *große* Partei. Gegnerisch gegen die Rach- und Nachgefühle.

Eine *Kriegspartei*, mit der gleichen Grundsätzlichkeit und Strenge gegen sich in umgekehrter Richtung vorgehend – «[11]

Es ist nicht auf den ersten Blick zu erkennen, welcher dieser beiden Parteien Nietzsches Sympathie gehört. Die »Partei des Friedens« ist ohne grelle und abstoßende Farben gemalt – ganz, wie Nietzsche im »Antichrist« der Lehre Jesu Zuneigung entgegenzubringen scheint, – aber man muß sich vor Augen halten, was Nietzsche über Dekadenz, Niedergang der Vitalität, über die Schlechtweggekommenen und die Gesamt-Entartung der Menschheit gesagt hatte, um sich klar zu machen, daß er nicht nur der Prophet des künftigen »Weltbürgerkrieges« ist, sondern daß er Partei ergreifen muß, daß er sich letzten Endes doch nicht (wie an dieser Stelle) einem Tolstoianismus entgegengesetzt sieht, sondern einer

Vernichtungslust von »Henkern« und einer Doktrin, die ihn zu dem Ausruf zwingt: »Wo ist das Gegenstück zu diesem geschlossenen System von Wille, Ziel und Interpretation? Warum fehlt das Gegenstück?«[12]

Offensichtlich soll seine Philosophie dieses Gegenstück sein, offensichtlich postuliert er eine Partei, *seine* Partei, die über eine gleichartige und sogar noch vollkommenere Einheit von »Wille, Ziel und Interpretation« verfügt.

So beherrscht der Ruf nach Vernichtung und Ausmerzung (die Gegen-Vernichtung und Gegen-Ausmerzung sein sollen) insbesondere die letzten Monate und Jahre von Nietzsches wacher Existenz, und damit geht Hand in Hand der Aufruf zur Parteibildung und der Wille, in eigener Person der Führer dieser Partei zu sein. Dies ist teilweise bereits dargestellt und hier noch einmal aufzugreifen.

Erst von ihm an, so behauptet er, gebe es auf Erden große Politik, er sei »der Vernichter« par excellence, der wie der Physiologe »die Ausschneidung des entarteten Teils« verlange[13], er spricht nicht nur von der künftigen »Kastrierung« der Verbrecher[14], sondern von der »Vernichtung von Millionen Mißratener«[15]; er verlangt, »mit göttlichem Auge und ungestört zu vernichten«, und zwar diejenigen Menschen, »welche sich gut fühlen, voran«.[16] Mit den verschiedenen »Corruptionsformen«, d. h. mit den Emanzipationen als Gesamtentartung der Menschheit dürfe es keinen Vertrag geben: »hier muß man ausmerzen, vernichten, Krieg führen.«[17] und es sei an der Zeit, »Erlösung zu predigen von den Erlösern«[18].

Im »Ecce homo« wird die Verknüpfung mit den Gedanken der Jugendzeit am deutlichsten, zugleich aber auch der eigenartigste und am wenigsten beachtete von Nietzsches Begriffen: »Werfen wir einen Blick ein Jahrhundert voraus, setzen wir den Fall, daß mein Attentat auf zwei Jahrtausende Widernatur und Menschenschändung gelingt. Jene neue Partei des Lebens, welche die größte aller Aufgaben, die Höherzüchtung der Menschheit in die Hände nimmt, eingerechnet die schonungslose Vernichtung alles Entartenden und Parasitischen, wird jenes *Zuviel von Leben* auf Erden wieder möglich machen, aus dem auch der dionysische Zustand wieder erwachsen muß. Ich verspreche ein *tragisches* Zeitalter: die höchste Kunst im Jasagen zum Leben, die Tragödie, wird wiedergeboren werden, wenn die Menschheit das Bewußtsein der härtesten, aber notwendigsten Kriege hinter sich hat, ohne daran zu leiden.«[19]

Und die allerletzten Aufzeichnungen von Dezember 1888 sind ganz erfüllt von der Vorstellung dieses künftigen Bürgerkrieges, der ein Freiheitskampf des Lebens sein soll: »Ich bringe den Krieg. *Nicht* zwischen Volk und Volk … *Nicht* zwischen Ständen … Ich bringe den Krieg quer durch alle absurden Zufälle von Volk, Stand, Rasse, Beruf, Erziehung, Bildung: Ein Krieg wie zwischen Aufgang und Niedergang. zwischen Willen zum Leben und Rachsucht gegen das Leben, zwischen Rechtschaffenheit und tückischer Verlogenheit ...

Erster Satz: die große Politik will die Physiologie zur Herrin über alle anderen Fragen machen; sie will die Macht schaffen, stark genug, die Menschheit als Ganzes und Höheres zu züchten, mit schonungsloser Härte gegen das Entartete und Parasitische am Leben …

Zweiter Satz: Todkrieg gegen das Laster; lasterhaft ist jede Art Widernatur. Der christliche Priester ist die lasterhafteste Art Mensch; denn er *lehrt* die Widernatur.

Zweiter [sic] Satz: eine Partei des Lebens schaffen, stark genug zur großen Politik … sie macht unerbittlich mit allem Entarteten und Parasitischen ein Ende.«[20]

An konkreten Aussagen über diese eine Partei macht Nietzsche, wie erinnerlich, zwei Hauptaussagen: die Offiziere und die jüdischen Bankiers sollen ihre Kader sein, und er will einen Todkrieg mit dem Hause Hohenzollern führen. Inwiefern »die Offiziere« kein »Stand« sein sollen, bleibt unklar; auf welche Weise Rothschild und Bleichröder gegen die Hohenzollern aufgebracht werden sollen, läßt sich nicht ausdenken. Es ist wohl auch unzulässig, so weiterzufragen, ganz wie man nicht fragen darf, auf welche Weise denn jene tolstoianische Partei des Nicht-Widerstehens zu einer *großen* Partei werden soll. Was Nietzsche vorschwebt, ist ein »reiner« Bürgerkrieg, aber wenn man den Begriff zu Ende denkt, dann ist dasjenige, was vernichtet werden soll, die gesamte Tendenz der Menschheitsentwicklung seit dem Ende der klassischen Antike, und das heißt auch deren heutigen Förderer und Vorkämpfer: die christlichen Priester, die Vulgär-Aufklärer, die Demokraten, die Sozialisten, und zusammen mit den Hirten auch die Herden der Entarteten. Wenn »Vernichtung« im Wortsinne verstanden wird, müßte das Ergebnis ein Massenmord sein, mit dem verglichen die später real gewordene »Endlösung« der Nationalsozialisten geradezu mikroskopische Dimensionen aufwiese. Das »Reine« der Vorstellung wäre viel gigantischer als das »Unreine« der Realität.

Umgekehrt ist bei dem Nietzsche selbst unbekannten und von ihm doch letzten Endes gemeinten Gegner, bei Karl Marx, das »Reine« der vorgestellten Entwicklung ganz harmlos: die Fortschiebung einer winzigen Zahl von Kapitalmagnaten, welche der großen Vernichtung alles Nicht-Proletarischen durch die Geschichte entkommen waren. Die »unreine« Gestalt, die der Gedanke dann in der Geschichte annahm, war als die soziale und zu großen Teilen physische Ausrottung eines Adels, eines Bürgertums, einer Intelligenz und der Spitzengruppe der Bauernschaft unvergleichlich schlimmer und wurde ihrerseits zur »conditio sine qua non«, ja zu einer Teilursache jener »Endlösung«. Der wirkliche Bürgerkrieg des 20. Jahrhunderts war zwar in gewissen Grenzen international, aber er wies gleichwohl nur wenig Ähnlichkeit mit demjenigen auf, den Nietzsche vorhergesagt hatte.

Nietzsche legt indessen nicht immer einen biologistisch-physiologischen Begriff von Leben zugrunde, der »Heilung« mit »Ausmerzung« gleichsetzt. So findet sich in den Fragmenten des Jahres 1885 eine merkwürdige Äußerung, die jene »Krieger«-Vorstellung von den »Herren der Erde« sehr modifiziert: »Diese Herren der Erde sollen nun Gott ersetzen und das tiefe unbedingte Vertrauen der Beherrschten sich schaffen. Vorerst: ihre neue Heiligkeit, ihre Verzichtleistung auf Glück und Behagen. Sie geben den Niedrigsten die Anwartschaft auf Glück, nicht *sich*. Sie erlösen die Mißratenen durch die Lehre vom ›schnellen Tode‹, sie bieten Religionen und Systeme an, je nach der Rangordnung«[21]. Diese Aussage scheint etwa in der Mitte zu stehen zwischen der zuletzt zitierten und jener anderen, wo das Verhältnis überhaupt nicht als ein Herrschaftsverhältnis gefaßt wurde. Und die »höchste Kunst im Jasagen zum Leben« war ja die Tragödie, also ein Phänomen der Kultur und nicht des biologischen Lebens. Wir haben die großen philosophischen Begriffe Nietzsches – »der Wille zur Macht«, »die ewige Wiederkunft«, der »Übermensch« – nicht explizit zum Thema gemacht, obwohl wir ihnen am Rande unserer Fragestellung immer wieder begegnet sind. Nicht um Vieldeutigkeiten eindeutig zu machen, sondern um die innere Vieldeutigkeit in einem ebenso zentralen Begriff aufzuweisen und uns zum Schluß dem Philosophen Nietzsche zu konfrontieren, wollen wir uns fragen, was Nietzsche unter »Leben« verstanden hat, und das ist zugleich die Frage nach dem Verhältnis von Leben und Erkennen, von Wahrheit und Lüge in seinem Denken.

Leben und Erkenntnis; Wahrheit und Lüge

Von unserer Fragestellung aus erscheint »Leben« als der wichtigste und kontinuierlichste der Nietzscheschen Begriffe. Vom »üppigen, ja triumphierenden Dasein« der olympischen Götter, von der Rettung des Lebens durch die Kunst in der »Geburt der Tragödie« bis hin zur »Partei des Lebens« in den letzten Äußerungen taucht dieser Begriff – anders als der »Übermensch«, der »Wille zur Macht« und die »Ewige Wiederkunft«, die auf Phasen beschränkt und manchmal für geraume Zeit wie verschwunden sind – immer wieder auf, und fast stets in Verbindung mit den Begriffen »Erkenntnis«, »Bewußtsein«, »Wahrheit« und »Lüge«. Nirgendwo sind Nietzsches Aussagen aber auch widerspruchsvoller; es ist fraglich, ob ein Leitfaden gefunden werden kann; noch einmal müssen wir Nietzsches Denken Revue passieren lassen, und gerade am Beispiel seines zentralsten Begriffes wird deutlich, wie sehr Nietzsche ein »Schlachtfeld« war.

Wenn Apollo der Gott des »principium individuationis« ist, so ist Dionysos der Gott des Zerbrochen- und Überwältigtwerdens dieses Prinzips, der Gott der Alleinheit und des Einheitsgefühls. Die Individuation ist aber für den jungen Nietzsche wie für Schopenhauer Schein, mithin Unwahrheit, denn wie für Hegel ist die Wahrheit auch für ihn »das Ganze«, aber nicht ein vielfältig in sich gegliedertes Ganzes, sondern die im Rausch erfahrbare Alleinheit, welcher die Welt der Individuation als diejenige des Traumes entgegengestellt wird. Dem Grundsatz nach ist das die Konzeption der Mystik, für die das mystische Schauen oder auch der Tod den Eingang der endlichen Person in die Unendlichkeit Gottes bedeutet. Etwas anders gefaßt würde es sich pantheistisch um das Verschwimmen des Einzellebens im All-Leben handeln. In beiden Fällen wird der Vorgang als beseligend oder als lustvoll empfunden; die Vorstellung vom Sein oder Leben ist ein-deutig. Auch Nietzsche faßt die dionysischen Regungen so, »in deren Steigerung das Subjektive zu völliger Selbstvergessenheit hinschwindet«.[1] Aber was von Nietzsche vor allem bejaht wird, ist die Kunst, nicht das All-Leben als solches, und zur Kunst gehört das Zusammenwirken des apollinischen Prinzips mit dem dionysischen. Und im Anschluß an Schopenhauer erscheint nun jenes »All« als ein unseliges, qualvolles, nach Erlösung verlangendes, und so wird nicht das Einzel-Leben im All-Leben, sondern das All-Leben im schönen Schein erlöst, das insofern als die Wahrheit gelten muß. Das Qualvolle, der Wille, wird von Nietzsche aber zugleich mit einer besonderen Form in Eins gesetzt, nämlich dem Grauenhaften der Titanenwelt, und zwar ebensosehr im Sinne des »furchtbaren Vernichtungstreibens der sogenannten Weltgeschichte«[2] wie in demjenigen der Grausamkeit der Natur. Dieses Grauenhafte wird nun seinerseits »Wahrheit« genannt, welche durch die Kunst verhüllt werden muß, damit Leben überhaupt möglich ist. Als höchste Form des Lebens erscheint dann aber die Welt der olympischen Götter: »Hier erinnert nichts an Askese, Geistigkeit und Pflicht: hier redet nur ein üppiges, ja triumphierendes Dasein zu uns, in dem alles Vorhandene vergöttlicht ist, gleichviel ob es gut oder böse ist.«[3] Diese Götterwelt ist also gerade nicht ein »Ideal«, sondern als Vereinigung des Guten und des Bösen müßte sie das Leben selbst und als Leben die Wahrheit sein. Doch Nietzsche unterscheidet davon ausdrücklich »die Wurzeln des olympischen Zauberbergs« und bestimmt sie »als die Schrecken und Entsetzlichkeiten des Daseins.« Das rein Dionysische dürfte also nicht lustvolle Vereinigung mit dem Ganzen sein, sondern qualvolle Konfrontation mit dem Grauenhaften, vielleicht das asiatische Dionysostum, aber ich sehe nicht, daß Nietzsche darauf jemals näher eingegangen wäre, und wenn er in diesem Zusammenhang von der ungezügelten Geschlechtserregung spricht, kann schwerlich etwas anderes als ein lustvoller Untergang der Individualität gemeint sein. Eindeutiger zu fassen ist das »rein Apollinische«: Es ist nichts anderes als die »Superfötation des Logischen« im Sokratischen Rationalismus, welcher die tragische Kunst und insofern das Leben zerstört.

Aber dieser Wahrheitsanspruch wird von Nietzsche doch wieder als »tiefsinnige Wahnvorstellung« charakterisiert, denn offenbar hält Nietzsche den Wahrheitsbegriff des Sokrates für einen Irrtum, nämlich »daß das Denken das Sein nicht nur zu erkennen, sondern sogar zu corrigieren im Stande sei«[4].

Ich lasse es unentschieden, ob es sich hier um eine Kontamination verschiedenartiger Ansätze, um Widersprüchlichkeit oder um ein kunstvolles Denkgebäude handelt, und richte den Blick zunächst auf andere Äußerungen des jungen Nietzsche über das Verhältnis von Leben und wahrer Erkenntnis.

In der Zweiten Unzeitgemäßen Betrachtung führt er »Lehren, die ich für wahr, aber für tödtlich halte« an, und zwar »die Lehren vom souverainen Werden, von der Flüssigkeit aller Begriffe, Typen und Arten, von dem Mangel aller cardinalen Verschiedenheit zwischen Mensch und Tier«.[5] Es ist also die moderne Wissenschaft in ihrer Feindseligkeit gegen die tröstenden, menschengerechten Lehren der Religion und der Metaphysik von einer Welt, die der Mensch verehren, in der er sich an seinem Platz fühlen kann, welche hier als »Wahrheit« gilt, und das Leben, das durch sie zerstört wird, ist nicht das biologische Leben, sondern die »Kultur«, die dem Menschen das Leben in metaphysischer Bedeutsamkeit erscheinen läßt und jenen »Dunstkreis« des Mythischen und Geglaubten bildet, welcher die Voraussetzung dieses Lebens ist. Eine Form dieser Wissenschaft ist der Historismus, die Schlaflosigkeit, das allzu helle Bewußtsein, bei denen das Leben zu Schaden kommt. In noch allgemeinerem Sinne spricht Nietzsche von dem »Begriffsbeben« der Wissenschaft, das »dem Menschen das Fundament aller seiner Sicherheit und Ruhe, den Glauben an das Beharrliche und Ewige nimmt«.[6] Aber wenn Nietzsche die Frage stellt: »Soll nun das Leben über das Erkennen, über die Wissenschaft, soll das Erkennen über das Leben herrschen?«[7], dann verschiebt sich der Lebensbegriff vom »Kulturbegriff« auf den »biologischen Begriff« hin, und die sofort anschließende Beschwörung der »Jugend« weist ebenfalls in diese Richtung.

Andererseits ist von »Wissenschaft« entweder gar nicht oder in einem anderen Sinne die Rede, wenn Nietzsche im Dezember 1872 anläßlich eines Todesfalls an Carl von Gersdorff schreibt: »... und wenn Du ... noch einmal das schreckliche Bild der Natur, mit Sarg und Begräbnis gesehen hast, so wirst Du Dir immer bewußt bleiben, auf welchen Schrecken auch das schönste Dasein und die befreiendste Kunst ruht, aber ebenso, wie wir das Himmelreich, sei es nun das der Religion oder der Kunst oder des reinen Erkennens, immer brauchen, um das Erdenreich oder die Erdenluft ertragen zu können.«[8]

»Erkennen« meint hier offenbar soviel wie Philosophieren. Die einfachste und durchsichtigste Vorstellung vom Verhältnis zwischen Leben und Wahrheit scheint also die zu sein, daß Religion, Kunst und Metaphysik den Menschen über die schrecklichen Grundtatbestände des Daseins wie Tod, Grausamkeit und Ungerechtigkeit hinwegtrösten – nicht zuletzt über das Saug- und Pumpsystem des Körpers nebst den besonders ekelhaften Ausscheidungsorganen –, indem sie dem Leben Bedeutsamkeit verleihen. Die Wissenschaft aber ist jene Macht, welche die Bedeutsamkeit zerstört und den Menschen daher den Schrecknissen auf unmittelbare und ausweglose Weise konfrontiert. Abkürzend und vereinfachend formuliert, würde es sich also um »den Kampf um den Kinderglauben« handeln, wie er von so vielen Zeitgenossen Nietzsches durchgefochten wurde, etwa von Ernest Renan. Zu diesem Kinderglauben würde bei Nietzsche auch die Schopenhauersche Metaphysik gehören.

Von dieser löst er sich tendenziell schon 1872/73 ab, und zwar in der Vorrede »Über das Pathos der Wahrheit« und in dem Fragment »Über Wahrheit und Lüge im außermoralischen Sinne«. Hier spricht Nietzsche von den »klugen Tieren«, die in einem Winkel des Weltalls eines Tages das Erkennen erfanden und diesem Erkennen fluchten, als sie nach wenigen Atemzügen der Natur zusammen mit ihrem erstarrenden Gestirn sterben mußten. Sie hatten eben zuletzt erkannt, »daß sie alles falsch erkannt hatten«. Als letztgültige Wahrheit würden sie nämlich erkannt haben, daß sie »ewig zur Unwahrheit verdammt« waren. Aber was der Philosoph in seiner verhängnisvollen Neugier wenn nicht zu erkennen, so doch zu »ahnen« vermag, ist dies: »wie auf dem Gierigen, dem Unersättlichen, dem Ekelhaften, dem Erbarmungslosen, dem Mörderischen der Mensch ruht, in der Gleichgültigkeit seines Nichtwissens und gleichsam auf dem Rücken eines Tigers in Träumen hängend«[9]. Das »Aufwecken«, das der Philosoph sich vornimmt, ist also das Antikünstlerische und Lebensfeindliche schlechthin, doch Nietzsche biegt dem Gedanken die Spitze ab, indem er behauptet, der Philosoph versinke selbst in einen »noch tieferen magischen Schlummer – vielleicht träumt er dann von den ›Ideen‹ oder von der Unsterblichkeit«. Aber Ideen und Unsterblichkeit sind selbst etwas Tröstendes und insofern Kunstartiges, und daher kann die Erkenntnis, die er im letzten Satz dem Leben entgegensetzt, nicht ein Philosophieren sein: »Die Kunst ist mächtiger als die Erkenntnis, denn *sie* will das Leben, und jene erreicht als letztes Ziel nur – die Vernichtung.«[10] Auch im Fragment wird der Täuschungscharakter des »Intellekts« besonders hervorgehoben, und am Schluß werden der intuitive und der vernünftige oder abstrakte Mensch einander gegenübergestellt. Der intuitive Mensch ist derjenige des frühen Griechentums, in dessen Kultur die Kunst über das Leben herrscht, während der abstrakte Mensch von Nietzsche als der unkünstlerische, unbewegte, antipathetische Stoiker geschildert wird. Aber voller Verstellung und Illusion ist auch das Leben des zweiten, und abermals muß man sich fragen, ob Nietzsche seinen Gedanken wirklich zu Ende führt.

Es scheint also, daß Erkenntnis und Wahrheit doch wieder dem Leben nützen, ihm mithin keinesfalls entgegengestellt werden dürfen. Und dennoch finden sich vor 1875/76 immer wieder Aussagen wie die folgenden: »Die Menschheit hat an der Erkenntnis ein schönes Mittel zum Untergang« oder »Wahrheit als unbedingte Pflicht feindselig weltvernichtend ... Ohne Unwahrheit weder Gesellschaft noch Kultur ... Wahrheit tötet – ja tötet sich selbst (indem sie erkennt, daß ihr Fundament der Irrtum ist).«[11]

Jedenfalls ist schon für den jungen Nietzsche ein möglicherweise todbringender Antagonismus zwischen Leben und Erkenntnis bzw. Schein und Wahrheit die bedrängendste aller Denkmöglichkeiten. Die Bedeutung des Fragments über »Wahrheit und Lüge im außermoralischen Sinne«[12] dürfte nun nicht in den Schopenhauer entnommenen Eingangsworten und auch nicht in den ebenfalls Schopenhauerschen Hinweisen auf die Schwäche des Intellekts zu sehen sein, sondern in dem Versuch, das Erkennen seiner eigenen Natur zu berauben und es als eine von mehreren Erscheinungsformen eines Ursprünglicheren zu begreifen, so daß der Gegensatz von Kunst und Wissenschaft überwunden wäre, da Wissenschaft sich als eine Art der Kunst erwiese. Wenn die Erkenntnis kein anderes Verhältnis zu den »Dingen« hat als die Kunst zu den Kunstwerken, d. h. wenn die Dinge – genauer die Dingheit der Dinge – von der menschlichen Phantasie geschaffen werden, dann kann es einen fundamentalen Antagonismus zwischen künstlerischem Schaffen und wissenschaftlichem Erkennen nicht geben: »Nur durch das Vergessen jener primitiven Metapherwelt, nur durch das Hart- und Starrwerden einer ursprünglich in hitziger Flüssigkeit aus dem Urvermögen menschlicher Phantasie hervorströmenden Bildermasse, nur durch den unbesiegbaren Glauben, *diese* Sonne, *dieses* Fenster, *dieser* Tisch sei eine Wahrheit an sich, kurz nur dadurch, daß der Mensch sich als Subjekt und zwar als künstlerisch schaffendes Subjekt vergißt, lebt er mit einiger Ruhe, Sicherheit und Consequenz ...«[13] Von hier resultiert der Fiktionalismus der Nietzscheschen Erkenntnistheorie; die Überzeugung, daß es Dinge überhaupt nur in ihrer Beziehung zum schaffenden Subjekt gebe und daß die »Welt«, die der Mensch um sich herum legt, sich nicht grundsätzlich von den »Welten« der Tiere unterscheide.

Aber zunächst sind nun die wichtigsten Aussagen der mittleren Periode im einzelnen zu verfolgen. Und da fällt am meisten eine Formulierung ins Auge, die Nietzsche mit »Grundeinsicht« überschreibt, eine Formulierung, die ganz ebenso in der Frühzeit hätte vorgenommen werden können: »Es gibt keine prästabilierte Harmonie zwischen der Förderung der Wahrheit und dem Wohle der Menschheit.«[14] Wenn indessen die »unlogische Grundstellung zu den Dingen« für den Menschen ebenso »natürlich« wäre wie für die Tiere, dann könnte Nietzsche nicht sagen, auch der vernünftigste Mensch bedürfe von Zeit zu Zeit dieser Grundstellung; dann ist »Vernunft« etwas, was diese Grundstellung in Gefahr bringen kann und bereits in Gefahr gebracht hat. Manchmal wird die Differenz von Nietzsche wie eine statische Struktur aufgefaßt, so etwa, wenn es heißt: »Wir sind von vornherein unlogische und daher ungerechte Wesen und können dies erkennen: das ist eine der größten und unauflösbarsten Disharmonien des Daseins.«[15] Aber mit dieser Grundstellung hängt alles zusammen, »was dem Leben Wert verleiht«: die Leidenschaften, die Sprache, die Kunst, die Religion; und all dies, mithin aber das Leben selbst, ist offenbar durch ein Vordringen der Vernunft gefährdet.

Die nächste Analogie dazu ist vermutlich bei dem neben Nietzsche interessantesten, weil widerspruchsreichsten Denker des 18. Jahrhunderts zu finden, bei Ernest Renan: »La religion est nécessaire. Le jour où elle disparaîtrait, ce serait le cœur même de l'humanité qui se dessécherait.«[16]

»Qui sait si la vérité n'est pas triste?«[17] »Le jour où l'humanité deviendrait un grand empire romain pacifié et n'ayant plus d'ennemis extérieurs serait le jour où la moralité et l'intelligence courraient les plus dangers.«[18]

Nietzsche gelangt von daher zu der Idee des »Doppelgehirns«, die dem »Glauben« einen anerkannten Platz verschaffen würde, wie Kant es auf andere Weise mit seinen Kritiken zu tun versuchte. Ein anderer Akzent wird gesetzt, wenn Nietzsche ein »Moralisches höchster Gattung« aus einer »Schwarzwurzel« herausblühen sieht und also ein Fundierungsverhältnis wahrnimmt, während manchmal auch bloß eine notwendige Entsprechung konstatiert wird: Je mehr ein Baum in die Höhe wächst, um so tiefer erstreckt er seine Wurzeln »ins Dunkle, Tiefe, Breite – ins Böse«.[19] Jedesmal wird jenes »Irrationale« hervorgehoben, das entweder der Ursprung des Rationalen sein soll oder mindestens die Bedingung seiner Entfaltung und das doch immer wieder als bedrängt und gefährdet betrachtet wird. Von hierher gesehen, sind die eindeutigen pro-wissenschaftlichen und pro-aufklärerischen Aussagen sogar in der mittleren Periode fast so etwas wie Ausnahmen, etwa wenn es heißt, »im Streben nach Erkenntnis des gesamten historischen Gewordenseins« sei ein Streben nach Genialität der Menschheit im ganzen zu erkennen.[20] Aber wenn Nietzsche es hier bejaht, daß dadurch die Mauern zwischen Natur und Geist, Mensch und Tier, Moral und Physik »durchbrochen« seien[21], so fallen zwar die Trennwände innerhalb des Doppelgehirns und Lehren werden akzeptiert, die der junge Nietzsche für »tödtlich« gehalten hatte, aber es ergibt sich die Möglichkeit, auf andere Weise die Unentbehrlichkeit des Nicht-Vernünftigen, Nicht-Rationalen hervorzuheben. Eben dies ist vermutlich mit dem »Chaos« gemeint, das der Mensch in sich haben muß, um einen tanzenden Stern gebären zu können[22] – aber die »letzten Menschen«, von denen unmittelbar darauf die Rede ist, haben dieses Chaos eben nicht mehr in sich. Mithin ist es nicht einfach eine unantastbare Gegebenheit. Und deshalb muß man fragen, ob es wirklich eine Klage und nicht vielmehr eine Selbstberuhigung ist, wenn der Aphorismus 117 der »Morgenröte« die Überschrift trägt »Im Gefängnis« und wenn es darin heißt: »Um jedes Wesen legt sich derart ein concentrischer Kreis, der einen Mittelpunkt hat und der ihm eigentümlich ist. ... Nach diesen Horizonten, in welche, wie in Gefängnismauern, jeden von uns unsere Sinne einschließen, *messen* wir nun die Welt, wir nennen Dieses nah und Jenes fern, Dieses hart und Jenes weich: dies Messen nennen wir empfinden – es sind alles, alles Irrtümer in sich.«[23] Wenn das »Messen« des Menschen grundsätzlich nichts anderes ist als das »Messen« des Adlers oder des Steinbocks, dann kann es als Rein-Menschliches nie seine Existenz gefährden. Und doch spricht Nietzsche mit ganz klaren Worten von der Erkenntnis als einer »neuen Leidenschaft«, die vor keinem Opfer erschrickt: »Vielleicht selbst, daß die Menschheit an dieser Leidenschaft der Erkenntnis zugrundegeht! – auch dieser Gedanke vermag nichts über uns... wollen wir für sie [die Menschheit] ein Ende im Feuer und Licht oder im Sande?«[24] Es muß also im Erkenntniswillen etwas »Über-Menschliches« geben, das uns aus den Gefängnismauern der bloßen Sinneswahrnehmung befreit, und insofern scheint Nietzsche ganz mit der klassischen Metaphysik und insbesondere mit dem Platonismus übereinzustimmen. Aber hatte er nicht schon früh gesagt, seine Philosophie sei »umgedrehter Platonismus«?[25] Nietzsche faßt im Gegensatz zu Platon dieses Über-Menschliche häufig gerade als das Menschen-Feindliche, so etwa im Zarathustra, wo er sagt: »Böse heiße ich's und menschenfeindlich: all dies Lehren vom Einen und Vollen und Unbewegten und Satten und Unvergänglichen.«[26] Das ist eine Wiederaufnahme des Angriffs, den er schon in seiner Frühzeit gegen Parmenides und die gewaltige Abstraktion der Entgegensetzung von »Sein« und »Seiendem« gerichtet hatte. Aber in der »Fröhlichen Wissenschaft« stimmt er doch wieder Parmenides insofern zu, als er behauptet, »der Wahrhaftige in jenem verwegenen und letzten Sinne, wie ihn der Glaube an die Wissenschaft voraussetzt«, bejahe damit »eine andere Welt als die des Lebens, der Natur und der Geschichte«, und insofern müsse er die gegenwärtige und reale Welt verneinen.[27] Wurzeln Erkenntnis und Wahrheit also in einem Vermögen der Abstraktion oder des Überschreitens, das jenen anderen in die Gefängnismauern ihrer Perspektiven eingesperrten Wesen nicht zu eigen ist? Ist das Innerste des Menschen nicht eigentlich »menschlich« und daher seine höchste Gefahr? Kein anderes Wesen vermag Urteile von allgemeiner und allgemeinster Art auszusprechen, aber dieses Hinausschwingen ist für Nietzsche häufig gerade nichts Heroisches, sondern es hat etwas ungemein Kleinliches, wenn auch Unnatürliches, zur Folge: »Die Tendenz der *allgemeinen* Urteile ist die Gemeinsamkeit der Gefühle, das ist ihre Armut und Mattigkeit. Es ist die Tendenz nach dem Ende der Menschheit. Die ›absoluten Wahrheiten‹ sind das Werkzeug der Nivellierung, sie fressen die charaktervollen Formen hinweg.«[28] »Ende« bedeutet, hier jedenfalls, nicht »physisches Ende«, sondern Ende in der Nivellierung und Gleichgültigkeit, die ihrerseits gerade in einem »Absolutismus« des Denkens und der Erkenntnis gründen.

In den nachgelassenen Fragmenten der Spätzeit kreist Nietzsches Denken auf höchst vielfältige und widerspruchsvolle Weise um dieses Zentralproblem von der Rolle der Erkenntnis im Leben und für das Leben. So macht er ausdrücklich das »Blühen« der Tiere und Pflanzen zum Vorbild, denen er jene »bleichen, ausgemergelten, zeugungsunfähigen, an ihren Gedanken leidenden Menschen« als *das* Paradigma der Entartung gegenüberstellt, und man fragt sich natürlich, ob Nietzsche damit nicht gerade sich selbst mitmeint.[29] An anderer Stelle wiederum sieht er sogar in dem organischen Leben als solchem eine Entartung, und er sehnt sich danach, aus der lügenhaften Welt des Lebendigen in die ewige Wahrheit der unorganischen Welt zurückzukehren, er, der »Philosoph des Lebens«![30] Dann wieder heißt es, die vollkommene Erkenntnis würde uns »kalt und leuchtend wie ein Gestirn um die Dinge kreisen lassen« und danach käme unser Ende, weil ein endliches Wesen in solcher Distanz zu den Dingen nicht auf die Dauer zu existieren vermöge.[31] Abermals ein anderer Akzent liegt vor, wenn gesagt wird, die letzte Wahrheit vom Fluß der Dinge vertrage die *Einverleibung* nicht, denn unsere Organe seien auf einen Irrtum eingerichtet, zumal auf den Irrtum der erfundenen Welt des Unbedingten, Sich-selber-Gleichen.[32] Das wäre also das Gegenteil jener anderen »Wahrheit« vom Einen und Vollen und Unbewegten und Satten, und doch für das Leben ebenso zerstörerisch. Nietzsche sucht daher einen Ausweg in der Mittelposition, indem er Erkennen-Wollen und Irren-Wollen (als die Grundlage der Kunst) mit Ebbe und Flut vergleicht, so daß also nur der »Absolutismus« des einen oder des anderen zu verwerfen wäre.[33] Aber immer wieder wird von der Erkenntnis als etwas Absolutem gesprochen, und Nietzsche läßt diese selbst sagen: »... wie bin *ich* nur möglich unter Menschen! Wie ist der Mensch fürderhin möglich *mit mir*?«[34]

Diese Erkenntnis ist offenbar nicht identisch mit dem Intellekt oder auch nur in ihm begründet, denn der Intellekt vereinfacht ständig die Welt und verfälscht sie damit, schafft Dingheit, Zahlen, Linien, Raumvorstellungen, macht dadurch das Leben lebbar; aber die Erkenntnis kommt gerade zu der Einsicht, daß es all dies nicht wirklich gibt: »Es gibt keinen Stoff, keinen Raum (keine actio in distans), keine Form, keinen Leib und keine Seele. Kein ›Schaffen‹, kein ›Allwissen‹ – keinen Gott, ja keinen Mensch.«[35]

Dies könnte als die letzte und äußerste Konsequenz von Nietzsches Erkenntnislehre erscheinen: der totale Skeptizismus und Nihilismus, der natürlich jede Rede vom »Willen zur Macht«, von der »Ewigen Wiederkunft« und sogar von der »dionysischen Welt« unmöglich machen würde.

Aber immer und immer wieder lehnt sich Nietzsche gegen diese Konsequenz auf oder mißachtet sie einfach. Wenn er sagt: »Das Böse muß erhalten bleiben«, klingt das ganz ähnlich, wie wenn man heute sagt: »Die Natur muß geschützt werden.« Das einstmals völlig Selbstverständliche, ja Übermächtige rückt in den Bereich der Sorge; das setzt aber voraus, daß es eine Kraft gibt, wodurch es gefährdet wird. Die Kraft, die das lebensnotwendige Böse gefährdet, nennt Nietzsche in seiner Spätzeit die Moral, und diese Moral ist offenbar eng verknüpft mit dem platonisch-christlichen Idealismus, der eine Position oberhalb des Lebens erstrebt. Eine Rettung kann es also nur durch das volle Aufgehen in diesem Leben geben, und hier dürfte zum mindesten *einer* der Ursprünge des Begriffs der »Ewigen Wiederkunft« zu suchen sein. Diese Konzeption verstellt jeden Ausweg in eine »absolute« und »jenseitige« Welt, in ein »Seinsrichtertum«, wie man sagen könnte, das dem Menschen nicht zukommt und nach dem er doch offenbar immer verlangt. Nur dann kann die Erkenntnis des Philosophen zu einem »Schaffen« analog dem Schaffen des Künstlers werden, zur höchsten Form des »Willens zur Macht« und damit zum Charakter des »Übermenschen«. Aber was soll der Übermensch »schaffen«, wenn das Schaffen selbst ebenso wie das »Böse« durch ein rätselhaftes Vermögen im Menschen gefährdet ist, das Nietzsche meist »Moral« nennt und mit »Untergang« gleichsetzt? »Gäbe es eine absolute Moral, so würde sie verlangen, daß *unbedingt* der Wahrheit gefolgt werde: folglich, daß ich und die Menschen an ihr zu Grunde gehen – dies mein Interesse an der Vernichtung der Moral.«[36] Das höchste Schaffen müßte die Vernichtung der Vernichtung sein, und die Vernichtung ist für Nietzsche an mehreren Stellen nichts anderes als das Denken: »Wir finden als das Stärkste und fortwährend geübte auf allen Stufen des Lebens das *Denken*, in jedem Percipiren und scheinbaren Erleiden auch noch … auf die Dauer tyrannisiert es alle anderen Kräfte. Es wird endlich »die Leidenschaft an sich«.[37]

Wie kann der Mensch gegen »das Stärkste im Menschen« gerettet werden? – so könnte man Nietzsches eigentliche Frage formulieren. Sie kann in zwei Teilfragen zerlegt werden, die beide ständig mitschwingen: »Wie kann die Kultur trotz der ständig voranschreitenden Wissenschaftlichkeit erhalten bleiben? Wie kann das lebendige, d. h. in sich spannungsreiche Leben vor der Dekadenz zur Vermittelmäßigung und zum Niedergang der Vitalität bewahrt bleiben? Der kulturelle und der biologische Lebensbegriff Nietzsches sind eng miteinander verbunden und dennoch nicht identisch. Je nach Akzentuierung, tritt ein Positives oder ein Negatives in der »Gegenbewegung« hervor, die Nietzsche postuliert. Offenbar hält Nietzsche es für möglich, neue Werte zu setzen und damit die Gefahr des Sinnloswerdens aller Dinge aufzuheben: »Der die Werte bestimmt und den Willen von Jahrtausenden lenkt, dadurch daß er die höchsten Naturen lenkt, ist *der höchste Mensch.*«[38] Aber kann dieser philosophische Übermensch wirklich neue Werte, neuen Sinn schaffen? Wenn er versuchte, die großen bereits

»einverleibten« Täuschungen rückgängig zu machen, würde er die Menschheit ebenfalls zerstören. Und was bedeutet die Lehre von der Ewigen Wiederkunft anderes als den Willen, im Sinnlosen selbst den Sinn zu finden[39] und eben dies für eine Steigerung des Lebens nutzbar zu machen? Eine der großen Lügen heißt »Gleichheit der Menschen«. Soll *sie* rückgängig gemacht werden? Oder muß sie bewahrt und allenfalls zur Basis einer höheren Existenzform gemacht werden? Aussagen dieser Art sind uns schon begegnet. Aber lassen sie sich halten, wenn Philosophie und Wissenschaft dann wieder als »eine Art Lebens-Überdruß des Lebens selber« gekennzeichnet werden?[40]

Der am häufigsten gewählte Ausweg ist die rückhaltlose Bejahung des »Werdenden, der scheinbaren Welt«, die als »die einzige«, vom Richterspruch der Moral befreite, zu vergöttlichen und gutzuheißen ist, so daß gerade das Kürzeste und Vergänglichste zum höchsten Wert wird, »das verführerische Goldaufblitzen am Bauch der Schlange Vita«.[41] Hierher gehört jener Aphorismus, den die Herausgeber an den Schluß des »Willens zur Macht« gesetzt haben: »Und wißt ihr auch, was mir ›die Welt‹ ist? ... ein Ungeheuer von Kraft, ohne Anfang, ohne Ende ... als Spiel von Kräften und Kraftwellen zugleich Eins und Vieles ... ein Meer in sich selbst stürmender und flutender Kräfte, ewig sich wandelnd, ewig zurücklaufend ... diese meine dionysische Welt des Ewig-sich-selber-Schaffens, des Ewig-sich-selber-Zerstörens, diese Geheimnis-Welt der doppelten Wollüste ... – wollt ihr einen Namen für diese Welt?

Eine Lösung für alle ihre Rätsel? ... – Diese Welt ist der Wille zur Macht – und Nichts außerdem! Und auch ihr selber seid dieser Wille zur Macht – und Nichts außerdem!«[42]

Dies ist die höchst eindrucksvolle Formulierung einer pantheistischen Theodizee; aber gerade das Eigentliche von Nietzsches Denken kommt darin *nicht* zum Vorschein: daß es innerhalb dieser Welt ein Wesen gibt, das seinen eigenen Untergang ins Werk setzt, welcher aus dem Spiel der Kräfte als solchem gerade *nicht* hervorgeht, sondern einer Macht zu danken ist, die es innerhalb dieser dionysischen Welt gerade nicht geben dürfte, der Macht der Lebensverneinung, die Nietzsche oft als die Macht des Denkens und der Erkenntnis auffaßt und die auch in der Praxis etwas »Unnatürliches« herzustellen bestrebt ist, nämlich eine Welt der Moral, die eine Welt der anti-vitalen, anti-dionysischen Werte ist und ein »Reich Gottes« sein will.

Diesem rätselhaften »Absolutismus« in einer Welt, die nur als ganze »absolut« ist, setzt Nietzsche nun an entscheidenden Stellen nicht das Postulat der Mäßigung und der Erhaltung der Vielfalt entgegen, sondern das ebenso absolute Prinzip der Gegen-Vernichtung, und hier liegt die Bedeutung des Begriffs der »Partei des Lebens« , jener Gesundungsorganisation, wie man sie nennen könnte, jener »Anti-Abstraktionspartei«, welche durch die »Vernichtung von Millionen Mißratener« jenes »Zuviel an Leben« auf Erden wieder möglich macht, das in der Wiedergeburt der Tragödie seine höchste Gestalt findet. Aber die Tragödie war für den jungen Nietzsche doch nicht etwa bloßer Widerschein der dionysischen Welt, sondern gerade eine Wechsel-Mäßigung entgegengesetzter Prinzipien, mithin ein Anti-Absolutismus, und wenn die neue Wahrheit das genaue Gegenteil jener alten, platonischen, christlichen, absoluten Wahrheit ist, welche nun als die tückischste Form der Lüge erkannt ist[43], dann ist sie als bloße Umkehrung ihrerseits ein »Absolutismus«. Daher ist der Begriff der »Partei des Lebens« nur ein verzweifelter Ausbruchsversuch aus einer Situation, die Nietzsche mit verschiedenartigen Denkansätzen zu fassen versuchte und die sich mit einem von ihm selbst nie verwendeten Begriff folgendermaßen charakterisieren läßt: Die Transzendenz im Menschen als sein innerstes Wesen, die zuerst im Denken sich artikuliert, hat in der Gegenwart einen solchen Grad von praktischer Abstraktion, d. h. von naturwissenschaftlichen und sozialtechnischen Handlungsmöglichkeiten bzw. Tatbeständen geschaffen, daß sowohl die bisherige Kultur wie die physische Existenz des Menschen gefährdet sind. Alles moderne Denken kreist um Reaktionsmöglichkeiten, um Wege der Rettung. Eine der extremen Denkmöglichkeiten ist die naiv-optimistische, welche glaubt, durch Auflösung von Strukturen der ganzen Menschheit jenes befriedete und konfliktlose Dasein zurückgeben zu können, über das nach ihrer Vorstellung deren Teile in einer vorgeschichtlichen Existenz verfügten. Die entgegengesetzte ist diejenige Nietzsches, die ein viel tieferes Verständnis von »Leben« und »Wahrheit«, d. h. von Transzendenz, hat und die doch in ihren praktischen Postulaten so viel angestrengter und hilfloser ist. Wenn jetzt und in Zukunft Neues gedacht werden soll, muß ein »mittlerer Weg« eingeschlagen werden, der nicht notwendigerweise ein mittelmäßiger ist und der Nietzsches Denken ebenso »einverleibt« haben müßte wie dasjenige von Marx. Ob die »Nietzscheaner« der Jahrzehnte bis zum Ausbruch des Ersten Weltkrieges sich bereits auf diesen Weg begeben hatten oder ob sie nur auf triviale Weise auseinanderlegten, was im Denken Nietzsches widerspruchsvoll und tiefsinnig beieinanderlag – diese Frage wollen wir im Schlußteil zu klären versuchen.

III
Der Nietzscheanismus bis 1914

Jünger und Enthusiasten im Umkreis des Nietzsche-Archivs

Nietzscheanismus« in des Wortes einfachster Bedeutung meint aktiven Enthusiasmus für Nietzsche, im extremen Falle sogar Jüngerschaft gegenüber Nietzsche. Das Zentrum des aktiven Nietzsche-Enthusiasmus war von 1894 an das Nietzsche-Archiv, das die Schwester Elisabeth Förster-Nietzsche nach ihrer Rückkehr aus Paraguay gründete und das sich zunächst im Hause der Mutter in Naumburg, danach ab 1896 in Weimar befand, in der oberhalb der Stadt gelegenen »Villa Silberblick«. Sechs Jahre lang lebte der umnachtete Nietzsche also in demselben Gebäude, von dem die »Propaganda« für sein Werk ausging. Von »Propaganda« darf man in der Tat reden, denn mit nimmermüder Energie bereitete hier Elisabeth Förster-Nietzsche zusammen mit ihren Mitarbeitern die Herausgabe von Nietzsches Werken im Verlag C. G. Naumann, Leipzig, vor, hier schrieb sie die verschiedenen Werke zur Biographie ihres Bruders, von hier aus brachte sie Beiträge und Stellungnahmen in einige der bekanntesten Zeitschriften Deutschlands, vor allem in die »Zukunft« Maximilian Hardens, von hier aus fanden Schriften der Mitarbeiter ihren Weg zu den Druckerpressen. Zu diesen Mitarbeitern zählten als Mitherausgeber der Werke, vor allem Fritz Kögel, Ernst und August Horneffer, Peter Gast, Arthur Seidl, Otto Weiss, Eduard von der Hellen. Dazu sind aber auch eine Reihe von Männern und Frauen zu rechnen, die dem Archiv dauernd oder eine Zeitlang nahestanden wie Rudolf Steiner, Meta von Salis-Marschlins, Max Zerbst und andere.

Es handelte sich freilich keineswegs um eine geschlossene Gruppe von gleichgesinnten Menschen. Gründung und Fortexistenz des Archivs sind vielmehr durch eine Reihe von Kämpfen gekennzeichnet, die teilweise persönlicher, teilweise aber auch sachlicher und wissenschaftlicher Art waren. Elisabeth entließ den ersten Herausgeber Fritz Kögel unter schweren Vorwürfen gegen dessen wissenschaftliche Leistungsfähigkeit; Arthur Seidl griff in Michael Georg Conrads »Gesellschaft« Rudolf Steiner heftig an, und Rudolf Steiner attackierte seinerseits Arthur Seidl und gleichzeitig Elisabeth; langwierige Auseinandersetzungen wurden zwischen Herausgebern und Nietzsche-Freunden über die beste Art geführt, wie der Nachlaß herauszugeben sei usw.

Es war ferner keineswegs etwa so, daß alle Freunde Nietzsches sich an das Archiv und die Schwester angeschlossen hätten; vielmehr ging ein tiefer Graben durch die Gruppe dieser Freunde. Vor allem Franz Overbeck stand auf der anderen Seite, dem die Art und Weise mißfiel, wie der noch lebende Nietzsche zum Museumsobjekt gemacht werde[1], und der seinerseits von Elisabeth in schroffer Form getadelt wurde, weil er angeblich nicht sorgfältig genug mit den in Turin zunächst zurückgelassenen Nietzsche-Papieren umgegangen war. Noch viel schärfer ging Elisabeth mit Lou Andreas-Salomé ins Gericht, der sie vorwarf, in verschiedenen Publikationen über Nietzsche und besonders in ihrem Buch »Friedrich Nietzsche in seinen Werken« von 1894 ein falsches Bild von ihrem verstorbenen Bruder gemalt sowie ganze Gespräche und Briefe erfunden zu haben. Schon sehr früh mußte Elisabeth aber von verschiedenen Seiten ähnliche Vorwürfe hinnehmen, Vorwürfe, die also keineswegs erst in der Zeit nach 1945 erhoben (und dann allerdings teilweise als richtig bewiesen) wurden. Overbecks Partei wurde vornehmlich von Carl Albrecht Bernoulli ergriffen, dessen zweibändiges Werk[2] ein ganz anderes Nietzsche-Bild zeichnete, als es Elisabeth getan hatte. Elisabeth malte ihrerseits in ihrer Biographie die Gestalt Overbecks nicht eben in hellen Farben und diejenige von Lou geradezu schwarz in schwarz. Ihre Schrift von 1907 »Das Nietzsche-Archiv, seine Freunde und seine Feinde« gibt aus ihrer Sicht einen lebhaften, aber nicht eben wohltuenden Eindruck von all diesen Auseinandersetzungen, aber auch wichtige Mitteilungen wie etwa die, die Manuskriptschätze des Archivs beständen, »abgesehen von etwa 1200 eigenhändigen Briefen meines Bruders, aus 17 Druckmanuskripten, einigen Dutzend mit losen Blättern gefüllten Mappen und 160 Oktav-, Quart- und Folioheften, darunter 44 Notiz- und Taschenbücher(n), 51 Hefte(n) mit philosophischen Studien und Vorlesungen und 65 gebundene(n) Hefte(n) mit Aufzeichnungen und Entwürfen allgemeinen philosophischen Inhalts«[3].

Die Hervorhebung der Bedeutung des Nietzsche-Archivs sollte ebensowenig den Eindruck erwecken, als sei ein Nietzsche-Enthusiasmus erst mit dem Archiv zur Existenz gekommen. Vielmehr erfuhr Nietzsche selbst bereits 1877 von der Existenz eines Kreises von Verehrern in Wien, zu dem eine Reihe von Persönlichkeiten gehörten, die sich später in der geistigen und politischen Welt große Namen erwarben, u. a. Victor Adler, Heinrich Braun und Engelbert Pernerstorfer. Der Hauptvermittler war Siegfried Lipiner, dessen Prometheus-Drama Nietzsche eine Zeitlang außerordentlich schätzte. Auch Richard von Kralik stand diesem Kreis nahe und hat in seinen Lebenserinnerungen darüber berichtet. Um die gleiche Zeit existierte ein Kreis in Berlin, zu dem vor allem Bernhard Förster zählte, Nietzsches späterer Schwager, welcher ein enthusiastischer Wagnerianer und Mitarbeiter der »Bayreuther Blätter« war. Um diese frühe Zeit bereits erhielt Nietzsche ebenfalls einen begeisterten Brief von Ludwig Schemann, der später zum wichtigsten Propagator der Ideen des Grafen Gobineau in Deutschland werden sollte. Ein neuer Kreis bildete sich in der Mitte der achtziger Jahre in Berlin um Paul Rée und Lou Andreas-Salomé; dazu gehörten u. a. Georg Brandes, Heinrich Romundt und Ferdinand Tönnies. Daß Nietzsche auf einzelne einen tiefen Eindruck machte, wie etwa auf die Dichter Michael Georg Conrad und Hermann Conradi, ist vielfach bezeugt; von Nietzsche selbst stammt eine ganze Anzahl kritischer und abwehrender Äußerungen über »Nietzscheaner«. Auf nicht wenige von ihnen wird in einem anderen Zusammenhang zurückzukommen sein. Wer Einzelheiten liebt und sich mit zahlreichen Namen vertraut machen möchte, findet ein nahezu unerschöpfliches Material in der zweibändigen monumentalen Fleißarbeit von Richard Frank Krummel, die jedes über Nietzsche geschriebene Buch, sehr viele Rezensionen und sogar eine Anzahl von Rezensionen über Nietzsche gewidmete Bücher regestenartig aufzulisten sucht. Besonders interessant ist ein Plan, den zwei dem Nietzsche-Archiv nahestehende Nietzscheaner, nämlich der Architekt Henry van de Velde und der Diplomat Harry Graf Kessler, seit 1911 betrieben, und zwar gegen den Widerstand anderer Nietzsche-Freunde. Es handelte sich um den Plan einer monumentalen Gedenkstätte, die oberhalb von Weimar ein großes Gelände mit Feststraßen, Park,

Tempel und Stadion umfassen sollte. Vor dem Tempel sollte eine Jünglingsfigur von Maillol das apollinische Prinzip verkörpern. Innerhalb des Tempels sollte an der Stelle, wo in christlichen Kirchen der Altar steht, eine große Nietzsche-Herme ihren Platz finden. Im Stadion sollten jährlich Wettkämpfe aller Art stattfinden, wo »Schönheit und Kraft des Körpers, die Nietzsche als erster moderner Philosoph wieder mit den höchsten geistigen Dingen in Verbindung gebracht hatte, sich offenbaren können«. Dieses Gelände hätte in der Tat das Zentrum einer Nietzsche-Bewegung werden können, wie das Bühnenfestspielhaus in Bayreuth zum Zentrum des Wagnerianismus geworden war. Dem vorbereitenden Komitee gehörten Männer mit erlauchten Namen an, u. a. Gabriele D'Annunzio, Maurice Barrès, Anatole France, André Gide, Gerhart Hauptmann, Hugo von Hofmannsthal, Gustav Mahler, Walther Rathenau, Richard Strauss, H. G. Wells. Erst der Ausbruch des Ersten Weltkriegs setzte diesen internationalen, »gut europäischen«, philhellenischen, »neuheidnischen« Planungen ein Ende.[4]

Wenn alle diese Kautelen, Einschränkungen und potentiellen Ausweitungen beachtet sind, dürfte es sich empfehlen, statt weiterer Aufzählungen auch hier paradigmatisch einige Autoren und Werke bzw. Stellungnahmen zum Thema zu machen.

Wenn irgend jemand den Anspruch erheben darf, der früheste, treueste und geraume Zeit sogar einzige »Jünger Nietzsches« gewesen zu sein, so ist es der aus Annaberg im Erzgebirge stammende Musiker Heinrich Köselitz, dem Nietzsche den Künstlernamen Peter Gast gab und den er für »den neuen Mozart« erklärte. Vom Sommer 1875 an war er Nietzsches Hörer in Basel, und er blieb all die Jahre hindurch ein aufopfernder Anhänger und Freund, obwohl er – meist in Venedig – das sehr bedrängte Leben eines freischaffenden und wenig erfolgreichen Künstlers führte. Nach Nietzsches Tode arbeitete er bis zu einem ersten Bruch mit Elisabeth zusammen, war Herausgeber und Kommentator einiger Werke, und kehrte dann nach 1900 erneut an das Archiv zurück, wo er Elisabeth in ihren Kämpfen mit Overbeck zur Seite stand, nicht immer mit gutem Gewissen. Seine Briefe an Nietzsche sind das früheste Zeugnis eines genuinen und permanenten Nietzsche-Enthusiasmus. Von 1875 bis 1889 redet er Nietzsche nie anders als mit »Verehrter Herr Professor« an, und er unterzeichnet meist mit »Ihr dankbarer Schüler« oder einer ähnlichen Formel. Schon 1878 schreibt er an Nietzsche, solche Abschnitte wie »Der Wanderer« oder »Unter Freunden« hätten nicht ihresgleichen in der seitherigen Literatur: zu »dieser durchleuchteten Betrachtungs- und Empfindungsweise« sei es bisher nie gekommen – »allenfalls in Goethe, der viel von ähnlicher dichterischer Weisheit hatte«.[5] In einem Briefe Peter Gasts vom April 1887 konnte Nietzsche lesen: »Indem Sie diese Dinge auf so frappante Weise aussprechen, nachdem Sie sie zum ersten Mal deutlich sahen, stehen Sie selbst neben Napoleon. Ich preise Ihr Dasein.«[6] Am 9. Januar 1889 antwortet er auf einen der »Wahnsinnszettel« Nietzsches: »Es müssen große Dinge sein, die mit Ihnen vorgehen! Ihr Enthusiasmus, Ihre Gesundheit und Alles, was Sie ›reinen Leibs, geweihten Sinns‹ getan oder als getan ahnen lassen, muß auch die Siechhaftesten aufrütteln; Sie sind eine ansteckende Gesundheit; die Epidemie, welche Sie der Gesundheit einmal wünschten, die Epidemie *Ihrer* Gesundheit kann nicht mehr ausbleiben. … Voll Glück und Freude über Ihre Triumphe, voll Verehrung. …«[7] Es war daher nur angemessen, daß Peter Gast beim Begräbnis Nietzsches am 28. August 1900 zu Röcken als letzter an das Grab trat. Ich zitiere einige Sätze aus dieser Rede: »Wie könnten wir Deine Freunde sein? Doch nur indem Du uns überschätztest! Was Du als weltbewegender Geist warst, das liegt vor aller Augen; und was Du als Mensch des Herzens warst – gewiß verkündet es jeder Deiner Gedanken. … Was der Blick Deines Auges, was Dein liebreicher Mund sagte – es war voll Schonung und Güte, es war ein Verbergen Deiner Majestät. … – Du wolltest uns Scham ersparen. … Du warst einer der edelsten, der lautersten Menschen, die je über diese Erde gegangen sind. … Friede Deiner Asche. Heilig sei Dein Name allen künftigen Geschlechtern.«[8]

Die Absicht, Nietzsche zu einem neuen Christus zu stilisieren, springt ins Auge. Eine ähnliche Tendenz kam bereits in der Gedenkrede zum Vorschein, die Kurt Breysig, auf den wir in anderem Zusammenhang zurückkommen müssen, zwei Tage vorher bei der Trauerfeier im Archiv gehalten hatte. Darin heißt es u. a.: »Hier ist ein Bewerber um die Krone des Königs der Menschheit aufgetreten. Nur die großen Erzieher unseres Geschlechts, von denen die Religionsgeschichte erzählt, nur Buddha, Zarathustra und Jesus haben gleich Großes gewollt. … Wer wagt es zu sagen, wie lange das Feuer ausdauern wird, das die Hände dieses neuen Lichtbringers entzündeten? ... Und so ist er doch ein Mann der großen, der größten Tat geworden, ob er auch nie die Stelle seines Denkerplanes, seiner einsamen Berghänge verlassen hat. ... Unser Stolz aber sei, daß wir ihm, dem Großen, noch eine Ehre, und sei es die letzte, erweisen dürfen.«[9]

Zwar fehlt es in dieser Rede keineswegs ganz an Distanzierung und sogar an Kritik, aber Sätze wie diese prägten sich am meisten ein.

Von den Nachrufen auf Nietzsche will ich noch denjenigen eines Mannes anführen, der als Herausgeber der Nietzsche sehr freundlich gesinnten Zeitschrift »Der Kunstwart« im weiteren Sinne ebenfalls zu den Nietzsche-Enthusiasten und zu dem Umkreis des Nietzsche-Archivs gezählt werden darf, Ferdinand Avenarius. Auch er stimmt zunächst einen hymnischen oder kultischen Ton an: »Mehr denn ein Jahrzehnt schon war sein Geist nicht mehr bei uns. Sein Leib ruhte hingestreckt, seine Seele war irgendwo in den Fernen. Zwar jetzt erst wallfahrtete man in seine Nähe, wallfahrtete fast wie zum Tempel eines Gottes, aber der gesprochen hatte, was sie herbeirief, den barg ein Allerheiligstes, und zeigte er sich doch, so zeigte sich ein erschütterndes schweigendes Bild.« Aber dann schränkt Avenarius Nietzsches Bedeutung doch vor allem auf diejenige des Künstlers, Dichters und »Edelmenschen« ein, und am Schluß vermerkt er mit leisem Spott die Paradoxie, »daß auch hinter dem, der alles Herdenwesen haßte wie keiner vor ihm, eine Herde von Janern läuft, deren ein jeder sich als kleinen Übermenschen fühlt«.[10]

Keinerlei Distanzierung oder gar Kritik ist in den Biographien von Elisabeth Förster-Nietzsche zu finden, der dreibändigen von 1895 und 1904, sowie in den umgearbeiteten und populären Fassungen »Der junge Nietzsche«[11] und »Der einsame Nietzsche«[12]. Da ist immer nur von »mein Bruder« die Rede, und dieser Bruder ist »der edelste Genius«, »der Held«, der »Einsamste der Einsamen«, den ein »tückisches Zwergengeschlecht der Kleinen, die alles Hohe und Übermenschliche hassen«, einem allzufrühen und unverschuldeten Untergang entgegenführte, nicht zuletzt »ein fremdes, übelgeartetes Mädchen«, nämlich Lou Andreas-Salomé[13]. Gleichwohl war insbesondere die große Biographie für die

Zeitgenossen von hohem Wert, da eine Menge von Zitaten aus unveröffentlichten Fragmenten und nicht zuletzt dem »Ecce homo« eingestreut waren; heute sind die Bücher nur noch »Quellenwerke«, die mit äußerster Vorsicht zu benutzen sind.

Ein Quellenwerk, das auf freilich sehr begrenzte Weise informativer ist und weniger Mißtrauen erweckt, soweit es Gespräche wiedergibt, die zwischen Nietzsche und der Verfasserin geführt wurden, ist Meta von Salis-Marschlins' Buch »Philosoph und Edelmensch. Ein Beitrag zur Charakteristik Friedrich Nietzsches«[14]. Das Graubündener Edelfräulein sieht Nietzsche vor allem als aristokratischen »Edelmenschen«, der sich »der großen Schlammwelle der Demokratisierung, die sich zu Anfang unseres Jahrhunderts in Bewegung gesetzt und zur Stunde Europa nahezu überflutet hat«[15], entgegenwirft und die Gegenwelle der Aristokratisierung mit in Gang setzt. Eben deshalb polemisiert Sie gegen jene »Anhänger und Jünger«, die seine Gedanken vergröbern und etwas als »Herrenmoral« ausgeben, was mit genuinem Aristokratismus nichts zu tun hat.

Nicht sehr weit von dieser Sichtweise entfernt war knapp 10 Jahre später das Buch eines der Herausgeber im Nietzsche-Archiv, der freilich ebenfalls mit Elisabeth in Streit geriet: Ernst Horneffers »Vorträge über Nietzsche« von 1906.[16]

Nach Horneffer wollte Nietzsche, »der Philosoph und Prophet«, ein »völlig neues Menschentum«.[17] Ein Religionsstifter war er gerade *nicht*, aber Philosophie war für ihn nicht bloß Wissenschaft und Menschenbelehrung, »sondern auch Menschenführung, Menschenleitung, Menschenbildung, Menschenzüchtung, Menschenschöpfung«.[18] Daher ist Nietzsche »ein gewaltiger Zerstörer«, aber »auch ein Bauender, ein Schaffender, ein Liebender«. Die Lehre vom Willen zur Macht dient der Erhöhung des Lebens, aber das Leben kann sich nur erhöhen, nur groß werden durch »das Groß-werden der einzelnen Menschen«, und daher ist nichts so verhängnisvoll wie »die entsetzliche Lehre von der Gleichwertigkeit aller Menschen, aller menschlichen Leistungen«.[19] Somit schenkt Nietzsche anstelle der Dornenkrone, die bisher über der Menschheit hing, »eine Rosenkrone« als »Wahrzeichen des Glücks und der Freude«. Es ist also der Verkünder des Fortschritts zum Individualismus und zum »höheren

Menschentum«, der für Ernst Horneffer der eigentliche Nietzsche ist.

Ich erwähne abschließend noch drei Persönlichkeiten, die eine durchaus eigenständige Bedeutung haben, die aber in einem weiteren Sinne zu den Nietzsche-Enthusiasten im Umkreis des Archivs gezählt werden dürfen.

Julius Langbehn machte sich 1890 anheischig, Nietzsche zu heilen, und er fand eine Zeitlang Glauben und Vertrauen bei Franziska Nietzsche. Damals war er schon der Verfasser des Buches, das seinen Namen weltbekannt und -berühmt machen sollte, als es nach seinem Tode 1907 unter seinem Namen und nicht mehr anonym erschien: »Rembrandt als Erzieher. Von einem Deutschen.« Der »Rembrandtdeutsche« übte einen Einfluß aus, der heute schwer begreiflich erscheint, aber die Zeit verlangte offenbar nach Sinndeutungen, und Langbehn unternahm es, Gegenwart und Vergangenheit aus dem Geist des »Niederdeutschtums« zu interpretieren, welchem er eine so umfassende Bedeutung verlieh, daß auch Rembrandt und Shakespeare dazugehörten. Von hier aus wird harte Kritik am Spezialistentum der Zeit und am »demokratisierenden nivellierenden atomisierenden Geist des Jahrhunderts«[20] geübt. Das positive Zauberwort ist gleichwohl Individualismus, das Langbehn aber mit »Scholle« und »unschuldiger Sinnlichkeit« sowie mit der Forderung einer Überwindung der Sozialdemokratie durch eine Sozialaristokratie verknüpft. Mit der Kritik an dem »rohen Geldkultus« nordamerikanischer und »schlechtjüdischer« Art geht die Forderung Hand in Hand, der »besitz- und friedlose Pöbel« müsse »wieder in Volk verwandelt werden«.[21] Eigentlich Nietzschesche Einflüsse werden indessen kaum erkennbar; am ehesten kann von gewissen Parallelitäten im Rahmen eines übergreifenden kulturkritischen Ansatzes gesprochen werden.

Lou Andreas-Salomés eigenständige Bedeutung liegt schon in der Tatsache beschlossen, daß sie nicht nur eine Zeitlang für Nietzsche sehr wichtig war, sondern später auf noch intensivere Weise für Rainer Maria Rilke und schließlich für Sigmund Freud. Ihr Buch »Friedrich Nietzsche in seinen Werken« (1894) ist in der zweiten Nachkriegszeit neu aufgelegt worden, vermutlich deshalb, weil Lou wohl die erste war, die Nietzsche vor allem als religiösen

Menschen, als Gottsucher faßte, der in der Selbstvergottung sein Ziel gefunden habe.

Rudolf Steiner, Österreicher und zunächst Mitherausgeber von Goethes naturwissenschaftlichen Schriften in der Weimarer »Sophien«-Ausgabe, war eine Zeitlang ein naher Freund Fritz Kögels und erteilte Elisabeth Förster-Nietzsche Privatunterricht in der Philosophie ihres Bruders. Später geriet er in Streit mit beiden und wurde bekanntlich zum Begründer der Anthroposophie, der Waldorfschulen, der »Eurythmie« und des »Goetheanums« in Dornach. In den neunziger Jahren veröffentlichte er als Redakteur des »Magazins für Literatur« mehrere Artikel über Nietzsche; größere Wichtigkeit kam wohl nur seinem Buche »Friedrich Nietzsche. Ein Kämpfer gegen seine Zeit« zu. Her nimmt er für sich in Anspruch, keineswegs ein Nietzscheaner zu sein, sondern schon 1886 in seinem Buch »Erkenntnistheorie der Goetheschen Weltanschauung« selbständig zu ähnlichen Auffassungen wie Nietzsche gelangt zu sein. Für ihn ist Nietzsche gerade *kein* Messias und Religionsstifter – Lou Andreas-Salomé habe zu Unrecht aus dem Übermenschen ein »mystisches Ungetüm« gemacht. Der Übermensch ist nach Steiners Auffassung vielmehr »das souveräne Individuum«, der »auf sich selbst gestellte, nur aus sich heraus schaffende Eigner«.[22]

Das klingt nach Max Stirners »Der Einzige und sein Eigentum«, und insofern mag Steiner den passenden Übergang darstellen zu einer Gruppe, die von Nietzsche immer mit besonderer Heftigkeit bekämpft worden war und unter der sich dennoch einige begeisterte Nietzscheaner finden ließen: zu den Anarchisten und Sozialisten.

Sozialisten, Anarchisten, Feministinnen

Wenn man sich vergegenwärtigt, was für schroffe Aussagen Nietzsche über den Sozialismus gemacht hat, dann ist nichts weniger verwunderlich, als daß die Wortführer der Sozialdemokratischen Partei mit empörter Heftigkeit reagierten. Das intellektuelle Hauptorgan der Partei war die »Neue Zeit«, und keiner der Mitarbeiter der von Karl Kautsky redigierten Zeitschrift kam darin so häufig zu Wort wie Franz Mehring, der einmal ein »Bürgerlicher«

und »Liberaler« gewesen war und sich, nicht zuletzt aus Haß gegen das preußisch-deutsche System, zum Vorkämpfer des Proletariats und zum Sozialisten gewandelt hatte. Mit seiner scharfen Feder nahm er mehrere Male zu Nietzsche Stellung, und er meinte dabei stets auch bestimmte zeitgenössische Erscheinungen außerhalb und sogar innerhalb seiner Partei bzw. Richtung, auf die wir ebenfalls noch zu sprechen kommen werden.

1891 gab er in seinem Buch »Kapital und Presse« gleich diejenige Bestimmung, die in seiner Partei die vorherrschende blieb und an manchen Plätzen bis heute überlebt, Nietzsche sei nicht, wie Georg Adler behauptet hatte, »der Sozialphilosoph der Aristokratie«, sondern er sei »der Sozialphilosoph des Kapitalismus«.[1] Nietzsche sei ein treuer Schüler Schopenhauers geblieben, soweit es sich um das Schimpfen auf Hegel und das bürgerliche Klassenbewußtsein handle, aber er tue insofern einen Schritt über seinen Lehrer hinaus, als er »nicht mehr die spießbürgerliche Rente, sondern das ausbeutende Großkapital mit seinen Lorbeeren umkränzte«. Was er als neu ausgebe, nämlich die Überwindung der Moral, sei längst von Marx und Engels geleistet worden, die gezeigt hätten, daß unsere Begriffe nur die Abbilder der wirklichen Dinge sind und daß die Menschen erst essen, trinken und wohnen müssen, ehe sie denken und dichten können. Damit sei der Vorrang der jeweiligen »materiellen Verhältnisse« herausgestellt und jeder »absolut gültigen Moraltheorie« der Abschied gegeben. Nietzsches Geschichtsauffassung sei nichts als eine »brutale und geistlose Rohheit«, und die materialistische Geschichtsauffassung von Engels und Marx feiere wieder einmal einen ihrer Triumphe, wenn eine Philosophie, welche die Bedingungen des wirklichen Lebens mißachte, in die Materie zurückplumpse, wo sie am ekelhaftesten und unsaubersten sei. Worauf Nietzsches Philosophie hinauslaufe, sei die Befreiung der Klassenmoral des Kapitalismus von jenen Schranken, die aus früheren Entwicklungsstufen noch zurückgeblieben seien; dadurch werde diese Klassenmoral nun in ihrer ganzen Unmenschlichkeit und Abscheulichkeit sichtbar. Freilich muß Mehring schon in diesem Kapitel konstatieren, daß einige Leute, die sich »wahre Sozialisten« nennen, an Nietzsche einen Narren gefressen haben, und er nennt Herrn Brahm mit seiner »Freien Bühne«.

Als Mehring drei Jahre später in der »Neuen Zeit« zu Nietzsche erneut Stellung nahm, nannte er die mitgemeinten Personen sehr viel deutlicher mit Namen, und schon die Überschrift »Bourgeois-Anarchistisches« ließ erkennen, daß nicht Nietzsches angebliche Kapitalistenfreundlichkeit das Thema war. Mehring greift nämlich Leute an, die er »zu den Geisteskranken und den Leuten mit perversen Instinkten« zählt, »wie sie eine verkommende Gesellschaft zu Hunderten liefert«: die »von Nietzsche durchseuchten Studenten und Literaten, die in Rede und Schrift die anarchistische Propaganda betreiben«[2]. Der Anarchist, von dessen Verurteilung zu einer Gefängnisstrafe der Artikel seinen Ausgang nimmt und den Mehring in einer Heilanstalt statt im Gefängnis untergebracht sehen möchte, hatte kurz zuvor in der Zeitschrift »Freie Bühne« einen »wutschnaubenden Aufsatz gegen die Partei der klassenbewußten Arbeiter« veröffentlicht, und diese Zeitschrift ist mit ihrem »bourgeois-anarchistischen Humbug« für Mehring ein besonderer Stein des Anstoßes, da sie in ihrer »Verseuchung durch Nietzsche« mit dem Anarchismus kokettiert, alle korrupten Bourgeois-Instinkte kitzelt und das klassenbewußte Proletariat zu kratzen sucht. Durch Nietzscheanismus ist auch der Literat Bruno Wille gekennzeichnet, der als Sozialistentöter agiert, indem er eine »Philosophie des reinen Mittels« zusammenbraut. Am Schluß deutet Mehring vorsichtig an, daß die »Freie Bühne« wohl nicht bloß für Geisteskranke und Leute mit perversen Instinkten bestimmt ist, »sondern – für ganz andere Zwecke geschrieben und herausgegeben wird«.

Auf die »Freie Bühne« und den Dichterkreis von Friedrichshagen um Bruno Wille und die Gebrüder Hart müssen wir später kurz eingehen; an dieser Stelle genügt es zu sagen, daß Mehrings Artikel eine späte Reaktion auf jenen Kampf der »Jungen« gegen die »Alten« innerhalb der Sozialdemokratischen Partei darstellt, der 1890 und in den folgenden Jahren die Partei beunruhigt hatte und zu dem auch Friedrich Engels als zu einer »Literaten- und Studentenrevolte« Stellung genommen hatte. Aber einer der Hauptvorkämpfer dieser »Jungen«, Paul Ernst, hatte in dieser »Freien Bühne«1890 Nietzsche sehr scharf und sehr orthodox als einen Angehörigen der »Klasse der bürgerlichen décadents« kritisiert. Als im Jahr darauf Julius Hart in der Zeitschrift einen »sozialdemokratischen Angriff auf das ›jüngste Deutschland‹« zurückwies, argumentierte er nicht philosophisch oder politisch, sondern rein ästhetisch: alle diese Sozialisten mit Liebknecht an der Spitze seien ja auf dem politischen Gebiet wohl Revolutionäre, im ästhetischen Bereich aber stimmten sie vollständig mit den bürgerlichen Konservativen durch ihren Mangel an Verständnis für avantgardistische Kunst überein. Und Bruno Willes »Philosophie des reinen Mittels« war nichts anderes als eine der vielen Neuformulierungen auf der Basis der rousseauistisch-anarchistischen Tendenz der Aufklärung, welche Moral und Staat in Gegensatz zur Vernunft stellt, so daß Wille sie als »unreine Mittel« bezeichnet. Freilich bezeichnet er auch den »Herdentrieb« als einen Feind der Vernunft und spricht sich gegen die »Schwärmerei für Revolutionen in den äußeren Verhältnissen« aus. Das dürfte Grund genug für Mehrings Zorn gewesen sein. Aber eine wirkliche Beunruhigung mochte aus einem Artikel von Franz Servaes resultieren, der 1892 in derselben Zeitschrift die Feststellung getroffen hatte, Nietzsche habe bei den jüngeren Sozialdemokraten manche Anhänger, wenn auch meist konfuse, und der Nietzsche und den Sozialismus als zwei zukunftsträchtige Erscheinungen nebeneinandergestellt hatte.

Dies ist in der Tat erst die eigentliche Frage: Wie konnte der angebliche Philosoph des Kapitalismus auch auf Sozialisten anziehend wirken? Eine der möglichen Antworten wird von Kurt Eisner gegeben, der 1891 in der »Gesellschaft« und dann als selbständiges Buch eine Abhandlung veröffentlichte, die den Titel trägt (in der Buchausgabe): »Psychopathia spiritualis. Friedrich Nietzsche und die Apostel der Zukunft«. Ich zitiere einige Sätze daraus: »Er [Nietzsche] ist ein Verführer, weil er ein Großer ist. Wenn man trunkenen Geistes heim kommt von dem Manne, welcher der Einzige in Deutschland scheint, der stark genug ist, Länder- und Zeitengrenzen zu sprengen ... ›Zarathustra‹ ist Goethes Zentralschöpfung ebenbürtig ... ›Zarathustra‹ bedeutet in unserem und der Welt Schrifttum einen einsamen hochragenden Gipfel in der Lyrik des Denkens ... Nietzsche, der Denker, ist – und das ist ein volkserzieherisches Moment – der ehrliche Künder seiner Überzeugungen, der den Mut und – den Stoff hat, alles auszusprechen, ohne Rücksicht auf Sitte, Herkommen, gemeine Meinung, Polizei,

Strafgesetzbuch, Richtigkeit, Bewiesenheit und Beweisbarkeit ... Nietzsche ist ein Raubritter vom Geiste, der uns arme, kleine Gedankenkrämer um unser letztes Päckchen Zuversicht, Glauben, Ruhe und Selbstgenügsamkeit bringt ...«[3] Im weiteren Verlauf kritisiert Eisner Nietzsche allerdings hart und leitet ihn aus der Romantik als dem Gegenteil des früheren Rationalismus und heutigen Sozialismus ab. Der Hauptangriff gilt indessen den »Nietzscheanern« und mit merkwürdiger Wendung dem Antisemitismus Stöckers und Dührings. Aber auch Mehring kommt nicht gut davon, und Eisner schreibt über ihn, er tue so, »als wollte er sich den Titel eines Meisterschaftsschimpfers für das nördliche Deutschland«[4] erringen.

Die Sozialdemokratische Partei der 90er Jahre mußte nämlich nicht nur die Anarchisten bekämpfen, die zum Teil aus ihren eigenen Reihen hervorgegangen waren, sondern sie war auch in sich gespalten. Schon vor Eduard Bernsteins berühmtem Buch von 1899 gab es »Revisionisten«, und diese Revisionisten hatten ein eigenes Organ, nämlich die »Sozialistischen Monatshefte« unter der Redaktion von Josef Bloch, wo Meinungen zu Wort kamen, die sich mit Mehrings »revolutionärem Marxismus« nicht vereinbaren ließen und die dennoch im Schoß der Partei verblieben. Zu diesen frühen Revisionisten zählte unter anderen Heinrich Braun, der jenem Wiener Kreis nahestand und der es später wagte, von dem »terroristischen Regime« zu sprechen, das Mehring der Partei aufzwinge.[5] In den »Sozialistischen Monatsheften« erschien 1900 ein Artikel von »Ernst Gystrow« (= Willy Hellpach) mit dem Titel »Etwas über Nietzsche und uns Sozialisten«. Nicht minder scharf als Braun kritisiert er Mehring: »Ein goldenes Kalb als Grabstein für Nietzsche – das ist der Traum der seltsamen Leute, die Hermann Bahr einmal die Marxististen nannte«; diese pseudomarxistische Programmweisheit erschöpfe sich im »Philosophen des Capitalismus«. Aber er argumentiert auch gegen Eisner, denn nur im oberflächlichen Sinne sei Nietzsche ein Romantiker gewesen, im tieferen sei er gar nichts davon. Vom Kapitalismus habe er nichts verstanden, und er könne deshalb nicht dessen Philosoph sein. Aber er habe innerhalb der sozialen Frage die aristokratische Frage aufgeworfen, die schon dadurch für Sozialisten vorentschieden sei, daß Lassalle ein Machtgenie par excellence war und daß in Marx ein ganz gewaltiges Diktatorgefühl lebte, mit anderen Worten, daß der Sozialismus in der bloßen Demokratisierung keinesfalls aufgehe. Wirtschaftliche Demokratisierung aber, richtig verstanden, sei nichts anderes als »geistige Aristokratisierung der Masse«; eines Tages werde das Wort Lohnarbeiter so vieldeutig werden, wie heute das Wort Bürger sei. Ein Sozialismus, der sich von alten Dogmen wie der tristen Zusammenbruchslehre und der Utopie des »Endziels« befreit habe, dürfe sagen: »Er war unser ... Er hat geweissagt, was wir uns erarbeiten mußten: daß der Wert der Menschheit im Menschen liegt und daß jedes echte Aufwärts einen aristokratischen Sinn hat. Und diese Idee ist ewig, ist eine Macht, die niemals sterben noch verdummen kann.«[6]

Was Mehring aber noch stärker hätte beunruhigen sollen, ist die Tatsache, daß 1914 ein Buch erschien, das eine Anzahl von Äußerungen enthielt, die Arbeiter (auf Anfrage) über Nietzsche gemacht hatten und das die Feststellung bestätigte, die Bücher Nietzsches würden in wichtigen öffentlichen Bibliotheken weit häufiger von Arbeitern verlangt als diejenigen von Marx.[7] Ich führe drei Sätze verschiedener Arbeiter an: (ein Schlosser) »Nietzsche ist ein einsamer Riese ... Nietzsche trägt so recht den stolzen Stempel begriffener Ewigkeit an der Stirn.« (ein Färber) »Gar manches Buch habe ich gelesen, es waren darunter Werke namhafter Autoren, doch hat mich bisher keins so ergriffen, keins mich so zum Nachdenken angeregt als Nietzsches Hauptwerk ›Also sprach Zarathustra‹«; (ein Weber) »So zeigt Marx nicht nur die Wandelbarkeit der Moralanschauungen, sondern auch noch ihre wirtschaftlichen Ursachen. Aber nach den Menschen fragte er nicht; sie waren ihm nur Ziffern.«[8]

Es ist nicht klar erkennbar, wer von diesen Arbeitern sich als Sozialdemokraten und wer als Anarchisten bezeichnet hätte. Weshalb Nietzsche bei Anarchisten Zustimmung finden konnte, ist augenfällig: Man brauchte nur seine Wendung gegen den Staat als »das kälteste der kalten Ungeheuer«, seinen Individualismus und seinen Kampf gegen die »Kettenkrankheit« zu unterstreichen. Im Kern ist der Anarchismus ja nichts anderes als der ursprüngliche, von Nationalökonomie und Geschichtsphilosophie noch unangerührte Sozialismus: Abbau aller institutionalisierten Ungleichheit, Beseitigung aller unpersönlichen Apparate, Wiederherstellung eines einfachen und »menschlichen« Lebens – das sind seine Hauptforderungen, und sie sind vermutlich in weit höherem Maße »ewig« als die spezifischen Lehren des Marxismus. Als Beispiel wähle ich Gustav Landauer, der sich 1899 in der »Neuen Zeit« unter Erwähnung Nietzsches noch relativ orthodox geäußert hatte, der dann in den Umkreis der »Jungen« geriet und schließlich der Lebensreformbewegung nahestand, der aber immer ein »früher Sozialist« oder sozialistischer Anarchist blieb. Das hinderte ihn nicht, vor dem gewaltsamen Ende seines Lebens sich zionistischen Gedanken partiell zu öffnen und zuvor schon einen engen Zusammenhang zwischen Judentum und Menschheitsidee herauszustellen, weil die messianische Perspektive, die alle egalitären Bewegungen bis tief in die Neuzeit hinein bestimmt habe, eine Erbschaft des Alten Testaments sei. Letztes Ziel bleibt für ihn, »die selbstgeschaffene, abstrakte Welt« der Moderne wieder in humane Konkretheit zurückzunehmen; und die damit notwendigerweise verknüpfte Gegnerschaft gegen die instrumentelle Vernunft gibt ihm viel Gelegenheit, sich auf Nietzsche zu berufen oder sich in Nietzscheschen Wendungen auszudrücken, etwa in der Abwertung des Bewußtseins gegenüber dem Gefühl und der Hochschätzung der mythenschaffenden Kraft im Menschen. Von daher rührt auch seine äußerst schroffe Polemik gegen den Marxismus, der die moderne Abstraktheit zur Vorbedingung des Sozialismus macht, statt sich an den gelungenen Lebensformen des Mittelalters zu orientieren. So stellt er schärfer als irgend jemand sonst den Marxismus in einen Gegensatz zum Sozialismus und sagt ihm, »daß er die Pest unserer Zeit und der Fluch der sozialistischen Bewegung ist«, weil er ein Freund des Massenhaften, Breiten, Zentralisierten, Abstrakten ist, über die Städterepubliken des Mittelalters oder eine Dorfmark spotten zu dürfen glaubt und den »größten aller Sozialisten, Proudhon« herabsetzt. Und es klingt in der Tat ganz nach Proudhon, aber auch nach bestimmten Äußerungen Nietzsches, wenn Landauer sagt: »Wir sind Bettler und Tröpfe und Toren, weil das Geld Gott, weil das Geld Menschenfresser geworden ist.«[9]

Revolutionäre Marxisten, Revisionisten und Anarchisten betrachteten sich alle als »Unterdrückte« bzw. als Sprecher der

»Unterdrückten«, und sie alle griffen »die Bourgeoisie« und »den Staat« und »die Herrschenden« an. Aber es gab nicht die eine große Bewegung der »ungeheuren Mehrzahl«, der sozialen Klasse der Proletarier, sondern die Parteien bzw. Tendenzen, die als Sprecher und Organisatoren offenbar unentbehrlich waren, standen einander in scharfer Feindschaft gegenüber und sahen sich gutenteils gegenseitig als – potentiell – schlimmere Unterdrücker als die gegenwärtigen Feinde. (Ganz ebenso war ja »das Bürgertum« zu keinem Zeitpunkt eine einheitliche Kraft gewesen.) Eine weitere Bewegung, die das »Heer der Ausgebeuteten und Unterdrückten« zu spalten vermochte, war die »Frauenbewegung«.

Nun liegt es zwar auf der flachen Hand, daß es »die Frauen« als eine soziologisch homogene Gruppe überhaupt nicht gibt; Frauen teilen und repräsentieren alle Schichtungen und »Ungleichheiten« in der Gesellschaft: von der Königin, und gar der selbstherrschenden, bis zur verwitweten Waschfrau war ein gewaltiger Abstand und existierten zahlreiche Zwischenstufen. Es war auch nicht richtig, daß »die Frauen« zu allen Zeiten machtlos gewesen wären; bis zum heutigen Tage haben vermutlich Frauen nie wieder eine so umfassende Macht ausgeübt wie unter dem französischen Ancien régime. Nichts wäre törichter, als zu behaupten, die Frauen seien ohne politische Rechte gewesen; die Königin Viktoria hatte eine Menge höchst bedeutsamer politischer Rechte. Aber alle Frauen hatten in der Tat kein Wahlrecht (wie lange Zeit auch die Mehrzahl der Männer), und wenn man den Begriff »politisches Recht« mit demjenigen des Wahlrechts identifizierte, konnte man von den Frauen als einer rechtlosen und »unterprivilegierten« Gruppe sprechen. Gleichberechtigung in diesem Sinne für die Frauen zu erkämpfen, aber auch gleichen Zugang zu den Bildungsgütern, war das Ziel der Vorkämpferinnen der »Frauenbewegung«, die in England später Suffragetten hießen und sich etwa der Unterstützung eines so bedeutenden Mannes wie John Stuart Mills erfreuten. Nietzsche dagegen hatte sich mit scharfen Worten gegen die »Weibs-Emanzipation« ausgesprochen. Im proletarischen, der SPD eng verbundenen Teil der Frauenbewegung wurde Nietzsche nicht anders beurteilt als in der Gesamtpartei, und es ist mir nicht bekannt, daß sich einige Parteigenossinnen unter Berufung auf Nietzsche gegen den »Patriarchalismus« aufgelehnt hätten, von dem die männlichen Parteiführer bei aller verbalen Bejahung der Frauenemanzipation keineswegs frei waren. Der »bürgerliche« Teil der Bewegung war im »Allgemeinen Deutschen Frauenverein« organisiert, an dessen Spitze Helene Lange stand. Hier wurde Nietzsche nicht selten dafür verantwortlich gemacht, daß in einem anderen und weit links orientierten Verband, dem »Bund für Mutterschutz«, die Grenzen einer kultivierten Entwicklung der weiblichen Individualität und ästhetischer Bildung der jungen Frauen oft zugunsten so fragwürdiger Forderungen wie der Anerkennung außerehelicher Verbindungen, der Gleichstellung der unehelichen Kinder und der Freigabe der Abtreibung überschritten wurden. In der Tat fand der »Philosoph des Kapitalismus« auch hier gerade auf der Linken viel Beifall, und die Führerin des Bundes, Helene Stöcker, teilte ihren Nietzsche-Enthusiasmus mit ihrem Freund, dem Sozialdarwinisten Alexander Tille, auf den wir noch zu sprechen kommen werden. Auch für sie sollte eine neue soziale und sexuelle Ordnung die Voraussetzung für die Erreichung höherer Entwicklungsstufen der Menschheit sein. Ohne Nietzsche, so meinte sie, könne niemand auskommen, der seine Zeit geistig zu erfassen strebe – »es wäre dasselbe, wie die Griechen verstehen wollen ohne Platon«[10].

Doch auch die Jugend kann sich als unterdrückt empfinden, obwohl für sie grundsätzlich das gleiche gilt wie für die Frauen. Aber ein Kronprinz mag sich in der Tat durch seinen Vater ebensosehr in der Entfaltung seiner Fähigkeiten behindert fühlen wie ein Lehrling durch seinen Meister oder ein Jungarbeiter durch »Gewerkschaftsbonzen«. Die Unterdrückung, die der »Wandervogel« als Teil der »Jugendbewegung« vor allem abschütteln wollte, war diejenige durch Künstlichkeit und Unnatur, und die Befreiung suchte er infolgedessen durch das Abstreifen »bürgerlicher Konventionen« mittels einer besonderen Kleidung, der »Kluft«, und die Überwindung der städtischen Ungesundheit durch das Wandern im ganzen Lande. Dem »Wandervogel« bedeutete Nietzsche wenig, aber anders stand es mit der erst kurz vor 1914 gegründeten »Freideutschen Jugend«, wo sowohl der Schulreformer Gustav Wyneken wie der Schriftsteller und Verleger Eugen Diederichs stark durch Nietzsche geprägt waren. In beiden Fällen war Nietzsche vor allem der Befreier vom Druck der Konformität und des

Gehorsamszwangs, der Überwinder der »Moral«. Bei aller Uneinigkeit in wesentlichen Punkten stimmten »die Unterdrückten« mit Ausnahme der revolutionären Marxisten doch darin überein, daß sie Nietzsche als eine »revolutionäre«, als eine »linke« Kraft empfanden. Merkwürdigerweise war es bei den Philosophen und Wissenschaftlern, die sich doch fast durchweg nicht zu den »Unterdrückten« zählten, kaum anders.

Nietzsche in Philosophie und Wissenschaft

Die 70er und 80er Jahre des 19. Jahrhunderts waren keine große Zeit der deutschen Philosophie. Sowohl Links- wie Rechtshegelianismus hatten sich erschöpft, Hermann Lotze starb 1881, Wilhelm Wundt und andere Denker schienen sich mehr und mehr einer naturwissenschaftlich verstandenen Psychologie zu nähern, der Neukantianismus stand noch in den Anfängen seiner Entwicklung und nahm sich wie eine Wissenschaftstheorie aus. Anstöße für die Geisteswissenschaften kamen am ehesten von Wilhelm Dilthey, am Rande des akademischen Philosophierens standen Eduard von Hartmann und Eugen Dühring.

Nietzsche hat die zeitgenössischen Philosophen nur auf sehr selektive Weise zur Kenntnis genommen. Auf Hartmann und Dühring bezieht er sich sehr häufig, und er verdankt ihnen vermutlich mehr, als die fast stets polemischen Äußerungen erkennen lassen. Von anderen Philosophen sind uns bisher die folgenden begegnet: Friedrich Albert Lange, dessen »Geschichte des Materialismus« von Nietzsche früh studiert wurde; Gustav Teichmüller, kurze Zeit Nietzsches Kollege in Basel, dessen Buch »Die wirkliche und die scheinbare Welt« Nietzsches »Perspektivismus« beeinflußte; African Spir, der mit seiner schroffen und »parmenideischen« Betonung des dem Denken allein zugänglichen »Unbedingten«, das in der wahrnehmbaren Welt nirgendwo zu finden sei, in die gleiche Richtung wirkte.

Nietzsche wurde seinerseits während seines Lebens von der akademischen Philosophie nur ganz begrenzt wahrgenommen, und selbst das nur, als die Umnachtung bereits eingetreten war. Ich führe drei Beispiele von genuinen, d. h. auch durch eigenständige

Leistungen bedeutsamen Philosophen an, die in das letzte Lebensjahrzehnt fallen bzw. unmittelbar nach Nietzsches Tode erfolgten.

Im Jahre 1896 hat Georg Simmel in der »Zeitschrift für Philosophie und philosophische Kritik« einen Artikel über Nietzsche publiziert, der den Untertitel »Eine moralphilosophische Silhouette« trug. Es war wohl nicht ganz zufällig, daß der »Außenseiter« so früh von einem »Außenseiter« entdeckt wurde, denn Simmel war zwar bereits Privatdozent der Philosophie in Berlin, aber er stand doch nicht nur als Jude am Rande des Lehrkörpers, sondern auch deshalb, weil er ein ungewöhnlich geistreicher Mann war, der sich ungewöhnlichen Themen zuwandte. So hebt dieser Aufsatz mit der Aussage an, Nietzsches Ernst sei zu tief in die Reize eines spielenden, sprühenden, sinnlich bezaubernden Ausdruckes eingebettet, »um an das Ohr der deutschen Philosophen zu dringen«, und er sei gerade deshalb »von den Berufsdenkern nicht ernst genommen« worden, weil er mehr konnte, als ernst zu sein.[1] Aber auch seine Anhänger wiesen ihm zu Unrecht einen Platz außerhalb der Philosophie zu, indem sie ihn zu einer »causa sui« machten. Der grundlegende Gedanke Nietzsches sei der, daß im Laufe der Geschichte die Majorität der Schwachen und Unbedeutenden die Herrschaft über die Minorität der Starken, Vornehmen und Eigenartigen erlangt habe. Daraus resultiert für ihn mit Notwendigkeit die Vermittelmäßigung des allgemeinen menschlichen Typus. Nietzsches Lehre ist also eine Werttheorie, und ihr Kern ist die Überzeugung von der natürlichen Distanz der Menschen untereinander. Ohne eine Rangordnung der Individuen nach Werten ist der Fortschritt zum Ideal der Erhöhung des Menschen unvollziehbar. Es kommt nach Nietzsche nicht darauf an, daß ein bestimmter Wert sich möglichst oft realisiert, sondern nur darauf, daß er überhaupt einen maximalen Grad erreicht, sei es auch bloß in einem einzigen Individuum. Die »höchsten Blüten der Idealverwirklichung« können aber nur aus strengster Züchtung und Auslese hervorgehen. Hier liegt eine klare Analogie zu Platon vor. Es handelt sich also um einen ethischen Personalismus, der jedem bloßen Egoismus oder Eudämonismus entgegengesetzt ist. Ebensowenig liegt ein Epikuräismus oder Zynismus vor. Nietzsche hat vielmehr eine kopernikanische Tat vollbracht: Zum erstenmal in der modernen Ethik wird die Steigerung der Kraft, der Schönheit, der Distanzierung zwischen Mensch und Mensch zum Selbstzweck, der einer Rechtfertigung durch irgendeinen sozialen Nutzen nicht bedarf. Der Maßstab wird verändert: nicht, wie in nahezu der ganzen überlieferten Ethik, die Vielen oder Alle, sondern die wenigen Höchsten bilden den definitiven Zweck und Sinn des Lebens überhaupt. Als letztes Prinzip kann diese Maxime weder bewiesen noch widerlegt werden, sie fordert zu einer willensmäßigen Verwerfung oder Annahme heraus. Daß Nietzsche sich selbst als décadent bezeichnete, ist allerdings ein Hinweis auf einen inneren Zwiespalt, ja eine Zerrissenheit, welche vielleicht die Aussage zuläßt, daß sein Körper an seinen Gedanken zugrunde gegangen ist.[2]

Ein Jahr später, 1897, veröffentlichte Alois Riehl, Professor in Freiburg und Neukantianer, ein Büchlein mit dem Titel »Friedrich Nietzsche. Der Künstler und der Denker«. Riehls Kernthese lautet: »Nietzsche ist der Philosoph der Kultur.« Kultur besteht aber nicht bloß in ihrem Ziel, der »Erhöhung des Typus Mensch«; sie ist zuerst Kunst = Einheit des künstlerischen Stils in allen Lebensäußerungen eines Volkes, und sie ist auch Erkenntnis. Die eigentliche Bestimmung des Philosophen besteht darin, Kultur zu schaffen. An dieser praktischen Bestimmung der Philosophie hat Nietzsche immer festgehalten, aber in der zweiten Periode gibt er die Idee der Selbsterlösung durch die Kunst auf und hält sich fortan an das einzige gegebene Sein, das der Metaphysiker die »Vorstellung« nennt und das eine Welt des Irrtums ist. Aber gerade die der Vorstellung so teueren Dinge einschließlich der Materie will Nietzsche in Bewegung und Tätigkeit auflösen.[3] Auch als »Freigeist« wird Nietzsche also nicht zum Positivisten, sondern er bleibt Künstler. Als Künstler und Philhellene sieht er in Haß, Neid und Herrschsucht lebensbedingende Affekte, und an die Stelle von Rousseaus »Zurück zur Natur« setzt er ein »Hinauf zur Natur«. Gerade dieser Forderung entspricht aber die moderne Kultur nicht, die den Menschen immer kleiner macht und den von der Natur vorgezeichneten Weg der Höherentwicklung verläßt. Nietzsche ist also keineswegs ein Skeptiker der Moral, und es verrät einen Mangel an Unterscheidungsvermögen, wenn man Nietzsche mit Stirner, »dem unfreiwilligen Parodisten Fichtes«, zusammenstellt. Gleichwohl will Riehl offensichtlich nicht als »Nietzscheaner« gelten, und es ist als Kritik gemeint, wenn er sagt, Nietzsche, der radikalste Denker, sei zugleich der reaktionärste. Nietzsches Betonung der angreifenden, entzweienden Lebensinstinkte zu Ungunsten der sympathischen und vereinigenden ist einseitig; die »Herrenmoral« beruht auf einer Überspannung des Rangunterschieds unter den Menschen. Auch der Wille zur Macht ist kein schöpferisches Moralprinzip, denn er ist blind und ohne wesentliche Einheit. Nietzsche verfehlt also den Kantschen Begriff des auf Vernunft angelegten Willens und weicht damit von der positivsten Tendenz der Philosophie ab, die für Riehl wie für alle Neukantianer ein »Zurück zu Kant« ist.

Zu Kant zurück wollte auch Hans Vaihinger, der als Professor in Halle später die »Kant-Studien« begründete und eine »Philosophie des Als-ob« entwickelte, die in ihrer Betonung der Wichtigkeit der »Fiktionen«, des »Dichtens und Fälschens« im Erkenntnisprozeß ganz nietzscheanisch wirkt, aber unabhängig von Nietzsche konzipiert wurde. In dem 1902 erschienenen Büchlein »Nietzsche als Philosoph« wird jedoch diese erkenntnistheoretische Parallelität noch nicht besonders unterstrichen (das geschieht erst in einem 1904 der dritten Auflage hinzugefügten Anhang), sondern Vaihinger will ein Gesamtbild zeichnen. Nach der Zurückweisung einiger Einwände (etwa derjenigen, Nietzsche sei ein »Modephilosoph« oder »kein Systematiker« oder »ein Geisteskranker«) und einigen Bemerkungen über Nietzsches Stil unterscheidet er sieben charakteristische Haupttendenzen in Nietzsches Werk: die antimoralistische, die antisozialistische, die antidemokratische, die antifeministische, die anti-intellektualistische, die antipessimistische, die antichristliche. Kennzeichnend für die umfassende Betrachtungsweise Vaihingers sind schon die ersten Sätze: »Friedrich Nietzsche ist heute ein literarischer Machthaber ersten Ranges. Nicht bloß in Deutschland, sondern auch im Auslande werden seine Schriften mit Begierde gelesen. ... Ich brauche unter den deutschen Schriftstellern nur Gerhart Hauptmann, Sudermann und Halbe, unter den Künstlern nur Klinger zu nennen, ganz zu schweigen von ausländischen Schriftstellern wie Maeterlinck und Gabriele d'Annunzio, wie Strindberg und Brandes.« Trotzdem glaubt Vaihinger, die genannten sieben Tendenzen aus einem einzigen Grundprinzip Nietzsches ableiten zu können, das er folgendermaßen formuliert: »Nietzsches Lehre ist positiv gewendeter Schopenhauerianismus, und diese Umwendung (oder, wenn wir wollen, ›Umwertung‹) Schopenhauers geschah unter dem Einfluß des Darwinismus!«[4] Die Umkehrung Schopenhauers erfolgt dadurch, daß im Kampf der verschiedenen Willenszentren nun nicht mehr das Übel in der Welt gesehen wird, von dem in Kunst und Askese Erlösung gesucht wird, sondern gerade das Prinzip der Entwicklung aller Kultur.[5] Der Weg zur höchsten Kultur führt für Nietzsche aber nach dem Beispiel des Darwinismus notwendigerweise zur »Ausmerzung aller Schwachen, Unkräftigen«. »Tod den Schwachen« sei Nietzsches ausgesprochenes Losungswort.[6]

Vaihinger gelangt also in die Nähe des Begriffs der »Partei des Lebens«, aber er ist natürlich weit davon entfernt, auch bloß den Darwinismus zu bejahen. Überhaupt kann nur in einem ganz eingeschränkten Sinne davon die Rede sein, daß vor 1914 irgendwelche Philosophen »Nietzscheaner« gewesen seien; es bedurfte offenbar der Erfahrung des Weltkrieges, daß mit Denkern wie Ludwig Klages und Alfred Baeumler Männer in den Vordergrund traten, die ein »existenzielles« Verhältnis zu Nietzsche hatten, und es geschah erst nach 1933, daß große Philosophen eine im engeren Sinne philosophische Gesamtdeutung Nietzsches vorlegten, nämlich Karl Jaspers und Martin Heidegger.

Wenn hinsichtlich der Philosophen Vorsicht geboten ist, so gilt das gleiche für die Wissenschaftler. Es würde vermutlich ein ganzes Buch erforderlich machen, wenn jemand den Einflüssen Nietzsches bei den verschiedensten Fachwissenschaftlern nachgehen wollte, von denen aber per definitionem keiner *als* Fachwissenschaftler ein »Nietzscheaner« sein konnte. Ich wähle als Beispiele drei bedeutende Köpfe, die mit größerem oder geringerem Erfolg Fachwissenschaften zu begründen versuchten und daher in die Nähe der Philosophen gestellt werden dürfen.

Ferdinand Tönnies, den man den Vater der deutschen Soziologie nennen kann, war in seiner Jugend so etwas wie ein genuiner »Nietzscheaner«. In seinen 1923 geschriebenen Erinnerungen erzählt er folgendes: »Aus meinem ersten Semester möchte ich noch erwähnen, daß ich im Doebereinerschen Schaufenster ein Büchlein liegen sah, dessen Aufschrift mich mächtig ergriff: ›Die Geburt der Tragödie aus dem Geiste der Musik‹ von Friedrich Nietzsche ... ich ... las es mit Genuß, ja beinahe mit dem Gefühl einer Offenbarung.«[6a] Wenig später stieß er dann auf die ersten beiden Unzeitgemäßen Betrachtungen, und insbesondere durch die zweite war er »tief bewegt«. 1897 freilich publizierte er eine Schrift über den Nietzsche-Kult, die von einem stark durch Marx beeinflußten Standpunkt nicht nur die Enthusiasten, sondern auch den Urheber selbst einer scharfen Kritik unterzieht: »Das System ist nur ein Hexensabbat von Gedanken, Ex- und Deklamationen, von Wutausbrüchen und widerspruchslosen Behauptungen, dazwischen viele Geistesblitze leuchtend und blendend.«[7] Aber noch im Jahre 1900 richtete er nach Nietzsches Tode einen Brief an Elisabeth Förster-Nietzsche, in dem der Satz steht: »Ich habe ihn *geliebt* seit frühen Tagen.«[8] Die entscheidende Frage ist aber die, ob in Tönnies' Hauptwerk von 1887, »Gemeinschaft und Gesellschaft. Grundbegriffe der reinen Soziologie«, Nietzschesche Einflüsse erkennbar und mächtig sind. Tönnies unterscheidet hier zwei Idealtypen menschlichen Zusammenlebens (wie man mit dem Terminus Max Webers sagen könnte), die aber für ihn zugleich Realitäten und geschichtliche Phasen sind: die Gemeinschaft, die gekennzeichnet sei durch »Wesenwille«, »Selbst«, »Besitz«, »Grund und Boden«, »Familienrecht«, und die Gesellschaft, die charakterisiert ist durch »Willkür«, »Person«, »Vermögen«, »Geld«, »Obligationenrecht«. Gemeinschaft ist das Gegenteil von Gesellschaft, nämlich eine Art des Zusammenlebens, in dem das Gemeinsame herrscht, das von jedem einzelnen in seinen Willen aufgenommen wird: Familienleben, Dorfleben, städtisches Leben, Eintracht, Sitte, Kirche. In der Gesellschaft ist das sich emanzipierende Individuum bestimmend; Konvention, Vertrag, Tausch, Konkurrenz entsprechen dem großstädtischen und staatlichen, ja schließlich kosmopolitischen Leben. Gesellschaft ist also, von der Gemeinschaft her gesehen, Auflösung und Zersetzung; sie befindet sich jedoch nach Tönnies im Übergang zum staatlichen und internationalen Sozialismus, der eine höhere Form der Gemeinschaft ist.

Diese Idealtypen und das Bild dieser geschichtlichen Bewegung ließen sich offenbar leicht aus den Werken von Marx ableiten, der freilich keine systematische Beschreibung gegeben hatte, aber sie finden doch auch ein Vorbild in Nietzsches Schilderung der dionysischen bzw. dionysisch-apollinischen Gemeinschaft, die sich als kultische und religiöse Einheit darstellt, und der auflösenden Spätkultur des rationalistischen Alexandrinismus, die von Sokrates und Euripides begründet wurde. Aber freilich liegt die Unterscheidung von »organischen« und »mechanischen« Gesellschaftsformationen schon vor Marx bei Adam Müller und Saint-Simon vor, es sind die angeführten Selbstaussagen von Tönnies, welche die Vermutung begründen, daß auch Nietzsches Einfluß wesentlich war.

Max Weber, einige Jahre jünger als Tönnies und nicht der Vater, sondern der unmittelbare Begründer der Soziologie in Deutschland, hat Nietzsche nur relativ selten zitiert. Und doch wurde seine Freiburger Antrittsvorlesung von 1895 über den »Nationalstaat und die Volkswirtschaftspolitik« von den Zuhörern mit einem Schrecken aufgenommen, von dem man vielleicht sagen kann, er habe in dem Empfinden bestanden, einem Nietzscheanismus des »Werdet hart« konfrontiert worden zu sein. Auf den ersten Blick ist die Rede malthusianisch, machtstaatlich, ja »rassistisch«, indem sie die Gründe aufzeigen will, weshalb im Osten Deutschlands das Polentum im Vordringen ist und die deutschen Tagelöhner von den großen Gütern nach Westdeutschland abwandern. Der Grund dafür ist nicht etwa die größere Tüchtigkeit der Polen im Daseinskampf, sondern der niedrige Stand ihrer Kultur, die Bedürfnislosigkeit und die rapide Vermehrung. Die deutschen Tagelöhner dagegen vernehmen den Ruf der Freiheit und empfinden ihr Dasein in der Heimat als Knechtschaft, die ihnen und ihren Kindern keine Aussichten gewährt. So schlage die Auslese im freien Spiel der Kräfte hier nicht, wie die Optimisten meinen, zugunsten der ökonomisch höher entwickelten oder veranlagten Nationalität aus: »Der polnische Kleinbauer gewinnt an Boden, weil er gewissermaßen das Gras vom Boden frißt, nicht *trotz*, sondern *wegen* seiner tiefstehenden physischen und geistigen Lebensgewohnheiten.«[9] Die Konsequenz, die Max Weber daraus zieht, lautet: »Nicht Frieden und Menschenglück haben wir unseren Nachfahren mit auf den Weg zu geben, sondern den *ewigen Kampf* um die Erhaltung und Emporzüchtung unserer nationalen Art.«[10] Das klingt ganz darwinistisch, aber es ist die Frage, ob Weber ohne die Kenntnis Nietzsches eine solche Formulierung gewählt haben würde. Und wenn er sich im folgenden so konkret über Bürgerkrieg, Junker, Bismarck und »Arbeiteraristokratie« äußert, wie Nietzsche es nie getan hatte, so ist Nietzsche doch wieder ganz anwesend, wenn Weber am Schluß an die Jugend appelliert und »große Leidenschaften« und »große Instinkte« evozieren möchte.

Aber auch in dem riesigen Gesamtwerk Webers ist Nietzsche, wenngleich meist ohne Namensnennung, häufig präsent, beinahe so präsent wie Marx. Es klingt weit eher nach Nietzsche als nach Marx, wenn Weber während des Weltkrieges schreibt, künftige Geschlechter würden »uns« verantwortlich machen, »wenn kampflos die Weltmacht – und das heißt letztlich: die Verfügung über die Eigenart der Kultur der Zukunft – zwischen den Reglements russischer Beamter einerseits und den Konventionen der angelsächsischen ›society‹ andererseits, vielleicht mit einem Einschlag von lateinischer ›raison‹, aufgeteilt würde«.[11] Es ist auf den ersten Blick abermals Nietzsche, den man zu hören glaubt, wenn Weber von der Notwendigkeit spricht, den »Gesunden und Starken« eine selbstbewußte Interessenvertretung zu geben.[12] Noch viel wichtiger ist indessen die Bedeutung, die Weber den »Menschentümern« (im Gegensatz zu den abstrakten »ökonomischen Verhältnissen«) zuschreibt, ist die Kennzeichnung der Gegenwart als gottfremd und prophetenlos, ist die Hochschätzung des »Kampfes« als des Wesens des Lebens, ist die Wichtigkeit der Begriffe der »Askese« und des Ressentiments als der Grundlagen der christlichen »Entzauberung der Welt«, ist insbesondere die Konzeption des okzidentalen Rationalismus, der am Ende die Menschen in ein ehernes Gebäude von Abhängigkeiten einsperrt. Für Weber sind die Welt und die Geschichte »tragisch«, wie für Nietzsche. Allerdings sind auch die Unterschiede zwischen beiden groß: Weber bleibt weit davon entfernt, eine Vernichtungslehre zwecks Heilung der Welt ins Auge zu fassen, und in »Wirtschaft und Gesellschaft« stellt er den Dionysoskult, den »kultischen Singtanz, die dionysische Ekstatik« der vornehmen Lebensführung des Adels mit einem unverkennbaren Ton der Geringschätzung gegenüber.[13] Auch Max Weber war kein »Nietzscheaner«. Aber ohne Nietzsche wäre er vielleicht nicht zum selbständigen und bedeutenden Denker geworden.

Unter den hier zu nennenden Wissenschaftlern war Kurt Breysig wohl am ehesten ein »Nietzscheaner«. Seine enthusiastische Gedächtnisrede im Nietzsche-Archiv ist bereits erwähnt worden.

Auch er war, wie Simmel, eine Art Außenseiter unter den Dozenten der Berliner Universität. Obwohl Schüler Gustav Schmollers und anerkannter Spezialist für die Geschichte der ostpreußischen Stände und der brandenburgischen Finanzverwaltung, geriet er an den Rand des Fachs, weil er sich früh übergreifenden Fragestellungen sozialgeschichtlicher und welthistorischer Art zuwandte, u. a. vergleichenden Untersuchungen über den »Heilbringer« und ehrgeizigen Werken zum »Stufenbau der Weltgeschichte«. Erst C. H. Becker machte ihn zum Ordinarius, und nach 1945 blieb sein Werk im Schatten, weil er, obwohl mit einer Jüdin verheiratet, in seinen letzten Lebensjahren Sympathie für den Nationalsozialismus hatte erkennen lassen. Aber diese Sympathie hatte sich bereits vorher in seiner Ablehnung des Gleichheitsgedankens, der Abstimmungsdemokratie sowie in seinem Begriff des »Adels der Leistenden« wie auch in der Forderung eines »Führeramts« für Deutschland innerhalb der Menschheit angekündigt. Sein Begriff des »Lebens« als des schöpferischen Untergrundes alles Werdens war evidentermaßen von Nietzsche bestimmt. Wenn er eine »philosophische Geschichtsschreibung«[14] geben wollte, ging er allerdings weit über Nietzsche hinaus jedoch innerhalb der von Nietzsche vorgezeichneten Bahnen. Doch interessanter als seine langjährige Freundschaft mit Elisabeth Förster-Nietzsche oder seine zeitweise sehr enge Verbindung mit Maximilian Hardens »Zukunft« dürfte seine persönliche Bekanntschaft mit Stefan George und seine Verehrung für den Dichter gewesen sein. Es klingt in der Tat mehr »Georgisch« als »Nietzschisch«, wenn Breysig in einer Aufzeichnung folgende Formulierung wählt: »Kunst ist Spiel der leichtgeschürzten Mädchen und Jünglinge; höchste Forschung Schwertertanz der Männer, die nicht Spitze, nicht Schärfe des nackten Stahles scheuen«.[15] Daher ist von Breysig aus leicht der Übergang zu »Nietzsches Wirkungen in der Literatur« zu machen.

Nietzsches Wirkungen in der Literatur

Diese Fragestellung ist mit beträchtlichen Schwierigkeiten konfrontiert. Wo ist die Grenze zwischen »Literatur« und »Essayistik« zu ziehen, welcher eine eigene Vorlesung gewidmet werden soll?

War ein Mann wie Michael Georg Conrad, der Gründer und Herausgeber der Zeitschrift »Gesellschaft«, in erster Linie ein Dichter, ein Schriftsteller oder ein Publizist? Gibt es zwischen diesen Qualitäten überhaupt feste Grenzen? Genügt es, Erwähnungen Nietzsches zusammenzustellen, und ist darin Nietzsches Einfluß beschlossen? Aber sogar in der »Freien Bühne«, die als ein Hauptorgan des Nietzscheschen Einflusses galt, ist häufiger von Tolstoj die Rede als von Nietzsche. Kann man nachträgliche Charakterisierungen zum Nennwert akzeptieren? Max Halbe, der 1893 mit seinem naturalistischen Drama »Jugend« einen großen Erfolg errang, schrieb später in seiner Autobiographie »Scholle und Schicksal«: »Das große Säkularereignis jener Epoche war Nietzsche ... Ich denke hier zuvörderst an den Zarathustra, dessen ungeheurer Wirkung ich für einige Zeit erlag.«[1] Der alte Gottfried Benn sagte im Rückblick, Nietzsche sei für seine Generation »das Erdbeben der Epoche« gewesen und seit Luther das größte Sprachgenie.[2] Kurt Hiller nannte Nietzsche in seiner Autobiographie sogar »den größten Menschen aus den beiden letzten Jahrtausenden«.[3] Darf man ohne weiteres von Nietzsche-Einfluß sprechen, wenn bestimmte Schriftsteller ein Renaissance-Ideal des Lebens voller Schönheit und Rausch entwerfen, wie etwa Heinrich Mann in seiner Trilogie »Die Göttinnen« – nicht erst Nietzsche hat bekanntlich, wie wir uns erinnern, die Renaissance zum Thema gemacht, sondern Burckhardt, Gobineau und andere gingen ihm voran. Ein verläßlicherer Indikator Nietzscheschen Einflusses ist sicherlich die Verwendung von Termini wie »dionysisch«, »Zarathustra«, »Übermensch«, »Evoe« usw., aber es mag sich dabei um recht oberflächliche Einflüsse handeln.

Wir wollen diese Fragen so entscheiden, daß der »Anspruch« darüber bestimmen soll, ob Literatur oder Publizistik vorliegt: M. G. Conrad wollte ein Schriftsteller und sogar ein Dichter sein; Maximilian Harden oder Ludwig Klages haben diesen Anspruch nie (oder mindestens nicht ernsthaft) erhoben; wichtiger als spätere Charakterisierungen sind uns zeitgenössische Aussagen; Dichter »heidnischer Lebensfreude« oder auch »dunklen Kulturpessimismus« sollen nur dann als von Nietzsche beeinflußt gelten, wenn sie mindestens in Tagebuchaufzeichnungen o. ä. direkt auf Nietzsche

Bezug nehmen. Das gleiche gilt für die Erwähnungen Nietzsches.

Einige Zeitgenossen haben schon früh sehr negative Bilder von den Nietzscheschen Einflüssen auf Literatur und literarische Halbwelt gezeichnet. So liest man in dem Büchlein von Leo Berg (1897) »Der Übermensch in der Literatur« folgendes: »Nachdem Nietzsche aber sein Zauberwort ausgesprochen hatte, war in Deutschland plötzlich alles Übermensch, oder man wollte ihn doch aus sich erzeugen, literarisch und menschlich; und wie denn eitel und klein unser Dichtergeschlecht ist, so bezog man das vom Übermenschen immer direkt ganz persönlich auf sich selbst. Man pochte auf seine Sonderrechte, der Eine als Künstler, welch geheimnisvolles Wort Vielen Übermensch bedeutet, der Andere als Erotiker. Man machte Schulden, verführte Mädchen und besoff sich, alles zum Ruhme Zarathustras.«[4]

In der Tat berühren manche der direkten Einwirkungen Nietzsches auf die Literatur den heutigen Leser eher kurios. Der junge, frühverstorbene Dichter Hermann Conradi z. B. hatte sich 1886 schon an Nietzsche selbst gewandt und eine sehr abschätzige Äußerung Nietzsches provoziert, und im Jahre 1887 publizierte er in den »Liedern eines Sünders« ein Gedicht mit dem Titel »Triumph des Übermenschen«:

> »Schaust du die Sterne, vergißt du der Wesen,
> Die zu Füßen unzählig dir wimmeln:
> Unter ewigen, ehernen Himmeln
> Wirst du vom Reiche der Schatten genesen!
> Schicksalgekrümmter
> Staubbestimmter!
> ...
> Sterblicher! Sprich mit der Ewigkeit!
> Sterne geben dir ihr Geleit –
> Brennen auf deinen Scheitel nieder –
> Gießen Ströme des Segens aus:
> *Daseinsfreude* hebt die Lider –
> Türmet die Quadern des *neuen* Baus!«

1899 heißt es in Michael Georg Conrads Gedicht »Zarathustra« folgendermaßen:

»Und wie in Adlerfängen blutend,
und doch gebrochen, voll Übermenschen-Schöne
und Heilands-Glorie,
schwebt dem prometheischer Heldenleib
majestätisch
im Sternenreigen
durch die blaue Nacht
empor –

Tief unter dir dein Golgatha –
umrauscht von Sphären-Harmonien,
umtost von olympischen Traumes-Hymnen,
umstürmt von Dithyramben.
O Dionysos – Evoë.

Empor, empor!«[5]

Von den primär literarischen Zeitschriften war die schon mehrfach erwähnte »Freie Bühne« eine Haupteinbruchstelle Nietzschescher Einflüsse, aber einer der wichtigsten Autoren, Julius Hart, sang in seinem Buche »Der neue Gott« zwar der neuen und dionysischen Welt des All-Einheitsgefühls von Mensch und Welt wahre Hymnen in Prosa, aber den Dichter und Denker Nietzsche kritisierte er dennoch mit harten Worten. Über das naturnahe und naturhafte Treiben dieses »jungen« oder »jüngsten« oder auch »grünen« Deutschland um Bruno Wille, die Brüder Hart und Wilhelm Bölsche hat ein anderer »Nietzscheaner«, der Pole Stanislaw Przybyszewski, in seinen »Erinnerungen an das literarische Berlin« auf ebenso amüsante wie (polnisch-)chauvinistische Weise berichtet. Ihr Selbstverständnis formulierten diese Stürmer und Dränger, die sich großenteils in Friedrichshagen nahe dem Müggelsee angesiedelt hatten, zu Beginn des fünften Jahrgangs ihrer Zeitschrift, wo sie schrieben: »Als der Kampf für die neue Kunst eben hell entbrannt und der erste Widerstreit zwischen Alt und Jung am heißesten war, wurde als Wochenschrift die ›Freie Bühne‹ begründet, und sie wurde zum Sturmbanner der Jungen in diesem Kampfe. Es scharten sich um sie die Besten und Ernstesten derer, die unter dem Zeichen der Wahrhaftigkeit an die Heraufkunft einer jungen, kühnen, zeiteigenen Kunst glaubten, die unseren Sinnen gemäßer, unseren Herzen näher, unseren Idealen verwandter wäre als die der erbgesessenen Epigonen.« Im folgenden wird dann der »Sieg« proklamiert und »die große, heilsame, schaffensgünstige Überzeugung von dem einen großen Grundrecht des Künstlers auf freie Persönlichkeitsentfaltung« unterstrichen sowie der »innige Zusammenhang zwischen Kunst und Leben« betont. Nietzsche wird nicht namentlich erwähnt, und den Abschluß bildet der »Huttenruf«: »Die Geister sind erwacht, es ist eine Lust zu leben.«[6]

Um ein gutes Stück literarischer und nietzscheanischer, zugleich auch den anderen Künsten zugewandter war die von O. E. Hartleben begründete Zeitschrift »Pan«, die ihren ersten Jahrgang mit Auszügen aus Nietzsche-Werken begann und die noch in ihrem letzten Jahrgang Elisabeth Förster-Nietzsche das Wort gab, um »Einiges von unseren Vorfahren« zu erzählen. An ihren Autoren – neben Hartleben O. J. Bierbaum, Richard Dehmel, Johannes Schlaf, Harry Graf Kessler und viele andere – ließe sich beinahe eine Literaturgeschichte der Jahrhundertwende schreiben, und es müßte dann Richard Dehmels »Nachruf an Nietzsche« ebenso erwähnt werden wie die umfangreiche Schrift von Schlaf: »Der Fall Nietzsche. Eine Überwindung«.

Ich beschränke mich darauf, drei Schriftsteller etwas genauer ins Auge zu fassen: Georg Heym, Stefan George und Thomas Mann.

Georg Heym, der im Alter von 25 Jahren beim Schlittschuhlaufen auf dem Wannsee 1912 ertrunkene Lyriker, einer der Begründer des literarischen Expressionismus, scheint auf den ersten Blick nur jene düstere Erscheinungsform des »Zeitgeistes« zu verkörpern, die Nietzsche und dem viel Jüngeren gemeinsam war. Sein Gedicht »Der Krieg« wird im allgemeinen als überaus eindrucksvolle Vorahnung der Schrecken des Weltkrieges aufgefaßt. Aber es ist die Frage, ob Heym nur kommendes Entsetzen beschreibt oder ob er es gerade zustimmend vorwegnimmt, und zwar aus der tiefen Abneigung gegen das Gleichmaß und die Trivialität eines Friedens, der menschlicher Größe keinen Raum gewährt. Das bemerkenswerteste Zeugnis dieser Stimmung ist das Gedicht, das in seiner zweiten Fassung den Titel »Gebet« erhielt:

»Äolus du, der du auf den großen Kriegsschläuchen sitzt,
Vollbackiger du, der den Pestatem kaut.
Lasse raus, wie den Sturm gegen Morgen, den Tod.
Gib uns Regen, Herr, kalte Winter und Hungersnot,
Wir ersticken, Herr, denn wir sind fett und krank
Unser Blut rinnet wächsern, und tropft nur blaß.
...
Lass uns die Toten sehen an den Barrikaden,
Die ihr Leben wegwarfen für ein Gedankenreich,
Daß wir den Tod wieder ehren und zittern,
Sehen wir ihn hüpfen über den Leibern bleich,
Laß uns Feuer der Kriege, und brennende Länder sehen,
Daß noch einmal unser Herz wie ein Bogen schnellt,
Wenn der Donner der Schlacht braust über ein weites Feld
Und der Kanonen Höllengelächter erschallt,
Daß wie Fackeln dir brennen nachts Wald um Wald
Und wenn du schreitest riesig über dem Untergang
Blutroter Tage, dir feurig schallt
Tausend Sterbender Schrein und Lobgesang.«[7]

Der erste Weltkrieg war kein bloßer Einbruch von außen, so wenig wie die Revolutionen, die ihm folgten; er war im Inneren der Menschen vorbereitet, und man könnte auch Rilke zitieren, der 1914 schrieb: »Heil mir, daß ich Ergriffene sehe«. Und Heyms sehnsüchtiger Ausblick nach denjenigen, »die ihr Leben wegwarfen für ein Gedankenreich«, erinnert sehr lebhaft an Nietzsches Postulat, »dem höchsten Gedanken zum Siege zu verhelfen«. Aber es handelt sich aller Vermutung nach doch nicht um eine bloße Parallele, denn aus Heyms Tagebuch geht unwidersprechlich hervor, daß die Lektüre Nietzsches ihm einen tiefen Eindruck gemacht hat und daß er sich wünschte, »mein Leben nun umzugestalten, um ein Pfeil zum Übermenschen zu werden«.[8]

Die gleiche tiefe Abneigung gegen die Mittelmäßigkeit, den Verfall, die Langeweile, die Routine der Gegenwart war auch für Stefan George ein bestimmender Faktor seines Empfindens und Dichtens, aber ihm gelang, was Nietzsche nicht gelungen war: der Aufbau eines »weltlichen Klosters«, d. h. einer Gemeinde von

Gleichgesinnten, deren Mittelpunkt die »Blätter für die Kunst« waren. Am Anfang der fünften Folge der »Blätter« (1900/01) finden sich einige programmatische Äußerungen. Hier wird die Wichtigkeit des »besonderen Lebensgefühls« kleiner, durch Überzeugungen und Anschauungen verbundener Kreise hervorgehoben und ferner die Bedeutung des Strebens nach »Formreinheit« sowie die Ablehnung des Preußentums als eines aller Kunst und Kultur feindlichen Systems. Das Bürgertum wird wegen der Verdorbenheit und Perversität seines Geschmacks kritisiert und die Gestalt des Dichters beschworen, die in der Gegenwart durch den »gelehrten beamten Bürger« ersetzt sei, der Gedichte mache. Die Jugend erlaube den Glauben »an eine nächste Zukunft mit höherer lebensauffassung vornehmerer führung und innigerem schönheitsbedürfnis.« Unmittelbar darauf folgt Georges erstes Nietzsche-Gedicht, das dann in den »Siebenten Ring« aufgenommen wurde. Es geht von der Erinnerung an einen Besuch in Weimar aus und erkennt der Rühmung Nietzsches gleichwohl bloß eine Vorläuferrolle zu:

> »Erlöser du! selbst der unseligste –
> Beladen mit der Wucht von welchen Losen
> Hast du der Sehnsucht Land nie lächeln sehn?
> … sie hätte singen
> Nicht reden sollen diese neue Seele.«

Gleich dahinter steht ein Gedicht von K. W. (Karl Wolfskehl?) mit dem Titel »Zarathustra«. Wenige Jahre später erschienen die »Proklamationen« von Ludwig Derleth, dem nietzscheanischen George-Jünger, der ein frommer Katholik war und sich doch in blutrünstigen Visionen erging: »An alle Regimenter, Magazine und Werkstätten der Welt. Wir dezimieren … Das Aufwerfen kosmischer Dämme gegen den Wahnsinn der Vernunft ist kein Werk logischer Tätigkeit … Ich führe mit euch in einen erstarrten Körper die heilsame blutrote Bewegung der heiligen Taktik zurück im Kampfe der Einzelnen gegen den massenhaften Feind und setze die christliche Verwandtschaft durch den heiligen Krieg … Dem Lebendigen aber bringen wir das Leben, um dessentwillen der Ordner ein ganzes Volk aus der Geschichte streichen darf bis auf den letzten Mann ... Bald werden sie die großen Dionysien feiern. Der Krieg ist die Kelter ... Soldaten, ich gebe euch zur Plünderung die Welt.«[9]

Aber die eindringlichsten Sätze der Gegenwartskritik und der Nietzsche-Anrede stammen von George selbst und finden sich im »Stern des Bundes« (1914):

»Ihr baut verbrechende an maass und grenze:
›Was hoch ist kann auch höher!‹ doch keine fund
Kein stütz und flick mehr dient ... es wankt der Bau
...
Der [Himmel] lacht: zu spät für stillstand und arznei
Zehntausend muß der heilige wahnsinn schlagen
Zehntausend muß die heilige seuche raffen
Zehntausende der heilige Krieg.«

Es ist nur eine andere Version dieser richtenden Gebärde (die Nietzsche, dem Kämpfer gegen das ›Seinsrichtertum‹, ja nicht fremd war), wenn Nietzsche wenig später selbst zum Thema wird:

»Einer stand auf der scharf wie blitz und stahl
Die klüfte aufriss und die lager schied
Ein Drüben schuf durch umkehr eures Hier ...
der euren wahnsinn so lang in euch schrie
Mit solcher wucht, daß ihm die kehle barst.
...
Der warner ging ... dem rad das niederrollt
Zur leere greift kein arm mehr in die speichen.«[10]

Thomas Mann hat 1918 in den »Betrachtungen eines Unpolitischen« und danach sehr häufig über Nietzsche gesprochen und hat ihn als einen seiner Meister neben Wagner und Schopenhauer gestellt, aber er hat doch meist zugleich Distanz an den Tag gelegt, und schließlich erhob er Nietzsche im »Dr. Faustus« in der Abwandlung zur Gestalt des »deutschen Tonsetzers Adrian Leverkühn« sogar zum Symbol des deutschen Schicksals in diesem Jahrhundert, indem er ihn einen Pakt mit dem Teufel schließen ließ. Vor 1914 sind die Einflüsse und ist die Auseinandersetzung weniger klar greifbar, aber sie lassen sich gleichwohl nicht übersehen. In einer seiner frühesten Erzählungen, »Der Wille zum Glück« von 1896, ist die Hauptperson ein Schriftsteller, Paolo Hoffmann, Sohn eines Deutschen und einer Südamerikanerin, dessen Einstellung zu seinen Mitschülern schon auf der ersten Seite durch den Begriff »Pathos der Distanz« gekennzeichnet wird, der von Anfang an kränklich ist und dann in München Schriftsteller wird. Dort verliebt er sich in die hinreißend schöne Tochter eines deutschen Bankiers und einer »häßlichen kleinen Jüdin«, und weil er von dem Vater zurückgewiesen wird, geht er für mehrere Jahre, ohne eine Adresse zu hinterlassen, nach Italien, wo der Erzähler ihn schließlich wiedertrifft. Da die Geliebte unverbrüchlich an ihm festhält, gibt der Vater schließlich nach, und die Hochzeit findet statt. Aber nur der Wille zum Glück hatte den Todkranken so lange im Leben festgehalten; als das Glück sich realisierte, stirbt er, »am Morgen nach der Hochzeitsnacht«.

Hier ist eins von Thomas Manns Hauptthemen schon klar erkennbar: das antagonistische Verhältnis von Leben und Kunst, die Zusammengehörigkeit von Leben mit Gesundheit und von Kunst mit Krankheit und Verfall. Auf klassische Weise und viel ausführlicher ist das Thema 1903 in »Tonio Kröger« dargeboten, dem Künstler-Sohn des hanseatischen Vaters und der leichtfertigen Mutter aus dem Süden, welcher sehnsüchtig die Gesunden, die »Blonden und Blauäugigen«, liebt, Hans Hansen und Inge Holm, die ihm ewig fremd bleiben und die doch seinem Künstlertum in dessen Lebensferne erst Rang und Größe geben, weil er »kein Zigeuner im grünen Wagen«, sondern ein »verirrter Bürger« ist, der sich eben dadurch von der Masse der bloßen Literaten unterscheidet. Die ausgesprochen Nietzscheschen Wendungen sind leicht auszumachen: »Aber in dem Maße, wie seine Gesundheit geschwächt ward, verschärfte sich seine Künstlerschaft, ward wählerisch, erlesen, kostbar, fein, reizbar gegen das Banale und aufs höchste empfindlich in Fragen des Taktes und Geschmacks.« – »Das Gefühl, das warme, herzliche Gefühl ist immer banal und unbrauchbar, und künstlerisch sind bloß die Gereiztheiten und kalten Ekstasen unseres verdorbenen, unseres artistischen Nervensystems.« – »Ist der Künstler überhaupt ein Mann? Man frage

›das Weib‹ danach.« Allerdings ist auch Abstandnahme zu erkennen, etwa wenn Tonio zu seiner Freundin Lisaweta sagt: »Denken Sie nicht an Cesare Borgia oder an irgendeine trunkene Philosophie, die ihn auf den Schild erhebt.«[11]

Als das am meisten »nietzscheanische« aller Werke des frühen Thomas Mann gilt sein einziges Drama »Fiorenza« von 1904, das Drama vom Kampf um Florenz zwischen dem lebenshungrigen Lorenzo il Magnifico, der doch ein Krüppel ist, der schönen Fiore, seiner Geliebten, der Verkörperung der Lebensfülle, und dem Prior Girolamo Savonarola, der die heidnische Welt der Schönheit haßt, der Fiore, welche mit prunkvollem Gefolge zu spät zu seinem Gottesdienst kommt, als die »babylonische Hure« vor allem Volk beschimpft und dessen Heiligkeit doch aus dem Ressentiment hervorgeht, weil er als junger Mann in Ferrara Fiore leidenschaftlich begehrt hatte und von ihr spöttisch zurückgewiesen worden war. Die Nietzsche-Lektüre ist mit Händen greifbar, wenn Thomas Mann Savonarola in einer seiner Predigten die »Elenden, Niedergeworfenen, Kranken und Mißachteten« anreden und ihnen zum Troste sagen läßt. »Hat nicht der heilige Thomas von Aquino verkündet, daß die Seligen im himmlischen Reiche den Strafen der Verdammten zuschauen werden, damit ihnen die Seligkeit desto besser gefalle?« Und das positive Gegenbild ist sichtbar, wenn Lorenzo sich kurz vor seinem Tode zustimmend der Zeiten erinnert, »wenn Florenz dem Gotte erlag und die Würde der Männer und die Schamhaftigkeit der Weiber hintaumelte in ein brünstiges Evoe; wenn selbst die Kinder das heilige Rasen ergriff und vor der Zeit ihre Sinne zur Liebe entzündete ...« Und an der Schwelle des Todes wehrt er sich mit aller Kraft gegen den Prediger, der ihn in der Herrschaft ablösen will: »Der Tod ist es, den du als Geist verkündigst, und alles Lebens Leben ist die Kunst«.[12] Aber er stirbt, und Savonarola triumphiert. Und doch wird Fiore mit ihrer Prophezeiung recht behalten: »Steh ab. Das Feuer, das du entfachst, wird dich verzehren, dich selbst, um dich zu reinigen und die Welt von dir. ... Hör auf, zu wollen, statt das Nichts zu wollen. Laß von der Macht. Entsage! Sei ein Mönch.« Aber der Prior ist vom Willen zur Macht erfüllt (wie man sagen müßte), zu einer finsteren lebensfeindlichen Macht, und eben deshalb ist ihm sein Untergang lieber als die Entsagung, die er predigt.

Wie jedermann weiß, trennt keine scharfe Linie den Schriftsteller Thomas Mann von dem Essayisten und Publizisten. Das gilt nicht nur für ihn persönlich, sondern auch in einem allgemeineren Sinne.

Publizisten und Essayisten

Publizisten und Essayisten unterscheiden sich am ehesten dadurch, daß die einen eine große und kontinuierliche Wirkung erstreben, oft in enger Verbindung mit einem bestimmten Publikationsorgan, und daß die anderen eher im eigenen Namen sprechen, daher ihre Auffassungen in den verschiedensten Periodika darlegen. Wieder handelt es sich indessen im Grunde nur um Idealtypen, realiter ist die Grenze noch schwerer festzulegen als diejenige zwischen Dichtern und Literaten.

Aber der Ansatz legt es nahe, den Blick zuerst auf die Zeitschriften und deren Herausgeber zu richten, und hier muß an erster Stelle »Die Zukunft« genannt werden, die vor allem das Forum ihres Herausgebers Maximilian Harden war, eines ehemaligen Schauspielers von jüdischer Abkunft, der sich mit seinem Organ in zäher Arbeit eine Wirkungsstätte schuf, von der aus er sogar den Kaiser selbst angreifen und eine Art intellektueller Gegenmacht etablieren konnte, freilich nicht von der extremen Linken aus und höchstens temporär in einem gewissen Gleichklang mit der Sozialdemokratie, sondern auf der Basis eines »Bismarckismus«, der mehr den Reden über »Weltpolitik« als der Weltpolitik selbst feindlich gegenüberstand. Wie die »Freie Bühne« war »Die Zukunft« ein Hauptorgan Nietzschescher Einflüsse, aber auch hier wird man nicht sagen können, die Zeitschrift sei im ganzen »nietzscheanisch« gewesen. Um wenigstens ansatzweise ein Gesamtbild zu vermitteln, gebe ich einen flüchtigen Überblick über den Inhalt einiger Bände seit 1900.

In Band 31 findet sich ein Vorabdruck aus dem noch »Umwertung« genannten »Hauptwerk Nietzsches«, und zwar einige Abschnitte über den Nihilismus. Elisabeth Förster-Nietzsche gibt ihre Sicht des »Kampfes um die Nietzsche-Ausgabe« und greift Kögel, Gustav Naumann u. a. heftig an. Vorabgedruckt wird auch ein Abschnitt aus Kurt Breysigs »Kulturgeschichte«.[1]

Im nächsten Band[2] sind gleich zu Anfang Nietzsche-Aphorismen aus den Jahren 1887/88 zu lesen. Alexander Tille, über den gleich noch mehr zu sagen ist, berichtet über den Burenkrieg in Großbritannien, d. h. die Stellungnahmen zum Burenkrieg, die durch ein Höchstmaß von nationalem Egozentrismus und Jingoismus gekennzeichnet seien. Harden selbst äußert sich mit großer Schärfe gegen Wilhelms II. »Hunnenrede« – später wurde er deshalb wegen Majestätsbeleidigung zu sechs Monaten Festungshaft verurteilt. (Besonders interessant ist dann die Bemerkung, Wilhelm habe kurz zuvor in seinem Hoftheater eine Aufführung von Hebbels Nibelungen-Trilogie gesehen, was in der Tat manches an dieser Rede verstehbarer – und zugleich unverständlicher macht.) Ganz »nietzschisch« ist dann Breysigs Gedenkrede bei der Trauerfeier für Nietzsche. Aber in unmittelbarer Nähe findet sich ein Aufsatz über die »Ebenbürtigkeit der Kaiserin«, der so »feudal« ist wie nur möglich.

Im nächsten Band[3] ist ein Brief Nietzsches an Peter Gast publiziert, dem eine Abhandlung von Alois Riehl über »Nietzsches Werk« folgt.

In Band 34 (1901) schreibt Samuel Lublinski über das Verhältnis von Machiavelli und Nietzsche (die »und«-Thematik!). Ein charakteristischer Satz daraus lautet: »Und während Geier an seiner Seele fraßen, schlug er die Leier zu einem dionysischen Lied, pries er, verherrlichte und rehabilitierte die verleumdete Gewalt.«[4] Im gleichen Band äußert sich Helene Stöcker über »Nietzsches Frauenfeindschaft« im abwägenden Sinne eines »zwar ..., aber«. Kurz vorher sind Briefe Hans von Bülows an Nietzsche und Nietzsches an Bülow abgedruckt.

Von Band 35 ab tritt Nietzsche stark zurück, aber in einem Artikel über Gabriele D'Annunzio heißt es, er halte Vorträge auch über Nietzsche, und er wolle seinem Volke ein Seher im Sinne Zarathustras werden. Andererseits findet sich in Band 43 ein Aufsatz von Georg Brandes über George Bernard Shaw, in dem Nietzsche nicht erwähnt wird. In diesen Bänden beginnt Hardens berühmter Kampf gegen die »Liebenberger Tafelrunde« und insbesondere den Fürsten Philipp Eulenburg; vorherrschend ist weiterhin die

Kritik an unbesonnenen Äußerungen des Kaisers, am »persönlichen Regiment« und an preußisch-deutschen Zuständen überhaupt. (Ein Oberfinanzrat in Posen heiratet die Tochter eines Feldwebels mit schweren Folgen!) Aber es erweist sich auch die Fragilität des intellektuellen Bündnisses zwischen der »bürgerlichen Linken« und der Sozialdemokratie: August Bebel äußert sich auf dem Parteitag von 1903 negativ über Harden und wird von diesem deshalb mit äußerster Schroffheit angegriffen.

Andere Zeitschriften, in denen häufig von Nietzsche die Rede war, waren außer dem »Kunstwart« von Ferdinand Avenarius und Michael Georg Conrads »Gesellschaft«, die uns bereits begegnet sind, »Die Gegenwart«, das »Magazin für Literatur« und die »Süddeutschen Monatshefte«. Aber auch das katholische »Hochland«, herausgegeben von Carl Muth, enthielt gleich in seinem ersten Jahrgang 1903/04 wie selbstverständlich einen Artikel über »Neue Nietzsche-Literatur«.

Ich werfe jetzt auf solche Publizisten einen Blick, die als Vertreter wichtiger geistiger Strömungen gelten dürfen, und ich beginne mit dem Sozialdarwinismus.

Alexander Tille, einem sächsischen Pfarrhaus entstammend, später geraume Zeit als Lektor in Glasgow tätig und schließlich dem Freiherrn von Stumm nahestehend, hatte schon 1894 in der »Zukunft« einen Artikel über »Nietzsche als Ethiker der Entwicklung« veröffentlicht, in dem er als einen der Vor-Denker Nietzsches den Biologen W. H. Rolph erwähnt, für den nicht der Abwehr- und Selbsterhaltungskampf das Treibende der Entwicklung gewesen war, sondern der Überfluß, so daß der biologische Kampf wesentlich einen Angriffskampf darstelle. Schon ein Jahr später folgte das Buch »Von Darwin bis Nietzsche. Ein Buch Entwicklungsethik«. Auch hier wird Nietzsche als der »Entwicklungsethiker« in den Spuren Darwins und Galtons gezeichnet, der aber das Verhaftetsein der englischen Vorgänger an das christlich-humanistische Ideal definitiv überwunden habe. Dieses Ideal sei antimodern, von der »auf Abbruch verkauften Kirche« nicht zu trennen; es stehe der »Hebung und Herrlichergestaltung der menschlichen Rasse«[5] im Wege. Die aber könne nur dadurch erfolgen, daß die »Auslese der Leistungsfähigsten« gefördert und nicht, wie bisher, behindert werde. Diese Auslese werde von der Sklavenmoral des

Christentums und später des demokratischen und sozialistischen Humanitarismus als hart und unmenschlich verlästert, während sie in Wahrheit allein die Quelle des Fortschritts sei. Manchmal sieht es so aus, als ob Tille nur eine Beschreibung faktischer Verhältnisse vornähme und eine simple Unternehmerideologie verträte: »Im Menschenleben ist das ganz genau so. Der Arbeitsamste, Ausdauerndste, Listigste, Verschlagenste, Umsichtigste, Vorausberechnendste … kommt oben auf. Der Langsamste, Treuherzigste, Biedere … gegen andere Freigiebige, gegen sich selbst Nachsichtige, in den Tag Hineinlebende, kommt unten drunter«.[6] Aber wenn Kommunismus und Sozialdemokratie für Tille nichts anderes sind als ein Rückfall in die Barbarei, so teilt er doch gerade einige ihrer wichtigsten Forderungen und ist insofern auch im üblichen Sinne revolutionär: Ganz ebenso wie sie verlangt er nämlich die Abschaffung des Erbrechts und des Krieges, aber nicht zum Zwecke der Einrichtung einer egalitären Gesellschaft, sondern zwecks Aufhebung der kontraselektorischen Wirkungen der modernen Zivilisation und zwecks Etablierung einer reinen Leistungsgesellschaft oder Sozialaristokratie. Szientismus und Kirchenfeindschaft teilt er ebenfalls mit Kommunisten und Sozialdemokraten, aber diese innere Nähe trägt gerade zur Verschärfung der Feindschaft bei. Die »biologische Idee« (Alfred Döblin) ist der »sozialistischen Idee« zugleich näher und feindlicher als die Ideen der bisherigen Gegner, der Platoniker, Christen und Humanitarier, und sie erhebt, wie es Nietzsche tat, ausdrücklich den Anspruch, die Menschheit vor der »Vernichtung« zu retten.[7]

Aber biologisch, das »Leben« in den Vordergrund stellend, war auch die Lehre von Ludwig Klages, auch sie berief sich auf Nietzsche, und trotzdem war sie das schroffste Gegenteil zur Entwicklungsethik von Alexander Tille. Sie war vor allem eine einzige Anklage gegen das welterobernde Europäertum, gegen den Rationalismus des Abendlandes und damit auch gegen die »Leistungsgesellschaft«, eine der frühesten und zugleich radikalsten Erscheinungsformen eines »ökologischen« Denkens. Ich zitiere einige Stellen aus der 1913 geschriebenen Schrift »Mensch und Erde«: »Wo aber der Fortschrittsmensch die Herrschaft antrat, deren er sich rühmt, hat er ringsumher Mord gesät und Grauen des Todes … Elster, Specht, Pirol, Meise, Rotschwänzchen, Grasmücke,

Nachtigall – sie alle schwinden, wie es scheint, unaufhaltsam dahin ... Man beweise uns die Notwendigkeit, daß die Menschheit mit Milliarden schlechter Zeitungen, Schmähschriften, Schauerromanen überschwemmt werde; und wenn man es nicht kann, so ist die Rodung der Urwälder nackter Frevel ... Noch weit grauenvollere Verheerungen richtet die Mode an, will sagen die Gewinnlust einiger Schneider und Händler, deren dürftige Erfindungsgabe vom Satan selbst eingeblasen erscheint ... Eine Verwüstungsorgie ohnegleichen hat die Menschheit ergriffen, die ›Zivilisation‹ trägt die Züge entfesselter Mordsucht, und die Fülle der Erde verdorrt vor dem giftigen Anhauch. So also sähen die Früchte des Fortschritts aus! ... Unter den Vorwänden von ›Nutzen‹, ›wirtschaftlicher Entwicklung‹, ›Kultur‹ geht er [der »Fortschritt«] in Wahrheit auf Vernichtung des Lebens aus. Er trifft es in allen seinen Erscheinungsformen, rodet Wälder, streicht die Tiergeschlechter, löscht die ursprünglichen Völker aus, überklebt und verunstaltet mit dem Firnis der Gewerblichkeit die Landschaft und entwürdigt, was er von Lebewesen noch übrigläßt, gleich dem ›Schlachtvieh‹ zur bloßen Ware, zum vogelfreien Gegenstande eines schrankenlosen Beutehungers«.[8] Aber Klages begnügt sich nicht damit, diese Beschreibung zu geben und zur Besinnung, zum Innehalten aufzurufen. Er malt ein Bild der alten Menschheit in ihrem Einklang mit der Natur, in ihrer kosmischen Beseelung, und deren Ende im »Untergang der Seele« und in der Vernichtung der »heimlichen Herzenswärme der Menschheit« ist für ihn nur dadurch zu erklären, daß »eine außerweltliche Macht in die Sphäre des Lebens einbrach«.[9] Diese Macht ist »der Geist«, und der Geist verkörperte sich zunächst im Christentum, das den Menschen in eine »vergötterte Gegenstellung zur gesamten Natur« brachte und dadurch sowohl die Wissenschaft wie den Kapitalismus möglich machte, nachdem es »im Namen der alleinigen Gottheit des Geistes der nicht auszuzählenden Göttervielfalt der Welt den Krieg erklärt« hatte und mit drohender Richtergebärde dem All gegenübertrat.[10] Klages beruft sich hier ausdrücklich und nicht zu Unrecht auf Nietzsche, aber auch auf Schillers »Götter Griechenlands«, und damit entwirft er eine ganze Geschichtslehre, ja Kosmologie, die er nach dem Kriege in seinem mehrbändigen Hauptwerk »Der Geist als Widersacher der Seele« ausführlich entwickelte.

Auch hier liegt also, könnte man sagen, eine ganz merkwürdige Mischung antisozialistischer und sozialistischer (= antikapitalistischer) Motive vor, doch man sollte sich daran erinnern, daß der (marxistische) Sozialismus ebenfalls eine »Mischung« war. Vor allem aber muß hier festgestellt werden, daß Ludwig Klages zusammen mit seinem Freund Alfred Schuler den innersten Zirkel der »Kosmiker« bildete, die zu Beginn des Jahrhunderts noch dem Kreis Stefan Georges angehörten und sich dann davon trennten, da das Reden von der »Blutleuchte« und das Konzept eines wiederzugewinnenden Pan-Hetärismus Georges Billigung nicht fand. Und als Klages 1940 in Leipzig die »Fragmente und Vorträge« Alfred Schulers aus dem Nachlaß herausgab, da machte er es in seiner Einleitung endgültig klar, daß hinter der Verwerfung des Christentums und des Kapitalismus eine Art von kosmischem Antijudaismus gestanden hatte, welcher das böse Geistprinzip im »Molochismus« oder »Jahwismus« verkörpert sah und die antisemitischen Thesen über die »jüdische Weltverschwörung« übernahm, ja zuspitzte, indem er vom Wirken »verborgener Machtzentren lebensfeindlichen Charakters«[11] zu berichten weiß. So schreckt Klages hier nicht einmal vor der Behauptung zurück, »daß die ›Drahtzieher‹ des Weltkriegs und die Geldgeber der russischen Revolution Juden waren«. Aber ein einziger Satz aus den Fragmenten des schon 1923 verstorbenen Schuler faßt die späteren Ausführungen von Klages wie in einem Brennspiegel zusammen: »Ans Herz des Lebens schlich der Marder Juda. Zwei Jahrtausende tilgt er das heiße, pochende, schäumende, träumende Mutterherz ... Das Herz der Erde als Hölle der Christen.«[12] Blut, Sonnenrad, Hakenkreuz – das sind Schulers positive Symbole für die antike Zeit der Lebensfülle, welche abgelöst wurde vom Zeitalter des Fortschritts als der »Periode des zerspalteten Lebens, der Entfremdung der Menschen untereinander, des Zwangs, der Kastenbildung, des gebrochenen Lebens«[13], der Entlichtung. Im offenen Leben der Urzeit ist dagegen kein Besitz, kein Eigentum, der okkupierende Wille der männlichen Potenz ist noch nicht erschienen und ebensowenig die Unterwerfung des Weibes unter den Mann. Schuler greift also »ursozialistische« Motive auf und beweist dadurch in der Tat, daß sie nicht das Privateigentum einer bestimmten Partei sind. Aber der unermeßliche Abstand zu Marx wird doch überdeutlich, wenn Schuler den Plan faßt, den kranken Nietzsche zu heilen, und zwar durch einen korybantischen Tanz von Jünglingen in kupfernen Rüstungen. Und trotzdem nannte dieser »Vorläufer des Nationalsozialismus« kurz vor seinem Tode eben diesen Nationalsozialismus »die trunkene Todesfackel, welche den Völkern ins Schlachthaus voranleuchtet«[14]. Mit dem klar erkennbaren »Fortschritt« und dem klar erkennbaren »Rückschritt« ist es in der Geschichte sonderbar bestellt: Sie sind wohl allenfalls in Randbezirken auffindbar!

Das genaue Gegenteil zu dem Antiintellektualismus und Antijudaismus von Klages und Schuler bildet ein Aufsatz des führenden Zionisten Achad Haam über »Nietzscheanismus und Judentum« in der Zeitschrift »Ost und West. Illustrierte Monatsschrift für Modernes Judentum« (1902). Achad Haam, der seinen Namen Ginzberg früh hebraisierte, geht von der für ihn offenbar sehr beunruhigenden Tatsache aus, daß auch unter der jüdischen Jugend die von Nietzsche gepredigte »Umwertung der Werte« Anhänger gewonnen hat, daß diese jungen Leute mit Nietzsche in der ganzen Geschichte des jüdischen Volkes einen fundamentalen Irrtum sehen, den Irrtum des Glaubens an die Vorherrschaft des Geistes über die Materie, und daß sie wie er nach schrankenloser Freiheit streben. Die Lehre vom Übermenschen findet ebenfalls unter den jungen Juden viele Anhänger, und daran wird deutlich, daß die jüdische Identität gefährdet ist, daß man einen »Riß« im Inneren empfindet und glaubt, ihn durch die Einführung »europäischer« Gedanken heilen zu können. Angesichts dieser gefährlichen Situation vertritt Achad Haam mit großer Entschiedenheit den Gedanken, daß man den Begriff des »Übermenschen« aus der jüdischen Tradition heraus neu konzipieren müsse; dann werde man sich dessen bewußt werden, daß für die jüdische Tradition der »Übermensch« nichts anderes als »der Gerechte« ist und daß dieser nur im Zusammenhang mit dem »Übervolk« existieren kann, dem jüdischen Übervolk, das vermöge seiner »moralischen Genialität« sich stets seiner Überlegenheit über die anderen Völker bewußt gewesen sei und erst nach der Französischen Revolution und deren Parolen von Gleichheit und Brüderlichkeit aller Völker sich der Vorstellung der Auserwähltheit des jüdischen Volkes zu schämen begonnen habe. Dieses Bewußtsein der Ausgewähltheit will Achad Haam nun gerade dadurch wiederherstellen, daß er die alte Lehre des Judentums mit Nietzsches Lehre von der Umwertung der Werte verbindet und mit noch größerem Nachdruck als einst, wie übrigens Nietzsche selbst, die Gerechtigkeit für die höchste Vollkommenheit erklärt, um in einem Aufstand gegen das Diasporajudentum jenen eigenartigen und dennoch universalen Vorrang zurückzugewinnen, der allerdings durch die von vielen Juden betriebene Assimilation an »die Völker« den »innersten Kern seines [des jüdischen Volkes] Wesens vernichtet und seinem historischen Lebensgeist den Garaus zu machen droht«[15].

Der Artikel von Achad Haam ist also im Zusammenhang der zionistischen Bewegung zu sehen, welche die Juden aus ihrer Selbstvergessenheit als »Konfession« wieder zu ihrem Wesen als »Volk« zurückführen und damit aus einer tödlichen Gefahr erretten wollte. Diese war für Theodor Herzl in erster Linie eine Gefahr der physischen Vernichtung, da nach seiner Meinung Juden sowohl auf der Seite des Kapitalismus wie des Sozialismus auf sehr sichtbare Weise engagiert waren, so daß die soziale Schlacht auf ihrem Rücken geschlagen werden würde. Für Achad Haam dagegen war der Untergang durch die Assimilation, das Aufgehen im modernen Einheitsbrei, die größte Gefahr, und von da resultierte sein primär kultureller Zionismus, der sich also geradezu als jüdischen Nietzscheanismus verstehen konnte.

Daß unter den Juden allgemeine Erfahrungen – wie etwa das Empfinden der Gefahr eines Identitätsverlustes, aber auch das Aufbegehren gegen die eigene Geschichte – sich mit besonderer Schärfe artikulierten, läßt sich aus dem entgegengesetzten Blickwinkel an einem Artikel über »Judentum und Antisemitismus« zeigen, der bereits 1889 in der »Gesellschaft« erschien und von einem jüdischen Literaten namens Conrad Alberti stammte.[16] Kaum irgendwo ist der sehnliche Wunsch des von Achad Haam so abschätzig beurteilten »Diasporajudentums« nach dem Abstreifen der eigenen »Mittelalterlichkeit« und dem vorbehaltlosen Aufgehen im Deutschtum so schroff formuliert worden. Alberti behauptet, daß es unter der gebildeten jüngeren Generation jüdischer Abstammung, der er selbst angehört, »kein Mitglied gibt, das von der Überflüssigkeit, Schädlichkeit und Verfaultheit des Judentums nicht in tiefster Seele überzeugt wäre«. Der Monotheismus sei unglaubwürdig geworden, das »Alte Testament« als Betrug entlarvt, und in politischer Hinsicht wirke das Judentum »als ein zugleich ultrareaktionäres und ultraradikales Element«, da es mit fanatischer Zähigkeit an den veraltetsten Anschauungen und Einrichtungen hänge und mit demselben Fanatismus Bomben und Dynamitpatronen werfe. Diese zwei Extreme hätten von jeher im Wesen des Judentums gelegen und deshalb sei es »der natürliche Feind und Hinderer der allmählichen organischen Fortentwicklung«. In der Gegenwart habe das Judentum längst aufgehört, »eine Religion, eine Rasse, eine Nation zu sein – es ist nur noch eine Klique – eine Klique zur gegenseitigen Unterstützung im ökonomischen Daseinskampf.« Zwar sei eine Anzahl von Vorwürfen, die ihm gemacht würden, unberechtigt, aber richtig sei ohne Zweifel, daß das Judentum »der charakteristischeste und folgenrichtigste Vertreter des Prinzips des modernen Kapitalismus, der Akkumulation« sei. Eine »brutale, geradezu barbarische Unduldsamkeit« sei für diese Clique kennzeichnend; wer es wage, sich ihr entgegenzustellen, den versuche sie mit viehischer Brutalität niederzutreten, und im sozialen wie im geistigen Kampfe bediene sich diese Clique der niedrigsten und gemeinsten Mittel, insbesondere sei das Totschweigen spezifisch jüdisch.

Von alldem hätten sich die gebildeten jungen Juden vollständig abgewandt, denn sie seien erzogen »in den Anschauungen eines Darwin, Wundt, Taine, Nietzsche, Marx und all der erlauchten modernen Geister«. Sie würden nur allzugern an der »Vernichtung des Judentums« mitwirken, aber es gebe einen einzigen und alleinigen Hinderungsgrund, nämlich den Antisemitismus. Diesem nun schreibt Alberti, wie dem Judentum selbst, eine »innere Tragik« zu, da er nicht einheitlich sei, in manchen Punkten recht habe und keineswegs ohne Idealismus sei. Trotzdem ist das Gesamturteil ebenso negativ wie dasjenige über das Judentum, denn durch seine militante Feindschaft verhindert der Antisemitismus gerade jene »innere geistige Selbstzersetzung«, die allein das Judentum vernichten und auflösen kann. Erst wenn die tiefste Sehnsucht der deutschen Juden erfüllt ist, indem sie wirklich den Deutschen gleichgestellt werden und z.B. Reserveoffiziere sein können, und wenn zugleich die Einwanderung polnischer Juden nach Deutschland unmöglich gemacht wird, werden Deutschtum und Judentum zu einer für beide Teile fruchtbaren Synthese gelangen, die freilich für die Juden den Untergang ihrer scheinhaften und unwahrhaftigen Nationalität, für die Deutschen dagegen eine entscheidende Stärkung bedeuten wird.

Wie für Achad Haam ist also für Alberti Nietzsche einer der Führer in eine bessere Zukunft der Juden, doch ein größerer Gegensatz in der Vorstellung von der Zukunft läßt sich kaum ausdenken. Wohl aber lassen sich Parallelen konstatieren oder vorstellen: etwa der Konflikt zwischen »Europäisierern« und »Traditionalisten« in Spanien oder der Kampf zwischen Anhängern der »westlichen Zivilisation« und des »deutschen Sonderweges« in Deutschland; es ist jedoch zu bezweifeln, ob irgend etwas an Schärfe dem innerjüdischen Konflikt angesichts einer solchen Identitätsgefährdung gleichkommen kann, und es bestätigt sich, daß das jüdische Problem nicht ohne Grund im Denken Nietzsches einen so wichtigen Platz eingenommen hat.

Theodor Lessing hat 1906 ein umfangreiches Buch mit dem Titel »Schopenhauer – Wagner – Nietzsche« veröffentlicht, und er entwickelt darin Anschauungen, die Ludwig Klages weit näherstehen als Achad Haam und die ihm den Vorwurf des »jüdischen Antisemitismus« zugezogen haben, denn er identifiziert sich mit Nietzsches Auffassung, daß Intellektualisierung (sic!), Sozialisierung und Kulturation ein biologischer Niedergang seien, ein Niedergang, der in der Moderne wesentlich mit dem Triumph eines »sozial-ethischen Judaismus von kosmopolitischem Gepräge«[17] verknüpft sei. Aber er ist nicht so sehr Pessimist, daß er nicht Nietzsche als »dem Erzieher unserer Generation« seinen Dank ausspräche. Die Kontraste, denen Nietzsche erlag, seien der Konflikt unserer Zeit, und in irgendeiner Form müßten »wir *alle* durch ihn hindurch«.[18]

Rudolf Pannwitz bezeichnet Nietzsche als den einzigen, dessen Schüler er sich mit ganzem Recht nennen könne[19], und an anderer Stelle nennt er Nietzsche »eine Tatsache wie der Mont Blanc«. Aber im sympathisierenden Nachvollzug des Dionysischen und Herrenhaften in Nietzsches Denken kommt er schließlich doch zu der Forderung: »das Christliche nicht ab(zu)tun, sondern durch ein Überchristliches (zu) überwinden«.[20]

Paul Ernst ist uns schon als Sozialist begegnet, der um 1890 in den Reihen der »Jungen« eine Rolle spielte und um die gleiche Zeit Nietzsche als einen Philosophen der bürgerlichen Dekadenz kritisierte. Als er 1900 einen längeren Essay über Nietzsche publizierte, hatte er sich von der Sozialdemokratischen Partei vollständig getrennt, und es war ihm sogar zweifelhaft geworden, ob das Ziel der Arbeiterbewegung, wenn es einmal erreicht wäre, nicht gerade durch das proklamierte Glück die Menschen unglücklich machen werde, weil sie erkennen würden, daß dieses Glück nicht wahrhaft ein Ziel sein könne. Hier helfe Nietzsche weiter: »Daß er es gewagt hat, uns überhaupt wieder ein höheres Ziel zu zeigen, das genügt, um ihn für immer unter die größten Wohltäter der Menschheit zu reihen.«[21]

Paul Ernst stand von 1910 bis zum Weltkrieg und über den Weltkrieg hinaus in einer engen, von gegenseitiger Hochschätzung getragenen Beziehung zu Georg Lukács. Er entwickelte sich zum ausgesprochenen Kritiker des Marxismus und brachte 1933 kurz vor dem Tode seine Zustimmung zum Sieg des Nationalsozialismus zum Ausdruck. Georg Lukács schloß sich Ende 1918 der Kommunistischen Partei Ungarns an und brachte später auch Stalin volle Loyalität entgegen, obwohl gewisse Vorbehalte erkennbar blieben. Es gab keine chinesische Mauer zwischen Deutschland und dem Ausland. Nietzsche war nicht nur ein deutsches Ereignis, sondern auch vor 1914 bereits ein europäisches. Am Ende dieser Vorlesung muß daher »Nietzsche im Ausland« unser Thema sein.

Nietzsche im Ausland

Man könnte die Überschrift »Nietzsche im Ausland« So verstehen, daß man die schlichte Antwort geben würde: Von seinem 25. Lebensjahr an befand sich Nietzsche im Ausland, und während seines ganzen Denkerlebens ist er im Ausland geblieben. Dieser Gesichtspunkt ist in der Tat nicht ohne jede Bedeutung: Es ist nicht recht vorstellbar, wie Nietzsches Werk sich verändert haben würde, wenn er statt nach Basel nach Greifswald oder Göttingen berufen worden wäre. Aber Basel und die Schweiz gehörten zum deutschen Sprach- und Kulturraum, und noch für geraume Zeit blieb Nietzsche bei seinen Aufenthalten in Italien ganz in deutscher Umgebung: Malwida von Meysenbug in Sorrent und Rom, Peter Gast in Venedig. Lou Andreas-Salomé wurde zwar als »Russin« bezeichnet, war aber faktisch eine Deutsche. Nietzsches Kenntnis ausländischer Sprachen war eng begrenzt, nur das Französische las er besser als der gebildete Durchschnittsdeutsche, und bekanntlich war er bis zum Beginn seiner zweiten Periode ein Vorkämpfer dessen, was man die »deutsche Wiedergeburt aus (antik-) griechischem Geiste« nennen könnte. Aber in der zweiten Periode blieb sein »gutes Europäertum« doch eher theoretisch; und erst im letzten Jahrfünft seines Lebens las er in größerem Ausmaß französische Schriften, pries er Bourget und Taine, entdeckte er Stendhal. Unmittelbar vor seinem Zusammenbruch kam es zu einem flüchtigen Kontakt mit August Strindberg, aber kein Mann und keine Frau nichtdeutscher Sprache hat ihm jemals persönlich nahegestanden.

Noch klarer als im deutschen Zusammenhang wird beim Blick auf das Ausland, daß Übereinstimmungen nicht auf Einflüssen beruhen müssen und daß es einen »Zeitgeist« gibt, der die Grenzen der Nationalstaaten überschreitet und der so etwas wie die gemeinsame Wurzel sein kann. Nietzsches Kritik an der »Moral« war noch nicht ausgearbeitet, als Henrik Ibsen 1881 in den »Gespenstern« Frau Alving sagen ließ: »O ja, Gesetz und Ordnung! ... die stiften hier in der Welt alles Unheil an« und »Aber, Manders, ich glaube fast, wir alle sind Gespenster! ... alte tote Ansichten, allerhand alter toter Glaube – sie halten das Leben gefangen« und ertöten »jene unbändige Kraft und Lebensfreude«, die ihm von Natur innewohnt. Und auch August Strindberg brauchte 1888 Nietzsche nicht, um in »Fräulein Julie« zu zeigen, daß der Naturtrieb im Menschen sich gegen die Konventionen durchsetzt und das adlige Fräulein in einer Mittsommernacht in die Arme des Hausdieners zu treiben vermag, daß dann aber die Konvention, die Moral, wieder die Oberhand gewinnt und den »Sünder« (bzw. die »Sünderin«) in den Tod treibt.

Gleichwohl ist Nietzsche in großen Teilen des europäischen Auslands schon in den neunziger Jahren ebenso entdeckt worden wie in Deutschland, und man könnte sogar sagen, daß er in

Deutschland erst auf dem Umweg über das Ausland entdeckt wurde. Die Nietzsche-Vorlesungen von Georg Brandes an der Universität von Kopenhagen waren für Nietzsche selbst, wie wir zu Anfang dieser Vorlesung gehört haben, das erste und zugleich letzte Trompetensignal des kommenden Weltruhms, und es war in eins damit ein wichtiger Anstoß für die deutsche Beschäftigung mit Nietzsche, denn im Jahre 1890 erschien in der »Deutschen Rundschau« Brandes' Abhandlung »Aristokratischer Radikalismus«, deren Titel Nietzsche noch ausdrücklich Beifall gezollt hatte. In Frankreich konnte man bald danach Artikel über Nietzsche in der »Revue des deux mondes« und im »Mercure de France« lesen, allerdings führte von hier aus auch Max Nordau 1892/93 in seinem höchst erfolgreichen Buch über »Entartung« einen der heftigsten Angriffe gegen Nietzsche wie gegen. die moderne Kunst und Literatur überhaupt. In Italien berief sich Gabriele D'Annunzio ausdrücklich auf ihn, in Rußland erschienen bis 1913 nicht weniger als 18 Editionen des »Zarathustra« (freilich war diese 18. für viele Jahrzehnte die letzte!) – der »Wille zur Macht« allerdings wurde von der Zensur nicht zugelassen, und es ist daher nicht verwunderlich, daß die »legalen Marxisten« wie Peter Struve und Nikolaj Berdjajew positiv zu Nietzsche standen, nicht anders als eine Zeitlang Maxim Gorki, während Anatolij Lunatscharski sogar eine Synthese von Marx und Nietzsche herzustellen versuchte. In England dauerte es länger, bis dieser neue »kontinentale Einfluß« durchdrang und Schriftsteller wie George Bernard Shaw und William Butler Yeats sich ausdrücklich und positiv auf Nietzsche bezogen. Von den Skandinaviern ist an erster Stelle der heute völlig vergessene Schriftsteller Ola Hansson zu nennen, der längere Zeit in Deutschland lebte und der viel dazu beitrug, Nietzsche gerade in Deutschland bekannt zu machen, z.B. durch sein um 1890 erschienenes, in hymnischem Ton gehaltenes Büchlein »Friedrich Nietzsche. Seine Persönlichkeit und sein System«, wo es am Schluß heißt: »Die starken Individualisten [so verkündet Nietzsche], die stolzen, selbstwilligen Naturen würden auf eine ganz andere Art, als bisher, Spielraum bekommen. Hierin liegt Nietzsches größte Tat; sein Streben bezeichnet die größte Revolution, die die Geschichte der Moral seit dem Kampf des Christentums mit der Antike aufzuweisen hat.«[1]

Ich will nun wieder einige einzelne Werke etwas genauer darstellen und auf den Nietzscheschen Einfluß gleichsam abklopfen. Ich wähle eine absteigende Reihenfolge: Im ersten Werk ist von Nietzsche ganz ausdrücklich die Rede, im letzten wird sein Name nur am Rande genannt, aber es legt den Übergang zu jener ebenfalls ausländischen Persönlichkeit nahe, einem Politiker, der unser letztes Thema sein soll.

Gabriele D'Annunzio stellte 1894 seinem Roman »Il trionfo della morte« ein Motto aus »Jenseits von Gut und Böse« im deutschen Original voran, und im letzten Satz des Vorworts sagt er: »Wir bieten unser Ohr der Stimme des großherzigen Zarathustra dar, ... und wir bereiten in der Kunst mit festem Glauben die Ankunft des Übermenschen, des superuomo, vor.« (»Übermensch« deutsch). Der Held des Romans ist freilich auf den ersten Blick weit eher ein Decadent als ein Übermensch, und der Inhalt ist eine Art Psychodrama, das sich im wesentlichen bloß zwischen zwei Personen abspielt.

Giorgio Aurispa ist ein junger Mann aus altem Geschlecht, der infolge einer Erbschaft ein materiell gesichertes Leben in Rom fernab von seinem provinziellen Elternhaus führen kann und der hier ein Verhältnis zu Ippolita hat, einer sehr reizvollen, aber nicht sehr gebildeten Frau, die eben erst einer unglücklichen Ehe entkommen ist. Er fürchtet, er könnte sie eines Tages an einen vulgären Liebhaber verlieren, wenn auch vielleicht erst nach seinem Tode, der für ihn ein beständig präsenter Gedanke ist, den er aber auch in seiner Umgebung überall wahrnimmt, zumal in Rom, »einer Stadt, wo man nur sterben kann«. Daher ist ihm der Gedanke an Selbstmord immer nahe, trotz oder auch wegen seines Liebesglücks, aber in der Schlaffheit seines Wohllebens bringt er die Energie nicht auf, auch nur einen ernsthaften Plan zu fassen. Die psychologischen Feinheiten, das ständige Auf und Ab des sehr sinnlichen Verhältnisses werden nur zweimal unterbrochen, zum erstenmal durch einen Aufenthalt im Elternhaus, wo ihm die ganze Düsternis eines elenden Alltagslebens entgegentritt; zum zweitenmal, als er mit der Geliebten einen einsamen Urlaub am Meer verbringt und bei einem Ausflug die Wallfahrt zu einer Gnadenstätte erlebt: einen wahren Hexentanz des Aberglaubens bresthafter Miserabilität, welchen D'Annunzio mit der ganzen Kraft seiner Abneigung gegen die Mischung von Fanatismus der Armen und Geldgier der Priester schildert, die für ihn der italienische Katholizismus darstellt. So ist es nicht verwunderlich, daß ein Gegenbild vor seinem geistigen Auge auftaucht: das Bild des dionysischen Lebens – »wie Friedrich Nietzsche es intuitiv gesehen hat«, das freilich das Schreckliche, die Zerstörung und den Tod mit einschließt. Individueller und kosmischer Prozeß werden in dieser Konzeption identisch, die »Dionysien« feiern nichts anderes als das Geheimnis der geschlechtlichen Fruchtbarkeit und jenes Sterbens, das notwendig dazugehört. So macht sich Giorgio Aurispa die Worte »jenes Mannes, Nietzsches«, zu eigen, die ihm »die männlichsten und edelsten« zu sein scheinen, die jemals von einem Dichter und einem Philosophen in dem modernen Zeitalter formuliert worden sind. Aber seine eigene Liebe ist gerade unfruchtbar, denn Ippolita kann kein Kind bekommen; er stößt sich wund am Unmöglichen, denn er sieht immer klarer ein, daß die Geliebte ihm im Innersten fremd bleibt; und so gelangt er dazu, diejenige, die ihn leidenschaftlich umarmt, als »Feindin« zu betrachten, die er gleichwohl keinem anderen Manne gönnt und daher mit in den Tod nehmen will. Ein Selbstmord, der zugleich ein Mord ist, bildet daher das Ende des Romans: Im letzten Augenblick, als Ippolita sich am Rande des Abgrunds mit allen Kräften gegen Giorgio wehrt und »Mörder« schreit, ist aus der Liebe auf beiden Seiten der äußerste Haß zwischen unversöhnlichen Feinden geworden, und der Tod triumphiert, dem sie gemeinsam entgegenstürzen.

Die Vereinigung der Geschlechter ruht auf einem tiefen Grunde von Fremdheit und Haß – so könnte man auch die Grundvorstellung von Bernard Shaws Drama »Mensch und Übermensch« formulieren, aber die Auffassung, daß die Frau in all ihrer gespielten Schwäche die eigentliche Herrscherin ist, in deren Netzen die schwachen, törichten Männer zappeln, welche die Zentralität der Fortpflanzung aus dem Sinn verlieren, macht den Unterschied gegenüber D'Annunzio aus. Der Held, John Tanner, wird als ein Don Juan dargestellt, der nicht ein Jäger, sondern eine Jagdbeute ist und sich dem Willen der zielbewußten Ann schließlich beugt, doch das Werk, das zunächst eine typisch englische Gesellschaftskomödie zu sein scheint und dann auf eine Verwandlung zuläuft, wo Tanner als Don Juan mit dem Teufel und der Statue konversiert, bevor es sich wieder in ein Gesellschaftsstück zurückverwandelt, ist vielerlei, nicht zuletzt englische Selbstkritik und Entwurf eines Sozialismus, der nach wie vor antikapitalistisch, aber nicht mehr demokratisch, sondern auf Höherzüchtung der Menschheit und Erzeugung des Übermenschen ausgerichtet ist. Zum Eindruck eines »spottgetränkten Chaos« (wie man sagen könnte) trägt bei, daß Shaw dem Stück eine lange Einleitung in der Form eines Briefes an Arthur Walkley vorausschickt und ihm als Epilog die Schrift, von der die Handlung den Ausgang nimmt, folgen läßt: »Der Katechismus und das Taschenbuch des Umstürzlers« von »John Tanner, M.d.r.F. (= Mitglied der reichen Faulenzerklasse.)« In dieser Schrift ist der »Übermensch« ein Hauptthema, und hier wird gesagt, der Schrei nach dem Übermenschen habe nicht mit Nietzsche begonnen, und er werde auch nicht enden, wenn Nietzsche nicht mehr in Mode sein werde. Dieser künftige Übermensch hat hier zwei Gesichter: Er blickt einmal in die konventionelle Zukunft der Sozialisten, wo das Privateigentum vollständig abgeschafft ist, aber er hat ein sehr unkonventionelles und darwinistisches Aussehen, wenn er zum Resultat einer Zuchtwahl gemacht wird, durch welche die verseuchte Mehrheit gesunder werden soll, und zwar so, daß die Zeugung von der zufälligen individuellen Neigung vollständig getrennt wird. Nicht mehr nur bewußte Planung der Wirtschaft, sondern die Planung einer »verständigen überwachten bewußten Fruchtbarkeit« ist das eigentliche Ziel, und es klingt höchst zweideutig, wenn von den Juden gesagt wird, sie hätten von Moses bis zu Marx und Lassalle alle Revolutionen angeregt, und doch sei bisher noch keine wesentliche Änderung der Natur des Menschen erfolgt.[2] Ja, man glaubt Nietzsche selbst zu hören, wenn es heißt: »Wir müssen den Yahoo [= den Pöbel] ausrotten, oder sein Votum wird den Staat und die bürgerliche Gesellschaft zugrunderichten.«[3] Zwar weiß man, wie meist bei Shaw, nicht so recht, was ernstgemeint und was spöttisch verfremdet ist, aber die eigenartigste Aussage ist wie bei Nietzsche nicht ein Dogma, sondern eine Vorhersage, und sie findet sich gleich am Anfang der Einleitung: »Wenn ich die Times kaufe und Sie darin finde, hört mein prophetisches Ohr das Rasseln der Henkerskarren des XX. Jahrhunderts.«[4]

Mit einer düsteren Prophezeiung und einer bloß sehr unbestimmten Hoffnung schließt auch Dimitrij Mereschkowskis Roman »Julian der Abtrünnige« von 1895, aber in diesem Roman wird Nietzsche mit keinem Wort erwähnt. Es bedarf indessen dieser Erwähnung nicht, und der Nietzschesche Einfluß wäre auch dann mit Händen greifbar, wenn man nicht aus der Biographie Mereschkowskis wüßte, daß dieser Mitbegründer des russischen Symbolismus eine frühe Reise nach Italien und Griechenland (1891) schon mit Nietzsche-Lektüre verbunden hatte und gerade in den Jahren 1894–1896 am stärksten unter Nietzsches Einfluß stand, bevor er sich mit seinem Versuch, eine Versöhnung zwischen Moderne und Christentum zustande zu bringen, wieder von ihm entfernte.[5]

Der Roman schildert die Spätantike in ihrem Übergang vom Heidentum zum Christentum in der Generation nach Konstantin dem Großen. Noch existieren die beiden Daseinsweisen weithin nebeneinander, wenngleich in hartem Ringen, bei dem »die Galiläer« und vor allem die Mönche die Angreifer sind. Durchweg werden die Zeugnisse des überlebenden Heidentums, seiner Heiterkeit und Schönheit, viel positiver dargestellt als die Düsternis und Streitsucht der heraufziehenden christlichen Welt, die im Grunde aus vielen verfeindeten Sekten besteht.

Zwischen finsteren Klöstern und lichterfüllten Götterhainen wächst Julianus auf, der stets vom Tode bedrohte Vetter des regierenden Kaisers Constantius. Er muß sich ducken und demütigen, ja sogar Mönch werden, um trotz aller Nachstellungen zu überleben, aber er erfährt gleichwohl auch den Unterricht heidnisch gesinnter Weisheitslehrer, und er wird in Mysterien eingeweiht, innerhalb deren ein Tanz nackter Jünglinge jenen Lebensüberfluß zur Anschauung bringt, der nun immer mehr dahinschwindet, weil eine barbarische Nacht heraufzieht.

Aber schließlich wird Julianus von Constantius doch zum Caesar ernannt und an den Rhein geschickt. Hier wurde »die mönchische Heuchelei seiner Jugend in ihm von dem kriegerischen Blute des konstantinischen Geschlechts niedergerungen«[6]; er erficht große Siege, und als der Tod des Kaisers ihm den Weg auf den Thron freigibt, läßt er die christlichen Embleme von den Fahnen reißen, weil er zum Wiederhersteller des alten Götterglaubens werden will. Wieder ertönen »frohe Bacchus-Lieder«, erneut läßt sich Julianus von der »galiläischen Fäulnis« in Mysterien unter den Zeichen Zoroasters und des Mithras-Dionysos reinigen: Er befiehlt, die Dionysos-Tempel wieder zu öffnen, und er setzt sich in der Hauptstadt selbst an die Spitze eines »bacchischen Festzuges«. Zahme Panther laufen neben seinem Streitwagen her, die Bacchantinnen schlagen die Handpauken, als Faune verkleidete Jünglinge, mit Bockshörnern an den Stirnen, schenken aus großen Krügen Wein in Schalen ein.[7] Aber Julian spürt, daß das nicht freie Hellenen sind wie einst in Athen, sondern daß es sich um Gesindel handelt, das tief von der christlichen Fäulnis geprägt ist. So fehlt die rechte innere Überzeugung, wenn er großartig dem ganzen Reich verkünden läßt: »Der Titan erhebt sich gegen den Galiläer ... Ich bin der Bote des Lebens, ich bin der Befreier, ich bin der Antichrist.«[8] Daher entspringt es schon einer tiefsitzenden Verzweiflung, wenn Julianus alles auf die eine Karte eines Perserkrieges setzt und in gefahrvollster Situation den Soldaten die vermessenen Worte zuruft: »Ich werde euch, wie Gott Dionysos, durch die ganze Welt führen, ihr werdet Menschen und Götter besiegen und selbst den Göttern gleich sein.«[9] Aber in der entscheidenden Schlacht wird er tödlich verwundet, weil er den Panzer verschmäht hat, und nun muß er das berühmte Geständnis machen: »Galiläer, du hast gesiegt.« Kurz zuvor jedoch hatte ihm seine »heimliche Geliebte« (trotz aller Unterstreichung der antiken Lebensfreude gibt es keine erotischen Szenen in dem Roman, und es wird nicht recht klar, ob Arsinoe ihm jemals angehört hat) den eigentlichen Grund für seine Niederlage genannt: »Wenn auch deine Lippen den Gekreuzigten verdammen, deine Seele lechzt immer nach ihm.«[10] Die Antike war nicht mehr zu retten, ihr Licht war nur noch ein Schein-Licht, weil bereits vom Schatten der aufziehenden Nacht durchdrungen. In dem von den Soldaten ausgerufenen neuen Kaiser Jovianus hat »der Pöbel die Herrschaft über die Welt erlangt«[11], und die letzten Heiden, selbst schon vom Christentum angerührt, unter ihnen Arsinoe und der künftige Geschichtsschreiber Ammianus Marcellinus, können sich nur angewidert vom »Geruch der menschlichen Herde« abwenden. In dieser Abwendung bewahren sie den letzten Funken der Antike, und es lebt in ihnen die Hoffnung einer einstigen Wiedergeburt.

Indem wir zuletzt Georges Sorel in den Blick fassen, tun wir wieder einen Schritt auf die Essayistik und zugleich auf die Politik zu. Sorel ist heute im allgemeinen nur noch als Verfasser der »Réflexions sur la violence« (1908) und damit als Theoretiker des »revolutionären Syndikalismus« bekannt, aber bei genauerer Betrachtung würde sich zeigen, daß dieser Ingenieur, der nur wenig jünger war als Nietzsche und dessen schriftstellerische Laufbahn erst im Ruhestand nach dem Tode Nietzsches richtig begann, eine höchst vielfältige Erscheinung im Kreuzungspunkt unterschiedlicher Traditionen und Tendenzen war. In gewisser Hinsicht war und blieb er ein französischer Konservativer pur sang mit seiner tiefen Abneigung gegen Rhetoren und Literaten, aber am Ende seines Lebens schrieb er 1919 eine Abhandlung »Pour Lénine«, die indessen insofern antisemitisch war, als sie die Schuld an dem Übermaß von Terror und Blutvergießen den Juden und insbesondere Trotzki zuschrieb; er stand aber vor dem Ausbruch des Weltkriegs auch eine Zeitlang Charles Maurras und der Action française nahe, und er war gleichwohl in den Reihen der Syndikalisten und Linkssozialisten Frankreichs und Italiens weithin als ein maßgebender Theoretiker anerkannt. Zwei andere Bücher, die im gleichen Jahr 1908 erschienen, stehen gleichrangig neben den »Réflexions«, nämlich die »Décomposition du marxisme« und »Les illusions du progrès«. Von den großen Philosophen und Theoretikern erwähnt er Bergson und Marx weit häufiger als Nietzsche, aber es kann kein Zweifel sein, daß er auch durch Nietzsche tief beeinflußt worden ist.

Die objektive Nähe kommt ja bereits im Begriff des »Mythos« zum Vorschein, auch wenn Sorel das Irrationale viel dichter an das politische Leben heranführt, als Nietzsche es getan hatte: »Les hommes qui participent aux grands mouvements sociaux, se représentent leur action prochaine sous forme d'images de bataille assurant le triomphe de leur cause. Je proposais de nommer mythes ces constructions dont la connaissance offre tant d'importance pour l'historien: la grève générale des syndicalistes et la révolution catastrophique de Marx sont des mythes.«[12] Mit diesen Sätzen nimmt Sorel ebensosehr gegen die marxistische Orthodoxie wie gegen den Reformismus Stellung: Marx' »wissenschaftlicher Sozialismus« wird als rationalistische Verkleidung eines ursprünglicheren, irrationalen Strebens aufgefaßt und damit »relativiert«; der Reformismus erscheint als eine Dekadenzform des Sozialismus. Eine Dekadenzform des Bürgertums ist wiederum der Humanitarismus, der letzten Endes zur schwächlichen Kapitulation führt, während der recht verstandene Kapitalismus etwas »Heroisches« ist. Die syndikalistische Bewegung hat nach Sorel nicht zuletzt die Funktion, die erschlafften Energien des Bürgertums wiederzuerwecken, so daß Unternehmer und Arbeiter trotz und in ihrer Feindschaft dasjenige erreichen, was das Leben lebenswert macht und nicht bloß kleinlichen Nöten des Alltagsdaseins abhilft: das Gefühl der Größe, das Bewußtsein des »Erhabenen«, den Drang des Schöpferischen. Der Klassen*krieg*, den Sorel verlangt, soll also nicht eine Zerstörung, sondern eine Erhöhung und Verlebendigung des Lebens sein. Nur eine »race des chefs audacieux« auf der einen Seite und eine den »Trade-unionismus« durch den Willen zur Gewaltanwendung bezwingende Arbeiterklasse auf der anderen können die Dekadenz überwinden, der Europa durch die humanitären Schönredner à la Jaurès ausgesetzt ist. Nur ein durch Mythen bestimmter Horizont, so könnte man Sorels Auffassung im Anschluß an eine Nietzschesche Formulierung zusammenfassen, gibt den Menschengruppen und -klassen Energie und Lebenskraft. Daher geht es Sorel ganz besonders darum, den syndikalistischen Kampf der militanten Arbeiter von jenem Sklavenaufstand zu unterscheiden, der in der Geschichte immer wieder vorgekommen ist. Sorel erklärt ganz ausdrücklich (in den »Illusions«), daß er Nietzsches Unterscheidung von Herrenmoral und Sklavenmoral als Ausgangspunkt wählt, und er will offensichtlich den Arbeitern die Qualitäten der Herrenmoral und den pazifistischen Reformisten und Humanitariern die Sklavenmoral zuschreiben. Damit denkt er in die gleiche Richtung, wie es einige der »Jungen« in Deutschland und Bernard Shaw in England getan hatten: Er sucht Nietzsche für den Sozialismus fruchtbar zu machen und durch diese Synthese die älteren Formen des Sozialismus abzulösen. Aber er gelangte mit diesem Postulat doch bloß bis an den Rand der eigentlichen Politik. Den entscheidenden Schritt vollzog vor dem Weltkrieg nur ein junger Italiener, der sich nicht selten auf Sorel berief, aber noch weit mehr auf Marx und an wesentlichen Knotenpunkten seines Denkens auf Nietzsche.

Benito Mussolini als Marxist und Nietzscheaner

Benito Mussolini ist der erste Politiker, der uns begegnet, und er ist vermutlich der einzige Politiker von Bedeutung, der uns im Rahmen unserer Fragestellung begegnen kann. Im Deutschen Reich Wilhelms II. konnte kein Politiker eine Rolle spielen, der ein »Nietzscheaner« war, denn es gab keine Partei, die ihn unterstützt hätte, und selbst wenn es eine solche Partei gegeben hätte, würde sie keinen Einfluß auf die Regierung gehabt haben, und das gleiche trifft für England zu. Allerdings sind uns schon Nietzsche-Enthusiasten begegnet, die zu einem späteren Zeitpunkt in der österreichischen Politik wichtig wurden, etwa Viktor Adler und Engelbert Pernerstorfer, aber deren »Nietzscheanismus« war eine Art Jugendsünde, und sie wurden später zu normalen Sozialdemokraten. Anders war es mit den deutschen »Jungen« bestellt. Bruno Wille und Paul Ernst streiften den Nietzscheschen Einfluß nie vollständig ab, aber sie wurden nicht zu Politikern, sondern zu Literaten. Jedenfalls war der Marxismus die Grundierung, auf der Nietzschescher Einfluß auf die Politik am ehesten sichtbar wurde. Bei niemandem war das auf kennzeichnendere Weise der Fall als bei Benito Mussolini.

Schon der vollständige Name läßt erkennen, wie die Familientradition beschaffen war, innerhalb deren der 1883 geborene Knabe aufwuchs: Benito Amilcare Andrea – Benito nach Benito Juárez, Amilcare nach Amilcare Cipriani, einem damals sehr bekannten Kommune-Kämpfer, Andrea nach Andrea Costa, einem der Begründer des italienischen Sozialismus. Ein Revolutionär und zunächst Anarchist war der Vater Alessandro, ein Hufschmied, revolutionär war das Klima in der Romagna, dem Heimatland. Der Besitz des sozialistischen Glaubens (»fede«) war die selbstverständlichste der Voraussetzungen für Mussolinis Leben. Zwar wurde er nicht Arbeiter oder Handwerker wie sein Vater, sondern bildete sich zum Volksschullehrer und sogar zum Mittelschulprofessor aus, aber er war in den bürgerlichen Berufen nur kurze Zeit tätig und widmete sich schon von einem frühen Zeitpunkt an ganz der Arbeit für die Sozialistische Partei. Nach Auslands- und Agitationsaufenthalten in der Schweiz und Österreich war er seit 1909 Herausgeber einer Wochenzeitung »La lotta di classe« in seiner Heimat und Anhänger des revolutionär-intransigenten Flügels seiner Partei; 1912 erlangt er auf dem Parteitag in Reggio Emilia nach heftigen Auseinandersetzungen mit den Reformisten die Führung dieses Flügels; bald darauf wird er als Mitglied des zehnköpfigen Parteivorstandes Direktor des »Avanti« und damit die führende Persönlichkeit des PSI, ja fast schon so etwas wie deren »Duce«. Bis zum Kriege steht er gleichrangig, aber im außeritalienischen Europa noch nicht recht wahrgenommen, neben den übrigen Führern des Linkssozialismus, neben Rosa Luxemburg, Karl Liebknecht, Gustave Hervé und Wladimir Iljitsch Lenin, aber nur er befindet sich an der Spitze einer noch einheitlichen, den modernsten Flügel der Reformisten unter Filippo Turati einschließenden Partei. Es ist also unrichtig zu meinen, Mussolini sei erst nach dem Weltkrieg als Duce der Nationalfaschistischen Partei zu einem bekannten und bedeutenden Politiker geworden.

Der junge Mussolini war nach seinem Selbstverständnis durchaus ein Marxist. Offenbar hatte er alles gelesen, was an italienischen Übersetzungen Marxscher Schriften vorlag, und anscheinend auch manches im deutschen Original; immer wieder feiert er den »Vater und Lehrer«, der allein den »Kompaß« der proletarischen und sozialistischen Bewegung darstelle. Allerdings machen sich früh auch andere Einflüsse bemerkbar, etwa diejenigen Sorels und der Bergsonschen Lebensphilosophie, aber überall in Europa waren Marxisten dabei, ihren Glauben in ein Verhältnis zu zeitgenössischen Strömungen zu bringen, etwa zum Positivismus oder zum Darwinismus. Mussolini fiel insofern nicht aus dem Gesamtbild heraus, und keinesfalls war er ein bloßer und romantischer »Syndikalist«, aber vermutlich war er für andere Einflüsse offener und im ganzen eine farbigere und impulsivere Persönlichkeit als Kautsky oder Lenin. Eben deshalb konnte er sich auch Nietzschesche Gedanken aneignen und in gewissen Grenzen zum »Nietzscheaner« werden.[1]

Aber zunächst und vor allem muß von seinem Marxismus die Rede sein, der in den wesentlichen Punkten geradezu ein Muster von Orthodoxie ist. Diese wesentlichen Punkte sind die Lehren vom Klassenkampf, vom Endziel und vom Internationalismus.

Der Klassenkampf zwischen Kapitalisten und Proletariern ist die fundamentale Wirklichkeit der Zeit. Sein Ursprung ist die Trennung der Produktionsinstrumente und der Produzenten in der bürgerlichen Gesellschaft, welche dazu führt, daß die Proletarier allen Reichtum hervorbringen und doch der Verelendung preisgegeben sind. Ziel des Klassenkampfes ist die Expropriation der Bourgeoisie, durch welche den Produzenten die Produktionsmittel zurückgegeben werden und die Ausbeutung ein Ende findet. Der Charakter des Klassenkampfes ist mögliche Gewalt, und Mussolini rühmt nicht Sorel, sondern Marx als den »großartigen Philosophen der Arbeiter-Gewaltsamkeit«. Er wendet sich aber auch gegen die Generalstreikmanie der Syndikalisten und verlangt »Vorbereitung«. Nichts bekämpft er jedoch heftiger als die Klassenkollaboration, zu der »Emigranten der Bourgeoisie« das Proletariat überreden wollen; eine Regierungsbeteiligung der Sozialisten, die vor 1912 in Italien greifbar nahe zu sein schien, ist ihm ein verwerflicher Verrat am Marxismus. Wenn Mussolini gegen alle Tendenzen zum Versinken in Alltäglichkeit und Pragmatismus den »Idealismus« beschwört, so handelt es sich nicht um eine metaphysische oder erkenntnistheoretische Position, sondern um einen Kampfruf gegen jenen Evolutionismus, welcher sogar den Begriff der Revolution beseitigen will. Es fehlt Mussolini allerdings nicht an einem Empfinden für die Zurückgebliebenheit Italiens, und deshalb befürwortet er, ganz wie Lenin, ein Bündnis mit den Bauern bzw. den Landarbeitern. Nur dadurch kann in Italien die Revolution Wirklichkeit werden, die Mussolini sich im Sinne der Marxschen Katastrophentheorie als ein einmaliges Ereignis vorstellt, als das »größte Blutbad«, das gerade ein Ende aller Blutbäder bedeuten wird. Der darin implizierte Kampf gegen Evolutionismus, Reformismus und Positivismus ist ein gemeinsames Kennzeichen des revolutionären Marxismus, aber ein eigenartiger Ton wird bei Mussolini hörbar, wenn er den Klassenkampf in erster Linie von einem »kleinen entschlossenen und kühnen Kern« führen lassen will, doch hier findet er sich in Übereinstimmung mit Lenin. Auch das Postulat, der Sozialismus müsse wieder »Bewegung, Kampf, Aktion« werden, ist keineswegs unmarxistisch, aber doch zugleich vom Geist der »Lebensphilosophie« geprägt.

Mussolini hält jedoch immer am sozialistischen Endziel fest, und er bleibt weit von der Auffassung Bernsteins entfernt, der die Bewegung für »alles« und das Endziel für »nichts« erklärt hatte. Die »klassenlose Gesellschaft« ist dieses Endziel, aber Mussolini hebt den Aspekt des technischen Fortschritts und der Eröffnung neuer Lebensmöglichkeiten für »unruhige Geister« stärker hervor, als Marx es getan hatte, doch gab es dazu unverkennbare Parallelen in der sozialistischen Bewegung, z.B. bei Trotzki. Eher klingt schon die Betonung des »Glaubens« ein wenig heterodox, da nicht genügend »wissenschaftlich«; aber die Tendenz, den Marxismus vom Szientismus zu lösen und ihn als Glauben, als Utopie (im positiven Sinne) zu betrachten, kam auch bei Sorel und dem jungen Bloch zum Vorschein.

Für Mussolini war es offenbar ausgeschlossen, daß eine andere internationale Bewegung einen »Glauben« haben könnte; und daß der Internationalismus stärker und zeitgerechter war als der Nationalismus, unterlag für ihn nicht dem geringsten Zweifel. Zwar behauptet er nicht apodiktisch, daß Kriege unmöglich geworden seien, aber er fordert ganz wie Lenin, daß ein etwa ausbrechender Krieg sofort in einen Bürgerkrieg verwandelt werden muß, und zwar in einen internationalen Bürgerkrieg. Wie Gustave Hervé, mehr noch als Lenin und Luxemburg, macht sich Mussolini zum Vorkämpfer eines proletarischen »Antipatriotismus«, für den das Vaterland »eine lügnerische Fiktion« ist. Beim Ausbruch des libyschen Krieges verkündet er daher mit großem Nachdruck, daß die arabischen und türkischen Proletarier »unsere Brüder«, die türkischen und italienischen Bürger aber »unversöhnliche Feinde« sind. Das ist in der Tat ein Höchstmaß an Kosmopolitismus, und gerade dieser abstrakte Maximalismus zwingt noch mehr als die Einflüsse der Lebensphilosophie die Frage herbei, ob Mussolinis Marxismus der Konfrontation mit einer machtvollen Realität gewachsen sein würde.

Mussolinis Beschäftigung mit Nietzsche ist gleichsam die Spitze einer potentiellen Heterodoxie. Diese Beschäftigung ist längst nicht so intensiv und kontinuierlich wie diejenige mit Marx; sie wird am klarsten in einigen größeren Aufsätzen greifbar, und man kann nicht sagen, daß ein ständiges Vordringen zu konstatieren wäre. Aber die Stellungnahmen stellen eine für damalige Verhältnisse sehr beachtliche Kenntnis Nietzschescher Schriften unter Beweis, und es wird immerhin eine Richtung erkennbar, in die diese Lektüre unter Umständen Mussolinis Marxismus drängen könnte.

Schon 1908 veröffentlichte Mussolini in einer republikanischen Wochenzeitung einen langen Artikel mit der Überschrift »La filosofia della forza«. Mussolinis Biographin Margherita Sarfatti hat daraus geschlossen, daß ihr Held schon in seiner frühen Jugend ein perfekter Nietzscheaner gewesen sei, aber davon kann nicht die Rede sein. Es handelt sich nämlich um einen kommentierenden Bericht zu einem Vortrag des sozialistischen Abgeordneten Claudio Treves, und man sollte den Titel nicht mit »Philosophie der Gewalt«, sondern mit »Machtphilosophie« übersetzen. Aber Mussolinis eigene Bemerkungen sind dennoch sehr aufschlußreich. Gleich am Anfang sagt er, Nietzsche sei der genialste Geist des letzten Vierteljahrhunderts und von unermeßlichem Einfluß gewesen. Zusätzlich zu Treves zitiert er Nietzsches Ausführungen über den Staat in der »Genealogie der Moral« einschließlich des »Rudels blonder Raubtiere« und bringt gleich das »Prinzip der Solidarität« ins Spiel, das eine Verknüpfung der einzelnen Herren miteinander und der Herrenkaste mit den Sklaven hervorbringen müsse, so daß Nietzsche also aus sozialistischem Gedankengut zu verbessern wäre. Im weiteren Verlauf hebt er Nietzsches Antichristianismus mit sympathisierenden Wendungen hervor und glaubt dafür – auf recht originelle Weise – die Ursache in der antideutschen Einstellung zu entdecken: »Vielleicht ist sein ›Antichrist‹ das letzte Produkt einer heftigen Reaktion gegen das feudale, pedantische, christliche Deutschland.« Auch Nietzsches Antiasketismus findet Mussolinis Zustimmung und sogar die negative Beurteilung des aus dieser Geschichte hervorgegangenen modernen Europäers, »dieses aufgeblasenen Monsterchen(s) der eigenen unheilbaren Mittelmäßigkeit, mit einer Seele, die unfähig ist, groß zu wollen, nicht genügend reaktionär, um die feudale Vergangenheit zu verteidigen, nicht genügend rebellisch, um zu den äußersten Konsequenzen der Revolution zu gelangen«[2]. Auf ähnliche Weise wird auch der »Übermensch« gleichsam marxisiert: »Der Übermensch kennt nichts als die Revolte. Alles, was existiert, muß vernichtet werden.« Aber es klingt doch eher nietzschisch als marxisch, wenn es heißt: »Die Plebs, die genügend verchristlicht und humanitär ist, wird nie begreifen, daß ein höherer Grad des Bösen notwendig sein könne, damit der Übermensch gedeihe.«[3]

Vier Jahre später schreibt Mussolini im »Avanti« eine Rezension der Nietzsche-Biographie von Daniel Halévy. Auch hier wird deutlich, daß er sich von Nietzsche als Sozialist *nicht* herausgefordert sieht, sondern daß er ihn in das marxistische Schema einordnen zu können glaubt. Aber wieder macht sich ein Nietzschescher Ton bemerkbar, wenn er Nietzsches Ende mit dem Satz beschreibt: »Der ›Heilige‹ hatte den ganzen bitteren Kelch getrunken und sein Opfer beschlossen im gedächtnislosen und deshalb göttlichen Wahnsinn.«[4]

Die merkwürdigste Synthese von Nietzsche und Marx nimmt Mussolini indessen 1913 auf eine übermütig-spielerische Weise in einem Essay vor, dem er den Titel »Jagd auf den gesunden Menschenverstand« gab. Ich zitiere daraus einige Sätze:

»Ein für alle Male: Ich hasse den Gesunden Menschenverstand. Ich hasse ihn im Namen des Lebens und meines unbezwinglichen Sinnes für das Abenteuer. ... Denn der Gesunde Menschenverstand bedeutet Konservativismus; er ist ... die Philosophie der Klassen, die arriviert sind, nicht derjenigen, die zu ihrem Ziel erst streben. Die Revolutionen muß man als die Revanchen des Wahnsinns gegen den Gesunden Menschenverstand betrachten. Denn die Revolutionen sind wahnsinnig, kopflos, gewaltsam, idiotisch, bestialisch. Sie sind wie der Krieg. ... Die bürgerliche Gesellschaft hat den Maschinenmenschen, den funktionierenden Menschen, den Uhrwerksmenschen, den Regelmenschen geschaffen. Ich erträume statt dessen den Ausnahmemenschen. ... Jetzt droht der Gesunde Menschenverstand auch die Idee der Revolution zu vergiften. ... Einstmals war der Sozialismus die Sache der ›Zerlumpten‹, der ›Übeltäter‹, der ›Kanaille‹; heute ist er schon zivil, zivilisiert. Er ist kultiviert, will uns vernünftig, ist so sentimental, daß er weint und weinen macht, hat einen abergläubischen Abscheu vor dem Blut, entsetzt sich vor dem Abenteuer ... Vergleicht eine Seite von Marx mit einer Seite von Bonomi oder Turati! ... Nie wird er [der Gesunde Menschenverstand] ›sich selbst überwinden‹ ... Er wird den Sumpf dem Gipfel, die Ruhe dem Marsch, den Frieden dem Krieg vorziehen ... Er wird ständig andere Masken annehmen; er wird schwarz und rot sein, konservativ und revolutionär, frech und verzagt, Mann und Weib ... Und ich werde ihn zu Boden strecken. Dann werde ich den Leichnam den Massen vorwerfen und werde sagen: ›Bürger, ich habe euren schlimmsten Feind getötet. Laßt uns, zum Zeichen der Freude, einen wilden Tanz aufführen.‹«[5]

Gewiß sollte man nicht mit todernsten Begriffen wie »Irrationalismus« oder »Anarchismus« an ein so scherzhaftes und karikierendes Stück Prosa herantreten. Aber Karikaturen können gerade durch Verzerrung und Zuspitzung erhellender sein als Fotografien. Und es ist zu vermuten, daß nie ein anderer Sozialist ein solches Stück mit so weitreichenden Implikationen geschrieben hat. Denn wenn Revolution (Marx) und Krieg (Nietzsche) so nebeneinanderzustellen sind, dann könnte der Wille zum Krieg eines Tages das höchste Leben sein, sofern die Revolution sich als unmöglich erwiesen haben sollte. Und wenn die Maske des Gesunden Menschenverstandes auch »rot« und »revolutionär« sein kann, dann könnte Mussolini sich eines Tages gezwungen sehen, die »revolutionären« Biedermänner totzuschlagen. Und wenn er zu Beginn »die Ritter des hohen Mittelalters« preist, muß er dann nicht schließlich eine Doktrin verwerfen, die in diesen Rittern ebenso wie in allen »herrschenden Klassen« lediglich »Ausbeuter« sieht?

Wir haben wesentliche Übereinstimmungen zwischen Marx und Nietzsche konstatiert, und wir haben auch die abgründige Differenz herausgestellt. Indem Mussolini zugleich Marxist und Nietzscheaner sein will, bringt er das Unvereinbare zusammen, aber doch ein nur partiell Unvereinbares. Der Zwiespalt führt zu keiner Auflösung, weil der Marxismus für Mussolini stets das Wichtigere und Übergeordnete bleibt. Der Nietzschesche Einfluß wirkte jedoch in die Richtung, daß dasjenige, was bei Marx ein untergeordnetes Moment innerhalb der Sache war, nämlich Heroismus, Glaube, Wille zur Bewegung und Veränderung, sich herauslösen und zum Selbstzweck werden könnte. Aber zu keinem Zeitpunkt vor 1914 tritt dasjenige, was man einen biologistisch umgeprägten Marxismus der Vitalität nennen könnte, in selbständiger Gestalt hervor. Keine rein geistige Entwicklung vermag den Übergang des von Nietzsche beeinflußten Marxisten und Bürgerkriegspropagators zum Interventionismus, d. h. zur Kriegsbejahung, und später zum Faschismus zu erklären.

Der Grund war das Unvorhersehbare, obwohl hier und da Geahnte, Befürchtete und sogar Gewollte: der Ausbruch des Ersten Weltkriegs. Damit nähert sich unsere Vorlesung ihrem Ende, nämlich dem Beginn jenes europäischen Bürgerkrieges, der in den »Stahlgewittern« des Völkerkrieges zuerst kaum bemerkbar war und der doch schließlich mächtig genug wurde, um dem entscheidenden Teil des Zweiten Weltkriegs seinen Charakter aufzuprägen.

Nietzsche, Marx und der »europäische Bürgerkrieg«

Wenn wir im Rückblick den Nietzscheanismus im ganzen ins Auge fassen, so finden wir unsere erste Vermutung nun bestätigt: Was in Nietzsche widerspruchsvoll beieinander lag, hat sich auf verschiedene Persönlichkeiten und Gruppierungen verteilt: Nietzsches hohe Selbsteinschätzung wird akzeptiert oder verworfen, sein Aristokratismus wird zum Banner der einen, und den anderen gilt Nietzsche vornehmlich als der Befreier von den Banden der Moral und der Konvention; seine »Kulturkritik« wird übernommen; seine Preisung des »Lebens« nimmt die Gestalt eines Neuheidentums oder des Ästhetizismus an; er dient als Wegbahner neuer Synthesen, etwa von Aristokratismus und Sozialismus; man betrachtet ihn als den Gründer einer sozialdarwinistischen Ethik oder als Verteidiger des Irrationalen gegen die todbringenden Tendenzen des szientistischen Rationalismus. In all diesen Wirkungen und Gegenwirkungen vollzieht sich ein beträchtlicher Teil der Geistesgeschichte zwischen 1890 und 1914: Lebensphilosophie und Symbolismus, Zionismus und Anarchismus, Frauenbewegung und Sozialismus stehen unter Nietzsches Einwirkung oder erhalten doch wesentliche Anstöße von ihm; so bedeutende Männer wie Harry Graf Kessler, Gustav Landauer, Georg Simmel, Ferdinand Tönnies, Max Weber, Ludwig Klages, Thomas Mann, Stefan George, Gabriele D'Annunzio sind »Nietzscheaner« oder doch mindestens von Nietzsche stark beeinflußt.

Aber man kann nicht sagen, daß er irgendwo als die Verkörperung der Vielfältigkeit einer gesellschaftlichen Konfliktsituation, als ein »Schlachtfeld« oder gar als der Prophet eines künftigen Bürgerkrieges betrachtet worden wäre. Zwar redet Bernard Shaw von den »Henkerskarren des 20. Jahrhunderts«, zwar sieht Vaihinger in der Losung »Tod den Schwachen« ein Hauptpostulat Nietzsches, zwar ließ die Entwicklungsethik Alexander Tilles für die Zukunft heftige Auseinandersetzungen vorhersehen, aber der Begriff der »Partei des Lebens« taucht nirgendwo auf, und die nicht ganz seltenen Erörterungen über »Marx und Nietzsche« handeln am ehesten von dem Gegensatz zwischen dem »Kollektivisten« und dem »Individualisten«.

Wir haben in dieser Vorlesung Nietzsche nicht primär als Philosophen und auch nicht als Schriftsteller betrachtet, sondern als »intellektuellen«, der wie kein anderer von den Widersprüchen seiner Zeit umgetrieben wurde, weil er als Philhellene seine geistigen Wurzeln tief in der Vergangenheit hatte und gerade deshalb die Andersartigkeit der Gegenwart besonders scharf zu empfinden vermochte, als einen Intellektuellen, dessen Rede eben nicht »Ja, ja« oder »Nein, nein« war, sondern der die große Unsicherheit der Moderne durchdachte und durchlebte. Hierin sahen wir den Hauptgegensatz gegen Marx, der auch ein Philhellene und klassisch gebildeter Humanist war, der aber früh eine neue Sicherheit in der weltgeschichtlichen Mission fand, welche er sich selbst und einer großen, übernationalen Menschengruppe zuschrieb. Ich habe zu zeigen versucht, daß gerade aus der Konfrontation mit dieser Konzeption für Nietzsche die Notwendigkeit einer Gegenkonzeption resultierte, die auch ihm Sicherheit geben sollte und die doch durch eine eigentümliche »Angestrengtheit und Artifizialität« gekennzeichnet blieb. Während Marx sich im Einklang mit vielen anderen Menschen befand, wenn er für die nahe Zukunft den Sieg des industriellen Proletariats in allen fortgeschrittenen Ländern und die daraus resultierende Verwandlung der »Vorgeschichte der Menschheit« in ein befriedetes, glückliches und reiches Dasein aller Menschen erwartete, mußte Nietzsche zu sehr fragwürdigen und einsamen Konstruktionen Zuflucht nehmen, wenn er den entscheidenden Sieg für »das Leben« gegen die Dekadenz eines mehrtausendjährigen »Sklavenaufstandes« sichern wollte. Die Marxsche Erlösungsvorstellung war um vieles »natürlicher« als ihr Nietzschesches Gegenbild: Wir haben davon gesprochen, daß Marx ein »reiner« Endkonflikt vorschwebte, der nicht den Charakter eines Bürgerkrieges tragen würde, da er bloß in der Wegschiebung oder Indienstnahme einiger weniger Kapitalmagnaten durch die ungeheure Majorität der Ausgebeuteten bestehen würde; daß Nietzsches »reines« Konzept dagegen eher ein »Massaker« als einen Bürgerkrieg vorsah, nämlich die Vernichtung von Millionen Mißratener. Gleichwohl haben wir festgestellt, daß Nietzsche das künftige Zeitalter »europäischer Anarchien und Erdbeben« in den Grundlinien richtiger vorhersah als Marx, der nur in gelegentlichen Äußerungen von seiner »idyllischen« Zukunftsvorstellung der überall gleichzeitig siegreichen »proletarischen (Eintages-)Revolution« abgewichen war (vgl. Kautskys Titel: »Am Tage nach der sozialen Revolution«). Wenn die Marxsche Revolution aber eine »unreine« Gestalt annahm, d. h. wenn sie auf eine »Bourgeoisie« traf, welche ihre »historische Aufgabe noch nicht vollendet« hatte, wenn sie einem Bauerntum konfrontiert wurde, das noch nicht zur unbedeutenden Minorität der Bevölkerung geworden war, dann mußte sie selbst jene soziale Vernichtung vollziehen, welche die Sache »der Geschichte« hatte sein sollen, und da eine solche Vernichtung ohne heftigen Widerstand der Betroffenen nicht vorstellbar ist, mußte sie die Gestalt von Ausrottungen großen Stils annehmen. Eben darin war die Möglichkeit beschlossen, daß auch Nietzsches Konzeption eine »unreine« Gestalt gewann, daß nicht die wenigen Starken die vielen Schwachen vernichteten, sondern daß die Vielen sich als Bedrohte selbst zu Starken machen wollten und eine biologische, ja metabiologische Vernichtung ins Werk setzten, welche die Menschheit und vornehmlich deren Herren- und Über-Rasse gegen das gefährlichste aller Attentate für immer sichern und insofern erlösen sollte.

Um noch deutlicher zu sehen, was diese Konzeptionen und ihr Gegeneinander eigentlich bedeuteten, stelle ich abschließend noch einige Überlegungen an, die uns zunächst in ganz andere Bereiche zu versetzen scheinen.

Homer erzählt im zweiten Gesang der Ilias, daß Agamemnon, von Zeus durch einen Traum getäuscht, die Achäer zur Ratsversammlung berufen und zum Schein den Vorschlag gemacht habe, die seit zehn Jahren andauernde Belagerung aufzuheben und nach Hause zurückzukehren. Aber dieser Vorschlag findet viel mehr Beifall, als der König erwartet hatte, und nur mit großer Mühe gelingt es Odysseus und den anderen Heerführern, die Massen zu beruhigen und an den Versammlungsort zurückzubringen.

»Alle setzten sich nun und hielten sich still auf den Sitzen; Nur
Thersites erhob sein zügelloses Geschrei noch;
Viele ungebührliche Worte barg er im Herzen,
Immer verkehrt, ohne Maß und Ziel, mit den Fürsten zu
hadern,
... der häßlichste Mann, der gegen Troja gekommen:
Säbelbeinig und hinkend auf einem Fuße, die Schultern
Höckrig, gegen die Brust zusammengebogen, darüber
Spitzte sich zu sein Kopf, besät mit spärlicher Wolle.
...
Aber der Lästerer schalt mit lautem Geschrei Agamemnon
›Atreus' Sohn, was klagst du denn wieder und wessen bedarfst
du?
Reich mit Erz sind die Zelte gefüllt, und Weiber in Menge
Sitzen in deinen Gezelten, erlesene, die wir Achaier
Immer zuerst dir schenken vom Raub eroberter Städte ...
Also beschimpfte Thersites den Hirten des Volks Agamemnon,
Lästernd, da nahte sich eilend der heldenhafte Odysseus,
Maß ihn finsteren Blicks und fuhr ihn an mit den Worten:
...
Also sprach er und schlug mit dem Zepter ihm Rücken und
Schultern,
Daß er sich krümmte vor Schmerz, und reichlich flossen ihm
Tränen.
Blutig erhob sich sofort eine schwellende Strieme am Rücken
Unter dem goldenen Stab; er setzte sich hin voller Schrecken,
Leidend, verstörten Gesichts, und wischte sich ab seine
Tränen.
Aber wie alle auch zürnten, sie lachten doch herzlich darüber,
Und zum Nachbar gewandt, sprach mancher die folgenden
Worte:
...

Schwerlich wird ihn sein trotziger Sinn wohl stacheln, von neuem
Wider die Fürsten sich aufzulehnen mit kränkenden Worten!
Also das Volk. ...«

Es ist nicht schwer zu sehen, welcher reale Vorgang sich in dieser humorvollen Erzählung verbirgt: eine Meuterei, ein Aufbegehren der Massen einfacher Krieger oder Soldaten, die von ihren Führern benachteiligt und allzusehr belastet wurden. Die Gegenaktion erfolgt schnell und energisch; sie besteht nicht nur in der Bestrafung des »Thersites« durch Odysseus, sondern sie erstreckt sich in die Darstellung durch den Dichter hinein: Der Aufrührer ist häßlich, feige und schlecht; deshalb stellen sich auch diejenigen schließlich gegen ihn, zu deren Gunsten er sprechen will.

Erhebungen von Benachteiligten und Unterdrückten oder auch von »Unterprivilegierten« hat es in kriegerischen Staaten und zumal in Kriegssituationen immer wieder gegeben, und ihnen wurde von den Führern bzw. den Aristokraten oder dem Offiziers- und Beamtenkorps mit den schärfsten Mitteln begegnet; in keinem Falle wurde gestattet, daß diese Unterdrückten sich dauerhaft organisierten oder eine eigene und positive Selbsteinschätzung entwickelten. Trotzdem erreichten solche Auflehnungen und Meutereien nicht selten ihr unmittelbares Ziel; aber das Resultat war in aller Regel nur die Ausrufung eines neuen Kaisers oder die Ersetzung verhaßter Senatsmitglieder durch beliebtere. Auch darin kommt vermutlich die Tatsache zum Vorschein, daß »die Herrschenden« sogar inmitten von Luxus und Korruption nicht ausschließlich »Privatinteressen« vertreten, sondern daß Einheitlichkeit und Lenkung unabdingbar sind.

Aber es gab schon in der Antike eine Staatsform, in welcher das kriegerisch-aristokratische Moment stark zurücktrat und wo der Freiheit des einzelnen, mithin auch den Klagen und Forderungen von Benachteiligten, ein beträchtlicher Spielraum gegeben war, nämlich die Demokratie. Platon hat im 14. Kapitel des achten Buches der »Politeia« vom Standpunkt des Aristokraten aus eine spöttische Beschreibung der demokratischen Freiheit gegeben:

»Der Lehrer zittert in einem solchen Zustande vor seinen Zuhörern und schmeichelt ihnen ... Und überhaupt stellen sich die jüngeren den Älteren gleich und treten mit ihnen in die Schranken in Worten und Taten; die Alten aber setzen sich unter die Jugend und suchen es ihr gleichzutun an Fülle des Witzes und lustiger Einfälle, damit es nämlich nicht das Ansehen gewinne, als seien sie mürrisch oder herrschsüchtig ... Wie groß aber zwischen Frauen und Männern und Männern und Frauen die Rechtsgleichheit und Freiheit wird, das hatten wir beinahe vergessen zu erwähnen ... Wieviel freier die dem Menschen unterworfenen Tiere hier sind als anderwärts, das glaubt niemand, der es nicht erfahren hat ... Pferde und Esel sind gewöhnt, ganz frei und vornehm immer geradeaus zu gehen, wenn sie einem auf der Straße begegnen, der ihnen nicht aus dem Wege geht, und ebenso ist alles andere voll Freiheit ... Und zuletzt weißt du ja, daß sie [die Bürger] sich auch um die Gesetze gar nichts kümmern, mögen es nun geschriebene sein oder ungeschriebene, damit auf keine Weise jemand ihr Herr sei ...« (563a – 563d).

Für Platon geht aus diesem Zustande mit Notwendigkeit die Tyrannis hervor; Demokratie ist nur das Übergangsstadium zwischen der plutokratischen Oligarchie mit ihrem zügellosen Bereicherungsstreben und der Säbelherrschaft des einen Despoten.

Andererseits gab es auch in der Antike bereits Utopien oder »Staatsromane«, welche Gemeinwesen beschrieben, in denen die Prinzipien von Freiheit und Gleichheit zu solcher Vollkommenheit ausgebildet waren, daß in diesen Nicht-mehr-Staaten nicht nur niemand herrschte, sondern auch niemand vor einem anderen einen Vorteil genoß. Das anarchische oder egalitäre Ideal, d. h. die Ideologie der »ewigen Linken«, war bereits voll ausgebildet, freilich waren auch die zwei Hauptschwierigkeiten schon deutlich geworden: Eine äußere Gefährdung durfte nicht gegeben sein (deshalb durchweg die Lage auf Inseln), und Freiheit durfte nur Freiheit zur Gleichheit darstellen, d. h. der Egoismus mußte ausgerottet sein.

Aber so uralt und so offenkundig in archaischen Gemeinschaftsformen begründet dieses Ideal war, konnte es doch nur unter bestimmten geschichtlichen Voraussetzungen zu kontinuierlicher und organisierter Wirksamkeit gelangen. Ich begnüge mich mit der These, daß die Ausbildung des »europäischen Liberalen Systems« diese Voraussetzung war, jenes Systems, dessen erste Anfänge in der Trennung der obersten geistlichen und weltlichen Macht (Papst und Kaiser) sowie in der Entstehung eines starken, aber nicht übermächtigen Adels und autonomer Stadtgemeinden zu suchen sind. Zu freier Existenz und zusammenhängender Wirksamkeit kam die an-archistische oder extreme oder ewige Linke erstmals in der Aufklärung bei Autoren wie Rousseau und Linguet, Morelly, Mably und anderen; ohne ihre Einflüsse hätte die Französische Revolution nicht die Gestalt der Jahre 1793/94 angenommen, und ohne sie wäre der Schlachtruf »Krieg den Palästen, Friede den Hütten« nicht entstanden. Die Folge war der erste europäische Bürgerkrieg: die temporäre Erringung der ganzen Macht durch die französischen Jakobiner und die Parteinahme der deutschen, österreichischen und italienischen »Jakobiner« für das revolutionäre Frankreich gegen die »konterrevolutionären« Regierungen des eigenen Landes. Es ist kein Zufall, daß seither fast alle, die sich als Unterdrückte oder Benachteiligte empfanden und durch politischen Kampf Abhilfe suchten, sich auf das Beispiel der Französischen Revolution berufen haben, obwohl sich in dieser Revolution sonderbare Verkehrungen vollzogen (z. B. vom Kosmopolitismus zum Nationalismus) und obwohl Platons Auffassung vom Umschlag der Demokratie in die Tyrannis eine ihrer bemerkenswertesten Bestätigungen erfuhr.

Ich löse mich jetzt von der zeitlichen Folge und erörtere einige Fälle der Auflehnung von Unterdrückten oder Benachteiligten in idealtypischer Weise und im Hinblick auf die Möglichkeit oder Unmöglichkeit des Ausmündens in einen Bürgerkrieg.

Um 1900 proklamierte die schwedische Sozialreformerin Ellen Key das »Jahrhundert des Kindes«. Kinder können zu großen Teilen oder sogar im ganzen Unterdrückte und Benachteiligte sein: Man denke an die nach dem Muster von Erwachsenen gekleideten und sich verhaltenden Kinder im Ancien régime oder an die Kinderarbeit im 19. Jahrhundert. Aber ihre Emanzipation oder Besserstellung oder Befreiung kann nur von Erwachsenen betrieben werden; ein »Bürgerkrieg« dieser Unterdrückten gegen ihre Unterdrücker wäre eine absurde Vorstellung.

Mit geringerer Eindeutigkeit gilt ähnliches für die Jugendlichen und Heranwachsenden. »Jugend« mag ein Kampfruf sein, aber die Älteren sind in so festem Besitz aller Machtmittel, daß ein gewaltsamer Aufstand ausgeschlossen ist.

Die schwarze Bevölkerung der USA ist imstande, sich zusammenzuschließen und zu bewaffnen. Aber sie ist eine zu kleine Minderheit, als daß sie einen Bürgerkrieg mit Aussicht auf Erfolg beginnen könnte. Wenn sie trotzdem den Versuch machte, so stände am Ende ihre Vernichtung. Wenn sie durch friedliche Mittel wie Demonstrationen und Wahlen nichts auszurichten vermag, bliebe ihr nur der okkasionelle Terrorismus, der vielleicht Konzessionen seitens der Weißen herbeiführen würde.

Eine schwarze Mehrheit wie in Südafrika würde dagegen den Bürgerkrieg mit guter Aussicht auf Erfolg beginnen können, wenn sie sich zu organisieren und gründlich vorzubereiten vermöchte. Eben dies wird ihr von den Weißen verwehrt, und sie muß sich auf die wachsende Einsicht der Machthabenden, auf die Unterstützung durch auswärtige Sympathisanten und möglicherweise ebenfalls auf okkasionellen Terrorismus verlassen.

Ähnlich ist die Situation ganzer Nationen gegenüber fremdnationaler Herrschaft; hier würde ein Befreiungskrieg nur auf der Basis von Organisation möglich sein, und zum Bürgerkrieg würde er nur werden, wenn beträchtliche Teile der »unterdrückten« Nation sich auf die Seite der fremdnationalen »Unterdrücker« stellen würden, möglicherweise aus der Einsicht heraus, daß die Befreiung eine partielle oder totale Verschlechterung der wirtschaftlichen Lage nach sich ziehen würde.

Nicht ganz unähnlich scheint heute die Lage der »Dritten Welt« im ganzen gegenüber der »Ersten Welt« zu sein, obwohl politische Herrschaftsverhältnisse nicht mehr bestehen. Es ist indessen immerhin vorstellbar, daß der Versuch gemacht werden würde, die wirtschaftliche Benachteiligung durch gewaltsame Mittel zu beseitigen. Dann würde es zu einem gewöhnlichen und angesichts der Verteilung der Machtmittel sehr ungleichen Kriege kommen, der indessen insoweit Bürgerkriegscharakter annehmen könnte, als möglicherweise Teile der Bevölkerung der Ersten Welt auf die Seite der Dritten treten könnten. Das ist das Konzept des »antiimperialistischen Kampfes« terroristischer Kleingruppen, das indessen nach menschlichem Ermessen keinerlei Realisierungschancen hat, weil ihm die handgreiflichen Interessen einer großen Mehrheit entgegenstehen.

Die heutige westliche Gesellschaft wird häufig als »Zweidrittelgesellschaft« charakterisiert – man könnte sie eine Gesellschaft nennen, in der es kaum noch »Paläste« gibt und die Zahl der »Häuser« beträchtlich größer ist als die der »Hütten«. Die Aussichten des benachteiligten Drittels sind vermutlich nicht schlecht, durch sein Wahlverhalten, durch Demonstrationen und Öffentlichkeitsarbeit eine Verbesserung seiner Lage zu erreichen. Die Aufnahme eines Bürgerkrieges wäre dagegen offensichtlich aussichtslos, da die Machtverhältnisse allzu ungleich wären.

Genau die Hälfte der Bevölkerung sind die Frauen, und nach den Aussagen ihrer Vorkämpferinnen sind sie benachteiligt, wenn nicht gar unterdrückt. Dennoch ist ein Bürgerkrieg der Frauen gegen die Männer unvorstellbar, denn die Verflechtungen und Übereinstimmungen zwischen den beiden Geschlechtern sind viel stärker, als militante Feministinnen wahrhaben möchten.

Im Westen läßt sich ein gesellschaftlicher Zustand voraussehen, der jedem Bürger ein Leben weit oberhalb des Existenzminimums selbst dann garantierte, wenn er nicht wünschen würde zu arbeiten, und der damit den wichtigsten Ursprung großer sozialer Konflikte (den Hunger und die Hoffnung) beseitigt hätte. In diesem Zustand könnten sich alle trotz erheblicher Differenzierung frei und gleich und dennoch unterdrückt fühlen, weil jedem im unpersönlichen Getriebe des anonymen Ganzen Dinge zustoßen können, die er als unverdiente Nachteile empfindet, so daß die Gesellschaft des allgemeinen Reichtums zugleich eine Gesellschaft der allgemeinen Unzufriedenheit und verbreiteter Frustrationen sein wurde. Ein Bürgerkrieg wäre auch und gerade in einem solchen Staat unmöglich, aber vielleicht würden die Bewohner mit ständigen Ausbrüchen militanten Aufbegehrens und selektiven Terrorismus zu leben haben.

Einem solchen Zustand scheinen wir uns zu nähern. Von diesem Standort aus läßt sich sehr deutlich wahrnehmen, welche Sondergestalt sozialer Konflikte vorliegen mußte, wenn ein übernationaler Bürgerkrieg entstehen sollte, der auch die Gestalt eines Staatenkrieges annehmen konnte. Eine große Gruppe der Bevölkerung eines wichtigen Staates, die potentiell eine Mehrheit war und sich auf überaus spürbare Weise als benachteiligt empfand, mußte so gut organisiert und so entschlossen sein, daß sie das Risiko eines bewaffneten Vorgehens gegen die herrschende Minderheit auf sich nahm. Eine solche Gruppe hat es in der modernen Geschichte zweimal gegeben: den »Dritten Stand« gegenüber der Aristokratie im Frankreich des Ancien régime, und »das Proletariat« in England und Deutschland gegenüber der herrschenden Schicht aus Bürgertum und Adel. Damit waren die Vorbedingungen für eine Bürgerkriegssituation gegeben, aber noch nicht diese Situation selbst. Damit die Situation eintrat, mußten zuerst jene ideologischen Zusammenfassungen und Zuspitzungen zustande kommen, die den Abbé Siéyès sagen ließen, der Dritte Stand sei nichts und er wolle alles sein, und die in direkter Nachahmung Karl Marx zu der Behauptung führten, das Proletariat sei die überwältigende Mehrheit und werde die Welt vom Fluch des Privateigentums, d. h. der Habgier und des Egoismus erlösen. Eine weitere Voraussetzung war, daß die Schichten, die sich bedroht fühlten, ihrerseits einen beträchtlichen Teil der Bevölkerung umfaßten. Vermutlich trug gerade die Marxsche Ideologie wesentlich dazu bei, daß starke und sich weithin erstreckende Empfindungen von Angst und Bedrohtsein aufkamen. Marx selbst konnte indessen seine Ideologie nur deshalb entwickeln, weil er die Mannigfaltigkeit und potentielle Gegensätzlichkeit der verschiedenen Unterdrückungsempfindungen nicht ernst nahm und dem Konzept des Bürgerkrieges durch den Terminus »Klassenkampf« und durch die Vorstellung der »ungeheuren Mehrheit« auswich. Wenn eine ebenso radikale Gegen-Ideologie entstand, mußte sie ihrerseits zur unterschiedslosen Verwerfung aller Emanzipationen als eines »Sklavenaufstandes« gelangen. Marx und Nietzsche entwickelten also gegensätzliche Konzeptionen, die an den gesellschaftlichen Zustand der Epoche zwischen Industrieller Revolution und »Wohlfahrtsgesellschaften« gebunden waren und die beide nicht eigentlich Bürgerkriegskonzeptionen sein wollten. Sie mußten aber dazu werden, sobald ein entscheidender Schritt zur Realisierung hin getan wurde. Dieser entscheidende Schritt war der Putsch der Bolschewiki innerhalb der russischen Revolution, der zwar unter ganz anderen als den von Marx ins Auge gefaßten Bedingungen erfolgte, der aber doch den Beweis erbrachte, daß eine marxistische Partei imstande war, allein die Macht zu ergreifen und jene umfassende soziale Vernichtung zu bewerkstelligen, die zu vollziehen nach Marx die Aufgabe der Geschichte gewesen wäre. Mit der universalen Herausforderung, die jedoch auf partikularer Grundlage erfolgte, wurde die Bürgerkriegssituation zur Wirklichkeit, und sie war definitiv gegeben, als in einem mit Rußland gleichrangigen Staat die Gegen-Bürgerkriegspartei zum Siege kam, die sich auf Nietzsche berief, indem sie ihn grob simplifizierte. Die Situation wandelte sich abermals fundamental, als der sowjetische Staatssozialismus Stalins mit Hilfe seines alterklärten Feindes, des »Kapitalismus«, den militärischen Sieg über den radikalfaschistischen und dennoch ähnlichen Todfeind errungen hatte und nun auf einen »Weltbürgerkrieg« gegen den marktwirtschaftlichen Liberalismus der angelsächsischen Mächte zuging. Dieser Weltbürgerkrieg gelangte, wie jedermann weiß, deshalb nicht an sein logisches Ziel, weil eine Waffe von beispielloser Zerstörungskraft in die Welt trat. Wohl geht das Ringen der Denkweisen weiter, aber die westliche »Zweidrittelgesellschaft« hat heute im »Osten« trotz aller machtvollen Relikte der einstigen Abgeschlossenheit weit mehr Anhänger, als die bürokratische Planwirtschaft und Mangelgesellschaft im Westen hat. Dadurch geraten die herrschenden kommunistischen Parteien als »politisches Bürgertum« in eine Lage, die derjenigen ähnelt, in welcher das westliche »Wirtschaftsbürgertum« sich zu Anfang des 20. Jahrhunderts befand. Wie unterschiedlich sie auf diese Situation reagieren können, hat die Geschichte des umwälzenden Jahres 1989 gezeigt.

Wir können heute aus einer Situation heraus, die keine Bürgerkriegssituation mehr ist, sowohl Marx wie Nietzsche als die wichtigsten Ideologen jenes zur kriegerischen Entscheidung gelangten Bürgerkriegs, des »europäischen« der Zeit von 1917 bis 1945, mit größerer Objektivität interpretieren und zugleich auf dasjenige hin befragen, was für die Zukunft eines »mittleren Weges«, der kein mittelmäßiger sein muß, von Nutzen sein könnte. Wenn eine andeutende Vermutung erlaubt ist, so würde ich sagen: Wir können in Zukunft auf keinen Fall mehr, wie Nietzsche es tat, den Komplex der Emanzipationen als »Sklavenaufstand«

oder »Gesamt-Entartung« auffassen und brauchen ihm dennoch nicht mit den unkritischen Jubeltönen zu begegnen, die heute üblich sind; wir dürfen uns nicht mehr mit Marx vornehmen, eine entfremdungslose und vollkommene Welt ohne Geld und Tauschwerte herzustellen, und wir sollten doch nicht darauf verzichten, das Unkaufbare und Unverkäufliche, das Personale, innerhalb der Welt und ihrer Warenfülle für das eigentlich Menschliche zu halten und das »Utopische« dort zu suchen, wo es für den einzelnen erfahrbar ist. Nietzsche und Marx waren in früheren Jahrzehnten Leitfiguren oder Feinde; sie können in der Zukunft Helfer sein, indem wir zu ihren Mitdenkern werden.

Nachwort

Nietzsche in der deutschen Gegenwart

Als »deutsche Gegenwart« sieht man im allgemeinen die Epoche seit 1945, wenn nicht gar die Zeit nach 1989 an. Am Beispiel der Beschäftigung mit Nietzsche wird jedoch besonders klar, daß man die Jahre des »Dritten Reiches« hinzuzählen muß, weil die zweite Nachkriegszeit, diejenige nach 1945, unter vielen Gesichtspunkten vor allem ein Gegenzug zur Zeit des Nationalsozialismus, ja der Versuch einer Umkehrung war. In der Weimarer Republik lebten alle Richtungen des »Nietzscheanismus« mit größeren oder geringeren Veränderungen fort, und es erschienen bedeutende Werke über Nietzsche, die untereinander sehr verschieden, ja gegensätzlich waren wie etwa die Bücher von Ernst Bertram und Ludwig Klages.

Von 1933 an aber, so könnte man sagen, galt Nietzsche weithin als *der* Philosoph des »neuen Deutschland«, und mit einigen Körnchen Salz ließe sich hinzufügen, vom 30. Januar an habe ein »Nietzscheaner« an der Spitze dieses Reiches gestanden. Hitler machte dem Nietzsche-Archiv offizielle Besuche, und er ehrte Elisabeth Förster-Nietzsche vor ihrem Tode im Jahre 1935 und bei ihrer Bestattung auf mannigfaltige, ja spektakuläre Weise. Nietzsches Vetter Richard Oehler, Nachfolger der Schwester in der Leitung des Archivs, setzte nachdrücklich ein Gleichheitszeichen zwischen Nietzsche als Verkünder und Hitler als Verwirklicher derselben Sache: »Was der Philosoph vor Jahren erschaute und ersehnt hat, der Erneuerer des deutschen Volkes führte es durch.«[1] Auf derselben Linie bewegten sich Bücher mit Titeln wie »Nietzsche die Erfüllung«, »Nietzsche im Dritten Reich« oder »Nietzsche der Vorbote«.

Weit anspruchsvoller war das Buch von Alfred Baeumler, den man »den einzigen Intellektuellen des Nationalsozialismus« genannt hat, über »Nietzsche der Philosoph und Politiker«, das bereits 1931 publiziert wurde. Hier schreckt Baeumler nicht vor der

Vorhersage zurück, der deutsche Staat der Zukunft werde nicht eine Fortsetzung der Schöpfung Bismarcks sein, sondern er werde »aus dem Geiste Nietzsches und dem Geist des großen Krieges« geschaffen werden.[2] Als Herakliteer stehe Nietzsche im schroffsten Gegensatz zu der Lehre des Parmenides vom unbewegten Sein und zu der Vorstellung des Augustinus vom »Sabbat der Sabbate«, d. h. einem ewigen Ruhezustand. Nietzsches Kriege seien zwar eine Verneinung der »bürgerlich-humanistischen Sozietät«, aber sie seien nicht »Vernichtungskriege«, wie sie von fanatischen Priestern und den Aufklärern als Vorkämpfern der »rachsüchtigen Menschen« geführt würden, welche die universale Gleichheit wollten. Das Christentum sei ebenso wie die Aufklärung ein Erzeugnis der Mittelmeerwelt, die einen schroffen Gegensatz zu Nietzsches »germanischer« Wesensart bilde. Allerdings kann auch Baeumler die Spannweite oder Widersprüchlichkeit von Nietzsches Denken nicht völlig in Abrede stellen, aber er sieht in der Lehre von der ewigen Wiederkunft ein beklagenswertes Eindringen »orientalischer« Gedanken, und so muß er eine gigantische Amputation der Philosophie Nietzsches vornehmen, um den germanischen Protagonisten des »heroischen Realismus« herauszupräparieren. Der Schritt zur simplen Propaganda ist daher nicht weit, etwa wenn Baeumler in einem Aufsatz von 1934 die »unter dem Hakenkreuz marschierende Jugend« evoziert und zu dem Schluß gelangt: »Wenn wir dieser Jugend zurufen ›Heil Hitler‹, so grüßen wir mit diesem Rufe zugleich Friedrich Nietzsche«.[3]

Diese Gleichsetzung ist auch für Heinrich Härtle selbstverständlich, der ebenso wie Baeumler ein enger Mitarbeiter von Alfred Rosenberg war, aber anders als dieser nicht dem »nationalrevolutionären«, sondern dem stärkeren antibolschewistischen Quellstrom des Nationalsozialismus entstammte. Für ihn ist Nietzsche »der größte Antichrist aller Zeiten«, weil er gleichzeitig den christlichen Gleichheitswahn und den Demokratismus als fortschreitende Zerstörung von »Blut und Werten« bekämpfe. Weitaus stärker als Baeumler stellt Härtle Nietzsches Judenfeindschaft in den Vordergrund, und er behauptet sogar, vor dem geistigen Blick Nietzsches tauche aus dem Chaos heraus »der sowjetjüdische Tscheka-Staat« auf. Sein von Demokraten immer wieder beschworenes »gutes Europäertum« sei bloß scheinbar mit der

Paneuropa-Idee, der »Ausgeburt des Bastarden-Gehirns eines Coudenhove-Kalergi« verwandt, und seine vielen negativen Aussagen über die Deutschen entsprängen durchweg der »enttäuschten Liebe« dieses »germanischen Deutschen«. Allerdings fehlt es auch in Härtles Interpretation nicht ganz an Kritik gegenüber Nietzsche: seine Überschätzung Napoleons führe ihn in die Irre und insbesondere stehe sein Aristokratismus in prinzipiellem Gegensatz zum Geist Hitlers, der das Volk als »natürlich durchgegliederte Einheit« und nicht als »Herde« betrachte.[4]

Es ist nun freilich sehr merkwürdig, daß Hitler selbst in seinen Büchern, Artikeln und Reden Nietzsche kaum je erwähnt – in den Registern zu »Mein Kampf« und zum »Zweiten Buch« gibt es kein Stichwort »Nietzsche«. Sogar in den »Monologen« ist von Nietzsche nur wenig die Rede, aber es handelt sich jeweils um besonders aufschlußreiche Ausführungen. Am 25. Oktober 1941 – zu einem Zeitpunkt, dem nach einer heute weit verbreiteten Meinung der Entschluß zur »Endlösung der Judenfrage«, d. h. zum »Holocaust«, sehr bald folgte, nahm Hitler in Anwesenheit von Himmler und Heydrich mit ganz besonderer Schärfe jene Gleichsetzung vor, die auch er in der Öffentlichkeit niemals unumwunden zu artikulieren wagte, die er aber einem Mann wie Rosenberg gegenüber schon in den frühesten Jahren seiner politischen Existenz zum Ausdruck gebracht hatte, nämlich die Gleichsetzung von Christentum und Bolschewismus. Das Christentum habe planmäßig »die Geistesarbeit der Antike« ausgerottet, während der Bolschewismus unter Führung der jüdischen »Verbrecherrasse« Bluttaten sondergleichen begangen habe. (Daher sei es gut, »wenn uns der Schrecken vorangeht, daß wir das Judentum ausrotten«.) Im Anschluß daran versteigt er sich zu der Behauptung, »die Juden würden bei uns sofort Schopenhauer, Nietzsche, Kant beseitigt haben« – einer Behauptung, die schlechterdings grotesk ist, wenn man bedenkt, wie sehr die deutschen Juden der »deutschen Kultur« zugewandt waren und wie viele Nietzsche-Kenner, ja Nietzscheaner es unter ihnen gab. Sie ist allerdings insofern nicht ganz falsch, als Schopenhauer und Nietzsche tatsächlich schon früh der »Säuberung« der sowjetischen Bibliotheken zum Opfer fielen, die indessen von einer Nichtjüdin, nämlich Lenins Frau Krupskaja, initiiert worden war. Aber die aufschlußreichste, die am meisten »philosophische« Äußerung tat Hitler erst im Mai 1944:

»In der großen Innenhalle der Bibliothek in Linz werden später einmal Kant, Schopenhauer und Nietzsche stehen, unsere größten Denker, denen die Engländer, Franzosen und Amerikaner nichts, aber auch gar nichts Gleichwertiges an die Seite stellen können. Kant hat das ungeheure Verdienst, die im Mittelalter und in der kirchlichen Dogmatik wurzelnde Scholastik endgültig überwunden zu haben. Auf seiner erkenntnistheoretischen Grundhaltung baute Schopenhauer auf, dem wir außerordentlich viel verdanken. Er war es, der die reine Zweckphilosophie eines Hegel überwand ... Ich habe viel von ihm gelernt. Den Schopenhauerschen Pessimismus überwand Nietzsche dann in einzigartiger Weise.«[5]

Man braucht also Episoden wie Hitlers Besuche im Nietzsche-Archiv oder seine Anwesenheit bei der Beerdigung von Elisabeth Förster-Nietzsche nicht besonders hervorzuheben, um die These immerhin erwägenswert zu finden, daß Hitler ein »Nietzscheaner« gewesen sei und daß die zahlreichen ganz »nietzschisch« klingenden Äußerungen, die Hermann Rauschning in seinen »Gesprächen mit Hitler« der Öffentlichkeit überliefert hat, vielleicht doch nicht so vollständig »erfunden« sind, wie es die berechtigte Kritik an diesem Buch meist annimmt. Daher ist keine Tatsache aufschlußreicher als die, daß Hitler 1943 dem »Duce« Benito Mussolini zum 60. Geburtstag ein Prachtexemplar der Musarion-Ausgabe zum Geschenk machte, denn Mussolini war seit seiner Jugend zweifellos ein Nietzscheaner, wenngleich ein sehr eigenartiger – und er war zugleich der einzige Mensch, den Hitler als seinesgleichen anerkannte.

Man würde dem Nationalsozialismus indessen Unrecht tun, wenn man verschwiege, daß während seiner ganzen Epoche auch scharfe Kritik an Nietzsche möglich war, und nicht nur von seiten überzeugter Christen. Es war vielmehr ein junger Nationalsozialist, Christoph Steding, der in seinem 1938 erschienenen Buch »Das Reich und die Krankheit der europäischen Kultur« eine umfassende Kritik an Nietzsche übte. Er destillierte nämlich nicht bloß einzelne Äußerungen oder Lehren – »deutschfeindliche« und »philosemitische« Sätze oder die Lehre von der Ewigen Wiederkunft – aus dem Gesamtwerk Nietzsches heraus, sondern er faßte den ganzen Nietzsche als einen Philosophen der »Kultur« auf, und gerade diese »Kultur« war in seinen Augen ein Phänomen der Dekadenz. Sie bedeutet für ihn jene Innerlichkeit und unpolitische Subtilität, die in den vom mittelalterlichen Reichsverband abgespaltenen Kleinstaaten wie den Niederlanden und der Schweiz, aber auch in Deutschland selbst deshalb aufkommen konnte, weil die Mitte Europas nach dem Dreißigjährigen Krieg bis hin zu Bismarck keine politischen Binde- und Formierungskräfte zu entwickeln vermochte. Repräsentanten dieser unpolitischen und deshalb dekadenten Kultur sind für Steding Männer wie Jacob Burckhardt, Franz Overbeck, Carl Gustav Jung, Karl Barth, Johan Huizinga, aber auch Wilhelm Dilthey und Friedrich Meinecke. In diese Reihe gehört ebenfalls Nietzsche, und nicht an letzter Stelle. Auch er ist ein Teilnehmer in jenem »unendlichen Gespräch« der Neutralen, der Beweglichen, der Städter, der Entwurzelten, welche als solche mit den Juden verwandt seien, so daß man mit ebensoviel Recht von einer »Verjudung« Europas wie von einer Verschweizerung oder Verniederländerung des deutschen Denkens sprechen dürfe. Mithin könnte man sogar mit negativem Akzent eine »Nietzscheanisierung« Deutschlands in der Zeit des Wilhelminismus und der Weimarer Republik wahrnehmen, denn die in diesen Verfallszeiten verbreitete Reichsfeindschaft sei nicht zuletzt von Nietzsche gefördert worden; »Innerlichkeit« und »Abweichung« seien für ihn Zentralbegriffe gewesen, weil er den Staat gehaßt habe, der das »eiserne Gerüst« sei, das ein Volk sich gebe, um ein Reich werden zu können. Daher steht für Steding alles das, was Nietzsche an scheinbar Nationalsozialistischem gesagt habe, in schroffem Gegensatz zu Baeumler und Härtle, gerade auf der Seite des Oberflächlichen. Der wahre Nietzsche sei immer der Freund Jacob Burckhardts und der Kollege Johann Jakob Bachofens geblieben, eines der Hauptwegbereiter der »Afrikanisierung« Westeuropas und Deutschlands.[6]

Aber im Gesamtbild der nationalsozialistischen Nietzsche-Interpretation nimmt Steding doch kaum mehr als eine Fußnote ein, und gerade bei ihm kommt die »Allfeindschaft« der Bewegung, die so oft ihre Hauptaufgabe in der »Verteidigung der europäischen Kultur« sehen wollte, besonders deutlich zum Vorschein. Selbst wenn Nietzsche auf die Gegenseite gestellt wurde, ist die Grundeinstellung der Bewegung und des Regimes nie zu übersehen: die Feindschaft nicht etwa nur gegen das Judentum, sondern auch gegen das Christentum, die Aufklärung, die Demokratie, die »Kultur«, die westliche und »bürgerliche« Welt, der eine innere Verwandtschaft mit dem »tatarisch-jüdischen Bolschewismus« zugeschrieben wurde.

1945 hatte dieses Regime den Kampf gegen »die ganze Welt« verloren, einen Kampf, den Hitler lange Zeit zu vermeiden suchte und der doch mit einem hohen Grad von Zwangsläufigkeit aus einer Ideologie hervorging, die, wie es schien, alle Elemente der Modernität gleichmäßig verworfen hatte. Wie zuletzt in den Zeiten Napoleons war ganz Deutschland von fremden Truppen besetzt, aber nun glichen fast alle seine großen Städte den Mondlandschaften, wie sie die flandrische Front des Ersten Weltkriegs dargestellt hatte, und nicht ganz kleine Teile seiner Bevölkerung mußten auf Befehl der Besatzungsmächte gesenkten Hauptes und mit Entsetzen in den Blicken an den Haufen ausgemergelter Leichen in den Konzentrationslagern vorbeiziehen, von deren sowjetischer Version während des Dritten Reiches so oft mit propagandistischer Eindringlichkeit die Rede gewesen war; erste glaubwürdige Nachrichten nahmen auf noch viel schlimmere Vorgänge »im Osten« Bezug, nämlich auf Massentötungen in »Vernichtungslagern«. Schon während des Krieges hatte es ja zahlreiche Gerüchte und sogar beweiskräftige Hinweise gegeben, daß geisteskranke und schwerbehinderte Patienten in Heilanstalten massenhaft zu Tode gebracht wurden. Wie hätte da nicht in jedem gebildeten Menschen die Erinnerung an den einst so sehr gerühmten Philosophen auftauchen sollen, der die Schwachen noch stoßen wollte und die Vernichtung von »Millionen Mißratener« gefordert hatte?

Mit großer Selbstverständlichkeit wurden daher in der unmittelbaren Nachkriegszeit und noch lange nachher die Namen »Hitler« und »Nietzsche« ebenso zusammengestellt, wie sie im Dritten Reich zusammengestellt worden waren, aber nun natürlich mit einem ganz und gar negativen Akzent. Otto Flake, damals einer der bekanntesten Schriftsteller, leitete 1946 bei seinem »Rückblick« auf die Philosophie Nietzsches die grauenhafte Bestialisierung der jüngsten Zeit von dem Begriff der »blonden Bestie« her;

für Alfred von Martin war Nietzsche der wichtigste unter den »Wegbereitern des deutschen Zusammenbruchs« ; Ernst Barthel schrieb über »Nietzsche als Verführer«, und für Walter Künneth war Hitler schlicht der Vollstrecker von Nietzsches Ideenwelt. Das Buch von Ernst Sandvoss über »Hitler und Nietzsche« erschien erst wesentlich später, nämlich 1969, aber es bringt die umstandslose Identifizierung mit paradigmatischer Klarheit zum Ausdruck: »Von der Vernunft zum Größenwahn und schließlich zum Wahnsinn durchläuft das Bewußtsein eine Reihe Stadien, die wir bei Nietzsche und Hitler besonders klar erkennen können ... An Stelle bewährter, religiöser und politischer Verhaltensweisen, Ideale und Werte treten nach Nietzsches und Hitlers Umwertungen keine ›neuen Ideale‹, kein ›höheres Menschentum‹, sondern Wahn, Terror, Mord ... Nietzsches Übermensch und Hitlers Neuordnung sind Symptome der Frustration, uneingestandener Niederlagen des Winkel-Geistes beim Versuch, sich gegen ökonomisches Christentum und globale Humanität aufzulehnen, zugleich Symptome der Regression in Barbarei, Chaos, Nihilismus ... Nietzsche ist daher von der Mitverantwortung für die ›entsetzlichen Leichenberge der Konzentrationslager‹, für alle Unmenschlichkeiten und Grausamkeiten des Hitlerismus nicht zu entbinden.« Die »Unmenschlichkeit«, die in Nietzsches Denken und in Hitlers Taten zum Vorschein gelangt, kommt nach Sandvoss indessen »nicht als Blitz aus heiterem Himmel«, sondern sie wurzelt in dem »Geist« vorhergehender Jahrzehnte und Jahrhunderte, und als »erste Stufe des kranken Bewußtseins« gilt ihm eine so hochgerühmte Periode wie diejenige des »Deutschen Idealismus«.[7]

Mit einem unvergleichlich größeren Aufgebot an Kenntnissen und Gelehrsamkeit hatte Georg Lukács, wenngleich mit charakteristischer Abwandlung, in seinem Buch über die »Zerstörung der Vernunft« von 1953 eine ähnliche Unheilsgeschichte gezeichnet, nämlich den Weg der deutschen Philosophie in den Irrationalismus, der von Schelling über Schopenhauer zunächst zu Nietzsche und dann zu Rosenberg und Hitler führt. Aber der Beginn ist nicht der »Deutsche Idealismus« als solcher, denn Kant und Hegel befinden sich noch ganz auf der Linie der aufklärerischen Vernunft, die später von Marx und Engels weitergeführt wird. Dieser Denkansatz bleibt dann für alle Publikationen in der DDR bestimmend, für die Nietzsche – bis auf eine interessante und späte Episode[8] – immer, wie für jene frühe Literatur der Bundesrepublik, ein »Stein des Anstoßes« und zugleich ein eindrucksvolles Beweisstück für die verhängnisvollen Erscheinungen des »Imperialismus«, des »Irrationalismus« und letztlich des »Faschismus« war.

In der Bundesrepublik fehlte es allerdings nie ganz an Widerspruch, und wenn Nietzsche für viele eine »Verlegenheit« war, so ließen sich doch nicht wenige Zitate finden, welche die simplen Gleichsetzungen fragwürdig machten. So konnte Karl Schlechta, der während des Dritten Reiches ein Mitarbeiter des Nietzsche-Archivs gewesen war, schon 1947 einen Artikel mit dem Titel publizieren »Entnazifizierung Nietzsches? Wandel in Urteil und Wertung«. In großem Stil wurde diese »Entnazifizierung« aber nicht in Deutschland, sondern in den USA vorgenommen, und zwar von dem emigrierten deutschen Juden Walter Kaufmann. In seinem Buch von 1950 »Nietzsche – Philosopher, Psychologist, Antichrist« ist der »Aufklärer« Nietzsche, dessen Aussagen Baeumler und Härtle als Oberflächenphänomene abgetan hatten, die Hauptperson, die sich nur am Rande zu jenen Äußerungen verstiegen hatte, welche von der nationalsozialistischen Propaganda in den Mittelpunkt gerückt wurden.

So ließ sich schon zu Beginn der fünfziger Jahre das Postulat aufstellen, den beiden, scheinbar so sehr entgegengesetzten Gesichtern des Philosophen, dem des antisemitischen Vorläufers Hitlers und dem des judenfreundlichen Aufklärers, gerecht zu werden und zugleich die Frage des Zusammenhangs mit der deutschen Geistesgeschichte, ja mit der europäischen Realgeschichte einer Klärung näherzubringen. Eine Synthese von anderer Art lag schon seit 1947 in der großen Literatur vor, nämlich in Thomas Manns Roman »Doktor Faustus. Das Leben des deutschen Tonsetzers Adrian Leverkühn erzählt von einem Freunde«. Die Erzählung, die der christliche Humanist Dr. Serenus Zeitblom seinem verstorbenen Freunde, dem genialen Komponisten Adrian Leverkühn, widmet, ist zugleich von der tiefen Liebe des Durchschnittsmenschen zu dem überragenden Genie und von dem noch tieferen Entsetzen über den »Teufelspakt« geprägt, den dieser Mann geschlossen hat, um die höchste Höhe seiner Schöpferkraft zu erreichen. Dieses mit so großer Anteilnahme geschilderte Leben ist offensichtlich demjenigen Nietzsches nachgebildet, von der syphilitischen Ansteckung bis hin zur Umnachtung und zur langjährigen Pflege des Kranken durch seine Mutter. Für Zeitblom, der während des Krieges schreibt, ist das Schicksal des 1940 verstorbenen Freundes ein Symbol des deutschen Schicksals, das auf dem verqueren Verhältnis des deutschen Geistes zu den dunklen Restbeständen des Mittelalters und damit der negativen Beziehung zur hellen Rationalität der westlichen Aufklärung beruht, einem Verhältnis, das indessen erst jenen metaphysischen Tiefsinn und jene den Normalmenschen unzugängliche Genialität möglich macht, die dem Werk Leverkühns eine Qualität verleihen, die unvergleichlich ist. Und so kann Zeitblom am 25. April des »Schicksalsjahres« 1945 zwar ausrufen : »Fluch, Fluch den Verderbern, die eine ursprünglich biedere, rechtlich gesinnte, nur allzu gelehrige, nur allzu gern aus der Theorie lebende Menschenart in die Schule des Bösen nahmen ...«, aber er muß einräumen, daß der untergehende »Blutstaat« und dessen »unermeßliche Verbrechen« nicht etwas »unserer Volksnatur durchaus Fremdes, Aufgezwungenes und in ihr Wurzelloses » gewesen sind, sondern daß diese Herrschaft »nach Worten und Taten nur die verzerrte, verpöbelte, verscheußlichte Wahrwerdung einer Gesinnung und Weltbeurteilung war, der man charakterliche Echtheit zuerkennen muß und die der christlich-humane Mensch nicht ohne Scheu in den Zügen unserer Großen, der an Figur gewaltigsten Verkörperungen des Deutschtums ausgeprägt findet.« Diese Parallelität ist nach Zeitblom vor allem in der symphonischen Kantate ›Dr. Fausti Weheklag‹ Leverkühns, seinem »geschichtlich letzten und äußersten« Werk einerseits und in dem »letzten und äußersten Versuch« des deutschen Volkes, »die selbsteigene politische Form zu finden«, andererseits zum Vorschein gekommen. Aber daß hier eine Art Geschichtsphilosophie vorliegt, wird klar, wenn Leverkühn in der höchst sonderbaren, in archaischem Deutsch gehaltenen Rede kurz vor seiner Umnachtung vor einem tief befremdeten Publikum folgendes sagt: »Es ist die Zeit, wo auf fromme, nüchterne Weis, mit rechten Dingen, kein Werk mehr zu tun und die Kunst unmöglich geworden ist ohne Teufelshilf und höllisch Feuer unter dem Kessel ... Denn es heißt: Seid nüchtern und wachet! Das aber ist manches Sache nicht, sondern, statt klug zu sorgen, was vonnöten auf Erden, damit es dort besser werde, und besonnen dazu zu tun, daß unter den Menschen solche Ordnung sich herstelle, die dem schönen Werk wieder Lebensgrund und ein redlich Hineinpassen bereiten, läuft wohl der Mensch hinter die Schul und bricht aus in höllische Trunkenheit: so gibt er sein Seel daran und kommt auf den Schindwasen.« [9]

Was bedeutet diese sonderbare Andeutung und die Hoffnung, die offenbar daraus abzuleiten ist? Will Thomas Mann – denn es ist offenbar seine Stimme, die hier zu hören ist – sagen, daß jene Nüchternheit alltäglichen Mühens um Besserung der irdischen Dinge, das den Kunstwerken wieder ein »redlich Hineinpassen« sichert, in der Wirklichkeit der »westlichen Demokratie« zu finden ist, wie sie ihn im amerikanischen Exil umgab? Aber ist es nicht auch seine Stimme, wenn Leverkühn von »den Guten und Harmlosen« spricht, »die ich darum herzlich veracht, aber inbrünstig beneide«? Und gibt es irgendeinen überzeugenden Hinweis in dem früheren Werk Thomas Manns, daß »Weimar« für ihn so etwas wie – mit Karl Marx zu sprechen – die »Auflösung des Rätsels der Geschichte« war? Oder sind nicht doch jene Hoffnungen gemeint, die Thomas Mann während seines ganzen Lebens auf den »Sozialismus« setzte, wobei er den »sowjetischen Sozialismus« nur halbherzig ausschloß oder in Klammern setzte? Kommt für ihn das weltgeschichtliche Drama, in dem Nietzsche-Leverkühn und Hitler-Deutschland zum Teufel fahren, nicht doch im baldigen Triumph »des Sozialismus« zum Ende und zur Vollendung? Müßte er nicht, wenn er Nietzsche und Hitler verdammt, obwohl er doch eine verzweifelte Liebe zu ihnen nicht leugnen kann, den Mut haben, Lenin und Stalin als den entscheidenden weltgeschichtlichen Gegenspielern Hitlers und des »Faschismus« offen den Ruhm zugestehen, der ihnen gebührt? Oder müßte er einen Lauf der Weltgeschichte zu schildern versuchen, der nicht nur zum Scheitern und zur abgründigen Verkehrung des altertümlich-tiefsinnigen Deutschlands im »Faschismus« führte, sondern auch zum Scheitern und zur Verkehrung der progressivistischen Haupt- und Gegentendenz im »Kommunismus«, welche eben mit der geheimnislosen Normalität der glücklichen Inseln an den Rändern des Atlantik nicht identisch war? Hätte nicht Thomas Mann, wenn er Nietzsche ganz gerecht werden wollte, einen Roman über jenen ideologischen und internationalen »Bürgerkrieg« schreiben müssen, dessen nur zur Hälfte entschiedener, ja durch Mehrdeutigkeit bestimmter Teilnehmer er selbst war?[10]

Aber es waren nicht »Deutungen« oder gar Werke einer Jüngerschaft, welche die Beschäftigung mit Nietzsche in der Nachkriegszeit kennzeichneten, sondern wissenschaftliche Studien und Forschungen. Es kam Nietzsche zugute, daß er von früh an ein internationaler Denker gewesen war, d. h. daß er weit über die Grenzen Deutschlands hinaus gewirkt hatte. Walter Kaufmann ist bereits erwähnt worden, und ab 1960 erschien in Chapel Hill die »International Nietzsche Bibliography«, herausgegeben von Herbert W. Reichert und Karl Schlechta. Als ab 1971 im Verlag de Gruyter die »Nietzsche-Studien« Jahr für Jahr herauskamen, waren von den vier Herausgebern zwei Ausländer, nämlich Ernst Behler und Mazzino Montinari. Bei den Autoren war das Verhältnis nicht viel anders, und selbst einige der marginalsten Themen Nietzsches wurden zum Gegenstand sorgfältiger Untersuchungen. So erschienen etwa im 13. Band von 1984 u. a. folgende Aufsätze: F. Bornmann, »Nietzsches Epikur«, U. Pörksen, »Die Funktionen einer naturwissenschaftlichen Metapher in einem Satz Nietzsches«, A. Venturelli, »Nietzsche in der Berggasse 19. Über die erste Nietzsche-Rezeption in Wien«, V. Vivarelli, »Das Nietzsche-Bild in der Presse der deutschen Sozialdemokratie um die Jahrhundertwende«. International ausgerichtet waren auch die »Monographien und Texte zur Nietzsche-Forschung«, die ebenfalls von de Gruyter publiziert wurden. Hier erblickte 1997 als Band 36 der Tagungsbericht über den »Jüdischen Nietzscheanismus« die Welt, und bereits zehn Jahre vorher war als Band 17 die ausführliche Untersuchung von Henning Ottmann über »Philosophie und Politik bei Nietzsche« herausgekommen. Der Verlag de Gruyter setzte seinen Verdiensten um die Nietzsche-Forschung die Krone auf, als er das Riesenwerk einer neuen Gesamtausgabe Nietzsches realisierte: die »Kritische Gesamtausgabe«, welche die Werke, den Nachlaß und die Briefe umfaßte und seit 1967 von Giorgio Colli und Mazzino Montinari herausgegeben wurde. Sie kam erst zum Abschluß, als beide Herausgeber gestorben waren und wurde auf sehr wirkungsvolle Weise durch die weithin textgleiche »Kritische Studienausgabe« ergänzt, die das vollständige Werk Nietzsches für alle Interessierten leicht zugänglich machte.

Mithin scheint die Behauptung gut begründet zu sein, Nietzsche dürfe zu denjenigen Autoren gezählt werden, die auch in der zweiten Nachkriegszeit das größte Interesse erregt und die meisten Forscher und Interpreten angezogen hätten. Aber ein Blick auf Marx und den Neomarxismus macht rasch deutlich, welche grundsätzliche Einschränkung gegenüber dieser Aussage vorgenommen werden muß. Die »Frankfurter Schule« der ehemaligen Emigranten Max Horkheimer und Theodor Adorno firmierte unter dem Namen »Kritische Theorie«, aber sie war ein Neomarxismus, der allerdings gewisse und eigentümliche Ähnlichkeiten mit der »konservativen« Kulturkritik aufwies und in den letzten Jahren Horkheimers sich sogar der Totalitarismustheorie annäherte. Große Teile der akademischen Jugend griffen höchst begierig nach dieser »Kritik« an »Autorität«, »Macht«, der Familie, der älteren Generation und natürlich dem Nationalsozialismus, welche ihr die Möglichkeit gab, einen neuen Anfang zu machen und sich aus der Verbindung mit der »schuldigen Vätergeneration« zu befreien. Nicht zuletzt war dabei offenbar der Wunsch leitend, die angeblich verfehlte Staatspolitik der Forderung nach Wiedervereinigung Deutschlands und die daraus resultierende Nicht-Anerkennung der DDR hinter sich zu lassen, d. h. den »Kalten Krieg« zu überwinden und sich der großen »Entspannungspartei« anzuschließen – und zwar meist in deren östlicher Version. Es dauerte in der Tat nicht lange, bis die radikaleren Gruppen der »Studentenbewegung« sich auch die konkreten Zukunftsziele des politischen Marxismus zu eigen machten, denen gegenüber Horkheimer und Adorno sehr skeptisch gewesen waren: die Enteignung der Kapitalisten und die Errichtung einer sozialistischen, d. h. planwirtschaftlichen Gesellschaft nach dem Muster nicht so sehr der DDR als der chinesischen Volksrepublik Mao Tse-tungs oder des Albanien Enver Hodschas. Sowohl in seiner »kritischen« und gemäßigten wie in seiner radikalen und dogmatischen Erscheinungsform war der (Neo-)Marxismus also aufs engste mit den großen zeitgenössischen Phänomenen und Problemen verknüpft, und durch Zeitschriften wie »konkret« oder »Das Argument« reichte sein Einfluß bis tief in die studentischen Massen hinein, welche nach amerikanischem Vorbild, aber von den amerikanischen Differenzierungen weit entfernt, die Universitäten bevölkerten und keinesfalls »Eliten« sein wollten, sondern gegen »Leistungsdruck« und »Disziplinierung« aufbegehrten. Nichts auch nur einigermaßen Vergleichbares gab es auf der Seite der Nietzsche-Kenner und Nietzsche-Forscher – von einem Neo-Nietzscheanismus konnte nicht die Rede sein. Jürgen Habermas, der nach dem Tod der beiden Gründerväter bald als das Schulhaupt der »Frankfurter« anerkannt wurde, schrieb weitaus mehr über Marx und den Historischen Materialismus als über Nietzsche, und zahlreiche Sozialphilosophen oder Sozialhistoriker folgten seinen Spuren. So brachte Habermas gegenüber Nietzsche ein scharfes Empfinden von Distanz zum Ausdruck, als er 1968 in seiner Einleitung zu einer Ausgabe von Nietzsches »Erkenntnistheoretischen Schriften« schrieb, zwischen den Kriegen habe Nietzsche eine eigentümliche Faszination ausgeübt und eine ganze Generation »scheinradikaler«, mit westlichen Traditionen zerfallener Intellektueller wie etwa Oswald Spengler, Gottfried Benn, Ernst Jünger, Martin Heidegger und Arnold Gehlen tief beeinflußt, aber »das alles« liege hinter uns und sei »fast schon unverständlich geworden«.[11]

Abkürzend und sicherlich zuspitzend kann man also unter Verwendung Nietzschescher Begriffe sagen: Nietzsche und der Nietzscheanismus waren in der deutschen Gegenwart seit 1945 ein Thema von »antiquarischem« Interesse, so viele Philosophen und Schriftsteller sich auch damit beschäftigen mochten. Marx und der Marxismus gehörten dagegen in den »monumentalen« Bereich, der in vielen Menschen starke Emotionen auszulösen vermochte. Diesen Tatbestand muß man sich präsent machen, wenn man verstehen will, weshalb ein Vortrag eines philosophischen Schriftstellers, Peter Sloterdijks, im Jahre 1999 so viel Aufregung hervorrief und so viel Kritik auf sich zog. Vorwegnehmend läßt sich feststellen: Der Grund bestand darin, daß erstmals ein Intellektueller, der zu den »Achtundsechzigern« gezählt wurde und der dem einflußreichsten der deutschen Verlage, dem Suhrkamp Verlag, beinahe ebenso eng verbunden war wie Habermas, sich für eine gewagte These auf Nietzsche berief und von Marx völlig absah. Aber der »Skandal« entstand erst dadurch, daß Habermas in Person einen Redakteur der »Zeit« zu einem heftigen Angriff auf die »faschistoide« Tendenz des Sloterdijkschen Vortrags veranlaßt zu haben scheint, daß danach der ganze Vortrag selbst auf fünf Seiten der »Zeit« vom 16. September 1999 abgedruckt wurde und daß bald darauf fast alle großen deutschen Zeitungen ihre Beiträge zur »Sloterdijk-Debatte«publizierten.

In der Tat mußte die Überschrift, unter der die »Elmauer Rede« publiziert wurde, Verwunderung und Befremden erregen, denn sie lautete »Regeln für den Menschenpark«. Aber in ihrem Anfang schien sie lediglich ein subtiles Stück philosophischer Überlegungen zu sein. Sloterdijk geht nämlich vom »Humanismus« aus, in dessen Kern er den »Traum von der schicksalhaften Solidarität derer, die dazu auserwählt sind, lesen zu können« entdeckt und dessen »bürgerliche« Gestalt durch die Lektüre von Klassikern bestimmt gewesen sei, und zwar mit der altüberlieferten Absicht einer »Zurückholung des Menschen aus der Barbarei«. Sloterdijk fährt jedoch nicht in der marxistischen und schon progressivistischen Manier fort, daß dieser Humanismus elitär gewesen sei und »demokratisiert« werden müsse, sondern er nimmt Bezug auf Martin Heideggers »Brief über den Humanismus« von 1946, und er macht kein Hehl aus seiner Meinung, daß man hier auf adäquatere Weise von einer »Überwindung des Humanismus« sprechen könne. Nach Heidegger gehe der überlieferte Humanismus von der »animalitas« des Menschen aus, der er den »Logos« oder die »Vernunft« bloß als ein weiteres Vermögen hinzufüge, statt den Menschen als solchen und im ganzen als den Ort der »Lichtung des Seins« zu erkennen. Daher spreche Heidegger vom Menschen als dem »Hirten des Seins« und beziehe ihn, dessen Sprache das »Haus des Seins« sei, in eine Zähmung und eine Befreundung ein, die tiefer gingen als jede humanistische Entbestialisierung jemals reichen könne. Der überlieferte Humanismus sei dagegen nach Heidegger der Ausdruck einer anthropozentrischen oder subjektivistischen Gewalt gegen das Seiende, und er habe sich in jüngster Zeit in der Titanomachie zwischen Bolschewismus, Faschismus und Amerikanismus dargestellt, die sich bloß auf äußerliche Weise voneinander unterschieden hätten. So werde »die Epochenfrage« unausweichlich, was den Menschen noch zähme, noch ent-bestialisiere, wenn der Humanismus als Schule der Menschenzähmung scheitere. Heidegger habe eine »Gesellschaft der Besinnlichen« im Auge, aber diese Bestimmung genügt Sloterdijk nicht. Er glaubt nämlich, Heidegger dadurch verbessern oder ergänzen zu können, daß er die Naturgeschichte und Begriffe wie »lebendgebärendes Säugetier Mensch« und »Neotenie« ins Spiel bringt.

Bis hierhin bedeutete ihm »Zähmung« offenbar nichts anderes als »Bildung« und »Auslese«, soviel wie »Weg zur humanistischen Elite«, aber nun zieht er Nietzsche heran und zitiert einen längeren Abschnitt aus dem »Zarathustra«. Jetzt wird die Aussage möglich, die Lichtung sei zugleich ein Kampfplatz und ein Ort der Entscheidung und der Selektion. Die aber sei von »Zucht« und »Züchtung« nicht zu trennen, und wenn Nietzsche als »der Meister des gefährlichen Denkens« mit ganz negativem Akzent von der scheinhaften Tugend spreche, die »den Menschen selber zu des Menschen bestem Haustier« gemacht habe, dann gewinnt das Wort »Zähmung« plötzlich einen negativen Ton, und Sloterdijk kann von »Anthropotechniken« und der Forderung sprechen, »ein späteres Nachdenken über die Humanität jenseits der humanistischen Harmlosigkeit zu provozieren«. Läuft dieser Gedankengang nicht auf Nietzsches Begriff der »blonden Bestie« als des nichtharmlosen, nicht-gezähmten Menschen zu? Aber Sloterdijk will offenbar eine Ent-zähmung nicht als Ent-Hemmung verstanden wissen, denn er spricht mit negativem Akzent von dem Zivilisationsprozeß der Gegenwart, »in dem eine beispiellose Enthemmungswelle anscheinend unaufhaltsam rollt«. Wenn Sloterdijk die Frage nach der Möglichkeit einer »Umstellung vom Geburtenfatalismus zur optionalen Geburt und zur pränatalen Selektion« für begründet erklärt, bewegt er sich im Bereich von Erörterungen, die heute alles andere als exzeptionell sind, auch wenn sie einen anstößigen Terminus wie »Selektion« vermeiden.

Aber indem er nun einen dritten klassischen Text heranzieht, nämlich Platons Dialog »Politikós«, benutzt er Begriffe wie »Menschenpark«, »Menschenhaltung in Parks oder Städten«, »züchterisches Königswissen« und »Expertenkönigtum«. Tatsächlich konstatiert er selbst die »Explosivität« von Platons Überlegungen, denn es handle sich hier um »das Programm einer humanistischen Gesellschaft, die sich in einem einzigen Voll-Humanisten, dem Herrn der königlichen Hirtenkunst, verkörpert«. Die Aufgabe dieses Über-Humanisten wäre keine andere »als die Eigenschaftsplanung bei einer Elite, die eigens um des Ganzen willen gezüchtet werden muß«. Ein Programm wie dieses wäre ohne Zweifel wie ein Faustschlag in das Gesicht einer Gesellschaft, die als höchsten Wert die unaufhörliche »Demokratisierung« betrachtet.

Es handelt sich indessen schwerlich um Sloterdijks Programm. Er stellt nämlich ausdrücklich fest daß in der Gegenwart nicht nur die Götter, sondern auch die Weisen und damit jene Über-Humanisten nicht zu finden sind. Mithin scheint er sich gar nicht so weit von den heute üblichen Idealen und Postulaten entfernt zu haben, ja man könnte behaupten, der letzte Satz in den Anmerkungen zu dem Text könne auch in einer Festrede zur Gründungsfeier eines humanistischen Gymnasiums einen Platz finden, denn er lautet: »So wie in der Antike das Buch den Kampf gegen die Theater verlor, so könnte heute die Schule den Kampf gegen die indirekten Bildungsgewalten, das Fernsehen, das Gewaltkino und andere Enthemmungsmedien verlieren, wenn nicht eine neue gewaltdämpfende Kultivierungsstruktur entsteht.« Aber das eigentliche Ergebnis des Sloterdijkschen Denkversuchs, der sich auf so unterschiedliche und leicht mißverständliche Texte von Heidegger, Nietzsche und Platon stützt, dürfte doch ein Zukunftsbild sein, das von Heideggers »Hirten«, Nietzsches »blonder Bestie« und Platons königlichem Menschenzüchter gleich weit entfernt ist. Es handelt sich um die Platonische Vorstellung, daß es zwei relative Optima der Menschenartung gebe: die kriegerische Tapferkeit einerseits und die philosophisch-humane Besonnenheit andererseits und daß die beiden gleichermaßen das Gewebe des Gemeinwesens bilden müßten. Unter der kriegerischen Tapferkeit kann Sloterdijk unmöglich Figuren wie den gepanzerten Ritter und den stahlhelmbewehrten Frontkämpfer oder auch den Kampfflieger verstehen, der aus unerreichbarer Höhe seine Bomben wirft, sondern er muß eine Stärke des Willens und eine Entschiedenheit der Abstandnahme im Auge haben, die in der demokratischen Konsumgesellschaft nicht eben die Regel sind, und mit dem Begriff der »philosophisch-humanen Besonnenheit« dürfte er zu Heidegger zurückgekommen sein, den er mit Hilfe Nietzsches überwinden wollte. Aus der Verbindung der beiden Optima würde eine Gesellschaft resultieren, die von der gegenwärtig vorhandenen sehr verschieden, ja vermutlich allzu verschieden ist, so daß man Sloterdijk unter die »Utopisten« einreihen müßte.

Doch die Kritik, die ihm aus nahezu allen deutschen Blättern entgegenschlug, sah in ihm fast ausschließlich den Nietzsche-Epigonen, der gerade die gefährlichsten Tendenzen in dem Werk des Philosophen wieder zum Leben erwecken wolle. Thomas Assheuer schrieb in der »Zeit« vom 23. September 1999, eine Kulturkritik, die mit aggressivem Ressentiment gegen Sozialstaat und ›Massenkultur‹ aufgeladen sei, sei durchaus geeignet, die demokratische Kultur zu vergiften; der »Spiegel« wählte Überschriften wie »Hitler, Nietzsche, Dolly und der neue Philosophenstreit«, »Harlekins Griff nach der Macht« und »Der antiliberale Reflex«; Richard Herzinger sprach im »Tagesspiegel« vom 6.10.99 vom »gedankenwirren Raunen eines philosophischen Schamanen« und erklärte Sloterdijk für das Sprachrohr »von Teilen einer (ein)gebildeten Kaste, die sich in der Vielfalt der pluralistischen Gesellschaft nicht mehr zurechtfindet« ; in der »Frankfurter Allgemeinen Zeitung« wurde Sloterdijk als »neuheidnischer Tabubrecher« charakterisiert. Der Chefredakteur der »Zeit«, Roger de Weck, suchte, wie auch einige andere Kritiker, ein allzu hartes Urteil zu vermeiden und fragte im Hinblick auf Nietzsche lediglich, ob es für die Deutschen nur den »Nietzsche der Nazis und nie mehr jenen Nietzsche« gebe, der den Wilhelminismus gebrandmarkt habe. Aber er sah die eigentliche Gefahr darin, daß sich mit Sloterdijks Rede etwas wiederholt habe, was 1986 mit dem »Historikerstreit« angefangen habe und was sich dann mit dem Artikel von Botho Strauß, der Debatte um Goldhagen und der Rede Martin Walsers beim Empfang des Friedenspreises des deutschen Buchhandels fortgesetzt habe, nämlich die Infragestellung der geistigen Grundlage der Bundesrepublik, die sich als ein »Kulturkampf« einiger Intellektueller gegen Autoren wie Jürgen Habermas und Günther Grass vollziehe.

Gemeint ist offenbar der linksliberale »mainstream«, der nach der Auffassung der »Zeit« anscheinend allenfalls von den etwas abweichenden Stimmen des Liberalkonservativismus und des Reformsozialismus orchestriert werden sollte. Aber de Weck übersieht das unverwechselbare Hauptkennzeichen der liberalen Demokratie, das darin besteht, daß sie auch ihren grundsätzlichen

Gegnern eine Stimme, wenngleich nicht einen uneingeschränkten Wirkungsraum zugesteht. Die Intellektuellen, die 1986, 1993, 1996 und 1998 Kritik vorbrachten, waren *keine* solchen grundsätzlichen Gegner, und sie traten allenfalls für dasjenige ein, was auch der »mainstream« das »Recht auf freie Meinungsäußerung« nennt, aber faktisch weithin einschränkt. Daß der linksliberale »mainstream« aufhört, liberal zu sein, und sich dem Totalitarismus nähert, sobald ihm eine ernsthafte Selbstkritik und damit die Bereitschaft abhanden kommt, auch »skandalöse« Meinungen anzuhören und zu prüfen, dürfte für niemanden eine wichtigere Einsicht sein als für die Repräsentanten dieses »mainstream« selbst. Das Umschlagen der Toleranzforderung in Fanatismus und Intoleranz ist eine nur allzu naheliegende Gefahr, und der Verzicht auf die Sorgfalt der Wiedergabe der Auffassungen des Gegners bildet einen ersten Schritt. Sloterdijk hat – so gewiß unkritische oder gar enthusiastische Zustimmung der falsche Weg wäre – als erster Nietzsche nicht mehr nur als einen Gegenstand der Uminterpretation oder der wissenschaftlichen Forschung behandelt, sondern er hat ihn nach langer Zeit wieder als einen Mitdenker in das Gespräch der »großen« Öffentlichkeit eingeführt. Auf die Kritik, die ihm begegnete, hat er nicht, wie das heute so oft der Fall ist, mit einer Art von Kapitulation reagiert, sondern er hat Habermas und dessen Anhänger ungescheut mit »Jakobinern« verglichen, also, wie man sagen könnte, als »Großinquisitoren von links« gekennzeichnet. Dadurch hat er für die Frage nach »Nietzsche in der deutschen Gegenwart« und potentiell sogar für die Wirklichkeit des »Liberalen Systems« im wiedervereinigten Deutschland neue und bessere Voraussetzungen geschaffen.

Anmerkungen

Einführung

1 KGB, Bd. III, 5, S. 307.
2 Ebenda, S. 47 f.
3 KGB, Bd. II, 3, S. 260.
4 KGB, Bd. I, 2, S. 257.
5 KGB, Bd. II, 1, S. 203 ff.
6 MEW, Bd. 34, S. 23.
7 KGB, Bd. III, 5, S. 370.
8 KGB, Bd. III, 1, S. 564.
9 MEW, Bd. 1, S. 372.
10 MEW, Bd. 1, S. 504; Bd. 2, S. 257.
11 MEW, Ergänzungsbd. 1, S. 474.
12 MEW, Bd. 1, S. 253.
13 KGW, Bd. VIII, 3, S. 456.
14 KGB, Bd. III, 1, S. 230.
15 Ebenda, S. 425.
16 KGW, Bd. VIII, 3, S. 453.
17 KGW, Bd. VIII, 2, S. 104.
18 KGB, Bd. III, 5, S. 250.

Nietzsches Leben

Jugendjahre und Studentenzeit

1 Historisch-kritische Gesamtausgabe, ››Jugendschriften, S. 32.
2 KGB, Bd. I, 1, S. 5.
3 Ebenda, S. 92.
4 Musarion-Ausgabe, Bd. I, S. 52–57.
5 Ebenda, S. 60–66.
6 Ebenda, S. 70 f.
7 Ebenda, S. 254.
8 KGB, Bd. I, 2, S. 37.
9 Ebenda, S. 60.
10 Ebenda, S. 121 f.
11 KGB, Bd. II, 1, S. 62.
12 Ebenda, S. 142.

13 KGB, Bd. I, 2, S. 210.
14 Ebenda, S. 269.
15 Ebenda, S. 385.

Die Baseler Jahre bis 1876

1 Musarion-Ausgabe, Bd. 2, S. 6.
2 KGB, Bd. II, 1, S. 52.
3 Ebenda, S. 155 f.
4 Ebenda, S. 195.
5 Ebenda, S. 204.
6 Janz, Bd. I, S. 406.
7 KGW, Bd. III, 1, S. 58.
8 Ebenda, S. 30 f.
9 Ebenda, S. 25.
10 Ebenda, S. 86.
11 Ebenda, S. 95.
12 Ebenda, S. 119.
13 KGB, Bd. II, 3, S. 16.
14 Ebenda, S. 28 f.
15 Ebenda, S. 19.
16 KGW, Bd. III, 1, S. 376.
17 Ebenda, S. 378.
18 Janz, Bd. 1, S. 720.
19 KGB, Bd. II, 5, S. 82.
20 Ebenda, S. 146.

Der Umbruch 1876–1879

1 KGB, Bd. II, 6/2, S. 769.
2 Paul Rée: Psychologische Beobachtungen. Berlin 1875, S. 21.
3 Ebenda, S. 69.
4 Ebenda, S. 126.
5 KGB, Bd. III, S. 471.
6 Malwida von Meysenbug: Memoiren einer Idealistin, und Nachtrag: Der Lebensabend einer Idealistin. Berlin 1881^{3}, Bd. 2, S. 236.
7 Ebenda, S. 237.
8 KGB, Bd. II, 5, S. 300.
9 KSA, Bd. 15, S. 80.
10 Ebenda, S. 84.
11 KGB, Bd. II, 6/2, S. 896.
12 KSA, Bd. 15, S. 88.

13 KGW, Bd. IV, 2, S. 30 f.
14 Ebenda, S. 372 f.
15 Ebenda, S. 41.
16 Ebenda, S. 235 f.
17 KGW, Bd. III, 4, S. 258.
18 KGW, Bd. III, 3, S. 434.
19 KGW, Bd. IV, 1, S. 146 f.
20 KGW, Bd. IV, 2, S. 200.
21 Ebenda.
22 MEW, Bd. 13, S. 641 f.
23 KGB, Bd. II, 6/1, S. 680.
24 KSA, Bd. 15, S. 105.
25 KGB, Bd. III, 1, S. 3.
26 Ebenda, S. 5 f.

Frühes Einsiedlerleben und Krise um Lou von Salomé

1 KGB, Bd. III, 1, S. 33.
2 Ebenda, S. 44.
3 Ebenda, S. 68.
4 Ebenda, S. 88.
5 Ebenda, S. 91.
6 Ebenda, S. 103 f.
7 KGB, Bd. III, 5, S. 294.
8 KGB, Bd. III, 1, S. 111.
9 KGW, Bd. V, 2, S. 392.
10 KGB, Bd. III, 1, S. 131.
11 Ebenda, S.160.
12 Ebenda, S. 185.
13 KGB, Bd. III, 2, S. 291.
14 Janz, Bd. 2, S. 110 ff.
15 KGB, Bd. III, 1, S. 195.
16 Ebenda, S. 222.
17 Ebenda, S. 239.
18 Ebenda, S. 236 ff.
19 Friedrich Nietzsche – Paul Reé – Lou von Salomé. Die Dokumente ihrer Begegnung: Hrsg. v. Ernst Pfeiffer. Frankfurt 1971, S. 183.
20 KGB, Bd. III, 2, S. 301 f.
21 KGB, Bd. III, 1, S. 296.
22 Ebenda, S. 301.
23 Ebenda, S. 307.
24 Ebenda, S. 311.
25 Ebenda, S. 314 f.

26 Ebenda, S. 330.
27 KGW, Bd. V, 1, S. 48 f., 108.
28 Ebenda, S. 300.
29 KGW, Bd. V, 2, S. 81, 268, 258 f.
30 Ebenda, S. 158 f.
31 Ebenda, S. 250.
32 KGB, Bd. III, 1, S. 320 f.
33 KGB, Bd. III, 2, S. 360.

Die Zarathustra-Zeit

1 KGB, Bd. III, 1, S. 506.
2 Ebenda, S. 371.
3 Ebenda, S. 515.
4 KGW, Bd. VI, 1, S. 6.
5 Ebenda, S. 8 ff.
6 Ebenda, S. 32 f.
7 Ebenda, S. 55.
8 Ebenda, S. 82.
9 Ebenda, S. 98.
10 KGB, Bd. III, 1, S. 397.
11 Ebenda, S. 435.
12 Ebenda, S. 402.
13 Ebenda, S. 469.
14 Ebenda, S. 531.
15 Ebenda, S. 564 ff.
16 Ebenda, S. 180.
17 Förster in: Erich F. Podach, Gestalten um Nietzsche, Weimar 1932, S. 125–176.
18 Ebenda, S. 140.
19 KGB, Bd. III, 2, S. 420.
20 KGB, Bd. III, 1, S. 506.
21 KGB, Bd. III, 3, S. 84.
22 Ebenda, S. 49.
23 KGB, Bd. III, 1, S. 514.
24 KGB, Bd. III, 3, S. 10.
25 KGB, Bd. VI, 1, S. 125.
26 KGW, Bd. VI, 1, S. 143 f.
27 Ebenda, S. 196.
28 KGB, Bd. III, 3, S. 48.

Das geplante »Hauptwerk«: »Der Wille zur Macht« – »Umwertung aller Werte«

1 KGB, Bd. III, 3, S. 294.
2 Vgl. KGW, Bd. VIII, 1, S. 269.
3 KGB, Bd. III, 3, S. 213 f.
4 KGB, Bd. III, 5, S. 285.
5 KGB, Bd. III, 3, S. 116.
6 KGB, Bd. III, 5, S. 195.
7 Ebenda, S. 258.
8 Ebenda, S. 347.
9 KSA, Bd. 15, S. 159.
10 KGB, Bd. III, 3, S. 223.
11 KGB, Bd. III, 5, S. 206.
12 KGW, Bd. VI, 2, S. 4 f.
13 KGW, Bd. VI, 1, S. 130.
14 KGW, Bd. VI, 2, S. 30.
15 Ebenda, S. 51.
16 Ebenda, S. 65.
17 Ebenda, S. 149.
18 Ebenda, S. 277.
19 Ebenda, S. 282 f.
20 Ebenda, S. 289.
21 KGW, Bd. VI, 1, S. 47.
22 KGW, Bd. VI, 2, S. 329.
23 KGW, Bd. II, 2, S. 385.
24 KGW, Bd. VII, 2, S. 121.
25 KGW, Bd. VI, 2, S. 410.
26 KGB, Bd. III, 3, S. 297.
27 KGB, Bd. III, 5, S. 395.
28 KGW, Bd. VII, 3, S. 256.
29 Ebenda, 3, S. 338 f.
30 Ebenda, S. 349.
31 KGW, Bd. VIII, 1, S. 126.
32 Ebenda, S. 127 ff.
33 Ebenda, S. 215–221.
34 Ebenda, S. 320.
35 KGW, Bd. VIII, 1, S. 326.
36 KGW, Bd. VIII, 3, S. 337 f., auch Bd. VIII, 1, S. 252.
37 KGB, Bd. III, 5, S. 410 f.

Die Wendung zur »Praxis« 1888

1 KGB, Bd. III, 5, S. 460 f.
2 Ebenda, S. 452.
3 Ebenda, S. 463.
4 KGW, Bd. VI, 3, S. 75.
5 Ebenda, S. 127.
6 Ebenda, S. 208.
7 Ebenda, S. 185.
8 Ebenda, S. 153.
9 Ebenda, S. 110.
10 Ebenda, S. 216.
11 KGW, Bd. VIII, 3, S. 418.
12 KGW, Bd. VI, 2, S. 129 f.
13 KGW, Bd. VI, 3, S. 230.
14 Ebenda, S. 250 f.
15 Ebenda, S. 311.
16 Ebenda, S. 362.
17 KGW, Bd. VIII, 3, S. 451.
18 Ebenda, S. 412 f.
19 Ebenda, S. 402, 409 f., 421 f.
20 KGW, Bd. VI, 3, S. 168.
21 KGW, Bd. VIII, 2, S. 430.
22 KGW, Bd. VI, 3, S. 209.
23 KGW, Bd. VIII, 3, S. 451, 457 ff.
24 KGB, Bd. Ill, 5, S. 487, 491.
25 Ebenda, S. 482.
26 Ebenda, S. 500.
27 KGW, Bd. VIII, 3, S. 456.
28 KGW, Bd. VI, 3, S. 403.

Zusammenbruch, Umnachtung, Tod

1 KGB, Bd. III, 5, S. 565 f.
2 Ebenda, S. 572.
3 KGB, Bd. II, 3, S. 257.
4 KGB, Bd. III, 1, S. 435.
5 Ebenda, S. 485, 506.
6 KGB, Bd. III, 3, S. 193.
7 KGB, Bd. III, 5, S. 242.
8 Ebenda, S. 449.
9 Ebenda, S. 477.

10 KGW, Bd. VI, 3, S. 266.
11 KGB, Bd. III, 5, S. 522.
12 Ebenda, S. 565–579.
13 Erich F. Podach: Nietzsches Zusammenbruch. Heidelberg 1939, S. 94, 122.
14 Carl Albrecht Bernoulli: Franz Overbeck und Friedrich Nietzsche. Jena 1908, Bd. 2, S. 234.

Nietzsche als »Schlachtfeld«

Die Antike ab Paradigma und Vergangenes

1 Schiller, a.a.O., in: Werke in drei Bänden, Bd. 2, S. 541.
2 KGW, Bd. III, 1, S. 25.
3 MEW, Erg. Bd. 1, S. 538.
4 KGW III, 1, S. 43.
5 Ebenda, S. 92.
6 Ebenda, S. 93 f.
7 Ebenda, S. 127.
8 Ebenda, S. 127.
9 KGB, Bd. II, 1, S. 165 ff., 173.
10 KGW, Bd. III, 2, S. 261.
11 KGW, Bd. IV, 1, 140.
12 Ebenda.
13 KGW, Bd. IV, 1, S. 159.
14 KGW, Bd. IV, 2, S. 107.
15 KGW, Bd. V, 2, S. 173.
16 Ebenda, S. 237.
17 KGW, Bd. V, 1, S. 418 f.
18 KGW, Bd. VI, 3, S. 143.
19 KGW, Bd. VI, 2, S. 349.

Judentum und Orient

1 Dühring: Sache, S. 236.
2 MEW, Bd. 2, S. 116, ebd. Bd. 1, S. 377.
3 Der Berliner Antisemitismusstreit, hrsg. v. W. Böhlich, Frankfurt 1965, S. 227.
4 Dühring, a.a.O., S. 390.
5 KGB, Bd. I, 2, S. 52.
6 Ebenda, S. 125.
7 KGB, Bd. II, 3, S. 9.
8 Ebenda, S. 97.

9 Ebenda, S. 194 f.
10 KGW, Bd. III, 4, S. 129.
11 KGB, Bd. II, 5, S. 274.
12 KGB, Bd. III, 3, S. 214, 249; Bd. III, 5, S. 45 f.
13 KGB, Bd. III, 5, S. 359.
14 Ebenda, S. 50.
15 Ebenda, S. 399.
16 Ebenda, S. 500 ff.; KGW, Bd. VIII, 3, S. 456.
17 KGB, Bd. III, 1, S. 317.
18 Ebenda, S. 355 f.
19 Ebenda, S. 493.
20 KGB, Bd. III, 3, S. 147.
21 KGW, Bd. III, 3, S. 80.
22 Ebenda, S. 125.
23 Ebenda, S. 104.
24 KGW, Bd. IV, 2, S. 321.
25 KGW, Bd. V, 1, S. 61.
26 Ebenda, S. 182 f.
27 Ebenda, S. 248.
28 KGW, Bd. V, 2, S. 165.
29 Ebenda, S. 554 f.
30 KGW, Bd. VI, 2, S. 119.
31 Ebenda, S. 300 f.
32 KGW, Bd. VI, 3, S. 189 f.
33 KGW, Bd. VI, 3, S. 238; Bd. VII, 3, S. 27; Bd. VI, 1, S. 303.
34 Bernoulli, a.a.O. Bd. 1, S. 362.
35 KGW, Bd. VI, 1, S. 373; Bd. VII, 2, S. 70.
36 KGW, Bd. VI, 2, S. 70.
37 KGW, Bd. III, 1, S. 28.
38 KGB, Bd. II, 1, S. 62; KGW, Bd. IV, 2, S. 421.
39 KGW, Bd. VI, 3, S. 94 ff.
40 Ebenda, S. 240.
41 KGW, Bd. VIII, 3, S. 178.

Platonismus, »Moral« und Christentum

1 KGB, Bd. 1, 2, S. 121 f.
2 Ebenda, S. 210.
3 KGW, Bd. III, 2, S. 301 f.
4 Ebenda, S. 324.
5 Ebenda, S. 320.
6 Ebenda, S. 337.
7 Ebenda, S. 338.

8 KGW, Bd. VIII, 2, S. 12.
9 KGW, Bd. III, 3, S. 207.
10 KGW, Bd. V, 2, S. 259.
11 KGW, Bd. VIII, 2, S. 246.
12 KGW, Bd. VIII, 3, S. 437.
13 KGB, Bd. III, 5, S. 9.
14 KGW, Bd. VI, 2, S. 4.
15 Pascal, a.a.O., Ausg. Paris 1943 (Giraud), S. 221.
16 Leipzig o. J., S. 70 f.
17 Ebenda, S. 199.
18 Ebenda, S. 200.
19 Ebenda, S. 390.
20 KGW, Bd. VI, 3, S. 276; Bd. IV, 3, S. 466.
21 KGW, Bd. V, 1, S. 487.
22 KGW, Bd. III, 1, S. 198.
23 KGW, Bd. VIII, 1, S. 145.
24 KGW, Bd. V, 2, S. 268.
25 KGB, Bd. III, 1, S. 109.
26 KGW, Bd. IV, 3, S. 24.
27 KGW, Bd. V, 1, S. 165.
28 KGW, Bd. IV, 3, S. 115.
29 KGW, Bd. V, 1, S. 382.
30 KGW, Bd. VI, 3, S. 154.
31 Ebenda, S. 110.
32 KGW, Bd. VIII, 3, S. 402.
33 KGW, Bd. VI, 3, S. 205 ff.
34 Ebenda, S. 196.
35 Ebenda, S. 209.

Katholizismus, Renaissance, Reformation

1 KGB, Bd. I, 2, S. 26.
2 KGW, Bd. III, 3, S. 18; Herbst 1869.
3 KGW, Bd. V, 1, S. 56 f.
4 KGB, Bd. II, 5, S. 27 f.
5 KGW, Bd. III, 2, S. 241.
6 KGW, Bd. III, 4, S. 298.
7 KGB, Bd. II, 5, S. 451.
8 KGW, Bd. V, 1, S. 443.
9 KGW, Bd. V, 2, S. 284–287.
10 Burckhardt, a.a.O., S. 143 f.
11 Ebenda, S. 145 f.
12 Gobineau, a.a.O., S. 66 ff.
13 Ebenda, S. 86.

14 KGW, Bd. VI, 3, S. 150.
15 KGW, Bd. VII, 2, S. 17.
16 Ebenda, S. 16.
17 KGW, Bd. VI, 2, S. 119.
18 Ebenda, S. 289.
19 KGW, Bd. VI, 3, S. 131.
19a Ebenda, S. 221 ff.
20 Ebenda, S. 298.
21 Ebenda, S. 248.
22 KGW, Bd. VIII, 3, S. 213 f.

Aufklärung und Wissenschaft

1 In: »La voix du sageet du peuple«.
2 Condorcet, a.a.O., zweisprachige Ausgabe, hrsg. von Wilhelm Alff, Frankfurt 1963, S. 355 f.
3 Ebenda, S. 399.
4 II, 2, S. 141. (Berlin 1878).
5 KGW, Bd. IV, 3, S. 87.
6 KGW, Bd. III, 2, S. 96.
7 Ebenda.
8 Ebenda, S. 158 ff.
9 Ebenda, S. 199.
10 Ebenda, S. 362.
11 KGW, Bd. IV, 2, S. 107.
12 KGW, Bd. IV, 3, S. 272.
13 Ebenda, S. 309.
14 KGW, Bd. IV, 2, S. 315.
15 Ebenda, S. 47.
16 KGW, Bd. V, 1, S. 310.
17 KGW, Bd. V, 2, S. 168 f.
18 KGW, Bd. IV, 3, S. 292.
19 KGW, Bd. VI, 3, S. 225.
20 KGW, Bd. VI, 2, S. 5, 57, 50.
21 Ebenda, S. 175.
22 KGW, Bd. VI, 3, S. 66 f.

Die Französische Revolution

1 Fichtes Werke, hrsg. von Immanuel Hermann Fichte. Berlin (Nachdruck) 1971, Bd. VI, S. 10.
2 Richard Wagner: Dichtungen und Schriften, Jubiläumsausgabe in zehn Bänden, Bd. 5, S. 234–241.

3 Edmund Burke: Reflections on the Revolution in France. 1790, S. 46 f.
4 Ebenda, S. 93.
5 Ebenda, S. 218.
6 Ebenda, S. 256.
7 Ebenda, S. 268 f.
8 Joseph de Maistre: Considérations sur la France. S. 71, 77.
9 KGW, Bd. III, 1, S. 118.
10 KGW, Bd. III, 3, S. 360 f.
11 Ebenda, S. 292.
12 KGW, Bd. III, 4, S. 394.
13 KGW, Bd. III, 1, S. 365.
14 KGW, Bd. IV, 1, S. 76.
15 KGW, Bd. IV, 2, S. 184.
16 Ebenda, S. 295.
17 Ebenda, S. 309.
18 KGW, Bd. IV, 3, S. 290.
19 KGW, Bd. V, 1, S. 146.
20 Ebenda, S. 171.
21 Ebenda, S. 310.
22 KGW, Bd. V, 2, S. 126.
23 Ebenda, S. 268.
24 KGW, Bd. VI, 1, S. 125.
25 KGW, Bd. VI, 2, S. 52.
26 Ebenda, S. 301.
27 Ebenda, S. 387.
28 KGW, Bd. VI, 3, S. 144.
29 KGW, Bd. VI, 3, S. 216.
30 Ebenda, S. 235.
31 KGW, Bd. VIII, 3, S. 188.
32 KGW, Bd. III, 4, S. 321.
33 KGW, Bd. III, 1, S. 351.
34 KGW, Bd. VI, 3, S. 286.
35 Ebenda, S. 13 f.
36 KGW, Bd. VI, 2, S. 302.

Der Sozialismus

1 Constantin Pecqueur: Théorie nouvelle d'économie sociale. 1842, S. 565.
2 Berlin 1932, S. 176.
3 Ebenda, S. 188.
4 Ebenda, S. 253.
5 Ebenda, S. 638.
6 MEW, Ergänzungsband 1, S. 536.
7 Ebenda, S. 462 f.

8 MEW, Bd. 24, S. 317.
9 MEW, Bd. 19, S. 21.
10 KGB, Bd. II, 1, S. 203 ff.
11 Ebenda, S. 57 f.
12 KGB, Bd. II, 5, S. 42.
13 KGB, Bd. III, 1, S. 17.
14 KGW, Bd. III, 1, S. 25, 52.
15 Ebenda, S. 297.
16 Ebenda, S. 362.
17 KGW, Bd. III, 2, S. 67.
18 KGW, Bd. III, 4, S. 168.
19 Ebenda, S. 326.
20 KGW, Bd. IV, 1, S. 33.
21 KGW, Bd. III, 1, S. 315 f.
22 Ebenda, S. 374.
23 KGW, Bd. III, 2, S. 261 f.
24 KGW, Bd. III, 4, S. 323.
25 KGW, Bd. IV, 2, S. 548.
26 Ebenda, S. 41.
27 KGW, Bd. IV, 3, S. 198.
28 KGW, Bd. IV, 2, S. 234.
29 KGW, Bd. V, 1, S. 132.
30 KGW, Bd. IV, 3, S. 322.
31 KGW, Bd. IV, 2, S. 200.
32 Ebenda, S. 217.
33 KGW, Bd. IV, 3, S. 139.
34 KGW, Bd. V, 2, S. 73.
35 Ebenda, S. 206.
36 KGW, Bd. V, 1, S. 624.
37 KGW, Bd. VI, 3, S. 242.
38 KGW, Bd. VI, 2, S. 217 f.
39 Ebenda, S. 329.
40 KGW, Bd. VI, 3, S. 127.
41 MEW, Bd. 37, S. 171.
42 KGW, Bd. VI, 3, S. 316.
43 KGW, Bd. VIII, 3, S. 224f.
44 KGW, Bd. VIII, 2, S. 358.

Die Deutschen und das Deutsche Reich

1 Heinrich Heine: Zur Geschichte der Religion und Philosophie in Deutschland. In: Heines Werke in fünf Bänden, Weimar 1957, S. 44.
2 Ebenda, S. 144 ff.
3 Ebenda, S. 202.

4 Ebenda, S. 194 f.
5 Ebenda, S. 203.
6 Ebenda, S. 459 ff.
7 Richard Wagner: Dichtungen und Schriften, Bd. 10, S. 98 f.
8 Alles KGB, Bd. I, S. 133–159.
9 KGW, Bd. III, 1, S. 123.
10 Ebenda, S. 387.
11 KGW, Bd. III, 2, S. 187.
12 KGB, Bd. II, 1, S. 131.
13 Ebenda, S. 155 f.
13a Ebenda.
14 KGW, Bd. III, 1, S. 155 f.
14a KGW, Bd. III, 2, S. 390.
15 KGW, Bd. V, 2, S. 138.
16 KGW, Bd. IV, 3, S. 147 f.
17 KGW, Bd. VIII, 3, S. 250.
18 Ebenda, S. 454 ff.
19 KGW, Bd. VI, 3, S. 359.
20 KGW, Bd. VII, 3, S. 172.
21 KGW, Bd. VI, 3, S. 134 f.
22 Ebenda, S. 100.
23 KGW, Bd. V, 2, S. 81 f.
24 KGW, Bd. VIII, 2, S. 430; s. unten.
25 KGW, Bd. VI, 3, S. 335.
26 KGW, Bd. VII, 2, S. 236.

Emanzipationen und Moderne als »Gesamt-Entartung« der Menschheit

1 MEW, Bd. 23, S. 790 f.
2 Stuttgart 1939[5], S. 32.
3 Bd. IV, S. 319.
4 KGW, Bd. VI, 2, S. 129 f.
5 KGW, Bd. III, 1, S. 419.
6 Ebenda, S. 46.
7 KGW, Bd. VI, 2, S. 421.
8 KGW, Bd. V, 1, S. 568 f.
9 KGW, Bd. VII, 2, S. 23.
9a KGW, VI, 2, S. 176 ff.
10 Ebenda, S. 176–178.
11 KGW, Bd. VI, 3, S. 304.
12 KGW, Bd. VII, 2, S. 243 f.
13 KGW, Bd. III, 1, S. 277.

14 KGW, Bd. VI, 2, S. 181 ff.
15 KGW, Bd. VIII, 1, S. 65.

Die »guten Europäer« und die Zukunft des Übermenschen

1 KGW, Bd. VI, 1, S. 13 f.
2 KGW, Bd. IV, 3, S. 230 f.
3 KGW, Bd. VI, 2, S. 190.
4 KGW, Bd. V, 1, S. 465 f.
5 KGW, Bd. IV, 1, S. 119 f.
6 KGW, Bd. V, 1, S. 185.
7 Ebenda, S. 617.
8 KGW, Bd. VI, 3, S. 78.
9 KGW, Bd. V, 2, S. 73.
10 Ebenda, S. 350.
11 KGW, Bd. VII, 3, S. 177; Bd. VII, 2, S. 237, 236.
12 KGW, Bd. VII, 2, S. 37 f.
13 Ebenda, S. 236; s. oben.
14 KGW, Bd. VIII, 2, S. 128 f.
15 KGW, Bd. VII, 1, S. 252.
16 KGW, Bd. IV, 2, S. 445.

Das Vernichtungskonzept und die »Partei des Lebens«

1 KGW, Bd. V, 2, S. 206 f.
2 KGW, Bd. VIII, 1, S. 85 f.
3 KGW, Bd. VIII, 2, S. 430.
4 Ebenda, S. 260.
5 KGW, Bd. VI, 1, S. 250.
6 Ebenda, S. 81.
7 KGW, Bd. VI, 2, S. 29.
8 KGW, Bd. VIII, 1, S. 314.
9 KGW, Bd. VI, 2, S. 223.
10 KGW, Bd. V, 2, S. 444.
11 KGW, Bd. VIII, 2, S. 335.
12 KGW, Bd. VIII, 2, S. 414.
13 KGW, Bd. VIII, 3, S. 364.
14 KGW, Bd. VIII, 2, S. 145.
15 KGW, Bd. VII, 2, S. 139.
16 KGW, Bd. VIII, 1, S. 27.
17 KGW, Bd. VIII, 3, S. 12.
18 KGW, Bd. VII, 2, S. 361.

19 KGW, Bd. VI, 3, S. 311.
20 KGW, Bd. VIII, 3, S. 452.
21 KGW, Bd. VII, 3, S. 350.

Leben und Erkenntnis; Wahrheit und Lüge

1 KGW, Bd. III, 1, S. 25.
2 KGW, Bd. III, 1, S. 52.
3 Ebenda, S. 31.
4 Ebenda, S. 95.
5 Ebenda, S. 315.
6 Ebenda, S. 326.
7 Ebenda, S. 326 f.
8 KGB, Bd. II, 3, S. 100 f.
9 KGW, Bd. III, 2, S. 254.
10 Ebenda.
11 KGW, Bd. III, 4, S. 64, 231.
12 KGW, III, 2, S. 369–384.
13 Ebenda, S. 377.
14 KGW, Bd. IV, 2, S. 335.
15 Ebenda, S. 48.
16 Ernest Renan: Œuvres Complètes, Erste Aufl. Bd. 1, S. 169.
17 Ebenda, S. 614.
18 Ebenda, S. 401.
19 KGW, Bd. VII, 1, S. 105.
20 KGW, Bd. IV, 3, S. 97.
21 Ebenda.
22 KGW, Bd. VI, 1, S. 13.
23 KGW, Bd. V, 1, S. 108.
24 Ebenda, S. 268 f.
25 KGW, Bd. III, 3, S. 207.
26 KGW, Bd. VI, 1, S. 106.
27 KGW, Bd. V, 2, S. 258.
28 KGW, Bd. V, 1, S. 568 f.
29 Ebenda, S. 657.
30 KGW, Bd. V, 2, S. 366.
31 KGW, Bd. V, 1, S. 743.
32 KGW, Bd. V, 2, S. 401 f.; Bd. VII, 3, S. 249.
33 Ebenda. (V, 2).
34 Ebenda, S. 492.
35 Ebenda, S. 584.
36 KGW, Bd. VII, 1, S. 262.
37 Ebenda, S. 700.

38 Ebenda, S. 106.
39 KGW, Bd. VIII, 1, S. 217.
40 KGW, Bd. VII, 3, S. 381.
41 KGW, Bd. VIII, 2, S. 31, 12.
42 KGW, Bd. VII, 3, S. 338 f.
43 KGW, Bd. VI, 3, S. 371.

Der Nietzscheanismus bis 1914

Jünger und Enthusiasten

1 Krummel II, 208.
2 »Franz Overbeck und Friedrich Nietzsche. Eine Freundschaft« (1907).
3 S. 15.
4 Hubert Cancik: Der Nietzsche-Kult in Weimar. Ein Beitrag zur Religionsgeschichte der wilhelminischen Ära. In: Nietzsche-Studien, Bd. 16, 1987, S. 405–429.
5 Briefe Peter Gasts an Friedrich Nietzsche, München 1923-24, Bd. I, S. 55[5].
6 Bd. II, S. 87.
7 Bd. II, S. 179 f.
8 A. Schröder (Hrsg.), Ewiges Gedächtnis. Hamburg 1939, S. 46–47.
9 K. Breysig: Aus meinen Tagen und Träumen. Berlin 1962, S. 57–65.
10 13. Jg. 1900, S. 429 ff.
11 1912.
12 1914.
13 Das Leben Friedrich Nietzsches, Bd. II.2, Leipzig 1904, S. 407.
14 Leipzig 1897.
15 Ebenda, S. 1.
16 Berlin 1906.
17 Ebenda, S. 30.
18 Ebenda, S. 23.
19 Ebenda, S. 107, 106.
20 Ausg. 1922, S. 45.
21 Ebenda, S. 345, 223.
22 Weimar 1895; S. VII, 4, 35, 100.

Sozialisten, Anarchisten, Feministinnen

1 Berlin 1891, S. 119.
2 XII, 1, S. 673–77.
3 Leipzig 1892, S. 6 ff.
4 S. 89.

5 R. Hilton Thomas: Nietzsche in German politics and society, S. 32.
6 S. 630–640.
7 Behler in Nietzsche-Studien, Bd. 13, S. 521.
8 Adolf Levenstein: Friedrich Nietzsche im Urteil der Arbeiterklasse. Leipzig 1914, S. 46, 50, 35.
9 Gustav Landauer: Aufruf zum Sozialismus. Frankfurt–Wien 1967, S. 93, 178.
10 Krummel, Bd. 1, S. 216.

Nietzsche in Philosophie und Wissenschaft

1 Ebenda, S. 202 f.
2 Ebenda, S. 215.
3 Stuttgart 1897, S. 61.
4 Berlin 1902, S. 43.
5 Ebenda, S. 53.
6 Ebenda, S. 90.
6a Ankunft bei Tönnies. Hrsg. v. L. Klausen und F. v. Pappi. Kiel 1981, S. 186 f.
7 Leipzig 1897, S. 111.
8 Ankunft S. 189.
9 Max Weber: Gesammelte politische Schriften, S. 8.
10 Ebenda, S. 14.
11 Ebenda, S. 140.
12 Ebenda, S. 306.
13 Ebenda, S. 822.
14 Bernhard vom Brocke: Kurt Breysig. Geschichtswissenschaft zwischen Historismus und Soziologie. Lübeck und Hamburg, 1971, S. 101.
15 Kurt Breysig – Stefan George: Gespräche, Dokumente, Olten 1974, S. 105.

Nietzsches Wirkungen in der Literatur

1 Salzburg 1940, S. 369.
2 Bruno Hillebrand: Nietzsche und die deutsche Literatur. I. Texte zur Nietzsche-Rezeption 1873/1963, II. Forschungsergebnisse. Tübingen 1978, Bd. I, S. 37.
3 Ebenda, S. 42.
4 München 1897, S. 216.
5 Hillebrand, a.a.O., S. 61, S. 118 f.
6 Neue Deutsche Rundschau (Freie Bühne), V, 1 (1894), S. 1 f.
7 Georg Heym: Dichtungen und Schriften, Hamburg–München 1964, Bd. 1, S. 354 f.

8 Hillebrand, a.a.O., Anm. 2, S. 147.
9 Das Werk, Bd. 1, S. 45, 47, 55, 71, 89.
10 S. 34.
11 »Sämtliche Erzählungen«, Frankfurt 1963, S. 228, 232, 233, 237.
12 Berlin 1922, S. 112, 175, 224 ff .

Publizisten und Essayisten

1 10 ff.,110 ff.,192 ff.
2 32, ebenfalls 1900.
3 33, ebenfalls 1900.
4 S. 82.
5 Leipzig 1895, S. 23.
6 Ebenda, S. 125.
7 Ebenda, S. 201.
8 Mensch und Erde, Jena 1933[4]; S. 13–25
9 Ebenda, S. 38.
10 S. 36.
11 S. 43.
12 Ebenda, S. 151.
13 Ebenda, S. 162.
14 Gerhard Plumpe: Alfred Schuler. Berlin 1978, S. 179.
15 »Ost und West«, II. Jg. (1902) Heft 3 und 4, Sp. 145–152, 241–254.
16 S. 1718–1733.
17 München 1906, S. 374.
18 Ebenda, S. 476.
19 »Das Werk der deutschen Erzieher«, S. 142.
20 »Die Erziehung«, Frankfurt o. J., S. 146.
21 »Friedrich Nietzsche«, Berlin 1900, S. 37.

Nietzsche im Ausland

1 Leipzig o. J., S. 30.
2 »Gesammelte dramatische Werke«, Mensch und Übermensch, Zürich 1946, S. 302.
3 Ebenda, S. 317.
4 Ebenda, S. 12.
5 »Nietzsche in Russia«. Ed. by Bernice Glatzer-Rosenthal. Princeton 1986, S. 71 ff.
6 München S. 141.
7 Ebenda, S. 198.
8 Ebenda, S. 205.

9 Ebenda, S. 309.
10 Ebenda, S. 316.
11 Ebenda, S. 336.
12 5. Aufl. Paris 1921, S. 32.

Benito Mussolini als Marxist und Nietzscheaner

1 Zum Ganzen s. Ernst Nolte: Marx und Nietzsche im Sozialismus des jungen Mussolini. In HZ, Heft 191/2, Okt. 1960. S. 249–325.
2 Ebenda, S. 306.
3 Ebenda, S. 307.
4 Ebenda, S. 309.
5 Ebenda, S. 310 f.

Nachwort: »Nietzsche in der deutschen Gegenwart«

1 Richard Oehler: Friedrich Nietzsche und die deutsche Zukunft. Leipzig 1935, S. 120.
2 Alfred Baeumler: Nietzsche der Philosoph und Politiker. Leipzig 1931, S. 183.
3 Alfred Baeumler: Nietzsche und der Nationalsozialismus. In: Nationalsozialistische Monatshefte V, 1934, S. 289–298; auch in: Alfred Baeumler, Studien zur deutschen Geistesgeschichte. Berlin 1937, S. 281–294, S. 294.
4 Heinrich Härtle: Nietzsche und der Nationalsozialismus. München 1937. Hierzu sowie zu Baeumler und Steding vgl. Ernst Nolte: Nietzsche im Nationalsozialismus. In Frank-Lothar Kroll (Hrsg.) Neue Wege der Ideengeschichte. Festschrift für Kurt Kluxen zum 85. Geburtstag. Paderborn 1986, S. 379–389.
5 Adolf Hitler: Monologe im Führerhauptquartier 1941–1944, herausgegeben von Werner Jochmann. Hamburg 1980, S.106 f., 411.
6 Christoph Steding: Das Reich und die Krankheit der europäischen Kultur. Hamburg 1938, S. 269.
7 Ernst Sandvoss: Hitler und Nietzsche. Göttingen 1969, S. 15, 31, 172, 191, 201, 15.
8 Es handelt sich um den Aufsatz von Heinz Pepperle: Revision des marxistischen Nietzsche-Bildes. In »Sinn und Form« 38,5 (1986). Dieser Ansatz wurde aber rasch von Wolfgang Harich niedergemacht (ebda 39,5 – 1987).
9 Thomas Mann: Doktor Faustus. Frankfurt 1947, S. 762, 789.
10 Eben darum ging es mir schon in »Der Faschismus in seiner Epoche« (1963). Wenn ich recht sehe, sind die Unterkapitel über »Marx« und »Nietzsche« im Fünften Teil in der Nietzsche-Literatur nie auch nur wahrgenommen worden mit Ausnahme von Bernhard F. Taureck: »Nietz-

sche und der Faschismus« und von Steven Aschheim (s. oben »Zur Nietzsche-Literatur«). Mit zunehmender Spezialisierung werden eben trotz aller schönen Reden über »Interdisziplinarität« die Mauern zwischen den Fächern höher. Im übrigen versteht es sich von selbst, daß ein Vergleich zwischen einer wissenschaftlichen Studie und einem Kunstwerk nicht vorgenommen werden kann.

11 Abgedruckt in Jürgen Habermas: Zur Logik der Sozialwissenschaften. 5., erweiterte Auflage 1982, S. 505–528. Immerhin veranstaltete der Norddeutsche Rundfunk 7 Jahre später zum 75. Todestag Nietzsches verschiedene Symposien, von denen das von Manès Sperber geleitete Gespräch mit Iring Fetscher, Erich Heller, Walter Jens und Hans Mayer über das Thema »Nietzsche und wir« im »Merkur« publiziert wurde. (Nr. 331, Dezember 1975).

Übersetzung der fremdsprachigen Zitate

Pascal (Seite 134)
Welches Trugbild ist also der Mensch? Was für eine Neuigkeit, was für ein Ungeheuer, was für ein Chaos, welches Subjekt der Widersprüche, was für ein Wunder! Richter aller Dinge, schwacher Erdenwurm, Verwahrer der Wahrheit, Kloake von Ungewißheit und Irrtum: Ruhm und Ausschuß des Universums.

Wer löst diese Verwicklung auf? Die Natur widerlegt die Skeptiker, und die Vernunft widerlegt die Dogmatiker. Was wird also aus euch werden, ihr Menschen, die ihr durch eure natürliche Vernunft danach sucht, was eure wahre Lage ist? Ihr könnt nicht einer dieser Sekten entfliehen, und ihr könnt in keiner dauernd verweilen.

Erkenne also, du Stolzer, was für ein Paradox du für dich selbst bist. Demütige dich, ohnmächtige Vernunft; schweige, törichte Natur; begreife, daß der Mensch den Menschen auf unendliche Weise übertrifft, und nimm von deinem Herrn deine wahre Lage entgegen, die du nicht kennst. Höre auf Gott.

Rousseau (Seite 156)
Allmächtiger Gott ... erlöse uns von der Aufklärung und von den verderblichen Künsten unserer Väter und gib uns die Unwissenheit, die Unschuld und die Armut zurück, die einzigen Güter, die uns glücklich machen können und die in deinen Augen kostbar sind.

Burke (Seiten 165/166)
Die Gleichheitsapostel ändern und pervertieren daher nur die natürliche Ordnung der Dinge; sie belasten das Gebäude der Gesellschaft, indem sie dasjenige in die Luft bauen, was zum Zweck der Festigkeit der Struktur auf dem Grunde sein muß ... und so würde das Gemeinwesen selbst im Laufe weniger Generationen dahinschwinden, in den Staub der Individualität aufgelöst werden und schließlich in alle Winde zerstreut sein ... Die Gesellschaft ist in der Tat ein Vertrag ..., aber der Staat sollte nicht als ein Handelsvertrag in Geschäften mit Pfeffer und Kaffee, Baumwolle oder Tabak oder ähnlichen niedrigen Dingen betrachtet werden, die um eines geringen zeitlichen Interesses willen geschlossen und nach dem Belieben der Beteiligten aufgelöst werden ... er wird zu einer Gemeinschaft nicht nur unter den Lebenden, sondern unter den Lebenden, den Toten und den in Zukunft Geborenen. Jeder Vertrag jedes einzelnen Staates ist nur ein Glied in dem großen, ursprünglichen und ewigen Gesellschaftsvertrag, der die niedrigeren mit den höheren Naturen verknüpft und die sichtbare mit der unsichtbaren Welt verbindet ... Wie die

Kolonisten gegen euch aufstehen, so stehen die Neger gegen diese auf. Erneutes Truppenaufgebot, Massaker, Folter, Aufhängen. Das sind eure Menschenrechte! Dies sind die Früchte metaphysischer Erklärungen, die leichtfertig gemacht und schamlos widerrufen wurden ... Niemals werde ich irgendein Land in Europa für sicher halten, solange genau in seinem Zentrum ein Staat existiert (wenn man ihn so nennen kann), der auf die Prinzipien der Anarchie gegründet ist und der in Wahrheit eine Vereinigung von bewaffneten Fanatikern ist, die sich die Verbreitung der Prinzipien von Mord, Raub, Rebellion, Betrug, Intrige, Unterdrückung und Gottlosigkeit zum Ziel setzt ... Eure Despoten regieren durch den Terror. Sie wissen, daß der Gottesfürchtige keine endlichen Dinge fürchtet, und deshalb vertreiben sie – durch ihre Voltaires, ihre Helvetius und den Rest jener berüchtigten Bande – aus dem Sinn der Menschen jene einzige Art der Furcht, welche den wahren Mut erzeugt ... die neue Schule des Mordes und der Barbarei in Paris, die alle Sitten und Prinzipien zerstört hat, welche bisher Europa zivilisiert haben, wird auch jene zivilisierte Kriegführung zerstören, die mehr als alles andere die christliche Welt ausgezeichnet hat. Das ist das heraufziehende Goldene Zeitalter, von dem der Vergil eurer Versammlung seinen Pollios vorgesungen hat ... Die Vereinigungen von Schneidern und Zimmerleuten, aus denen die Republik (die von Paris zum Beispiel) zusammengesetzt ist, kann der Situation nicht gewachsen sein, in die ihr sie durch die schlimmste aller Usurpationen, eine Usurpation der Vorrechte der Natur, hineinzwingen wollt.

de Maistre (Seiten 166/167)
Es gibt in der Französischen Revolution einen satanischen Charakter, der sie von allem Gewesenen und vielleicht von allem Künftigen unterscheidet. Erinnern wir uns doch der großen Sitzungen, der Reden Robespierres gegen das Priestertum, des feierlichen Abfalls der Pfarrer, der Profanierung der Kultgegenstände, der Inthronisierung der Göttin Vernunft und dieser Menge von unerhörten Szenen, mit denen die Provinzen Paris zu übertrumpfen suchten; dies alles fällt aus dem gewöhnlichen Kreis der Verbrechen hinaus und scheint einer anderen Welt anzugehören ... Die gegenwärtige Generation ist Zeuge eines der größten Schauspiele, auf das jemals ein menschliches Auge gefallen ist: Es handelt sich um den Kampf auf Leben und Tod zwischen dem Christentum und dem Philosophismus. Die Arena ist geöffnet, die beiden Feinde sind im Kampf, und das Universum schaut zu.

Pecqueur (Seite 174)
Im Prinzip darf es in einer Nation nur einen einzigen Eigentümer geben, einen einzigen Unternehmer, einen einzigen Herrn, einen einzigen Finanzkapitalisten, eine einzige Kreditanstalt, nämlich den Staat, das Volk in seinen Repräsentanten. Jeder Produzent, jeder Händler, jeder Produktionsmittelbesitzer muß ein Funktionär des Nationalverbandes sein.

Tocqueville (Seiten 207/208)
Wenn diese Bewegung der Angleichung fremde Völker einander annähert, dann wirkt sie mit noch stärkerer Kraft der Möglichkeit entgegen, daß die Glieder desselben Volkes einander fremd werden.

Es wird daher eine Zeit kommen, wo man in Nordamerika 150 Millionen Menschen sehen wird, die untereinander gleich sind, die alle derselben Familie angehören werden, die denselben Ausgangspunkt, dieselbe Zivilisation, dieselbe Sprache … dieselben Sitten haben werden. Nun, das ist ein vollkommen neuer Tatbestand in der Welt, dessen Bedeutung sogar die Einbildungskraft nicht richtig einzuschätzen vermag.

Es gibt heute auf der Erde zwei große Völker, die, von verschiedenen Punkten herkommend, sich auf das gleiche Ziel zuzubewegen scheinen: die Russen und die Angloamerikaner.

Der Amerikaner kämpft gegen die Hindernisse, welche ihm die Natur entgegenstellt; der Russe kämpft mit den Menschen.

Um sein Ziel zu erreichen, baut der erste auf das persönliche Interesse und läßt die Kraft und die Vernunft der Individuen wirken, ohne sie zu lenken.

Der zweite konzentriert gewissermaßen in einem Menschen die ganze Macht der Gesellschaft.

Der eine hat als hauptsächlichen Antrieb die Freiheit, der andere die Knechtschaft.

Ihr Ausgangspunkt ist verschieden, ihre Wege sind andersartig; nichtsdestoweniger scheint jeder von ihnen durch einen geheimen Plan der Vorsehung dazu berufen zu sein, eines Tages die Geschicke der Hälfte der Welt in Händen zu halten.

Renan (Seite 225)
Die Religion ist notwendig. An dem Tage, an dem sie verschwände, würde das innerste Herz der Menschheit vertrocknen.
Wer weiß, ob die Wahrheit nicht traurig ist? Der Zeitpunkt, wo die Menschheit ein großes und befriedetes Römisches Reich würde, das keine äußeren Feinde mehr hätte, würde jener Augenblick sein, an dem die Moralität und die Intelligenz den größten Gefahren ausgesetzt wären.

Sorel (Seite 286)
Die Menschen, die an den großen sozialen Bewegungen teilnehmen, stellten sich ihre bevorstehende Aktion in der Form von Schlachtengemälden vor, die den Triumph ihrer Sache sichern. Ich schlug vor, diese Konstruktionen, deren Kenntnis für den Historiker so wichtig ist, Mythen zu nennen: der Generalstreik der Syndikalisten und die Endrevolution von Marx sind Mythen.

Personenregister